ଆମେରିକା ଅନୁଭୂତି

ଆମେରିକା ଅନୁଭୂତି

ଅଧ୍ୟାପକ ଗୋଲୋକବିହାରୀ ଧଳ

ବ୍ଲାକ୍ ଇଗଲ୍ ବୁକ୍ସ
ଭୁବନେଶ୍ୱର, ଓଡ଼ିଶା

BLACK EAGLE BOOKS
Dublin, USA

ଆମେରିକା ଅନୁଭୂତି

ଅଧ୍ୟାପକ ଗୋଲୋକବିହାରୀ ଧଳ

ବ୍ଲାକ୍ ଇଗଲ୍ ବୁକ୍ସ : ଭୁବନେଶ୍ୱର, ଓଡ଼ିଶା • ଡବ୍‌ଲିନ୍, ଯୁକ୍ତରାଷ୍ଟ୍ର ଆମେରିକା

BLACK EAGLE BOOKS

USA address:
7464 Wisdom Lane
Dublin, OH 43016

India address:
E/312, Trident Galaxy, Kalinga Nagar,
Bhubaneswar-751003, Odisha, India

E-mail: info@blackeaglebooks.org
Website: www.blackeaglebooks.org

First International Edition Published by
BLACK EAGLE BOOKS, 2023

AMERICA ANUBHUTI
by **Prof. Golokbihari Dhal**

Copyright © Author's family

All rights reserved. No part of this publication may be reproduced, stored in a retrieval system, or transmitted, in any form or by any means, electronic, mechanical, photocopying, recording or otherwise without the prior permission of the publisher.

Cover & Interior Design: Ezy's Publication

ISBN- 978-1-64560-468-6 (Paperback)

Printed in the United States of America

ନନା,

ପଢ଼ିବି ନାହିଁ ବୋଲି ପ୍ରତିଜ୍ଞା କରି ଯେତେବେଳେ ପ୍ରାଇମେରୀ ସ୍କୁଲରୁ ପଳାଉଥିଲି, ଆପଣ ଜିଦ୍ କରିଥିଲେ ଯେ, ମୋତେ ପଢ଼ିବାକୁ ହେବ। ଭଲ ପଢ଼ିଲେ ବିଲାତ ପଠାଇବେ ବୋଲି ସ୍ୱପ୍ନ ଦେଖୁଥିଲେ। ଭଗବାନଙ୍କ ଆଶୀର୍ବାଦରୁ ସେ ସ୍ୱପ୍ନ ସଫଳ ହେଲା। ମାତ୍ର ବିଲାତରେ ପହଞ୍ଚି ହତାଶ ହେଲି। ଆମେରିକା ଯିବା ପାଇଁ ଅଣ୍ଟାଭିଡ଼ିଲି। ନାନା ଅଭାବ, ଅସୁବିଧା ଓ ଅନ୍ଧକାର ଭିତରେ ଆପଣ ଉତ୍ସାହ ଦେଇଥିଲେ—'ଚେଷ୍ଟା କର, ସବୁ ହେବ'। ହୋଇଗଲା। ଆମେରିକାରେ ଯା ଦେଖିଛି, ଲେଖିଛି। ଆପଣ ଯଦି ଏଥିରୁ କିଛି ଆନନ୍ଦ ପାଆନ୍ତି, ମୁଁ ବିଶେଷ ସୁଖୀ ହେବି।

ଆପଣଙ୍କର ସ୍ନେହାଧୀନ
ଗୋଲି

ଶ୍ରୀ ବ୍ରଜକିଶୋର ଧଳ
ଗଞ୍ଜୋଇଡିହ
ଢେଙ୍କାନାଳ
ତା ୧ । ୧ । ୫୨

ଆମେରିକା ଅନୁଭୂତି ଏକ ଅତି ସ୍ୱତନ୍ତ୍ର ଧରଣର ଭ୍ରମଣ-ପୁସ୍ତକ। ଆମେରିକା ଜୀବନ ଦେଖିବା ପାଇଁ ଲେଖକ ଏକ ଆନ୍ତର୍ଜାତିକ ସଂସ୍ଥାରୁ ବୃତ୍ତି ପାଇ ଲଣ୍ଡନରୁ ଆମେରିକା ଯାଇଥିଲେ। ସେ ଯାହା ଦେଖିଛନ୍ତି, ତାହାକୁ ଏକ ଅଭିନବ କଥିତ ଶୈଳୀରେ ଲେଖିଛନ୍ତି। ଏହି କାହାଣୀ ଏ ଦେଶର ପାଠକ-ପାଠିକାମାନଙ୍କର ସ୍ନେହଶ୍ରଦ୍ଧା ଲାଭ କରି ଚତୁର୍ଥ ମୁଦ୍ରଣ ପର୍ଯ୍ୟନ୍ତ ଚାଲି ଆସିଛି। ଲିଖନଶୈଳୀ ଏତେ ସରଳ, ରୁଚିକର ଯେ, ଥରେ ପଢ଼ିଲେ ଶେଷ ନ କରି ରହିହୁଏ ନାହିଁ। ଆମେରିକା କଥା କହୁ କହୁ ସ୍ୱଦେଶ-ବିଦେଶ କଥାକୁ ଏପରି ତୁଳନା କରି ଦେଖାଇ ଦିଆଯାଇଥାଏ ଯେ, ଦୂର ଓ ନିକଟ ଉଭୟର ଛବି ସିନେମା ଚିତ୍ର ପରି ଆଖି ଆଗରେ ଭାସିଯାଏ। ତାହା ହିଁ ଏହି ପୁସ୍ତକର ବିଶେଷତ୍ୱ। ପାନ, ଭୋଜନ, ଶୟନ ଇତ୍ୟାଦିର ଅଯଥା ବର୍ଣ୍ଣନରେ ପୃଥୁଳ ନ ହୋଇ ପ୍ରାଣର ତଥା ସଂସ୍କୃତିର ସୂକ୍ଷ୍ମ କଥା କହିବାରେ ଏହା ମଞ୍ଜୁଳ।

ପ୍ରକାଶକ

ଚତୁର୍ଥ ତଥା ପରିବର୍ତ୍ତିତ ସଂସ୍କରଣ

ମୁଁ ଯେତେବେଳେ ଆମେରିକାର ବଣ ପାହାଡ଼ର ସକାଳ ସୂର୍ଯ୍ୟର ପ୍ରଥମ ଆଲୋକରେ ବସି ସ୍ୱଦେଶକୁ ଦେଶ ବାର୍ତ୍ତା ଲେଖୁଥିଲି ଓ ଦେଶବାସୀ ଯେତେବେଳେ ଅତି ଆଦରରେ ତାକୁ ଗ୍ରହଣ କରୁଥିଲେ, ସେ ଦିନରୁ ଏ ଦିନ ବହୁତ ବଦଳି ଯାଇଛି। ସେ ଥିଲା ୧୯୫୧, ଆଜି ହେଲା ୧୯୭୧—ଦୀର୍ଘ କୋଡ଼ିଏ ବର୍ଷ। ଦେଶୀ ଅନୁଭୂତିରେ ବିଦେଶୀ ଅନୁଭୂତି ସବୁ କୁଆଡ଼େ ଲିଭିଗଲାଣି। ଥରେ ଜଣେ ବିଦେଶଫେରନ୍ତା ବନ୍ଧୁ ମୋତେ ଲେଖିଥିଲେ, 'ସେ ବିଦେଶୀ କଥା ସବୁ ଭୁଲି ଯାଅ, ସେତେବେଳେ ତମେ ଥିଲ ଏକ ଭିନ୍ନ ଗ୍ରହରେ।' ବାସ୍ତବିକ୍ କୋଡ଼ିଏ ବର୍ଷ ପରେ ଠିକ୍ ସେମିତି ଲାଗୁଛି।

ଚୀନ୍‌ର ଗୋଟିଏ କଥା ଅଛି, ପାଞ୍ଚ ବର୍ଷ ବିଶ୍ୱବିଦ୍ୟାଳୟରେ ପଢ଼ିବା ଯାହା, ବର୍ଷେ ବାହାରେ ବୁଲିଆସିବା ତାହା। ତେଣୁ ଭ୍ରମଣ କାହାଣୀ ଯଦି ଭ୍ରମଣମନୋବୃତ୍ତି ସୃଷ୍ଟି କରିବାରେ ସାହାଯ୍ୟ କରେ, ତାହା ନିଶ୍ଚୟ ପାଠ୍ୟ। ଦୂର ପର୍ବତ ପରି ଦୂରଦେଶ ସୁନ୍ଦର। ଏହି ଆକାଶ, ପୃଥିବୀ, ଜଳ, ସ୍ଥଳ, ପାହାଡ଼, ପର୍ବତ କେତେ ନୂତନ ରୂପରେ ଦେଖାଦିଅନ୍ତି। ଏହି ମନୁଷ୍ୟ ଓ ତାର ଅନୁଷ୍ଠାନଗୁଡ଼ିକ କେଡ଼େ ଭିନ୍ନ ଦେଖାଯାନ୍ତି। ଅଥଚ ବାହାରର ସେହି ବିଭିନ୍ନତା ଭିତରେ ମନୁଷ୍ୟ ଜୀବନର ଏକତାର ଧାରା ଦେଖିପାରିଲେ ପୃଥିବୀ ଅଧିକ ସୁନ୍ଦର ହେବ। ତାହା ହିଁ ଭ୍ରମଣ କାହାଣୀର ଲକ୍ଷ୍ୟ।

କେତେକ ବନ୍ଧୁ ଆମେରିକା ଅନୁଭୂତି ପଢ଼ି ଆମେରିକା ଯିବା ପାଇଁ ଉଦ୍‌ବିଗ୍ନ ହୋଇଥିଲେ ଓ ଶେଷରେ ଗଲାବେଳେ ସେହି କଥା କହି ଯାଇଥିଲେ। ଜଣକୁ ହେଲେ ମଧ୍ୟ ଏହି କାହାଣୀ ଯଦି ଏତେ ଉଦ୍‌ବୁଦ୍ଧ କରିଥାଏ, ତେବେ ବି ମୁଁ ଖୁସି। ମୋର ଯାହା ଧାରଣା, ଆମ ଏଠି ଖୁବ୍ କମ୍ ଭ୍ରମଣ କାହାଣୀର ଚତୁର୍ଥ ମୁଦ୍ରଣ ଦେଖିବାର ସୌଭାଗ୍ୟ ମିଳେ। ଦେଶବାସୀ ପ୍ରିୟ ପାଠକ-ପାଠିକାମାନଙ୍କର ପ୍ରେରଣାରେ ଆମେରିକା ଅନୁଭୂତି ଯେ ୧୯୭୧ରେ ଏକ ପରିବର୍ତ୍ତିତ ସଂସ୍କରଣ ହୋଇ ବାହାରି ପାରିଲା, ସେଥିପାଇଁ ପ୍ରକାଶକଙ୍କୁ ଧନ୍ୟବାଦ।

ଗଙ୍ଗେଇଡିହ
ଢେଙ୍କାନାଳ
ଅପ୍ରେଲ—୧୯୭୧

ଲେଖକ

ଲେଖକଙ୍କର ଅନ୍ୟାନ୍ୟ ପୁସ୍ତକ:

ଭ୍ରମଣକାହାଣୀ—ଲଣ୍ଡନ ଚିଠି, ତାଜମହଲର ଦେଶ, ଗଙ୍ଗାରୁ ଗୋଦାବରୀ (ଯନ୍ତ୍ରସ୍ଥ), ବିଦେଶଯାତ୍ରୀ*; **ଜୀବନୀ**—ଅମର ମଣିଷ, ଅମର ଯାତ୍ରୀ*, ଅମର କାହାଣୀ; **ଶିଶୁ ସାହିତ୍ୟ**—ଶିଶୁଶିକ୍ଷା କଥାମାଳା, ଗଳ୍ପ ପାଖୁଡ଼ା; **ପ୍ରୌଢ଼ ସାହିତ୍ୟ**—ଟଙ୍କା ସୁନାର ସଂସାର, *ନୂଆଗାଁ, ନୂଆ ସଂସାର*, ଆମ ସ୍ୱାଧୀନ ସଂସାର*; **ଭାଷାତତ୍ତ୍ୱ**—ଧ୍ୱନିବିଜ୍ଞାନ, (ହିନ୍ଦୀ) ଓଡ଼ିଆ କେବେ, ଆସ୍ପିରେସନ ଇନ୍ ଓଡ଼ିଆ (ଇଂରେଜୀ), ପେଟ୍ କୀ ହାୱା ମୁହଁ କୀ ବାତ୍ (ହିନ୍ଦୀ), ଇଂରେଜି ଉଚ୍ଚାରଣ ଶିକ୍ଷା, ପେଟର ପବନ ପାଟିର କଥାଞ୍ଚ; **ଅନୁବାଦ**—ଗୋଦାନ*, ଗବନ, ପ୍ରତିଜ୍ଞା, ବନ୍ଦୀ ନେହରୁ, ଗାନ୍ଧୀଙ୍କ ସହିତ ଏକ ସପ୍ତାହ, ଜନ୍. ଏଫ୍. କେନେଡ଼ି, ଭାରତ ମୋର ଘର, ଆମ ସଂସ୍କୃତି, ପୃଥିବୀର ନାରୀ ଶିଳ୍ପସ୍ରଷ୍ଟାଙ୍କ ଜୀବନ କାହାଣୀ, ପୃଥିବୀର ନାରୀ, ବିସ୍ମୃତିର ଚିତ୍ର ।

---

* ପୁରସ୍କୃତ ପୁସ୍ତକ

ସୂଚୀ

ବିଷୟ	ପୃଷ୍ଠା
କେମିତି ଗଲି	୧୩
ଏକ୍ସ୍‌ପେରିମେଣ୍ଟ୍ କଣ	୧୬
ଲଣ୍ଡନ ବିଦାୟ	୧୮
ପହିଲି ଦେଖା	୨୧
କ୍ୟାମ୍ପ୍	୨୫
ପରିବାର	୩୮
ପରିବାରରେ ରହିବାର ଶେଷ କେତେ ଦିନ	୬୦
ରାସ୍ତା ଓ ପୁଲିସ	୬୭
ରାଜନୀତି	୭୫
ସ୍କୁଲ ଓ କଲେଜ	୮୦
ଦୋକାନ ବଜାର	୯୨
ଧୋବା, ଭଣ୍ଡାରି ଓ ବ୍ରାହ୍ମଣ	୯୭
ସାନ ବଡ଼ ପ୍ରଭେଦ	୧୦୦
ହେଲେନ୍ କେଲର୍	୧୦୪
ଆମେରିକାରେ ଲୋକଚରିତ୍ର	୧୦୭
କଣ ଶିଖିବା	୧୧୩
ଅପଚାର	୧୧୯
ନିଉୟର୍କ	୧୨୧
ଆମେରିକା ବିଦାୟ	୧୩୦

କେମିତି ଗଲି

ଲଣ୍ଡନରେ ଥାଏଁ, ଭାରତୀୟ ଛାତ୍ରାବାସରେ। ଏହି ଛାତ୍ରାବାସ ଭାରତ ସରକାରଙ୍କ ପରିଚାଳିତ ଗୋଟିଏ ଧର୍ମଶାଳା କହିଲେ ଚଳେ। ଯିଏଯୁଆଡ଼େ ଯାନ୍ତି, ଆଶ୍ରୟ ନେବାପାଇଁ ଏଇଠି ଜୁଟନ୍ତି। କେହି କେହି ଆମେରିକାରୁ ଘରମୁହାଁ ଫେରୁଥାନ୍ତି, କେହି ଅବା ଘର ଛାଡ଼ି ନିଜ ଦେଶରୁ—ଭାରତରୁ ଆସିଥାନ୍ତି। ତେବେ କିଏ କେଉଁଠୁ ଆସିଛନ୍ତି, ଚିହ୍ନିବ କିମିତି ? ଅବଶ୍ୟ ଭାରତୀୟମାନଙ୍କୁ ଚିହ୍ନିବାପାଇଁ କିଛି ଭିଡ଼ ନୁହେଁ। ପ୍ରଥମ କଥା, ଭାରତତିଆରି ପୋଷାକ ବିଲାତି ପୋଷାକ ପରି କାଟଛାଣ୍ଟ ନୁହେଁ। ଟାଇତ ସହଜେ ଜଣା ପଡ଼ିଯାଏ। ନୂଆ ଘର, ନୂଆ ସାଜସଜା ଓ ନୂଆ ମୁହଁ ଦେଖି ଟିକିଏ ଅଡୁଆ ଅଡୁଆ ଲଗେ। ବିଶେଷତଃ ସାହେବଙ୍କ ପରି ଟିକିଏ କଥାରେ ହଜାରେ ଥର 'ଥାଙ୍କ୍ୟୁ', 'ସରି' କହିବାପାଇଁ ଲାଜ। ଏଣେ ପୁଣି ପିଲାଛୁଆ ଛାଡ଼ି ଆସିଥାନ୍ତି ଯେ 'ସତେ ଜଗନ୍ନାଥ କରିବେ, ମଣିଷ ଘରମୁହଁ ଦେଖିବ' ସବୁବେଳେ ମୁହଁରେ ଏଇ ଭାବ, ବେଳେ ବେଳେ ବି କିମିତି କାହା ଆଖିରେ ଲୁହ। ମଣିଷ ମନ ତ !

ଏ ତ ଗଲା ଭାରତ ଅତିଥିଙ୍କ କଥା, ବାକି ଆମେରିକା-ଫେରନ୍ତାଙ୍କ କଥା ଯାହାଙ୍କୁ ଆମେ 'ୟାଙ୍କି' ବୋଲି କହୁ ଓ ମନେ ମନେ ଈର୍ଷା କରୁଁ—ତାଙ୍କୁ ଚିହ୍ନିବ କେମିତି ? ସେ ଆହୁରି ସହଜ। ପୋଷାକ ଦେଖିଲେହିଁ ଜାଣିବ। ଚିକ୍‌କଣ ଚିକ୍‌କଣ ଗାବାଡ଼ିନ୍ ସୁଟ୍। ଚକମକିଆ ଟାଇ—ସେଥିରେ ଘୋଡ଼ାରୁ ଆରମ୍ଭ କରି ଘର ପର୍ଯ୍ୟନ୍ତ ସବୁ ପ୍ରକାର ଚିତ୍ର, ବିଚିକିଟିଆ ରଙ୍ଗ। ଦୁଧଦହିଖିଆ ଫୁଲୁକା ଗାଲ ଚିକ୍‌କଣ ଓ ସରସ।

'ସେ ଅନୁଷ୍ଠାନର ନିୟମ କଣ ?'

'ଯେ କୌଣସି ଇଉରୋପ ବିଶ୍ୱବିଦ୍ୟାଳୟର ଛାତ୍ର ହୋଇଥିବ। ବୟସ ୧୭ ରୁ ୨୭ ଭିତରେ।'

'ଟଙ୍କା ?'

'ତାଙ୍କ ହାତରୁ, ଆପଣଙ୍କୁ ସାମାନ୍ୟ କିଛି ଦେବାକୁ ପଡ଼ିବ। ସେ କିଛି ନୁହେଁ।'

ଚୁପ୍ ରହିଲି। ବସାକୁ ଫେରିଲାପରେ ମନରେ ଆମେରିକାଭୂତ ଲାଗିଲା। ଭାଇଙ୍କ କଥା ତେବେ କଣ ସତ ହେବ? ମଲା, ମଲା, ବୟସ ତ ୨୯। ଦି ବର୍ଷ ଅଧିକା। ମନ ଭାରି ଖରାପ ହେଲା। ସୂତା ଖିଅକରେ ତେବେ ସୁବିଧାଟା ହାତରୁ ଖସିଯିବ ସିନା! ମାତ୍ର ଅନୁଷ୍ଠାନ ଲୋକେ କହିଲେ, "ତମେ ନିର୍ବାଚନ ବୋର୍ଡ଼ ଆଗରେ ଠିଆ ହୁଅ; ତୁମର ଯୋଗ୍ୟତା ଥିଲେ ବୟସ କୋହଳ କରି ଦିଆଯିବ।" ବୋର୍ଡ଼ ଆଗରେ ଠିଆହେଲି। ମୋର ସ୍ୱତନ୍ତ୍ର ଦାବୀ ଯେ, ମୁଁ ଆମେରିକାନ୍ ଫୋନେଟିକ୍ସ୍ ଶିକ୍ଷା ପାଇଁ ଆମେରିକା ଲୋକଙ୍କ ସଙ୍ଗେ ମିଶିବି। ତା ଛଡ଼ା ଗଲା କୋଡ଼ିଏ ବର୍ଷର ଏକ୍ସ୍‌ପେରିମେଣ୍ଟ ଭିତରେ ମୋଟେ ଜଣେ କି ଦୁଇଜଣ ଭାରତୀୟ ସୁଯୋଗ ପାଇଛନ୍ତି କି ନା ସନ୍ଦେହ। ଭାରତପ୍ରତି ଏଟା ଅନ୍ୟାୟ। ଦିନେ ସକାଳେ ଚିଠି ପାଇଲି ଆମେରିକା ଯିବାପାଇଁ ମୁଁ ବଛା ହୋଇଛି। ତାଠୁ ମୁଁ ଅଧିକ କେବେ ଖୁସି ହୋଇଛି, ମୋର ମନେ ନାହିଁ। ବନ୍ଧୁମାନେ ଅନାନ୍ତି; ଚାକରାଣୀମାନେ ନାଇଲନ (ଆମେରିକାରେ ପ୍ରସ୍ତୁତ ସୂକ୍ଷ୍ମ ସୁନ୍ଦର ନାଇଲନ ତିଆରି ମୋଜା) ମାଗନ୍ତି।

ବର୍ତ୍ତମାନ ପ୍ରଶ୍ନ, ଆମେରିକା ତ ଅନେକ ଲୋକ ଯାଇଛନ୍ତି, କାଗଜପତ୍ରରେ ଆମେରିକା କଥା ଲେଖିଛନ୍ତି। ମୁଁ ତେବେ ସେହି ପୁରୁଣା କଥାଗୁଡ଼ା ପୁଣି ଚୋବାଇବି କାହିଁକି? ମାତ୍ର କଥା ହେଉଚି ଯେ, ମୁଁ ଯେଉଁଭଳି ଭାବରେ ଆମେରିକା ଯାଇଥିଲି ସେଥିରେ ମୋର ଅନୁଭୂତି ଅନ୍ୟମାନଙ୍କଠାରୁ ସମ୍ପୂର୍ଣ୍ଣ ସ୍ୱତନ୍ତ୍ର। ଆମମାନଙ୍କୁ ନିଆଯାଇଥିଲା ଅଳପ ସମୟରେ ବହୁତ କଥା ଦେଖିବାପାଇଁ। ଗାଁରୁ ଗାଁ, ଘରକୁ ଘର ବୁଲି ମାଷ୍ଟରଠାରୁ ମୂଲିଆ, ରଜା ନଅରରୁ କୁଡ଼ିଆ ପର୍ଯ୍ୟନ୍ତ ସବୁ ଦେଖିବାକୁ ହେବ। ତାଙ୍କ ପଇସା, ତାଙ୍କ ଘର, ତାଙ୍କ ମଟରଗାଡ଼ି ସବୁ ବ୍ୟବହାର କରିବାକୁ ହେବ। ବୁଝିବାକୁ ହେବ, ଆମେରିକା ଲୋକେ କେମିତି? ଆମେ ଥିଲୁଁ ଚାଳିଶ କି ପଇଁଚାଳିଶ ଜାତିର ଲୋକ; ଶହେ ଚାଳିଶ ଜଣ। ମାଳୟର ବାଉଁଶ ବଣରୁ ଆରମ୍ଭକରି ମେକ୍ସିକୋର ମରୁଭୂମିର ଲୋକେ ବି ଥିଲେ। ସବୁ ଗୋରା; କାଳିଆ ବୋଲି ମୁଁ ଏକା—ହଂସମଧ୍ୟେ ବକୋ ଯଥା। ଅବଶ୍ୟ ଭାରତୀୟ କଳା ନୁହେ, ସାହେବୀ ଗୋରାଙ୍କ ଭିତରେ କଳା।

ଆମେରିକାର ପୂର୍ବ ଉପକୂଳସ୍ଥ ନିଉ-ଇଂଲଣ୍ଡ ଷ୍ଟେଟ୍‌ଗୁଡ଼ିକ ଭିତରେ ବୁଲିଲୁଁ। ପ୍ରାୟ ଆଠ ହଜାର ମାଇଲ ଘୂରିଲୁଁ। ପହିଲେ ବଣ ପାହାଡ଼ରେ, କ୍ୟାମ୍ପ୍‌ରେ ରହଣି ଆରମ୍ଭ କରି ଆସ୍ତେ ଆସ୍ତେ ମଫସଲ ଗାଁ ଓ ଛୋଟ ସହରମାନଙ୍କୁ ଗଲୁଁ। ସବା ଶେଷରେ ଆଖିରେ ପଡ଼ିଲା ନିୟୁୟର୍କ ସହର—ଧନୀକ ସଭ୍ୟତାର ଚରମ ବିକାଶ। ଆମେରିକାରେ ଅଳ୍ପ ସମୟରେ ଯେତେ ଲେକଙ୍କ ସଙ୍ଗରେ ମିଶିଲୁଁ, ଯାହା କରି

ପାରିଲୁଁ, ବିଲାତରେ ଦୁଇ ବର୍ଷରେ ତା ସମ୍ଭବ ହୋଇ ପାରିଲାନି। ରହିବା ହିସାବରେ ମାଷ୍ଟର, ପ୍ରଫେସର, କୃଷକ, କାରିଗର, ସମ୍ପାଦକ, ରାଜଦୂତ, ଶିଳ୍ପୀ, ସୈନ୍ୟ ଓ ସଙ୍ଗୀତଜ୍ଞ ସବୁ ପ୍ରକାର ଲୋକଙ୍କ ଘରେ କିଛି ଦିନ ଲେଖାଁ ରହିଥିଲୁଁ। କାମ ବୋଇଲେ ଯାହା କହନ୍ତି, ଘାସକଟାରୁ ଘୋଡ଼ାଚଢ଼ା ସବୁ କରିବାକୁ ପଡୁଥିଲା। ଖବରକାଗଜରେ ଲେଖିବା, ଟେଲିଭିଜନ୍ ଓ ରେଡ଼ିଓରେ କହିବା ସୁଯୋଗ ଥିଲା। ଅନେକ ଜାଗାରେ ବକ୍ତୃତା ଦେବାକୁ ପଡ଼େ। ସ୍କୁଲ, କଲେଜ, ସ୍କାଉଟ କ୍ୟାମ୍ପ, ବୃଦ୍ଧ ସଂଘ, ଯୁବକ ସଂଘ, ଶିକ୍ଷକ ସଂଘ, ରାଜନୈତିକ ସଂଘ ଅନେକ ଲେକଙ୍କ ସହିତ ଆଳାପ କରିବାର ଯୋଗାଡ଼ କରା ହୋଇଥିଲା। ମୁଁ ଏକମାତ୍ର ଭାରତୀୟ, ଆଉ ସେତେବେଳେ ଭାରତ ସଙ୍ଗେ ଆମେରିକା ବୈଦେଶିକ ନୀତିର ବିଶେଷ ବେଖାପ ଯୋଗୁ ଅନେକ ଲୋକଙ୍କ ସହିତ ଆଳାପ କରିବାପାଇଁ ମୋତେ ସ୍ୱତନ୍ତ୍ର ସୁଯୋଗ ଦିଆଯାଇଥିଲା। ୱାଲ୍ ଷ୍ଟ୍ରୀଟ୍‌ର ପ୍ରେସିଡେଣ୍ଟ, ଜାପାନକୁ ଆମେରିକାର ପିସ୍ କମିସନର, ଲାଇଫ୍ ଓ ନିୟୁୟର୍କ ପତ୍ରିକା ସମ୍ପାଦକ ଓ ହେଲେନ୍ କେଲେର୍ ପ୍ରଭୃତି ବିଶିଷ୍ଟ ବ୍ୟକ୍ତିଙ୍କ ସଙ୍ଗେ ବ୍ୟକ୍ତିଗତ ଆଳାପ ହେଲା। ତା ଛଡ଼ା ତ ସାନ ବଡ଼ ଆହୁରି ଅନେକଙ୍କ କଥା ଆଜି ମନରୁ ପାସୋର ଗଲାଣି।

ଏ ବହିରେ ଯାହା ଲେଖା ଯାଇଛି ତା ସମଗ୍ର ଆମେରିକାକୁ ପ୍ରଯୁଜ୍ୟ ନୁହେଁ। ସମସ୍ତେ ଜାଣନ୍ତି ଆମେରିକା ଗୋଟାଏ ବିରାଟ ଦେଶ। ସୁତରାଂ ସ୍ଥଳବିଶେଷରେ ଆଚାରବ୍ୟବହାର ରୀତିନୀତି ତଫାତ୍। କିନ୍ତୁ ଯାନବାହନ ବିଶେଷତଃ ଆମେରିକାର ଦ୍ରୁତ ଯାନବାହନର ପ୍ରଭାବ ଏତେ ବେଶୀ ଯେ, କୌଣସି ଅଞ୍ଚଳ ଅନ୍ୟ ଏକ ଅଞ୍ଚଳଠାରୁ ସଂପୂର୍ଣ୍ଣ ପୃଥକ୍ ରହିପାରେ ନା। ଆମେରିକାନ୍ ମାନେ ଏକ ସ୍ଥାନରୁ ଅନ୍ୟ ସ୍ଥାନକୁ ଏତେ ଚଞ୍ଚଳ ଚଞ୍ଚଳ ଘୂରୁଛନ୍ତି ଯେ, ମୁଁ ସେମାନଙ୍କୁ 'ମୋଷ୍ଟ ସିଭିଲାଇଜଡ୍ ନୋମାଡ୍‌ସ୍' ସଭ୍ୟତମ ଭ୍ରମଣକାରୀ ଜାତି ବୋଲି କହେଁ। ଆମେରିକାନ୍ ବନ୍ଧୁମାନେ ହସନ୍ତି।

ଯାହା ଦେଖିଛି, ଯାହା ଅଙ୍ଗେ ଲିଭାଇଛି, ଲେଖିଛି। ବୁଲ ବୁଲୁ ଯା ଆଖିରେ ପଡ଼େ ତା ଦେଖିଲେ ମନେ ହୁଏ, ଆମେରିକା ଗୋଟାଏ ସୁନାର ରାଇଜ ବା ସପନ-ସଂସାର। ଦୋଷ ଦୁର୍ବଳତା ଯେ ନାହିଁ ଏମିତି ନୁହେଁ। ମାତ୍ର ଆମେ ଭ୍ରମର ହୋଇ ଫୁଲରେ ବସି ମହୁ ନ ଖାଇ ମାଛିପରି ଘା'ରେ ବସି ପୂଯ ଖାଇବା କାହିଁକି? ନିଜ ଦେଶର ପ୍ରିୟ ଭାଇଭଉଣୀମାନଙ୍କୁ କିଛି କହିପାରିଛି, ସେହି ମୋର ପରମ ଆନନ୍ଦ।

ଏକ୍‌ସ୍‌ପେରିମେଣ୍ଟ୍ କଣ

ଯେଉଁ 'ଏକ୍‌ସ୍‌ପେରିମେଣ୍ଟ୍' ଅନୁଷ୍ଠାନ ଜରିଆରେ ଆମେରିକା ସ୍ୱପ୍ନ ସଫଳ ହେଲା, ତାର ସଂକ୍ଷେପ ପରିଚୟ ଦିଏଁ। ଏକ୍‌ସ୍‌ପେରିମେଣ୍ଟ୍ ଗୋଟିଏ ବେସରକାରୀ ଅନୁଷ୍ଠାନ। ଏହା କୋଟିପତି, ମିଲ୍ ମାଲିକ ବା ଆମେରିକାନ୍ ସରକାରଙ୍କର ଅର୍ଥରେ ପରିଚାଳିତ ନୁହେଁ। ଡେନଲଡ୍ ୱାଟ୍ ବୋଲି ଜଣେ ଉଦାରମନା ସାଧାରଣ ଆମେରିକାନ୍ ଏହି ମହତ୍ ଅନୁଷ୍ଠାନର ଜନ୍ମଦାତା। ଏଥିରେ କୌଣସି ରାଜନୈତିକ ଅଭିସନ୍ଧି ନାହିଁ। ୱାଟ୍ ସାହେବଙ୍କର ବିଶ୍ୱାସ ଯେ, ମଣିଷ ବିଭିନ୍ନ ଦେଶର ଲୋକଙ୍କ ସଙ୍ଗେ ଯେତେ ମିଳାମିଶା କରିପାରିବ ଓ ମତାମତ ଆଦାନପ୍ରଦାନ କରିପାରିବ, ସେହି ପରିମାଣରେ ପୃଥିବୀର ମଙ୍ଗଳ ହୋଇପାରିବ। ଲୋକେ ଦୂରରୁ ଅନ୍ୟଦେଶ ଲୋକଙ୍କ ବିଷୟରେ ମିଥ୍ୟା ଗୁଜବ ଶୁଣି କାଳ୍ପନିକ ନାନା ଚିନ୍ତାରେ ବ୍ୟସ୍ତ ରହିବା ଅପେକ୍ଷା ଅନ୍ୟ ଲୋକଙ୍କୁ ସେମାନଙ୍କ ଘରେ ଭେଟି, ତାଙ୍କ ସଙ୍ଗେ ରହି ତାଙ୍କର ଦୈନନ୍ଦିନ ଜୀବନ, ସୁଖସ୍ୱାଚ୍ଛନ୍ଦ୍ୟ, ସ୍ୱପ୍ନ ଓ କଳ୍ପନାରେ ଭାଗୀ ହୋଇ ସେମାନଙ୍କୁ ବୁଝିବାର ଚେଷ୍ଟା କଲେ ଏହି ସଂସାରରୁ ଅନେକ ଅଯଥା ସନ୍ଦେହ, ହିଂସା, ଦ୍ୱେଷ ଆପେ ଅପସରିଯିବ। ଗଲା ଚବିଶ ବର୍ଷ ହେଲା ଏହି ଅନୁଷ୍ଠାନର କାମ ଚାଲିଛି। ଇଉରୋପର ଲୋକେ ଆମେରିକା ଆସୁଛନ୍ତି ଓ ଆମେରିକା ଲୋକେ ପ୍ରତିବଦଳରେ ଇଉରୋପର ବିଭିନ୍ନ ସ୍ଥାନକୁ ଯାଉଛନ୍ତି। ମୁଁ ଯେମିତି ଆମେରିକା ଯାଇଥିଲି, ଆମେରିକାର ଜଣେ ଝିଅ ବେଟିଆଲେନ୍ ସେମିତି ଭାରତକୁ ଆସିଥିଲେ। ଭରତ ଓ ଏକ୍‌ସ୍‌ପେରିମେଣ୍ଟ ଅନୁଷ୍ଠାନ ବିଷୟରେ ସେ ଯେଉଁ ମତାମତ ଦେଇଛନ୍ତି, ତହିଁରୁ କେତେ ଧାଡ଼ି ତଳେ ଦେଲି—

"କୌଣସି ଜାତି ବା ଦେଶକୁ ବୁଝିବାପାଇଁ ଏକ୍‌ସ୍‌ପେରିମେଣ୍ଟ୍ ଗୋଟିଏ ଉପାଦେୟ ଅନୁଷ୍ଠାନ। ଛାତ୍ର, ବ୍ୟବସାୟୀ ବା ଭ୍ରମଣକାରୀ ହିସାବରେ ଏକା ଏକା ବୁଲି ବର୍ଷ ବର୍ଷ ଲାଗି ଯାହା ଦେଖି ଶୁଣି ହେବ ନାହିଁ, ଏହି ଅନୁଷ୍ଠାନ ଜରିଆରେ ତା

ସହଜରେ ହୋଇଯିବ। ଏସିଆ ମହାଦେଶର ଅନ୍ତର ଜାଣିବାପାଇଁ 'ଏକ୍ସ୍‌ପେରିମେଣ୍ଟ୍' ଏକ ପ୍ରଶସ୍ତ ଉପାୟ।

ଭାରତରେ ମୁଁ ହିନ୍ଦୁ, ମୁସଲମାନ, ଖ୍ରୀଷ୍ଟିଆନ, ଶିଖ, ପାର୍ସି ସବୁ ପ୍ରକାର ଲୋକଙ୍କ ଘରେ ରହିଛି। ଉତ୍ତର, ଦକ୍ଷିଣ, ପୂର୍ବ, ପଶ୍ଚିମ—ଗଙ୍ଗାରୁ ଗୋଦାବରୀ ଯାଏ ସବୁ ବୁଲିଛି। ଆଶ୍ରମରୁ ଦେବାଳୟ ଯାଏ, ବ୍ରତରୁ ବିଭାଘର ଯାଏ ସବୁ ଅନୁଷ୍ଠାନରେ ଯୋଗ ଦେଇଛି। ଖାଲି ହାତରେ ଖାଇଛି, ଖାଲି ଗୋଡ଼ରେ ଚାଲିଛି; ଶାଢ଼ୀ ପିନ୍ଧିଛି, ଗୋବରରେ ଘର ଲିପିଛି, ମଥାରେ ଚନ୍ଦନ ମାଖିଛି, କାଖରେ ମୁଣ୍ଡରେ ପାଣି ମାଠିଆ ଧରି ଭାରତୀୟ ନାରୀର ସାଧନାକୁ ସୁଖ ମଣିଛି।

ଭାରତଭ୍ରମଣରେ ଭାଷା ଗୋଟାଏ ଭୀଷଣ ପ୍ରତିବନ୍ଧକ। ଲୋକଙ୍କ ଘରକୁ ଗଲେ ସେମାନେ ଇଂରେଜୀରେ କଥା କହନ୍ତି; ମାତ୍ର ଅନେକ ଜାଗାରେ ସ୍ତ୍ରୀମାନେ କହିପାରନ୍ତି ନାହିଁ। ସେଥିପାଇଁ ସେମାନଙ୍କ ମନକଥା ଜାଣିବା କଠିନ ହୁଏ। ଜଣେ ଆମେରିକାନ୍ ଯଦି ହିନ୍ଦୁସ୍ଥାନୀ ଶିଖି ଭାରତକୁ ଯାନ୍ତି, ତେବେ ଏତେଟିକେ ଅସୁବିଧା ହେବନି। ଭାରତକୁ ଯେଉଁମାନେ ଏକ୍ସ୍‌ପେରିମେଣ୍ଟ୍ କରିବାକୁ ଯିବେ, ସେମାନଙ୍କର ବିଶେଷ ଭ୍ରମଣ ଅନୁଭୂତି ଥିବା ଦରକାର, ଯେମିତି କି ସେମାନେ ଯେତେବେଳେ ଯା ମିଳିଲା ଖାଇପାରିବେ, ଯେଉଁଠି ଇଚ୍ଛା ସେଠି ଶୋଇ ପାରିବେ। ଖାଇବାରେ ଭୟ କରିବାର କିଛି ନାହିଁ, କାରଣ ଅଧିକାଂଶ ଖାଦ୍ୟ ଭାରତୀୟମାନେ ତାଙ୍କ ଘରେ ରାନ୍ଧନ୍ତି। ମାତ୍ର ଗୋଟିଏ ଅସଲ କଥା ହେଉଛି ଯେ, ସେମାନେ ଭାରି ମସଲା ଖାନ୍ତି। ତାଙ୍କ ତରକାରି ଭାରି ରାଗ। କିଛି ଦିନ ଅଭ୍ୟସ୍ତ ନ ହେଲେ ଭଲ ଲାଗେନି।

ଆମ ଲୋକେ ଯେମିତି ଭାବନ୍ତି, ଭାରତ ସେମିତି ଗୋଟାଏ ଭୟଙ୍କର ଭୂତପ୍ରେତଙ୍କର ଜାଗା ନୁହେଁ। ସେ ଦେଶରେ ବୁଲିବାପାଇଁ ବିଶେଷ ଶାରୀରିକ କଷ୍ଟ ସହିବାକୁ ପଡ଼େ ନା। ଅନେକ ଆମେରିକାନ୍ ସାରା ଜୀବନ ସୁଖରେ ବସବାସ କରି ସେଠି ରହିଛନ୍ତି। ଯେତେ ପରିବାରରେ ମୁଁ ରହିଥିଲି, ଅଧିକାଂଶ ଭାରି ସ୍ନେହୀ ଓ ଦୟାଳୁ। ଦେଶ ସାରା ଏକୁଟିଆ ବୁଲୁଥିଲେ ବି ରାସ୍ତାଘାଟରେ ବନ୍ଧୁତାର କିମ୍ବା ଆଦର ଅଭ୍ୟର୍ଥନାର ଅଭାବ ନ ଥିଲା।

ଲଣ୍ଡନ ବିଦାୟ

ବିଲାତି ସକାଳ। ଅଧା-ଛାଇ ଅଧା-ଆଲୁଅ। ଆଶା ନିରାଶା ମିଶାମିଶି। ହୁଏତ ଖରା ପଡ଼ିବ ନଚେତ୍ ମେଘ ବର୍ଷିବ। ସାଇବଙ୍କ ହସରୁ ସାଇବଙ୍କୁ ଚିହ୍ନିବା ଯେମିତି କଠିନ, ସକାଳ ଦେଖି ବିଲାତି ଦିନର ପାଣିପାଗ ଅନୁମାନ କରିବା ସେମିତି କଠିନ। ଓଡ଼ିଆ ଡାକ୍ତର ବନ୍ଧୁ ଶ୍ରୀ ରାଜକିଶୋର ଦାସ ଓ ମୁଁ ଷ୍ଟେସନ ବାହାରିଲୁଁ। ଭାରତୀୟ ଛାତ୍ରାବାସର ଭାଇଭଉଣୀମାନେ ସାହେବି କାଇଦାରେ ବିଦାୟ ଦେଲେ, "ତମ ଯାତ୍ରା ମଙ୍ଗଳ ହେଉ, ପାଦରେ ତମର କଣ୍ଟା ନ ବାଜୁ, ଶୁଭରେ ଫେର, ଆମକୁ ଆମେରିକାର ସନ୍ଦେଶ ଦିଅ।"

ସେଣ୍ଟ୍ ପାଁକ୍ରସ ଷ୍ଟେସନରେ ଅନ୍ୟାନ୍ୟ ସହଯାତ୍ରୀଙ୍କୁ ଭେଟିଲି। ଦୁଇଜଣ ଇଂରେଜ ଓ ଦୁଇଜଣ ଫରାସୀ କିଶୋର। ଜଣେ ଇଂରେଜ କିଶୋରୀ—ପାଟ୍ରିସିଆ, ଗେହ୍ଲା ନାଁ ପାଟ୍। ଗାଡ଼ି ଛାଡ଼ିବାକୁ ପାଞ୍ଚ ମିନିଟ୍ ଥାଏ। ବନ୍ଧୁ ରାଜକିଶୋର ଆମମାନଙ୍କର ଗୋଟିଏ ବିଦାୟ ଚିତ୍ର ଉଠାଇନେଲେ। ଗାଡ଼ି ହୁଇସିଲ୍ ଶୁଣି ବିଦାୟ ନମସ୍କାର ଜଣାଇଲି। ଡାକ୍ତର ବନ୍ଧୁ କହିଲେ, "ଏତେ ତ ଆମେରିକା ଆମେରିକା ହେଉଥିଲ। ସେ ସୁଯୋଗ ତ ଆସିଗଲା; ଆଉ ଦୁଃଖ କଣ? ସୁଖରେ ଫେର।" କିଛି କହିପାରିଲିନି। ସୁଖୀ ହେଲିନି। ବିଦାୟ ବେଳାରେ ମଣିଷ ବୋଧ ହୁଏ ସୁଖୀ ହୁଏ ନା।

ଗାଡ଼ି ଛୁଟିଲା। ବିଲାତି ଗାଡ଼ି, କିଛି ତାଳଚେର ପାସେଞ୍ଜର ନୁହେଁ। ସ୍କଟ୍‌ଲାଣ୍ଡ୍ ଅଭିମୁଖରେ ଆମର ଦୌଡ଼। ସ୍କଟ୍‌ଲାଣ୍ଡର ପ୍ରେଷ୍ଟଉଇକ୍ ଉଡ଼ାଜାହାଜ ପାଟିରୁ ଉଡ଼ିବାକୁ ହେବ। ଗାଡ଼ିରେ ନାନା ଗପ, ମଉଜ ମଜଲିସ। ଶେଷ ଷ୍ଟେସନରେ ପହଞ୍ଚିଲା ବେଳକୁ ରାତି ୮।୩୦। ଷ୍ଟେସନରୁ ଉଡ଼ାଜାହାଜ ଘାଟି ଦୁଇ ମାଇଲ ରାସ୍ତା। ସାଇବ ପିଲାମାନେ ଟାକ୍‌ସିରେ ଯିବାପାଇଁ ମନା କଲେ। ହାତରେ ପଇସା ଥିଲେ ତ? ହଉ, ସାନ ବଡ଼ ଦୁଇଟି ସୁଟ୍‌କେଶ ମୁଣ୍ଡରେ ଲଦି ଚାଲିଲି। ସାଇବମାନେ କାନ୍ଧରେ କିମ୍ବା ହାତରେ ଓହଳାଇ

ଜିନିଷ ବୁହନ୍ତି। ମୋ ମୁଣ୍ଡବୁହା ଦେଖି ଭାରି ହସିଲେ। ଦେହରେ ସୁନ୍ଦର ସୁଟ୍, ମୁଣ୍ଡରେ ଚପାକସ୍ ବୋଝ। ଆମ ଦେଶରେ ମୁଁ ଏ ସାହସ କେବେ କରି ନ ଥାନ୍ତି। ତା ପୂର୍ବରୁ ଫ୍ରାନ୍ସ ରାଜଧାନୀ ପାରିସ୍ ସହରରେ ଏ ଅନୁଭୂତି ବେଶ୍ ଲାଗିଥିଲା। ଜାହାଜ ଘାଟିରେ ପହଞ୍ଚିଲା ବେଳକୁ ବେକ ରକା। ହେ ଭଗବାନ୍, ଆମେରିକା ଦେଖିବାପାଇଁ ଏତିକି କଷ୍ଟ !

ରାତି ସାଢ଼େ ନ। ଟିପି ଟିପି ମେଘକୁ କିଟି କିଟି ଅନ୍ଧାର। ମୁହଁକୁ ମୁହଁ ଦିଶୁ ନାହିଁ। ଘାଟି ଦୁଆରେ ଚାରି ଇଂଜିନ୍ ଲଗା ଗୋଟିଏ ବଡ଼ ଉଡ଼ାଜାହାଜ ପକ୍ଷି ମେଲେଇ ଠିଆହୋଇଛି। ପାଗ ଦେଖି ମନ ଆମ୍ପିଲା। ଠିକ୍ ତିନି ଦିନ ଆଗରୁ ଏହି ଘାଟିରେ ଓହ୍ଲାଉ ଓହ୍ଲାଉ ଗୋଟିଏ ଆମେରିକା ଜାହାଜ ଚୂରମାର ହୋଇ ଯାଇଥାଏ, ଏଗାର ଜଣ ଲୋକ ଶୂନ୍ୟସମାଧି ପାଇଥାନ୍ତି। ବାଁ ଆଖି ଡେଇଁଲା, ମନ ପାପ ଛୁଇଁଲା। ଦି ବର୍ଷ ପୂର୍ବେ ବମ୍ବେରୁ ବିଲାତ ଅଭିମୁଖରେ ଯେତେବେଳେ ଉଡ଼ିଥିଲି ସେତେବେଳେ ଭିନ୍ନ କଥା। ଏବେ ତ ବିଲାତ ଡିଗ୍ରୀଟା ପଛରେ ଲାଗିଛି। ଦଇବ ଯୋଗକୁ କିଛି ଅସୁବିଧା ହେଲେ ବାପାଙ୍କର ତ ପୁଅଟିଏ ଯିବ, ଓଡ଼ିଶା ସରକାରଙ୍କର କରଜପାଣ୍ଠିରୁ ଚଉଦ ହଜାର ଟଙ୍କା ଯେ ମାଟି ହେବ ! ତେବେ 'ମାତା ଯସ୍ୟ ଗୃହେ ନାସ୍ତି, ଭାର୍ଯ୍ୟା ଯସ୍ୟ ନାସ୍ତୈବ ଚ' ସେ ଆଉ ବେଶୀ ଭାବନ୍ତା କାହିଁକି ? ଗୁରୁଗର୍ଜନରେ ଜାହାଜର ପଞ୍ଜର ଥରିଲା। ଆଖି ଆଗରେ ଲାଲ ଅକ୍ଷରରେ ଜଳି ଉଠିଲା—ଫାଷ୍ଟ୍ନ ବେଲ୍ଟ, ଡୋ'ଣ୍ଟ୍ ସ୍ମୋକ୍ ପ୍ଲିଜ୍। ବେଲ୍ଟ ବାନ୍ଧନ୍ତୁ, ଧୂଆଁ ପିଅନ୍ତୁ ନାହିଁ। ପାଞ୍ଚ ମିନିଟ୍ ଭିତରେ ଅନ୍ଧାରୁଆ ଆକାଶଭିତରକୁ ଜାହାଜ ଖେଦିଗଲା। ବାଦଲ ଉପରକୁ ଉଠିଯିବାରୁ ତାରାଗୁଡ଼ିକ ଜୁଳୁଜୁଳୁ ଦେଖାଗଲେ। ନିଶ୍ୱାସ ମାରିଲି। ପାଖ ସିଟ୍‌ରେ ଜଣେ ଫିନ୍‌ଲାଣ୍ଡ୍ ତରୁଣୀ ସହଯାତ୍ରୀ ଆମେରିକା ଯାଉଥାନ୍ତି ଇଂରେଜୀ ପଢ଼ିବାପାଇଁ। ତାଙ୍କ ଇଂରେଜୀ ଏତେ ଭୁଲ, ଯେ ସେ ଲାଜରେ କଥା କହୁ ନ ଥାନ୍ତି। ତେଣୁ ଦୁହିଁଙ୍କ ହାତରେ ଦୁଇଖଣ୍ଡ ବହି। ବସିଲୁଁ ଚୁପ୍‌ଚାପ୍। ଉଡ଼ାଜାହାଜ ଛୁଟିଲା ଅଠାଇଶ ହଜାର ଫୁଟ ଉଚ୍ଚରେ ଦୁଇଶ ପଚାଶ ମାଇଲ ବେଗରେ।

ଉଡ଼ିବାର ସାଢ଼େ ତିନି ଘଣ୍ଟା ପରେ ବଡ଼ ବିଚିତ୍ର କଥା ଘଟିଲା। ସ୍କଟ୍‌ଲାଣ୍ଡ୍‌ରେ ଥିଲା ରାତି। ବର୍ତ୍ତମାନ ଆଇସ୍‌ଲାଣ୍ଡ୍ ଉପରକୁ ଆସିଲାବେଳକୁ ସୂର୍ଯ୍ୟାସ୍ତ—ସୂର୍ଯ୍ୟର ଶେଷ କିରଣ ଶୁଭ୍ରମେଘ ଉପରେ ବିଞ୍ଚିହୋଇ ରହିଛି। ଏ କେମିତି କଥା ? ସେଇଠି ଥିଲା ରାତି, ଏଇଠି ହେଲା ଦିନ। ଅନ୍ଧ ସିନା ବିଶ୍ୱାସ କରିବ, ଆଖିଥିଲା ଲୋକ ପରତେ ଯିବ କେମିତି ? ହାଇସ୍କୁଲର ଭୂଗୋଳ ସାରଙ୍କ କଥା ମନେ ପଡ଼ିଲା। ସତେ ତ, ସେ କହିଥିଲେ ପୃଥିବୀଟା ଗୋଲ। ତାପରେ ସବୁ ସ୍ୱପ୍ନ ପରି ଲାଗିଲା—ଦିନ ରାତିର କ୍ରମ କିଛି ବୁଝିପାରିଲି ନାହିଁ।

ଏଥିରେ ଯାତ୍ରୀମାନଙ୍କୁ ଇଞ୍ଜିନ୍ ଘର ଦେଖାଇବାର ଯୋଗାଡ଼ ଥିଲା। ମୋର ପାଳି ପଡ଼ିଲା। ଜୀବନରେ ତ ଚାଳକ ହେବାର ଆଶା ନାହିଁ। ଦୁଇ ଜଣ ଗୋରା ଚାଳକଙ୍କର ମଧ୍ୟବର୍ତ୍ତୀ ଆସନରେ ବସି ମନୁଷ୍ୟର ସୃଷ୍ଟି—କୌଶଳ ଦେଖି ଅବାକ୍ ହେଲି। ଆଖିବାଳ ପରି ସରୁ ହଜାର ହଜାର ତମ୍ବା ତାର ଦେଖିଲି। ଇଞ୍ଜିନ୍‌ର ଠିକ୍ ଆଗରେ ଖୋଲା ଆକାଶଟା ଦେଖି ଆକାଶିଆ ଲାଗିଲା। କିନ୍ତୁ ଭିତରେ ବସିଥିଲେ କିଛି ଜଣା ପଡ଼େନି। ନୀଳ ଆକାଶର ବକ୍ଷ ଚିରି ପକ୍ଷ ମେଲି ବିରାଟ ଜାହାଜଟା ଛୋଟ ଚଢ଼େଇଟି ପରି ଉଡୁଥିଲା। ବିରାଟ ଆଟଲାଣ୍ଟିକ୍ ସାଗର ଜଳ-ଜାହାଜକୁ ପ୍ରତି ପଦରେ ଅପମାନିତ କରେ, ପିଞ୍ଜରା ଥରାଇ ଜୀବନ ସଂଶୟରେ ପକାଏ। କିନ୍ତୁ ଉଡ଼ାଜାହାଜକୁ ସେ ଶାନ୍ତ ଶିଶୁଟି ପରି ଅନାଇ ରହିଥାଏ। ଛାତି ଉପରେ ତାର ପଡ଼ିଯାଏ ବିଜେତାର ପଦଛାୟା।

ଦିନ ଦଶଟା ବେଳେ କାନେଡ଼ା ଉପନିବେଶ ନିଉଫାଉଣ୍ଡ୍‌ଲାଣ୍ଡ୍‌ରେ ଓହ୍ଲାଇଲୁଁ। ମନେ ହେଲା, ଭାରତର କେଉଁ ଜାଗାରେ ଓହ୍ଲାଇପଡ଼ିଲି କି ! ନୀଳ ଆକାଶ, ଉଜ୍ଜ୍ୱଳ ସୂର୍ଯ୍ୟକରଣ, ଦିଗ୍‌ବଳୟବ୍ୟାପୀ ସୁନ୍ଦର ନୀଳ ବଣ। ମନେ ପଡ଼ିଲା ଓଡ଼ିଆ କବିଙ୍କର "ତାଳତମାଳେ ନୀଳିମା, ମୋ ଜନନୀ ଅଙ୍ଗସୀମା" ଯାହାକୁ କାଳିଦାସ କହିଥିଲେ 'ତମାଳତାଳୀ ବନରାଜିନୀଳା'। ନିଉଫାଉଣ୍ଡ୍‌ଲାଣ୍ଡ୍‌ର ଗୋଟିଏ କଥା ଏବେ ବି ମନେ ଅଛି—ସେ ହେରିଂ ମାଛ। ରନ୍ଧା ମାଛଟା ମିଠା ମିଠା ଲାଗୁଥାଏ, ବିଲାତର ଛେନା ଖଣ୍ଡ ପରି ଦେଖା ଯାଉଥାଏ ! ବିଲାତରେ ସେ ଗନ୍ଧିଆ ମାଛରନ୍ଧା ମୁଁ ଦିନେ ହେଲେ ଛୁଇଁଥାନ୍ତି ! ହାୟ ରେ ହତଭାଗ୍ୟ ସେ ଇଂଲଣ୍ଡ ଦେଶ !

ପହିଲି ଦେଖା

ବସିଛି, ହଠାତ୍ ଜାହାଜ ଦେହରେ ଲାଲ୍ ଅକ୍ଷର ଜଳି ଉଠିଲା—"ସିଟ୍ ବେଲ୍ଟ ବାନ୍ଧନ୍ତୁ, ଧୂଆଁ ପିଅନ୍ତୁ ନାହିଁ।" କଣ ହେଲା କି? ନିୟୁୟର୍କ ସହର ହେଲା ପରା! ନିଶ୍ୱାସ ମାରିଲି। ସ୍ୱପ୍ନ ତେବେ ସତ ହେଲା। ସଭ୍ୟତାର ଶେଷକେନ୍ଦ୍ର, ବିଶ୍ୱର ବିଶାଳତମ ସହର ତେବେ ଆଜି ଆଖିରେ ପଡ଼ିବ। କାଚରନ୍ଧ୍ର ଦେହରୁ ତଳକୁ ଚାହିଁଲି। ବୃକ୍ଷଲତା ସମେତ ଲକ୍ଷ ଲକ୍ଷ ଗୃହ ସ୍ୱର୍ଗପଥରୁ ପିଲାଙ୍କ କଣ୍ଢେଇଘର ପରି ସାନ ସାନ ଦିଶୁଥିଲା। ବିଜୟ-ଉଲ୍ଲାସରେ ଛାତି ଫୁଲି ଉଠୁଥିଲା। ଯେଉଁ ଆମେରିକା-ଦର୍ଶନପାଇଁ ବିଲାତର ସାଇବ ସାଇବାଣୀ ବାଡ଼େଇ କଚାଡ଼ି ହେଉଛନ୍ତି, ସେ ଆଜି ଆମ ଉଡ଼ାଜାହାଜ ଛାଇରେ ଛିଡ଼ା ହୋଇଛି। ମନରେ ଗୌରବ, ଆନନ୍ଦ, ଉଦ୍‌ବେଗ ସବୁ। ଜାହାଜ ତଳକୁ ଖସିଲା। ଆମେମାନେ କଷ୍ଟମ୍ ପରୀକ୍ଷା ପାର ହେଲୁ। ପଦାକୁ ଆସି ଦେଖିଲୁଁ କେତେକ ଯୁବକ ଯୁବତୀ ଆମ ଅପେକ୍ଷାରେ ଛିଡ଼ା ହୋଇଛନ୍ତି। ପରିଚିତ ହେଲା। ସମସ୍ତଙ୍କ ମୁହଁରେ ହସ। ସାଇବଙ୍କ ପରି ଆମେରିକାନ୍ ମାନେ ତୂଳାମୁହାଁ ନୁହନ୍ତି। ପାଞ୍ଚ ମିନିଟ୍‌ର ଚିହ୍ନା ପରେ ନାଁ ଧରି ଡାକନ୍ତି "ଗୋଲୋକ"। ମିଷ୍ଟର୍ ଧଳ କହିବାର ଆବଶ୍ୟକତା ନ ଥାଏ। ଘଡ଼ିକୁ ଅନାଇ ଦେଖିଲି ୭।୩୦ ବାଜିଛି। ଅବିଶ୍ୱାସ ହେଲା। ଏତେ ଖରା ଅଛି, ସାତ ବାଜିବ କିମିତି? ସମୟ ବିଷୟରେ ମୋର ସନ୍ଦେହ ଦେଖି ଜଣେ କିଶୋରୀ ହସ ଫୁଟାଇ କହିଲେ, "ବନ୍ଧୁ, କାନ୍ଥରେ ଯେ ଘଡ଼ିଟା ଅଛି, ତାକୁ ଟିକିଏ ଚାହଁ। ମନେ ରଖିବା ଉଚିତ ଏଟା ନିୟୁୟର୍କ ସହର, ଲଣ୍ଡନ ନୁହେଁ। ଆମ ଏଠିକା ଘଣ୍ଟାରେ ବର୍ତ୍ତମାନ ୨ଟା ୩୦ ବାଜିଛି।" ମନେ ମନେ ଭାବିଲି—ଜଣେ ରୂପସୀ ଆମେରିକା କିଶୋରୀଙ୍କ ନିକଟରେ ହାରିବାରେ କ୍ଷତି କଣ? କାଳିଦାସ ତ ପୁଣି କେଉଟୁଣୀ ପାଖରେ ହାରିଥିଲେ।

ଉଡ଼ାଜାହାଜ ଘାଟି ବାହାରେ ଭେଟିବାପାଇଁ ଅପେକ୍ଷା କରିଥିଲେ କେତେକ ଆମେରିକାନ୍ ତରୁଣ ତରୁଣୀ। ସମସ୍ତେ ଯେମିତି ଆନନ୍ଦ ଉପଭୋଗର ପ୍ରତିମୂର୍ତ୍ତି, ଆଖିରେ

ଓ ଅଧରରେ ସ୍ୱାଗତର ଭାଷା। ଆମେରିକାର ଝିଅପୁଅଙ୍କ ଆଗରେ ବିଲାତି ଝିଅ ପୁଅ ସତେ ଯେମିତି ଫୁଟନ୍ତା ପଦ୍ମ ପାଖରେ ମଉଳା କଇଁ। କି ଦୀନହୀନ ମଳିନ ସତେ! ହଁ, ଆଜିକା ଦୁନିଆରେ ତ ସବୁ ପଇସାର ଖିଆଲ! ପଦାକୁ ବାହାରିଲା ମାତ୍ରେ ଆଖିରେ ପଡ଼ିଲା ଦିଗ୍‌ବଳୟବ୍ୟାପୀ ବିରାଟ ପ୍ରାନ୍ତର, ବିରାଟ ନୀଳ ଆକାଶ, ଉଜ୍ଜ୍ୱଳ ତେଜୀୟାନ୍ ସୂର୍ଯ୍ୟ। ସେହି ମାଟିରେ ଲୋଟିଯିବା ପାଇଁ ଇଚ୍ଛା ହେଲା। ଦୁଇବର୍ଷ କାଳ ଯେ ଲଣ୍ଡନର ପଥର କାନ୍ଥତଳେ ପଡ଼ି ରହିଥିଲା, ଅନ୍ଧାର କୁହୁଡ଼ି ଛଡ଼ା ଚନ୍ଦ୍ର, ସୂର୍ଯ୍ୟଙ୍କୁ ମନ ପୂରାଇ ଦେଖି ପାରୁ ନ ଥିଲା, ଆମେରିକାର ମୁକ୍ତ ଆକାଶ ତଳେ ତା ପ୍ରାଣରେ କି ପୁଲକ ହୋଇଥିବ, ତା ଅନୁଭବୀ ଛଡ଼ା ଆଉ କେହି ଜାଣି ପାରିବନି। ଆମ ଛ ଜଣଙ୍କ ପାଇଁ ଏକ ବିରାଟ ପଣ୍ଟିଆକ୍ ଗାଡ଼ି ଅପେକ୍ଷା କରିଥିଲା। କ୍ୟାମ୍ପ୍ ଅଭିମୁଖରେ ବାହାରିଲୁଁ। ମେରାମଣ୍ଡଳୀ ବସ୍‌ରେ ଯାହାଙ୍କୁ ଆଗ ସିଟ୍‌ଟା ବି ମିଳେ ନାହିଁ, ତାଙ୍କ ପାଇଁ ପଣ୍ଟିଆକ୍ ଗାଡ଼ି ନିଶ୍ଚୟ ବହୁତ ଉନ୍ନତି। ମନେ ମନେ ହସେଁ। ସଳିତା ଶେଷ ବେଳକୁ ଜୋର୍‌ରେ ଜଳି ଉଠେ। ଆମ ଜୀବନର ଶେଷ ମଟରଚଢ଼ା ବୋଲି ପଣ୍ଟିଆକ୍ ଗାଡ଼ି ମିଳିଛି ବୋଧହୁଏ।

ଗାଡ଼ି ରାସ୍ତା ଉପରକୁ ଉଠିଲା। ଘଣ୍ଟାରେ ୬୫ ମାଇଲ ଗତି। ଆମ ଏଠି ବଡ଼ମ୍ବା ବସ୍ ବର୍ଷାଦିନେ ଘଣ୍ଟାରେ ପାଞ୍ଚମାଇଲ ଯାଏ। ରାସ୍ତା ତ ଦେଖିବାର କଥା। ହଜାର ହଜାର ବିଶାଳବପୁ ଗାଡ଼ି ତୀରବେଗରେ ଦୁଇ ପାଖରେ ଛୁଟିଥାନ୍ତି। ଘଣ୍ଟି ନାହିଁ, ଶବ୍ଦ ନାହିଁ। ଦୁଇ ପାଖରେ ଖାଲି ସୁ-ସୁ ଡାକ ଶୁଭୁଥାଏ। ଦେଖିବାର କଥା, କି ଗାଡ଼ି! ବିଲାତି ଗାଡ଼ି ପରି ଟୁପୁସି ଗାଡ଼ି ନୁହେଁ—ଡଜ୍, ହଡ଼ସନ୍ ପଣ୍ଟିଆକ୍, ପ୍ଲିମଥ୍, କଡ଼ିଲାକ୍, ଲିଙ୍କନ। ପୃଥିବୀର ଅନ୍ୟ ଯେ କୌଣସି ଦେଶରେ ଯେଉଁ ଗାଡ଼ି ସବୁ ଚରମ ବିଳାସ ସାମଗ୍ରୀ, ଆମେରିକାରେ ତା ଅତି ସାଧାରଣ। ସରକାରୀ ହିସାବରେ ପ୍ରତି ଚାରି ଜଣରେ ଖଣ୍ଡେ ଗାଡ଼ି। ଏବେ କହୁଛନ୍ତି କୁଆଡ଼େ ପ୍ରତିଲୋକର ଗାଡ଼ି ହେଲାଣି।

ଜଳ-ସ୍ଥଳ, ଆକାଶ-ପୃଥିବୀ, ସବୁ ନୂଆ ଲାଗୁଥାଏ। ଅନ୍ଧାରୁଆ ଇଂଲଣ୍ଡରୁ ଦି' ବର୍ଷ ପରେ ବାହାରିଛି। ରାସ୍ତାରେ ସବୁଠୁ ନୂଆ ବଡ଼ ବଡ଼ ପ୍ରଚାରପତ୍ର। ବିଲବାଡ଼ି, ବଣ ପାହାଡ଼, ସବୁଠି କମ୍ପାନିର ହଜାର ହଜାର ରଙ୍ଗିନ ପ୍ରଚାରପତ୍ର ମେଲା ହୋଇଛି। ପୃଥିବୀରେ ଏପରି ପ୍ରବୀଣ ପ୍ରଚାରକୌଶଳ ଅନ୍ୟ କେଉଁଠି ଅଛି କି ନାହିଁ ସନ୍ଦେହ। ଧରନ୍ତୁ ଗୋଟାଏ ପ୍ରକାର ମଦର ପ୍ରଚାର କରା ହେଉଛି। ଯେଉଁ ମଦ ବୋତଲଟି ରଖା ହୋଇଛି, ତା ୧୫ କି ୨୦ ହାତ ଲମ୍ବ। ବୋତଲର ଗୋଲେଇଟା ଶଗଡ଼ଚକର ଗୋଲେଇଟାକର ହେବ। ତାକୁ ଅନେଇ ଯେତେ ବଡ଼ କପ୍ ହେବାର କଥା। ମାଠିଆରୁ

ଓଜାଡ଼ିଲା ପରି ମଦ ବୋହୁଛି। ସିଗାରେଟ୍ ପ୍ରଚାର ସେଇମିତି। ଶାଳ ଖୁଣ୍ଟଟାକର ଗୋଟାଏ ସିଗାରେଟ୍, ସେଥିରୁ ଇଲେକ୍‌ଟ୍ରିକ୍ ସାହାଯ୍ୟରେ ସତକୁ ସତ ରେଳ ଇଞ୍ଜିନ୍‌ରୁ ବାହାରୁଥିବା ଧୂଆଁ ପରି ଫାଉଁ ଫାଉଁ ଧୂଆଁ ବାହାରିଯାଉଛି। ପ୍ରଚାରରେ ପ୍ରକୃତରେ ସେମାନେ କେତେ ଧନ ଖର୍ଚ୍ଚ କରନ୍ତି, ଭାବିଲେ ଆଶ୍ଚର୍ଯ୍ୟ ଲାଗେ। ଯାଉଁ ଯାଉଁ ଗୋଟିଏ ହୋଟେଲ କାନ୍ଥରେ ଛପା ହୋଇଥିବା କେତେକ ଖାଦ୍ୟର ନାଁ ଦେଖିଲି। ପହିଲେ ଆଖିରେ ପଡ଼ିଲା 'ହଟ୍ ଡଗ୍‌ସ୍' ଓଡ଼ିଆରେ ଯାହାକୁ ଆମେ 'ଗରମ କୁକୁର' କହିବା। ଆଶ୍ଚର୍ଯ୍ୟ ହେଲି। ଏ ବିଚିତ୍ର 'ଗରମ କୁକୁର' ପୁଣି କଣ ? ସଭ୍ୟ ଆମେରିକା ଲୋକେ କୁକୁରମାଂସ ଖାନ୍ତି ନା କଣ ? ଶଙ୍କା ଓ କୌତୂହଳ ସହିତ ନିକଟରେ ବସିଥିବା ଜଣେ ଆମେରିକାନ୍ ବନ୍ଧୁଙ୍କୁ ପଚାରିଲି। ହସରେ ମଟରଟା ଫାଟିପଡ଼ିଲା। ଉତ୍ତର ମିଳିଲା, "ନାହିଁ ବାବୁ, ବିଲାତର ଘୁଷୁରିମାଂସ ଆମେରିକାରେ 'ହଟ୍ ଡଗ୍' ବା 'ଗରମ କୁକୁର'। ମନେ ମନେ ହସିଲି। ମଲା, ମଲା, ଏ ପରା ଦେବଲୋକଙ୍କର ଭାଷା, ତମେ ଯା'କୁ କହ ଗାଈବଳଦ, ଆମେ ତାକୁ କହୁ କଂସା।"

ଗାଡ଼ି ଛୁଟିଲା। ନିର୍ବାକ୍ ହୋଇ ଅନାଇ ରହିଲି। ନିୟୁୟର୍କ ସହରରେ ପଶି ଦେଖିଲି, କୋଠାସବୁ ତାଳ ଗଛ ପରି ଆକାଶକୁ ଲାଗି ଛିଡ଼ା ହୋଇଛନ୍ତି। ଛିଡ଼ା ହେବାର ସମୟ ନ ଥିଲା। ତେଣୁ ମଟର କାଚ ଝରକାରୁ ଯେତିକି ଦେଖିବାର କଥା, ସେତିକି ମାତ୍ର ଦେଖିଲି। ସନ୍ଧ୍ୟା-ସନ୍ଧ୍ୟା ଗୋଟିଏ ହ୍ରଦକୂଳରେ ପହଞ୍ଚିଲୁଁ। ଅଂଶୁପା ପରି ହ୍ରଦଟାଏ ହେବ। କୂଳରେ ସୁନ୍ଦର ସୁନ୍ଦର କୋଠାବାଡ଼ି, ଚାରିପାଖେ ସପ୍ତଶଯ୍ୟା ପର୍ବତ ପରି ବିରାଟ ପର୍ବତମାଳା। ଏଇଠି ରହିବାକୁ ହେବ। ଏଠି ଯେତେ କୋଠାବାଡ଼ି, ସବୁ ବଡ଼ ବଡ଼ ଲୋକଙ୍କର ଖରାଦିନେ ରହିବା ଘର—ଢେଙ୍କାନାଳର କପିଳାସ କିମ୍ବା ଓଡ଼ିଶାର ପୁରୀ ପରି। ସାହେବ ବନ୍ଧୁମାନଙ୍କ ସଙ୍ଗରେ ଯେତେବେଳେ ଘରେ ପଶିଗଲୁ ଚମକି ପଡ଼ିଲୁଁ। ଠିକ୍ ହ୍ରଦପାଣିକୁ ଲାଗି ବୈଠକଖାନା। ବୈଠକଖାନାରେ ଚଉକିଗୁଡ଼ା ଭୂଇଁରେ ନ ପଡ଼ି ଦୋଳିପରି ହଲୁଛନ୍ତି। ତହଁରେ ସବୁ ଭେଲ୍‌ଭେଟ୍ ଗଦି। ଏଣିକିତେଣିକି ଚାହିଁଲୁଁ! ଲୁଗାପଟା ନ ବଦଳିଲେ, କେଉଁ ସାହସରେ ସେଥିରେ ବସିବୁଁ? ପେଚା ଚଢ଼େଇକି ସୁବର୍ଣ୍ଣ ପିଞ୍ଜୁରୀ!

ଘରଚଟାଣରେ ସବୁଆଡ଼େ ସୁନ୍ଦର ସୁକୋମଳ ଗାଲିଚା। ଝରକାରେ ବର୍ଣ୍ଣବିଚିତ୍ର ପ୍ଲାଷ୍ଟିକ୍ ପରଦା କିମ୍ବା ସିଲ୍‌କର ଜାଲି। ପାଇଖାନାର କମୋଡ୍ ଓ କୁଣ୍ଡସବୁ ଆଲୁଅରେ ଜଳୁଛି। ପାଦତଳେ ପଦ୍ମଫୁଟା ଗାଲିଚା। ଲଣ୍ଡନ ଭାରତୀୟ ଛାତ୍ରାବାସର ମଳିନ ପାଇଖାନାରେ ଯାହାର କାରବାର, ଆମେରିକାର ଏ ବ୍ୟବସ୍ଥାରେ ସେ କେତେ ଚମକିଥିବ, ବୁଝାଇବାର ଆବଶ୍ୟକତା ନାହିଁ। ଖାଲି ସଂଭୋଗ ଓ ସମ୍ପଦର ଇନ୍ଦ୍ରଜାଲ।

ଏ ସଂଭୋଗ ଯଦି ବିନା ପଇସାରେ କିଛି ଦିନ ମିଳିଯାଏ, ତେବେ ଆମେରିକା ଆସିବା ସାର୍ଥକ ହୋଇଛି। ପାନ, ଭୋଜନ, ଆମୋଦ ଆଳାପରେ ପଥଶ୍ରାନ୍ତ ଦେହଟା କୁସୁମକୋମଳ ଶଯ୍ୟାରେ କେତେବେଳେ ଜଡ଼ିଯାଇଛି, ଜାଣେନି।

ସକାଳ ଛ। ନୀରବ ନିସ୍ତବ୍ଧ ହ୍ରଦତୀର। ସୂର୍ଯ୍ୟର ପ୍ରଥମ ଆଲୋକ ହ୍ରଦଦେହରେ ଲାଗି ରହିଛି। ସମସ୍ତ କୁଟୀରଟି ନୀରବ, କେବଳ ପକ୍ଷିରାବରେ ତୀରଭୂମି ମୁଖର। ଭାରତର କୌଣସି ଏକ ଜଣାଶୁଣା ଜାଗାରେ ରହିଲା ପରି ଲାଗୁଛି। ବିଲାତ ପାଗର ଅନିଶ୍ଚିତତା ନାହିଁ। ଭାରତୀୟ ସୂର୍ଯ୍ୟପରି ସୂର୍ଯ୍ୟ ବିଜୟଗର୍ବରେ ଉଠୁଛି। ଇଂଲଣ୍ଡରେ ଅନେକ ଦିନ ରହିଲା ପରେ ଏପରି ଗୋଟିଏ ସୁନ୍ଦର ସକାଳ ଆଶା ଓ ଆନନ୍ଦ ସୃଷ୍ଟି କରେ, ମଣିଷକୁ ଘରମୁହାଁ କରିଦିଏ। ଗଞ୍ଜେଇଡ଼ିହର ଗୋଡ଼ିମାଟି ମଣିମୁକ୍ତାଠାରୁ ମୂଲ୍ୟବାନ ହୁଏ। ନିଛାଟିଆ ହ୍ରଦତୀରରେ ବସି ସ୍ୱଦେଶକୁ ସନ୍ଦେଶ ଲେଖେ 'ଆମେରିକାରେ ପ୍ରଥମ ସନ୍ଧ୍ୟା।' ସକାଳ ଆଠଟାବେଳେ ଆମ୍ଭମାନଙ୍କୁ ଶୁଣାଇ ଦିଆଗଲା ଯେ କ୍ୟାମ୍ପ୍‌କୁ ଯିବାକୁ ହେବ। ମୁଣ୍ଡରେ ବଜ୍ର ପଡ଼ିଲା। ଆମେ ସିନା ଭାବିଥିଲୁଁ ଏଇ ଇନ୍ଦ୍ରପୁରୀଟା ଆମ କ୍ୟାମ୍ପ୍ ବୋଲି। ମୁହଁ ଶୁଖେଇ ଗଣ୍ଠିରି ବାନ୍ଧିଲୁଁ। କ୍ୟାମ୍ପ୍ ଏଠୁ ଦୁଇଶ ମାଇଲ।

●

କ୍ୟାମ୍ପ୍

କ୍ୟାମ୍ପ୍ ଜୀବନ ମୋ ପକ୍ଷରେ ନୂଆ ନୁହେଁ। ସ୍କୁଲରେ ଅନେକ ଥର ସ୍କାଉଟ୍ କ୍ୟାମ୍ପ୍‌ରେ ରହିଛୁ। ସର୍ବଭାରତୀୟ ସ୍କାଉଟ୍ କ୍ୟାମ୍ପ୍‌ରେ ଦିଲ୍ଲୀରେ ମଧ୍ୟ ଥିଲି। ୧୯୫୦ ଗ୍ରୀଷ୍ମାବକାଶରେ କାନଡ଼ା ସରକାରଙ୍କଠୁଁ ଗୋଟିଏ ବୃତ୍ତି ପାଇ ବିଲାତସ୍ଥ ଭାରତୀୟ ଛାତ୍ରମାନଙ୍କ ତରଫରୁ ଫ୍ରାନ୍ସରେ ଆନ୍ତର୍ଜାତିକ କ୍ୟାମ୍ପ୍‌ରେ ରହିଥିଲି। ମାତ୍ର ସେ ସମସ୍ତ କ୍ୟାମ୍ପ୍‌ଜୀବନ ଆମେରିକା କ୍ୟାମ୍ପ୍‌ଜୀବନଠାରୁ ସଂପୂର୍ଣ୍ଣ ପୃଥକ୍। ସେଠି ସହରରେ ରହିଥିଲୁଁ, ଏଠି ବଣରେ।

ଦିନ ଦିଟାବେଳେ ଆମ ଗାଡ଼ି ଯେତେବେଳେ ପାହାଡ଼ ଉପରେ ଚଢ଼ିଲା, ଦେଖିଲି ଖଣ୍ଡେ ପଟାରେ ଲେଖାଅଛି "ଆନ୍ତର୍ଜାତିକ ବସତି କ୍ୟାମ୍ପ୍‌କୁ ରାସ୍ତା।" କ୍ୟାମ୍ପ୍‌ଟା ତା ହେଲେ ଆମେରିକାର ସହରୀ ସଭ୍ୟତାର ଦୂରରେ କେଉଁ ଏକ ଅଜଣା ଜାଗାରେ ନିଶ୍ଚୟ। ବନ୍ଧୁମାନଙ୍କୁ ମୁଁ ମହାଭାରତ ଗପ କହିଲି। ପଞ୍ଚ ପାଣ୍ଡବଙ୍କର ଅଜ୍ଞାତବାସ ହେବ! କାରଣ ଆମ ଦଳରେ ଆମେ ଥିଲୁ ପାଞ୍ଚ ଜଣ ବାଳକ ଓ ଜଣେ ମାତ୍ର ବାଳିକା ପାଟ୍। ଗାଡ଼ି ଉଠିଲା। ଗୋଟିଏ ପର୍ବତ ଖୋଲରେ ପହଞ୍ଚିଲୁ। ସପ୍ତଶଯ୍ୟା କିମ୍ବା କପିଳାସ ଖୋଲ ପରି ଖୋଲ। ଚାରିପାଖ ଦୀର୍ଘ ପର୍ବତମାଳା, ପାଖରେ ଗୋଟିଏ ଛୋଟିଆ ଗାଁ, ନାଁ ପଟ୍ନି। ପାହାଡ଼ ତଳେ ମାଟିଆ ପାଣିର ପୋଖରୀ। ପାଣି ମାଟିଆ ହେଲେ ବି ସାହେବଙ୍କର କିଛି ଯାଏ ଆସେନି। ଗାଡ଼ିରୁ ଓହ୍ଲାଇ ଖୋଜିଲି ଘର କାହିଁ। ଦେଖିଲାବେଳକୁ ଗୋଟାଏ କାଠ ତିଆରି ଦୋମହଲା ଚାଳିଆ। ଖାଲି ଛାତଟା। କାନ୍ଥ ବାଡ଼ କିଛି ନାହିଁ। ପବନ ଏପାଖ ପଶି ସେପାଖ ବାହାରିଯାଉଛି। ଆମ ଆଗରୁ ଆସିଥିବା ହଲାଣ୍ଡ, ଡେନ୍‌ମାର୍କ ପିଲାଏ ତାକୁ ତିଆରି କରିଛନ୍ତି। ପାଇଖାନା ବୋଇଲେ ଦି ଚାରିଖଣ୍ଡ ପଟା ଘେରା ହୋଇଛି। କିନ୍ତୁ ରୋଷାଇଘରେ ଯନ୍ତ୍ରପାତି ସବୁ ଭରା। ତଳ ମହଲା ରୋଷାଇଘର ଓ ଭୋଜନାଳୟ। ଉପର ମହଲା

ରହିବା ଘର। ଛ ଇଞ୍ଚ ଉଚ୍ଚ ଖଟିଆସବୁ ପଡ଼ିଛି। ଦିଖଣ୍ଡ ଲେଖା କମ୍ବଳ ପଡ଼ିଛି। ତକିଆ ନାହିଁ। ପାର୍ବତୀ ତପସ୍ୟା କଲାବେଳେ ହାତ ଉପରେ ଯେମିତି ମୁଣ୍ଡ ରଖି ଶୋଉଥିଲେ, ସେମିତି ଶୋଇବାକୁ ହେବ। ଇଲେକ୍‌ଟ୍ରିକ୍ ନାହିଁ। ଆମେରିକାରେ ପୁଣି ଖଣ୍ଡିଆ ଲଣ୍ଠନ କିଏ କାହିଁକି କଳ୍ପନା କରନ୍ତା ? ଅବସ୍ଥା ଦେଖି ଅଧୀର ହେବାର କିଛି ନାହିଁ। ଆମକୁ ଆଗରୁ ଶିକ୍ଷା ଦିଆଯାଇଥାଏ 'ଏକ୍‌ସ୍‌ପେରିମେଣ୍ଟ୍' ବା ପରୀକ୍ଷା। କୌଣସି ଜିନିଷକୁ ଖରାପ ବୋଲି ଆଗରୁ ନ କହି ତାକୁ ପରୀକ୍ଷା କରି ମତାମତ ଦେବାକୁ ହେବ। ଏହି ହେଲା ଆନ୍ତର୍ଜାତିକ ବସତି ପରୀକ୍ଷାର ମୂଳମନ୍ତ୍ର। ଗଣ୍ଠିରିପତ୍ର ଉଠାଇ ଆସ୍ଥାନ ଜମାଇ ରହିଲୁଁ। କେତେ ଜଣ ଆମେରିକାନ୍ କୁମାରୀ ଆସି ଆତ୍ମପରିଚୟ ଦେଇ ଜଳକ୍ରୀଡ଼ା ପାଇଁ ନିମନ୍ତ୍ରଣ କଲେ। ଗାଧୁଆରୁ ଫେରିଲା ବେଳକୁ ଚାରି ବାଜି ଯାଇଥିଲା। ଚା ପାଇଁ ଡକରା ପଡ଼ିଲା। ସେଦିନ ଗପ ଛଡ଼ା କ୍ୟାମ୍ପ୍‌ରେ କିଛି କାମ ନ ଥିଲା।

କ୍ୟାମ୍ପ୍‌ରେ ବରାବର ଯିବା ଆସିବା ଲାଗିଥାଏ। ପଞ୍ଚାଏ ଗଲେ ପଞ୍ଚାଏ ଆସନ୍ତି। ଆମେରିକା ଭ୍ରମଣକୁ ତିନି ଭାଗରେ ବିଭକ୍ତ କରାଯାଇଥିଲା। ପ୍ରଥମେ କ୍ୟାମ୍ପ୍‌ରେ ରହିବାକୁ ହେବ, ଦୁଇରେ ପରିବାରରେ ରହିବାକୁ ହେବ, ତିନିରେ ଶେଷକୁ ବଡ଼ ବଡ଼ ସହରରେ ରହି ନିୟୁୟର୍କରୁ ପୁଣି ଯେ ଯାହା ଦେଶକୁ ଉଡ଼ି ପଳାଇବାକୁ ହେବ। ତେଣୁ ପଞ୍ଚାଏ କ୍ୟାମ୍ପ୍ ଜୀବନ ସାରି ପରିବାରକୁ ଯିବା ପାଇଁ ବାହାରିଲା ବେଳକୁ ଆଉ ପଞ୍ଚାଏ କ୍ୟାମ୍ପ୍‌କୁ ଆସନ୍ତି। ଯେଉଁମାନେ କ୍ୟାମ୍ପ୍‌ରେ ରହନ୍ତି, ସେମାନେ କ୍ୟାମ୍ପ୍ ରୁଟିନ୍ ଅନୁସାରେ କାମ କରନ୍ତି। କ୍ୟାମ୍ପ୍ ବାହାରକୁ ଯିବା ଆସିବା ପାଇଁ ମର୍କରୀ, ହଡ୍‌ସନ୍ ବୁଇକ୍ ପ୍ରଭୃତି ବିରାଟ ଗାଡ଼ିସବୁ ଅପେକ୍ଷା କରିଥାନ୍ତି। ରୋଷାଇଘରୁ କ୍ୟାମ୍ପ୍ ଅଫିସ ଡାକେ ବାଟ ହେବନି, କିନ୍ତୁ ସେଥିପାଇଁ ଗାଡ଼ି ବି ରଖାଯାଇଥାଏ।

କ୍ୟାମ୍ପ୍ ଜୀବନ ଆରମ୍ଭ ହୁଏ ୭।୩୦ ରେ। ବ୍ରେକ୍‌ଫାଷ୍ଟ୍ ଅର୍ଥାତ୍ ପହିଲି ଭୋଜନ ପକାଇବା ପାଇଁ ସମସ୍ତେ ଟେବୁଲ ଉପରକୁ ଗଡ଼ନ୍ତି। ଯେତେ ସ୍ୱାଧୀନ ହେଲେ ବି ରୋଷାଇଟା ଝିଅଙ୍କର ଜନ୍ମଗତ ଅଧିକାର। ତେଣୁ ଯାହାର ଯେଉଁ ଦିନ ପାଳି ସେ ସେଦିନ ସକାଳୁ ଉଠି ପହିଲି ଭୋଜନ ତିଆର କରି ଦେଇଥାନ୍ତି। ଦିନେ ଯଦି ଜର୍ମାନୀ ଝିଏ କରନ୍ତି, ଦିନେ ହଲାଣ୍ଡ୍ କିମ୍ବା ମାଳୟ ଝିଏ କରନ୍ତି। ତେଣୁ ଜିଭ ପ୍ରତିଦିନ ନୂଆ ନୂଆ ପରୀକ୍ଷାରେ ପଡ଼େ। ଆଜି ନୁଣ ପଡ଼ିନି ତ କାଲି ସିଝି ନାହିଁ। ଯେଉଁ ଦିନ ଫରାସୀ ଝିଅମାନେ ରାନ୍ଧନ୍ତି, ସେଦିନ ଟିକିଏ ଆରାମ ହୁଏ। ଭଲ ହେଉ ନ ହେଉ, ଅସୁବିଧା କିଛି ହୁଏନି। କିଛି ନ ଖାଇଲେ ବାଲ୍‌ଟି ବାଲ୍‌ଟି ଦୁଧ, ବୋଝ ବୋଝ ଫଳ, କେତେ ଖାଇବେ ଖାନ୍ତୁ। ତା ଛଡ଼ା ମକା ତ ସବୁ ଦିନ। ମାଙ୍କଡ଼ ପରି ଯେତେ ଚୋବାଇପାରିବେ।

ଭୋଜନ ଅପେକ୍ଷା ବାସନମଜାଟା ବେଶୀ ମଉଜ। ପୁଅଝିଅସବୁ ରୋଷାଇଘର ପାଣିକୁଣ୍ଡଠାରେ ରୁଣ୍ଡ ହୁଅନ୍ତି। ଜର୍ମାନୀରୁ ଆରମ୍ଭ କରି ଜମ୍ବୁଦ୍ୱୀପ ପର୍ଯ୍ୟନ୍ତ ସବୁ ପ୍ରକାର ଭାଷାର ଗୀତ ଓ ତା ସାଙ୍ଗକୁ ନାଚ। ନୃତ୍ୟ ଗୀତ ଭିତରେ ବାସନମଜା କେତେବେଳେ ସରିଯାଏ, ଜଣାପଡ଼େ ନାହିଁ।

ସକାଳ କାମ ଛିଣ୍ଡିଗଲେ ସକାଳ ଓଳିର କାମ ବଣ୍ଟାହୁଏ। ଘାସକଟା, ଘରସଫା, ରନ୍ଧାବଢ଼ା, ମୈଳାପୋଡ଼ା, ଜଙ୍ଗଲସଫା, ଟ୍ରେଞ୍ଚଖୋଳା ପ୍ରଭୃତି ନାନା କାମ ଲାଗେ। ଝିଅ ପୁଅ ଏକାଠି ମିଳିମିଶି କାମ କଲେ କାମଟା ସରସ ଓ ଉପଭୋଗ୍ୟ ହେବ ବୋଲି ବରାବର ପୁଅ ଝିଅଙ୍କୁ ମିଶାମିଶି କରି ବାଣ୍ଟିଦିଅନ୍ତି। ଆନ୍ତର୍ଜାତିକ ବସତି—ବିଶେଷତଃ ଆମେରିକା ଲୋକେ ନାରୀର ପୂର୍ଣ୍ଣ ସ୍ୱାଧୀନତାରେ ବିଶ୍ୱାସ କରନ୍ତି। ଜର୍ମାନ୍ ପିଲାସବୁ ଗଛକଟା, ମାଟିଖୋଳା ଭିଡ଼ କାମ ନିଅନ୍ତି। ମୋର ସବୁଠୁ ସୋଜା କାମ ଘାସକଟା। ଆମ୍ଭ ଦାଆ ହୋଇଥିଲେ ତ ହାତ କାଟି ପକାଇଥାନ୍ତି, ତାଙ୍କ ମେସିନ୍ ବୋଲି ବଡ଼ ପଡ଼ିଆଟାଏ କାଟିଦେବାକୁ ଘଣ୍ଟାଏ ଲଗେ। ପଲୀ ଆଉ କେନି ବୋଲି ଦୁଇଜଣ ଆମେରିକାନ୍ ଝିଅ ମୋତେ ଘାସ କଟାରେ ସାହାଯ୍ୟ କରନ୍ତି। ସେମାନେ କଲ୍‌ଗେଟ୍ ବିଶ୍ୱବିଦ୍ୟାଳୟର ବି.ଏ. ପାଶ୍‌ବାଲା। କାମ ଭିତରେ ବି ପୃଥିବୀଯାକର ରାଜନୀତି ଓ ସମାଜନୀତି ଚର୍ଚ୍ଚା ହୁଏ। କାମର କଠିନତା କିଛି ଜଣାଯାଏନି। ଅଳପ ଦିନରେ ଆମେମାନେ କ୍ୟାମ୍ପରେ ଘାସକଟାଳି ହିସାବରେ ପରିଚିତ ହେଲୁଁ। ସ୍ଥାନୀୟ ସିନେମା ପାଇଁ ଆମମାନଙ୍କର ଫଟ ଉଠା ହୋଇଥିଲା। ବିଦାୟ ବେଳାରେ କ୍ୟାମ୍ପ ପରିଚାଳକ ହାତ ଧରି କହିଲେ, "ତମେ ତ ଯାଉଛ, ଘାସ କିଏ ଆଉ କାଟିବ ?" ଏବେ ବି ଚିଠି ଆସେ, କ୍ୟାମ୍ପ ଚାରିପାଖ ଘାସ ବଢ଼ିଗଲାଣି। କାହିଁ, 'ଥାଆନ୍ତା ଯଦି ମୋର ବିହଙ୍ଗ ପକ୍ଷ।'

ସକାଳ କାମ ବାରଟା ବେଳେ ସରେ। ତା ପରେ ଜଳକ୍ରୀଡ଼ା। ଦେହରେ ଜଙ୍ଘିଆ, ମୁଣ୍ଡରେ ରବର ଟୋପି—ଫୁଟିଲା ଫୁଲ ପରି ସବୁ ପାଣିରେ ଭାସନ୍ତି। ଗୋଟାକବେଳେ ଲଞ୍ଚ, ଭୂରି ଭୋଜନ, କିନ୍ତୁ ସ୍ୱାଦର ଗନ୍ଧ ନାହିଁ। ସେତିକିବେଳେ ବେଶ୍ ପାଟିତୁଣ୍ଡ, ହସଖୁସି, ସକାଳ କାମର ଭଲମନ୍ଦ ବାଛବିଚାର।

ଭୋଜନ ପରେ ସମାଲୋଚନା। ଗଛମୂଳେ ପଞ୍ଚା ପଞ୍ଚା ହୋଇ ବସନ୍ତି। ରାଜନୀତି, ଶିକ୍ଷା, ସ୍ୱାସ୍ଥ୍ୟ, ସମାଜ, ଜାତି, ଧର୍ମ ସବୁ ବିଷୟରେ ବିଚାର ପଡ଼େ। ଭିନ୍ନ ଭିନ୍ନ ଦେଶର ପିଲା ତାଙ୍କ ଦେଶର ବ୍ୟବସ୍ଥା କଥା କହନ୍ତି। କେଉଁଟା ଭଲ, କେଉଁଟା ମନ୍ଦ, ତାର ବିଚାର ପଡ଼େ। ଅନେକ ସମୟରେ ବାହାରୁ ଡକା ହୋଇ ଲୋକ ଆସିଥାନ୍ତି, ବକ୍ତୃତା ଦିଅନ୍ତି। ଭାରତୀୟ ବାହାଘର, ଜାତି, ଛୁଆଁ ଅଛୁଆଁ ଓ ହିନ୍ଦୁ ମୁସଲମାନ ଧର୍ମ

ବିଷୟରେ ନାନା ପ୍ରଶ୍ନ ଉଠେ। ଅନେକ ସମୟରେ ସମାଲୋଚନାଗୁଡ଼ିକ ବଡ଼ ଶିକ୍ଷାପ୍ରଦ ଓ ସରଗରମ ହୁଏ। ସମାଲୋଚନା ଖୁବ୍ ସହୃଦୟ ଖୋଲାଖୋଲି ଭାବରେ ହେଉଥିବାରୁ ନିହାତି ସାଦା ଅଥଚ ମୂଲ୍ୟବାନ୍ ଖବର ଅନେକ ମିଳେ। ସମାଲେଚନା ପରେ ଖେଳ— ଟେନିସ୍ ବାଡ୍ ମିଣ୍ଟନ, ବେସ୍‌ବଲ୍ ପ୍ରଭୃତି। ବେସ୍‌ବଲ୍ କହିଲେ ଆମେରିକା ଲୋକେ ପାଗଳ।

ସନ୍ଧ୍ୟାରେ ଡିନର ଅର୍ଥାତ୍ ରାତ୍ରିଭୋଜନ ସାରି କ୍ୟାମ୍ପ୍ ଫାୟାର୍ କରିବାକୁ ଯାଉ। ବଣ ଭିତରେ କାଠପତ୍ର ଗୋଟାଇଆଣି ନିଆଁ କରି ସମସ୍ତେ ତାକୁ ଘେରି ବସନ୍ତି। ଭିନ୍ନ ଭିନ୍ନ ଦେଶର ଗପ କହନ୍ତି, ଗୀତ ଗାନ୍ତି, ନାଚନ୍ତି। ଆମେରିକା ମଫସଲରେ 'ସ୍କୋୟାର୍ ଡାନ୍‌ସ' ବା ଚାରିକୋଣିଆ ନାଚ ବିଶେଷ ଭାବରେ ପ୍ରଚଳ। ପାଶ୍ଚାତ୍ୟ ସଭ୍ୟତାର ବଲ୍‌ଡ୍ୟାନ୍‌ସରେ ଜଣେ ପୁଅ ସଙ୍ଗେ ଜଣେ ଝିଅ ନାଚେ। ମାତ୍ର ଚାରିଜଣିଆ ନାଚରେ ଜଣେ ପୁଅ ପାଞ୍ଚ ଜଣ ଝିଅଙ୍କ ସଙ୍ଗେ ବା ଜଣେ ଝିଅ ପାଞ୍ଚ ଜଣ ପୁଅଙ୍କ ସଙ୍ଗେ ନାଚିପାରିବ। ବାଜା ଓ ତାଳ ଭାରି ସହଜ, ଉପଭୋଗ୍ୟ ମଧ୍ୟ। ଦିନେ ଦିନେ ଦିନବେଳେ କାମ ଦିଆଯାଇ ଥାଏ ମଫସଲକୁ ବା ସହରକୁ ଯାଇ ବିଭିନ୍ନ ସମ୍ବାଦ ଆଣିବା ପାଇଁ। ସ୍କୁଲ୍, କଲେଜ, ଡାକ୍ତରଖାନା, ପୋଷ୍ଟଅଫିସ୍, ରେଳଓଏ ଅଫିସ୍, ତାରଡାକ, ପାଣିକଳ, ରାସ୍ତା, କୃଷି, ବଜାର ବିକାକିଣା ସବୁ ପ୍ରକାର ଖବର ବୁଝିବା ପାଇଁ ଭିନ୍ନ ଭିନ୍ନ ଦିଗରେ ପିଲାମାନେ ଯାନ୍ତି। ସେମାନଙ୍କୁ ଗାଡ଼ି ଯୋଗାଇ ଦିଆଯାଇ ଥାଏ। ଡ୍ରାଇଭର୍ ଦରକାର ନାହିଁ। ପ୍ରାୟ ପ୍ରତ୍ୟେକ ଷୋଳବର୍ଷର ଆମେରିକା ପୁଅଝିଅ ମଟର ଚଳାଇ ଜାଣନ୍ତି। ସମୟ ସମୟରେ ଅଜଣା ଲୋକଙ୍କର ଘରଠି ପହଞ୍ଚି ଦୁଆର ଠକ୍ ଠକ୍ କରିବାକୁ ହୁଏ। କେହି ପଦାକୁ ବାହାରିଲେ ତାଙ୍କୁ ଜଣାଇ ଦିଆଯାଏ ଯେ, ଆମେମାନେ ପୃଥିବୀ ସେପାରିର ପିଲା। ସେମାନଙ୍କ ଘରଦ୍ୱାର ଦେଖିବା ଓ ଆୟବ୍ୟୟ କଥା ଜାଣିବାପାଇଁ ଆସିଛୁଁ। ଶତକଡ଼ା ପଞ୍ଚାଅଶୀ ଜାଗାରେ ଆଦର ଅଭ୍ୟର୍ଥନା ମିଳେ। ଯେଉଁଠି ଲୋକେ କାର୍ଯ୍ୟବ୍ୟସ୍ତ ଥାନ୍ତି, କ୍ଷମା ମାଗି ନିଅନ୍ତି। ଖୁବ୍ ଅଳ୍ପ ଜାଗାରେ ଲୋକେ ଉଦାସୀନ ଦେଖାଯାନ୍ତି। ଦିନଯାକ ଖବରଦାବର ନେଇ ସନ୍ଧ୍ୟା ବେଳକୁ କ୍ୟାମ୍ପ୍-ଫାୟାରକୁ ଫେରି ଆସି ନିଜ ନିଜ ଅନୁଭୂତି ସବୁ କହନ୍ତି। ଭାରି ମଉଜ ଓ ହସବୃଷ୍ଟି ହୁଏ।

ଗୋଟିଏ କଥା କହେଁ। ଦିନେ ସନ୍ଧ୍ୟାବେଳେ ଗୋଟିଏ କଂସେଇ-ଘରକୁ ଯାଇଥିଲି। ତାକୁ ଚିହ୍ନି ନ ଥିଲି। ଏମିତି ବୁଲୁ ବୁଲୁ ସନ୍ଧ୍ୟାବେଳେ ପାଣି ମୁନ୍ଦିଏ ପିଇବାପାଇଁ ତାଙ୍କ ଘରଠି ଡାକିଲି। ସେ ବୁଢ଼ା କଂସେଇ ଆସି ମୋ ସଙ୍ଗେ ଗପ ଜମେଇଲା।

"ମାଂସ ଦାମ୍ ଖୁବ୍ ଚଢ଼ା ଅଛି ସତ, କିନ୍ତୁ ରୋଜଗାର ଯଥେଷ୍ଟ ହେଉନି।" ଟ୍ରୁମାନ୍‌ଙ୍କୁ ମନ ପୂରାଇ ଗାଳି ଦେଲା। ବିଲାତରେ ଅଟ୍‌ଲିଙ୍କୁ ଗାଳି ଦେବାଟା ଆମ ସ୍କୁଲ୍‌ରେ ଦିନେ ହେଲେ ବନ୍ଦ ହେବାର ମୁଁ ଜାଣିନି, ଭାରତ କଥା ପଚାରେ କିଏ? ଶିଳ ଶିଳପୁଆ ଗଗନେ ଉଡୁଛନ୍ତି। କେଉଁ ଦେଶରେ ତେବେ ଶାସକ ଓ ନେତାମାନେ ପ୍ରଶଂସା ପାଉଛନ୍ତି, ଜାଣିପାରିଲି ନାହିଁ। ଡେଙ୍ଗା ମୁଣ୍ଡରେ ଠେଙ୍ଗା। ଆଉ "ମୁକୁଟମଣ୍ଡିତ ରାଜଶିର ନୁହଇ ଶାନ୍ତିଆସ୍ପଦ" କଥାଟା ବାସ୍ତବରେ ଭାରି ସତ। କଂସେଇ ପାଖରୁ ବିଦାୟ ନେଲା ବେଳକୁ ରାତି ଆଠଟା। ଟିକେ ଧୁଆଧୋଇ ହେବି ବୋଲି ଗୋଟାଏ ହୋଟେଲ ସାମନାରେ ଠିଆ ହୋଇ ଏଣିକତେଣିକି ଚାହୁଁଛି, ହଠାତ୍ ଶୁଣିଲି ପଛରୁ କିଏ ଜଣେ ଡାକୁଛି, କିଏସେ ଛିଡ଼ା ହୋଇଛ, ଭିତରକୁ ଆସ।" ଆଶ୍ଚର୍ଯ୍ୟ ହେଲି। ଆମେରିକାରେ ଏମିତି ଡାକନ୍ତି କି? ଏ ତ ବିଲାତ କାଇଦା ନୁହେଁ। ମଧ୍ୟସ୍ଥ ହୋଇ ଜଣକୁ ଜଣେ ପରିଚିତ କରାଇ ନ ଦେଲେ ଘର ପୋଡ଼ି ଯାଉଥାଉ ପଛକେ ଅଚିହ୍ନା ସାହେବ ଦି ଜଣ କେବେ କଥା ହେବେନି। ଭାବିଲି, ଏଟା ତ ଆମେରିକା, ଏଠି ସବୁ କଥା ଭିନ୍ନ। ହୋଟେଲ ଭିତରକୁ ଗଲି। ଜଣେ ପଚାଶ ଷାଠିଏ ବର୍ଷର ଲୋକ ପଚାରିଲା, ପୃଥିବୀର କେଉଁ ପାଖରୁ ତମେ ଆସିଛ?"

"ଭାରତରୁ।"

"ତା ହେଲେ ତ ତମେ ଆମର ବନ୍ଧୁ। ତମେ ଜାଣ ଭାରତ ଓ ଆମେରିକା ଦୁଇ ବନ୍ଧୁ। ଯେ କେହି ଆସି ଏ ଦେଶରେ ରହିଲେ ଆମର ଆପତ୍ତି ନାହିଁ। ଆଚ୍ଛା, ଆଚ୍ଛା, ମୋ ସଙ୍ଗେ ପହିଲେ ହାତ ମିଳା।"

"ଆଚ୍ଛା, ତମର କଣ ବୋତଲ ଚାଲେ!"

"ନାଇଁ ବାବୁ, ମୁଁ ତାର ଧାର ଧାରେ ନା। ମୁଁ ପରା ଭାରତୀୟ।"

"ଓଃ, ହିନ୍ଦୁ। ଆଚ୍ଛା ନ ହେଉ। ଦୁଧ ଟିକିଏ ପିଅ।"

ପାଞ୍ଚ ମିନିଟ୍ ଭିତରେ ଜଣେ ରୂପସୀ ରମଣୀ ବଡ଼ ବଡ଼ ଦୁଇଟି ଗ୍ଲାସ୍‌ରେ ଦୁଇ ଗ୍ଲାସ୍ ଦୁଧ ଆଣି ରଖିଲା। ଆମେରିକା ଗ୍ଲାସ୍ ବିଲାତି ଗ୍ଲାସ୍‌ର ପ୍ରାୟ ଦୋହରା। ମୁଁ କହିଲି "ମୁଁ ଏତେ ପିଇପାରିବି ନି।" କଇଁ ଫୁଲ ହସ ଫୁଟାଇ ରମଣୀ କହିଲେ, "ଆମ ଦେଶକୁ ଆସିଛ, ନିଶ୍ଚୟ ପିଇବ ନା। ପରା, ଯେ ଦେଶେ ଯାଇ ସେ ଫଳ ଖାଇ?" ସତେ ଯେମିତି ଅତି ଆପଣାର କେଉଁ ପଚାଶ ବର୍ଷର ପୁରୁଣା ଚିହ୍ନା।

"ଏ ଗରମ ନା ଥଣ୍ଡା?"

"ଆମେରିକାରେ କୋଳଛୁଆ ସିନା ଗରମ ଦୁଧ ଖାଏ। ତମେ ତ ପିଲା ନୁହଁ। ଥଣ୍ଡା ଥଣ୍ଡା ପିଇଦିଅ, ହାଡ଼ କଅଁଳି ଆସିବ।"

ବୁଢ଼ା ତହୁଁ ଉଠିପଡ଼ି କହିଲା, "ମୋ ଅନୁରୋଧ କ୍ରମେ ରକ୍ଷାକର ବା ନ କର, ଏମିତି ଜଣେ ସରସ କିଶୋରୀଙ୍କ କଥାଟା ତଳେ ପକାଇବାକୁ ତମେ ସାହସ କରୁଛ କିମିତି?" ପିଇଲି।

ତାପରେ ଦେଖିଲି ଟେବୁଲ୍ ଉପରେ ଓଟମାର୍କା ଚାରି ପାକେଟ ସିଗାରେଟ୍ ଓ ଚାରିଟା ଦିଆସିଲି। "ଏଇ ଧର, ଏତକ ତମକୁ ନେବାକୁ ହେବ।"

"ବାବୁ, ମୁଁ ତ ସିଗାରେଟ୍ ଖାଏନି।"

"ଯାଏ ଆସେ ନା, ଜଣେ ଆମେରିକା ବନ୍ଧୁର ମନ ରଖିବା ପାଇଁ ସ୍ମୃତି ପାଇଁ ନିଅ। କୌଣସି ବନ୍ଧୁଙ୍କୁ କିମ୍ବା ତମ ବାପାଙ୍କୁ ଉପହାର ଦେବ।" ଚାରି ପାକେଟ୍ ସିଗାରେଟ୍। ବିଲାତରେ ଚଉଦ ଟଙ୍କା ଦାମ୍!

ଦି ବର୍ଷରେ ଦିନେ ହେଲେ କେଉଁ ସାହେବ ଖଣ୍ଡେ ଯାଚିବାର ମନେ ନାହିଁ। ଲଣ୍ଡନ୍‌ରେ ମୋ ଲବୋରେଟୋରୀ ଆସିଷ୍ଟାଣ୍ଟ୍ ଖଣ୍ଡିଏ ସିଗାରେଟ୍‌କୁ ଦୁଇଖଣ୍ଡ କରି ଦେଶରୁ ଚାରି ଛ ଘଣ୍ଟା କାମ ଚଳାଇଦିଏ। ଆମ ସ୍କୁଲ୍ ଚପ୍ରାସି ଉଇଲିୟମ୍‌କୁ ଦଶଟା ସିଗାରେଟ୍ ଦେଲେ ସେ ଦଶଥର ସଲାମ ବଜାଇ ଦଶ ଟଙ୍କାର କାମ କରିଦିଏ। ଖାଲି ହାତଠାରକୁ ଅନାଇଥାଏ। ହଁ, ଅସଲ ତ ପଇସା! ଆମେରିକାର ଅଭାବ କାହିଁ।

ବସିଛି। ଜଣେ ଲୋକ ଆସିଲା। ଛ ଫୁଟ ଛ ଇଞ୍ଚରୁ ଟିକିଏ ବେଶୀ ହେବ ପଛେ କମିବ ନାହିଁ। କବାଟଫାଳିଆ ଛାତି। ମୁଣ୍ଡରେ ଏକ କଳାଟୋପି। ଆମ ଗପରେ ବାଧା ଦେଇ କହିଲା, "କ୍ଷମା କରିବେ, ଆପଣ ଭାରତରୁ ଆସିଛନ୍ତି କି?"

"ହଁ।"

ତାପରେ ସେ ହିନ୍ଦୀରେ କହିଲା, "ଆପଣ କଣ ଓଡ଼ିଆ? ମୋତେ ସେମିତି ଜଣା ପଡୁଛି ତ।"

"ହଁ, ମୁଁ ଓଡ଼ିଆ।"

ତାପରେ ସେ ଓଡ଼ିଆରେ ଆରମ୍ଭ କଲା, "ଆପଣ ଅନୁଗୁଳ ଜାଣନ୍ତି?"

ଓଡ଼ିଆ ଭାଷା ଓ ଅନୁଗୁଳ ନାଁ ଶୁଣି ମୁଁ କିଛି କହିପାରିଲି ନାହିଁ। ଖାଲି ବଲବଲ କରି ତାକୁ ଚାହିଁ ରହିଲି।

ଯେଉଁ ସାଣ୍ଡୱିଚ୍‌ଟା କାମୁଡ଼ିଥିଲି; ତା ସେଇମିତି ପାଟିରେ ରହିଗଲା।

"ଆପଣ ଢେଙ୍କାନାଳ କନ୍ଦରସିଙ୍ଗା ଜାଣନ୍ତି?"

ଦେହ ମୋର ଶୀତେଇ ପଡ଼ିଲା। ଢେଙ୍କାନାଳ! ପୁଣି କନ୍ଦରସିଙ୍ଗା!!

ମାୟା ନା ମଣିଷ, ବୁଝିଲି ନାହିଁ। ଓଡ଼ିଆ କଥା ଓ ମୋର ଏ ଅବାକ୍ ଭାବ ଦେଖି ଲୋକ ରୁଣ୍ଡ ହେଲେ। ଦଶ ମିନିଟ୍ ପରେ ଦୀର୍ଘଶ୍ୱାସ ପକାଇ ପଚାରିଲି, "ତମେ ଓଡ଼ିଆ ଶିଖିଲ କିମିତି।"

"ଢେଙ୍କାନାଳର ୧୯୩୮ ଆନ୍ଦୋଳନ ସମୟରେ ମୁଁ ବ୍ରିଟିଶ ସୈନ୍ୟବାହିନୀରେ ଥିଲି। ଅନୁଗୁଳରେ ଦୁଇ ବର୍ଷ ରହିଲି। ତାଳଚେର ଓ ଢେଙ୍କାନାଳର ଅନେକ ଜାଗା ଦେଖିଛି। ନବବାବୁ, ମହତାବ, ତାଳଚେରର ସେ କି ପ୍ରଧାନ— ସମସ୍ତଙ୍କ କଥା ଜାଣେ।" ତାପରେ ସେ ଖଣ୍ଡ ଚକଡ଼ାର ସେସମୟର ଜଣାଶୁଣା ସବୁ ନେତାଙ୍କ କଥା କହିଲା। ଅବାକ୍ ହେଲି। ଖାଲି ଡ୍ରିଙ୍କିଶାଳେ ଢେଙ୍କାନାଳ ନୁହେଁ, ଆମେରିକାରେ ବି ଢେଙ୍କାନାଳ! ଆନନ୍ଦ ଉଲ୍ଲାସରେ ଦେହସାରା ଗରମ ହୋଇଗଲା। ତାଙ୍କ ଘରେ ଦୁଇ ଚାରି ଦିନ ରହିବା ପାଇଁ ନିମନ୍ତ୍ରଣ ଦେଇ ସେ ଚାଲିଗଲେ। ଆମେରିକାରେ ମୁଁ ଯେତେ ଦିନ ରହିଲି ପ୍ରାୟ ଅଧିକାଂଶ ଦିନ ସେ ଶହ ଶହ ମାଇଲ ଦୂରରୁ ଫୋନ୍‌ରେ ଡାକି ମୋ ସଙ୍ଗେ ଓଡ଼ିଆରେ କଥାବାର୍ତ୍ତା କରନ୍ତି। ମୋ ଆମେରିକା ଅବସ୍ଥାନ ସମୟରେ ସେହି ଜଣେ ଲୋକତୁଣ୍ଡରୁ କେବଳ ମୁଁ ଓଡ଼ିଆ ଭାଷା ଶୁଣିବାକୁ ପାଇଥିଲି। ଏହିଭଳି ଅନେକ ମଉଜ କଥା ଦିନେ ଦିନେ ଘଟେ। କ୍ୟାମ୍ପ୍ ଫାୟାର୍‌ଠାରେ ଏହିସବୁ କଥା ପକାଇ ପରସ୍ପରକୁ ଖୁସି କରୁଁ। ଯେଉଁ ଦିନ ବର୍ଷା ହୁଏ, ବାହାରେ କ୍ୟାମ୍ପ୍ କରିବା ଅସମ୍ଭବ ହୁଏ, ସେଦିନ ଘରଭିତରେ ବସି ଆନ୍ତର୍ଜାତିକ ବସତି ପରୀକ୍ଷାରେ ପୂର୍ବ ବର୍ଷମାନଙ୍କରେ ଯୋଗ ଦେଇଥିବା ପୁଅଝିଅମାନଙ୍କର କାର୍ଯ୍ୟକଳାପର ଚିତ୍ର ଦେଖୁଁ। 'ସଂସାରେ ଯେତେ ନଦନଦୀ, ସମସ୍ତେ ମିଳନ୍ତି ଜଳଧି' ପରି କେତେ ଦୂରର ଲୋକସବୁ ଆସି ହାତ ମିଳାଇ ଏକାଠି କାମ କରି ଯାଇଛନ୍ତି ଦେଖି ମଣିଷ ଜାତିର ମିଳିତ ଭବିଷ୍ୟତର ଆଶା ହୁଏ। କ୍ୟାମ୍ପ୍ ଫାୟାର ପରେ କାମ ଶେଷ। ତେଣିକି ସୁଖନିଦ୍ରା। ଜଣେ ବନ୍ଧୁ ଗୋଟିଏ କୁକୁରଛୁଆ ରଖିଥାଏ ଯେ ସେଇଟା ରାତିରେ ବେଳେ ବେଳେ ଆସି ପାଦକୁ କାମୁଡ଼ି ବିରକ୍ତ କରାଏ।

ସକାଳେ ସାଇବଗୁଡ଼ା ବିଛଣାରେ ମଲା ପରି ପଡ଼ିଥାନ୍ତି। ସକାଳ ସୌନ୍ଦର୍ଯ୍ୟ ଉପଭୋଗ ପାଇଁ ମୁଁ ପାଦ ଚିପି ଚିପି ଧୀରେ ଶୋଇବା ଘରୁ ଖସିଯାଏ। ଦିନେ ଦିନେ ପୂର୍ବରାତ୍ରିର ଘନବୃଷ୍ଟିପରେ ଆକାଶ ସମ୍ପୂର୍ଣ୍ଣ ପରିଷ୍କାର ଥାଏ। ପାହାଡ଼ର ମଥାଉପରେ ବାଳସୂର୍ଯ୍ୟର ସୁନେଲି କିରଣ; ସବୁ ଶାନ୍ତଶିଷ୍ଟ। ଆମରି ଦେଶପରି କାଉ ଓ ଅନ୍ୟାନ୍ୟ ପଶୁପକ୍ଷୀଙ୍କ ଧ୍ୱନିରେ ବନଭୂମି ମୁଖର। କାମଦାମ ସାରି କାମେରା ଓ ନୋଟ୍ ବହି ଧରି ପଦାକୁ ବାହାରେ। ସବୁ ଶୂନ୍‌ଶାନ୍। ଅନନ୍ତ ଶ୍ୟାମଶିରୀ ଉପରେ ପ୍ରଥମ ଆଲୋକର ଅମିୟ କ୍ରୀଡ଼ା। ଇଂଲଣ୍ଡରେ ଏ ସୌନ୍ଦର୍ଯ୍ୟ ଦିନେ ହେଲେ ଭାଗ୍ୟରେ ଘଟିନି। ସବୁ ନୂତନ ଓ କୌତୂହଳମୟ ଜଣାପଡ଼େ। ମନେହୁଏ ସତେ ଯେମିତି ଓଡ଼ିଶାର କେଉଁ ନିର୍ଜନ ପ୍ରାନ୍ତରରେ ମୁଁ ଶରତ୍ ସକାଳ ଉପଭୋଗ କରୁଛି। ମନେ ମନେ ଭାବେଁ, ଆମେରିକା ଲୋକେ ବୋଧହୁଏ ଜାଣନ୍ତି ନି ସକାଳେ ଶୋଇ ରହି ସେମାନେ କି

ଅମୂଲ୍ୟ ଅନୁଭୂତିରୁ ବଞ୍ଚିତ ହେଉଛନ୍ତି । ଦିନରେ ଡଲାର୍ ପାଇଁ ପାଗଳ, ରାତ୍ରିରେ ନାନା ରକମର ରଙ୍ଗରସ, ଆଡ୍ଡା । ହୁଏ ତ ସକାଳେ ସୁପ୍ତ । ଶାନ୍ତ ଶିଷ୍ଟ ଶରତ୍‌ଶୁଭ୍ର ସକାଳରେ ଯେ ସୌନ୍ଦର୍ଯ୍ୟସମ୍ଭାର ପ୍ରକୃତିର ଅଙ୍ଗେ ଅଙ୍ଗେ ଫୁଟି ଲୋଟିଯାଏ, ତା ଆମେରିକାନ୍ ଆଖିରେ ପଡ଼େନି । ଭାରତୀୟ ପ୍ରାଣରେ ତା ଆଣେ ଅସୀମ ପୁଲକ, ଅସରନ୍ତି ଆନନ୍ଦ । ବଣଜଙ୍ଗଲ, ପାହାଡ଼ପର୍ବତ ପାଗଳ ପରି ମୁଁ ଘୂରେଁ । ପ୍ରକୃତି-ଅନ୍ତରରେ ନିଜକୁ ହଜାଇ ଦେବା ପାଇଁ ଉଦ୍‌ବିଗ୍ନ ହୁଏ । ଏହା ଶିରୀସମ୍ପଦରୁ ମଣିଷ ଆଉ ଫେରନ୍ତା ନାହିଁ, ସଂସାରଗହଳକୁ ଯାନ୍ତା ନାହିଁ । ଯେଉଁ ଦେଶରେ ଏତେ ଶିରୀସମ୍ପଦ ଭରି ରହିଛି, ସେ ଦେଶର ଲୋକ କିମିତି ଏତେ ଜଡ଼ବାଦୀ, ଏତେ ଧନପାଗଳ ହୋଇପାରେ, ମୁଁ କଳ୍ପନା କରିପାରେନି । ଏହିଭଳି ଅନନ୍ତ ସୌନ୍ଦର୍ଯ୍ୟ-କୋଳରେ ବଢ଼ି ଭାରତୀୟ ଆର୍ଯ୍ୟ ଭକ୍ତ, କବି, ଦାର୍ଶନିକ, ଉପାସକ ହୋଇ ପଡ଼ିଲା । କିନ୍ତୁ ଜଡ଼ ଆମେରିକାନ୍ ପ୍ରତି ମୁହୂର୍ତ୍ତରେ ପ୍ରକୃତି ବିଜୟ କରି ମନୁଷ୍ୟର ବିଜୟବାନା ବାନ୍ଧିବ ବୋଲି ଅଗ୍ରସର । ଆମେରିକା- ପ୍ରକୃତିକୋଳରେ ଏହିପରି କେତେ ଅନିତ୍ୟ ଭାବନା ଆସି ପୁଣି ଭାସିଯାଏ ।

କ୍ୟାମ୍ପ୍‌ରେ ଥାଉଁ । ମଝିରେ ମଝିରେ ଏଣେତେଣେ ପଳାଉଁ । ପ୍ରାୟ ସବୁ ରବିବାର ଦିନ ଆଖପାଖ ଗାଁରେ ଥିବା ଚର୍ଚ୍ଚକୁ ଯାଉଁ । ସାହେବ ପିଲାଏ ଉପାସନା କରନ୍ତି, ମୁଁ ସବୁ ଦେଖେଁ । ଆମେରିକା ଚର୍ଚ୍ଚ ବିଲାତ ଚର୍ଚ୍ଚ ପରି ପୁରାତନ ନୁହେଁ । ତହିଁରେ ପୁରୀ କୋଣାର୍କର ଗୌରବ କିମ୍ବା କିମ୍ବଦନ୍ତୀ ନାହିଁ । ସବୁ ନୂତନ, ଜୀବନ୍ତ । କେତେକ ସଭାଗୃହ ପରି ଦେଖାଯାଏ । ଚର୍ଚ୍ଚରେ ଧର୍ମପାଠ ଶେଷ ହେଲା ପରେ ନାନାପ୍ରକାର ନୈତିକ ପ୍ରଶ୍ନ ଉଠେ । ଛୋଟ ଝିଅ ନାଚକୁ ଯିବା ଉଚିତ କି ନୁହେଁ, ମା ପିଲାମାନଙ୍କୁ ଧର୍ମଦୃଷ୍ଟିରୁ କିପରି ବ୍ୟବହାର କରିବ, ବାପ-ପୁଅର ସମ୍ପର୍କକୁ ଅଧିକ ପ୍ରୀତିକର କିମିତ କରାଯାଇପାରିବ, ଏହିଭଳି ନାନା ପ୍ରଶ୍ନ । ଆମେ ଯେଉଁ ଗାଁକୁ ଯାଇଥାଉଁ ସେଇ ଗାଁର ଲୋକଙ୍କୁ ଜଣାଇ ଦିଆଯାଇଥାଏ ସେ, ଆଜି ଅମୁକ ଅମୁକ ଦେଶର ପିଲା ଚର୍ଚ୍ଚକୁ ଯାଇଛନ୍ତି । କେହି ଚାହିଲେ ସେମାନଙ୍କୁ ଅତିଥି କରି ପାରନ୍ତି । ଚର୍ଚ୍ଚ କାମ ସରିଲେ ଲୋକେ ଆସି ଆମ ନାଁ ପଚାରି ଆମକୁ ନେଇଯାନ୍ତି । ମୁଁ ଏକମାତ୍ର ଭାରତୀୟ ଓ ଭାରତ କଥା ସେମାନେ ଶୁଣିବା ପାଇଁ ବ୍ୟଗ୍ର ବୋଲି ମୋତେ ଅନେକ ଆମନ୍ତ୍ରଣ ମିଳେ । ସୁତରାଂ ଅନ୍ୟମାନେ ଗୋଟିଏ ଘରକୁ ଗଲେ ମୁଁ ତିନି ଘରକୁ ଯାଏ, ଅର୍ଥାତ୍ ଗାଁରେ ଯେତେ ଘଣ୍ଟା ରହିବାର କଥା ତାକୁ ତିନି ଭାଗରେ ବାଣ୍ଟି ତିନି ଘରେ ରହେଁ । ଫଳରେ ବହୁତ ଗପିବାକୁ ପଡ଼େ; ଶ୍ରାନ୍ତ ବି ହୁଏଁ । ଅନେକ ସମୟରେ ସ୍ଥାନୀୟ ଖବରକାଗଜରେ ଯାହା ଲେଖିଥାଏଁ, ତାକୁ ହାତରେ ନେଇ ଯାଇଥାଏଁ । କେହି ମତାମତ ପଚାରିଲେ ସେହି କାଗଜକୁ ଧରାଇ ଦେଇ ମୁକ୍ତି ପାଏଁ । ଏହି ସୂତ୍ରରେ ଅନେକ

ପ୍ରକାର ଲୋକଙ୍କ ଘରକୁ ଯାଇଛି—ମାଷ୍ଟର, ଅଧ୍ୟାପକ, କୃଷକ, କମାର, ସୈନ୍ୟ, ମଜୁରିଆ।

ଥରେ ଡାକ୍ତରଖାନା ଖବର ଆଣିବା ପାଇଁ ମୋ ପାଳି ପଡ଼ିଲା। ଗୋଟିଏ ମଫସଲ ଗାଁ ଡାକ୍ତରଖାନାକୁ ଗଲି। ସେହି ଗାଁ ଡାକ୍ତରଖାନାରେ ଚାଳିଶିଟି ବିଛଣା ଅଛି। ମାତ୍ର ଚାଳିଶ ବିଛଣାକୁ ପାଞ୍ଚ ଜଣ ଡାକ୍ତର ଓ ସତର ଜଣ ନର୍ସ ଅଛନ୍ତି। ସମ୍ବଲପୁର ଜିଲା କେନ୍ଦ୍ର ଡାକ୍ତରଖାନାରେ କେତେ ଜଣ ଡାକ୍ତର ଆଉ କଟକ ଡାକ୍ତରଖାନାରେ କେତେ ଜଣ ରୋଗୀରେ ଜଣେ ନର୍ସ ସେଠିକାର ଡାକ୍ତରଙ୍କୁ ପଚାରି ବୁଝିନ୍ତୁ। ନର୍ସଙ୍କ ଦରମା ୧୬୬ ଡଲାର୍—ଚାରିରେ ଗୁଣିଲେ ଯେତିକି ଟଙ୍କା ହେଲା। ଏଠା ଡେପୁଟି କିମ୍ବା ପ୍ରଫେସରଙ୍କ ଦରମାର ତିନି ଗୁଣ। ମଫସଲରେ ଡାକ୍ତରଙ୍କ ମୋଟାମୋଟି ରୋଜଗାର ମାସିକ ହଜାର ଡଲାର କିମ୍ବା ଚାରି ହଜାର ଟଙ୍କା (ଆଜିକାଲି ଆଠ ହଜାର)। ଏହି ଛୋଟିଆ ଡାକ୍ତରଖାନାକୁ ବର୍ଷରେ ସରକାରୀ ସାହାଯ୍ୟ ମିଳେ ଚାଳିଶ ହଜାର ଟଙ୍କା। ରଜାଙ୍କ ଅମଳରେ ଆମ ଭାପୁର ଡାକ୍ତରଖାନାକୁ ଅଳ୍ପ କେତେ ଶହ ମାତ୍ର ମିଳୁଥିଲା। ଏବେ କଣ ହୋଇଛି କେଜାଣି ? ଆମେରିକା ଡାକ୍ତରଖାନାରେ କଟକ ଡାକ୍ତରଖାନାର ଔଷଧଗନ୍ଧ ନାହିଁ। ଲୋଭନୀୟ ପୁଷ୍ପକୋମଳ ଶଯ୍ୟା। ଦିନେ ଦିଇଦିନିଆ ଛୁଆ ସବୁ ଧାଡ଼ି ହୋଇ ଶୋଇଥାନ୍ତି। ନର୍ସଙ୍କୁ ପଚାରିଲି, ଏଠି ଦିନେ ଦୁଇଦିନ ରହିବାର ସୌଭାଗ୍ୟ କିଏ ଯୋଗାଡ଼ କରି ଦିଅନ୍ତା ନାହିଁ ? ନାହିଁ ବାବୁ, ସୁସ୍ଥ ଶରୀର ପାଇଁ ଏ ପୁଷ୍ପକୋମଳ ଶଯ୍ୟା ନୁହେଁ।" ହଁ ଠିକ୍ କଥା, କଣ୍ଟା ନ ଫୁଟିଲେ ଏ ଗୋଲାପ ସାନ୍ନିଧ ମିଳିବ କାହୁଁ ?

କ୍ୟାମ୍ପ୍ ଅବସ୍ଥାନ ସମୟରେ ଆମେରିକାର କେତେକ ବିଶିଷ୍ଟ ବିଶ୍ୱବିଦ୍ୟାଳର ଦେଖିବାର ସୁଯୋଗ ପାଇଲି—ହାର୍ଭାର୍ଡ୍, ୟେଲ୍, କଲମ୍ବିଆ ଓ କଲ୍‌ଗେଟ୍। ବିଲାତରେ ଯେମିତି ଲଣ୍ଡନ୍, କେମ୍ବ୍ରିଜ୍, ଅକ୍‌ସଫୋର୍ଡ ବେଶ୍ ଜଣାଶୁଣା, ଆମେରିକାରେ ହାର୍ଭାର୍ଡ୍, ୟେଲ୍ ପ୍ରଭୃତି ସେହିପରି। ହାର୍ଭାର୍ଡ୍ ବିଶ୍ୱବିଦ୍ୟାଳୟର ଆୟତନ, କୋଠାବାଡ଼ି ଦେଖିଲେ ଇଂଲଣ୍ଡ ବିଶ୍ୱବିଦ୍ୟାଳୟମାନଙ୍କର ଘରଦ୍ୱାର ପାଶୋର ହୋଇଯାଏ। କି ବିରାଟ, କି ମହାନ, କି ସାଜସଜ୍ଜା ! ଲାଇବ୍ରେରିର ମୁଖଶାଳା ଦେଖି ଅବାକ୍ ହେଲି। କଟକ କଲେଜର କନିକା ଲାଇବ୍ରେରୀ ସେ ଘରର ଗୋଟାଏ ଗୋଟାଏ ବଖରା ସଙ୍ଗେ ସମାନ ହେବ। ବହି ସଂଖ୍ୟା ଅନ୍ତତଃ ପଚାଶ ଲକ୍ଷ। ଛାତ୍ରମାନଙ୍କ ଲାଇବ୍ରେରି ପଢ଼ା ପାଇଁ ଏବେ ଗୋଟାଏ ନୂଆ ସେକ୍‌ସନ ଖୋଲିଛି। ଖାଲି କାଚର ଘର କହିଲେ ଚଳେ। ପାଠ ପଢ଼ ନ ପଢ଼, ସେ ଚୌକୀ ବେଞ୍ଚରେ ଥରେ ବସି ଜୀବନ ସାର୍ଥକ କରିବା କଥା। ହଜାର ହଜାର ତରୁଣ ତରୁଣୀ ବକଧ୍ୟାନରେ ନିରତ ଅଛନ୍ତି, ପାଟିତୁଣ୍ଡ

ଟିକିଏ ହେଲେ ଶୁଣିବ ନାହିଁ। ଖାଲି ପୃଷ୍ଠା ଓଲଟାଇଲାବେଳେ ଯାହା ଟିକିଏ ଫଡ଼ଫାଡ଼ ଶବ୍ଦ ହୁଏ। ସେ ଜାତିର ସଂଯମ ଓ ସଙ୍କୋଚପଣିଆର ଚରମ ବିକାଶ ଲାଇବ୍ରେରିରେ। ହାର୍ଭାଡ୍‌ରେ ଗୋଟିଏ ମଜାକଥା ଘଟିଲା। ମୁଁ ଓ ମୋର ଜଣେ ଆମେରିକାନ୍ ସାଥୀ ରାସ୍ତାରେ ଯାଉଛୁଁ, ଦେଖିଲୁ, ଜଣେ ଝିଅ ଆମକୁ ଦେଖି ହସୁଛି। ସ୍ୱାଧୀନ ଆମେରିକାରେ ତ ହସିବା ପାଇଁ ମନା ନାହିଁ, ତଥାପି ଆମକୁ ଦେଖି ଜଣେ ହସିବ କାହିଁକି, ସନ୍ଦେହ ହେଲା। ମୁଁ ଭାବିଲି, ବୋଧହୁଏ ସେହି ଆମେରିକାନ୍ ବନ୍ଧୁଟି ସେ ଝିଅର ବାଳକବନ୍ଧୁ ବା ବୟ୍‌ଫ୍ରେଣ୍ଡ୍। ମାତ୍ର ସେ ତ ମନା କଲେ। ବେଶୀ ପାଖାପାଖି ହୋଇଯିବାରୁ ଶ୍ୱେତାଙ୍ଗୀ କିଶୋରୀଟି ଭାରତୀୟ ଠାଣିରେ ନମସ୍କାର କରି ଖଣ୍ଡଖଣ୍ଡିଆ ହିନ୍ଦିରେ କହିବାକୁ ଆରମ୍ଭ କଲେ, "ନମସ୍ତେ, ଆପ୍ କେସେ ହେଁ?" 'ଭଲ ଅଛି' କହି ହିନ୍ଦୀରେ ମୁଁ ଆଉ ଦି ଚାରି କଥା ପଚାରିଲି। ଭାରି କୌତୂହଳ ହେଲା। ତହୁଁ ସେ କ୍ଷମା ମାଗି ଇଂରେଜିରେ କହିଲେ, "ଦେଖନ୍ତୁ ଆଜ୍ଞା, ମୁଁ ଦୁଇଧାଡ଼ି ମାତ୍ର ହିନ୍ଦୀ ଜାଣେଁ। ଦିଲ୍ଲୀବାସୀ ଜଣେ ଭଦ୍ରଲୋକଠୁ ଶିଖିଛି। ଏହାଠାରୁ ଅଧିକା ମୁଁ କିଛି ଜାଣେନି, କ୍ଷମା କରିବେ। ସେହି ଭାରତୀୟଙ୍କ ସଙ୍ଗେ ଏହି ଡିସେମ୍ବର ମାସରେ ଦିଲ୍ଲୀରେ ମୋର ବାହାଘର ହେବ। ସେ ଏଠି ପଢୁଥିବା ବେଳେ ତାଙ୍କର ମୋର ଭାବ।" "ହେଉ, ଭଲ ହେଲା; ତା ହେଲେ ତମେ ବର୍ତ୍ତମାନ ଆମ ଭାରତର ଲୋକ। ତମ ସଙ୍ଗେ ଅଧିକ ଆଳାପର ସୁଯୋଗ ମିଳିଥିଲେ ସୁଖୀ ହୋଇଥାନ୍ତି; ମାତ୍ର ଦୁଃଖର କଥା, ବର୍ତ୍ତମାନ ସମୟ ଭାରି ଅଭାବ।" ସେ ନମସ୍କାର ପକାଇ ଚାଲିଗଲେ। ଭାବିଲି, 'କିସ ପୁଣି ଦେଖା ନ ଯାଏ ବଞ୍ଚିଥିଲେ ଜୀବନେ'। 'କାହିଁ ହାର୍ଭାଡ୍, କାହିଁ ହିନ୍ଦୁସ୍ଥାନ୍' 'କାହିଁ ଆମେରିକାନ୍ କାହିଁ ଦିଲ୍ଲୀବାଲା। ତେବେ ମଣିଷ ମନ ତ!

ତାପରେ ୟେଲ୍ ବିଶ୍ୱବିଦ୍ୟାଳୟ ଦେଖିବାର ପାଳି ପଡ଼ିଲା। ବୃକ୍ଷଲତାମଣ୍ଡିତ ବିଲାତି ଶିଳ୍ପଭରା ୟେଲ୍ ମୋତେ ବେଶୀ ପୁରୁଣା ଅଥଚ ଭାରି ଭଲ ଲାଗିଲା। ହାର୍ଭାଡ୍ ଲାଇବ୍ରେରିଠାରୁ ଆକାର ପ୍ରକାରରେ ବଡ଼ ନ ହେଲେ କି ବିରାଟ। ବହିପତ୍ର ଯେ କି ମୂଲ୍ୟବାନ୍ ସମ୍ପଦ ଓ ତାକୁ ସଜାଇ ରଖିବା କି ଦାୟିତ୍ୱସମ୍ପନ୍ନ କାମ, ତା ସେମାନଙ୍କଠାରୁ ଶିଖିବା କଥା। ବାନାଡ଼ ବ୍ଲକ୍ ବୋଲି ଆମେରିକାର ଜଣାଶୁଣା ଭାଷାତତ୍ତ୍ୱ ପ୍ରଫେସର ସେହି ବିଶ୍ୱବିଦ୍ୟାଳୟରେ ରହନ୍ତି। ତାଙ୍କୁ ଦେଖା କରିବାକୁ ଗଲି। ତାଙ୍କ ସେକ୍ରେଟେରୀ ଫୋନ୍ ଉଠାଇବା ମାତ୍ରେ ଉତ୍ତର ଆସିଲା, "ତାଙ୍କୁ ଏଠିକି ପଠାଇଦିଅ।" ଗଲି, ଯା ଦେଖିଲି ଆଶ୍ଚର୍ଯ୍ୟ ହେଲି। ଛ ଫୁଟ ଉଚ୍ଚ କବାଟଫାଳ ପରି ଓସାର ଜଣେ ଲୋକ ବସିଛନ୍ତି। ଦେହରେ ଖଣ୍ଡେ ଗେଞ୍ଜି ଓ ଖଣ୍ଡେ ହାଫ୍ ପ୍ୟାଣ୍ଟ୍। ପ୍ରସନ୍ନ, ହସହସ। ଦେଖିଲା ମାତ୍ରେ ଚଉକୀରୁ ଉଠିପଡ଼ି ହାତଧରି ଅଭିବାଦନ ଜଣାଇଲେ। ପହିଲି ପ୍ରଶ୍ନ "ତମେ

ଜାଣ, ଏହି ବିଶ୍ୱବିଦ୍ୟାଳୟରେ ପଢ଼ିବାପାଇଁ ଲଣ୍ଡନ୍‌ରୁ ତୁମେ ଯେଉଁ ଦର୍ଖାସ୍ତ କରିଥିଲ, ମୁଁ କେମିତି ତା ସୁପାରିସ୍ କରିଥିଲି ? ଦୁର୍ଭାଗ୍ୟ, ଜଣେ ସ୍ଥାନୀୟ ଛାତ୍ର ଅଳ୍ପ ଟଙ୍କାରେ ଗବେଷଣା କରିବା ପାଇଁ ରାଜି ହେବାରୁ ବୋର୍ଡ଼ ଆମକଥା ରକ୍ଷାକରି ପାରିଲେନାହିଁ।" ଆଶ୍ଚର୍ଯ୍ୟ ହେଲି, ଦେଢ଼ ବର୍ଷ ତଳେ କେବେ ଥରେ ମୁଁ ଦରଖାସ୍ତଟାଏ ଫିଙ୍ଗି ଦେଇଥିଲି, ସେ କଥା ଆଜି ପର୍ଯ୍ୟନ୍ତ ଏ ମନେ ରଖିଛନ୍ତି। ମୋ ଥିସିସ୍‌ଟା ଦେଖି ଖୁସି ହେଲେ ଓ ମୋତେ ତାଙ୍କ ଲେଖା କେତେ ଖଣ୍ଡ ବହି ପ୍ରୀତି-ଉପହାର ଦେଲେ। ଗ୍ରୀଷ୍ମ ଦିନଟାରେ ଘରଟାରେ ବସିବା ଭଲ ହେବ ନାହିଁ ବୋଲି ଦୁହେଁ ଯାଇ ଦୁଆର ପଡ଼ିଆରେ ଗୋଟିଏ ଗଛଛାଇରେ ବସି ଅନେକ ବେଳ କଥା ହେଲୁଁ। ସେ ଦେଶର ପ୍ରଫେସରମାନଙ୍କର ସରଳତା ଓ ସହୃଦୟତା ଶିଖିବାର କଥା। ଦୁନିଆର ସବୁ କଥା ଛାଡ଼ି ନିଜ ପଢ଼ା ଓ ଗବେଷଣାରେ ଜୀବନଟା କାଟି ଦିଅନ୍ତି। ପିଲା ଓ ପ୍ରଫେସରଙ୍କ ଭିତରେ ତଫାତ୍ କିଛି ନ ଥାଏ—ସମସ୍ତେ ବନ୍ଧୁ।

କଲ୍‌ଗେଟ୍ ବିଶ୍ୱବିଦ୍ୟାଳୟର ଦର୍ଶନ-ଅଧ୍ୟାପକ ମାର୍ଗାନ୍‌ଙ୍କ ଘରେ ମୁଁ ରହୁଥିଲି। ସେ ବର୍ତ୍ତମାନ ହିନ୍ଦୁଧର୍ମ ଅଧ୍ୟୟନ କରିବାଲାଗି ଭାରତକୁ ଆସିଛନ୍ତି। ସେଠି ପରୀକ୍ଷା କରିବାପାଇଁ ମୋତେ ବାର ପ୍ରକାର ଆମେରିକାନ୍ ଇଂରେଜୀ ରେକର୍ଡ଼ ଦେଇଥିଲେ। ଗ୍ରୀଷ୍ମ ଅବକାଶରେ ତାଙ୍କର ବି.ଏ. କ୍ଲାସ୍‌ରେ 'ମାରେଜ୍ ଓ କୋଟସିପ୍' ବିବାହ ଓ ପୂର୍ବଭିସାର କ୍ଲାସ ଚାଲିଥାଏ। ପ୍ରାୟ ୪୦ ଜଣ ଛାତ୍ରଛାତ୍ରୀଙ୍କ ଭିତରୁ ୩ ଜଣ ମୋଟେ ବିବାହିତ, ଆଉ ସବୁ କୁମାର; କାନ ଦେଇ ପ୍ରେମବିଜ୍ଞାନ ଶୁଣୁଥାନ୍ତି। ମନେ ରଖିବେ ଆମେରିକା ଦେଶର ସବୁ ବିଜ୍ଞାନ। ବିବାହ ଓ ଛାଡ଼ପତ୍ର ଉପରେ ଗବେଷଣା ଚାଲିଛି। ଅଧ୍ୟାପକ ଜଣକ ବିବାହ ବିଷୟରେ ଗବେଷଣା କରି ପି. ଏଚ୍. ଡ଼ି. ପାଇଛନ୍ତି। ଆମର ତ ଏଠି ଅର୍ଥନୀତି ଗବେଷଣା କରିବାପାଇଁ ଅର୍ଥାଭାବ। ନିମନ୍ତ୍ରଣ ପାଇ ସେ କ୍ଲାସ୍‌ରେ ଯୋଗ ଦେଇଥିଲି ଓ ଆମ ଦେଶ ବ୍ୟବସ୍ଥା ବିଷୟରେ ଭାଷଣ ଦେଇଥିଲି ମଧ୍ୟ।

କ୍ୟାମ୍ପ୍ ରହଣି ବେଳେ ଆମେରିକାର ଗୋଟିଏ ବିଶିଷ୍ଟ ଅନୁଷ୍ଠାନରେ ଯୋଗ ଦେବାର ସୁଯୋଗ ମିଳିଲା। କଲ୍‌ଗେଟ୍ ବିଶ୍ୱବିଦ୍ୟାଳୟରେ ସେତେବେଳେ "ଆମେରିକାନ୍ ଫରେନ୍ ପଲିସି କନ୍‌ଫରେନ୍‌ସ୍" ଅର୍ଥାତ୍ ଆମେରିକାର ବୈଦେଶିକ ନୀତି ସମ୍ମିଳନୀ ବସୁଥାଏ। ଆନ୍ତର୍ଜାତିକ ବସତି ପରୀକ୍ଷାରେ ଯେତେ ବିଦେଶୀ ଛାତ୍ର ଥିଲେ, ସମସ୍ତଙ୍କୁ ସ୍ୱତନ୍ତ୍ର ନିମନ୍ତ୍ରଣ ମିଳିଥାଏ। ସମ୍ମିଳନୀର ଉଦ୍ଦେଶ୍ୟ ଆମେରିକା ବୈଦେଶିକ ନୀତିର ବିଶ୍ଳେଷଣ। ଘାସକଟାଳିଠାରୁ ଘୋଡ଼ାଚଢ଼ାଳି ପର୍ଯ୍ୟନ୍ତ, କୋଟିପତିଠାରୁ କୁଟୀରବାସୀ ପର୍ଯ୍ୟନ୍ତ ସମସ୍ତେ ବୈଦେଶିକ ନୀତିଉପରେ ସେମାନଙ୍କର ନିର୍ଭୀକ ମତ ଦିଅନ୍ତୁ। ଚାଷୀ, ଶିକ୍ଷକ, ଡାକ୍ତର, ନର୍ସ, ସମସ୍ତେ ଟିକିନିଖି ବିଚାର

କରନ୍ତୁ। ରୁଷିଆ ଓ ତାର ଅନୁଗାମୀ କେଇଟି ଦେଶ ଛଡ଼ା ପୃଥିବୀର ଅନ୍ୟ ସମସ୍ତ ଦେଶର ଲୋକେ ଉପସ୍ଥିତ ଥିଲେ। ଦୁଃଖର କଥା, ଭାରତ ସରକାରଙ୍କର କୌଣସି ପ୍ରତିନିଧି ଉପସ୍ଥିତ ନ ଥିବାରୁ ଜେ. ଜେ. ସିଂହ ଓ ମୁଁ ବେସରକାରୀ ପ୍ରତିନିଧି ହିସାବରେ ନିମନ୍ତ୍ରଣ ପାଇଥିଲୁଁ। ଅନେକ ଉଦ୍‌ବେଗ ଓ ଉପଭୋଗଭିତରେ ବିଭିନ୍ନ ଜାତିର ଇଂରେଜୀ-କୁହା ଶୁଣିବା ସବୁଠାରୁ ବଡ଼ ମଉଜ। ବିପ୍ଳବୀ ରୁଷିଆର ଜଣେ ପୁରୁଣା ନେତା କିରେନ୍‌ସ୍କି ରୁଷିଆ ଛାଡ଼ି ଆସି ଆମେରିକାରେ ବସବାସ କରୁଛନ୍ତି। ସେ ଯେତେବେଳେ ଇଂରେଜୀରେ ବକ୍ତୃତା ଦେଲେ; ପନ୍ଦର ମିନିଟ୍ ପରେ ସଭାଗୃହ ପତଳା ପଡ଼ିଗଲା। ପ୍ରଫେସର ମର୍ଗାନ୍ ଓ ମୁଁ ବାହାରି ଆସିବାକୁ ବାଧ୍ୟ ହେଲୁଁ। ରୁଷିଆ ଓ ଇଂରେଜୀ ଫୋନେଟିକ୍‌ସ୍ ଯାହାସବୁ ମୁଁ ଜାଣିଥିଲି, ସେ ସବୁ ପଣ୍ଡ ହେଲା। ବକ୍ତା ସଂପୂର୍ଣ୍ଣ ଭୁଲିଯାଇଥିଲେ ଯେ ସେ ଯାହା କହୁଛନ୍ତି, କେହି ବୁଝି ନାହାନ୍ତି। ତାଙ୍କ ଭାଷା ଇଂରେଜୀ ନୁହେଁ କି ରୁଷିଆ ନୁହେଁ। ପୋଲାଣ୍ଡ ବା ହଙ୍ଗେରୀ ଭାଷା କିମ୍ବା ଅବୋଧ ଶବ୍ଦପରମ୍ପରା ମାତ୍ର। 'ଫାର୍‌ଇଷ୍ଟ' ବା ଦୂର ପ୍ରାଚ୍ୟ ସମ୍ମିଳନୀରେ 'ହିନ୍ଦୁ ସଭ୍ୟତାରେ ବିବାହର ସ୍ଥାନ' ସମ୍ପର୍କରେ କହିବାର ସୁଯୋଗ ପାଇଥିଲି। ସେହି ସମ୍ମିଳନୀରେ ଗ୍ରୀକ୍, ତୁର୍କୀ, ଆରବ, ପାରସ୍ୟ, ଲେବାନନ୍ ପାକିସ୍ଥାନ ପ୍ରଭୃତି ଦେଶର ଲୋକେ ଯୋଗ ଦେଇଥିଲେ। ପ୍ରଚାରପାଇଁ ଆମେରିକା ପ୍ରଶସ୍ତ ଦେଶ। କାଉ ଉଡ଼ିଗଲେ ହାତୀ ଉଡ଼ିଗଲା ବୋଲି କହିବେ। ପହଞ୍ଚିଲା ମାତ୍ରେ ଖବରକାଗଜବାଲା, ଫଟ ଉଠାଇବାବାଲା ଆସି ଗଦା ହେବେ। ବେତାରବାର୍ତ୍ତା ଦେବାପାଇଁ କେତେ ଅନୁରୋଧ କରିବେ। ସେହି ସୁଯୋଗ ନେଇ କେତେ ବାର ବେତାରବାର୍ତ୍ତା ଓ ଚିତ୍ରବାର୍ତ୍ତା (ଟେଲିଭିଜନ୍) ପଠାଇବାର ସୁବିଧା ମିଳିଥିଲା। ସ୍ଥାନୀୟ ଖବରକାଗଜରେ ଆମମାନଙ୍କୁ ଏତେ ପ୍ରଚାର କରାଯାଇଥିଲା ଯେ, ଦୋକାନ ବଜାରକୁ ଗଲାବେଳେ ଲୋକେ ଚେହେରା ଦେଖି ଠଉରାଇ ପାରୁଥିଲେ ଓ ଅଭିବାଦନ କରୁଥିଲେ। ବିଦେଶୀ ଛାତ୍ରମାନଙ୍କୁ ସେମାନେ ଭାରି ସ୍ନେହ ଓ ସମ୍ମାନ ଦେଖାନ୍ତି। ଆମେରିକାରେ ବର୍ତ୍ତମାନ ୧,୪୦୦ ଅନୁଷ୍ଠାନରେ ୩୧,୦୦୦ ବିଦେଶୀ ଛାତ୍ର ବିଭିନ୍ନ ବିଷୟରେ ଶିକ୍ଷା ପାଉଛନ୍ତି। ଜିନିଷପତ୍ର କିଣିବାବେଳେ ଏହି ଚିହ୍ନା ହେବାଟା ଭାରି ସାହାଯ୍ୟ କରୁଥିଲା। ଆମ ଛାତିରେ ବି ଖଣ୍ଡେ ଖଣ୍ଡେ ଟିକଟ ଝୁଲୁଥିଲା। ସେଥିରେ ଲେଖାଥିଲା ନାଁ, ଗାଁ ଓ ଏକ୍‌ସ୍‌ପେରିମେଣ୍ଟ୍। ଖଣ୍ଡେ ଅଧେ ଯାହା ଜିନିଷ କିଣିଥିଲି ସେମାନେ ମୋତେ ୩ ଡଲାରର ଜିନିଷକୁ ୨ ଡଲାରରେ ଅର୍ଥାତ୍ ୧୨ ଟଙ୍କା ଜିନିଷକୁ ୮ ଟଙ୍କାରେ ଦେଇଥିଲେ। ପଚାରିଲେ କହନ୍ତି, ହଉ ଆପଣ ନିଅନ୍ତୁ, ଘରେ ପହଞ୍ଚି ଜଣେ ଆମେରିକାନ୍ ବନ୍ଧୁକୁ ଅନ୍ତତଃ ମନେ ପକାଉଥିବେ।" ଏମିତି କି ୩ ଡଲାରର ଥେଟର୍ ଟିକଟ ୫୦ ସେଣ୍ଟ୍‌ରେ ପାଇଛୁ,

ଅର୍ଥାତ୍ ୧୨ ଟଙ୍କାର ଜିନିଷ ୨ ଟଙ୍କାରେ ମିଳିଛି। ବିଦେଶୀଙ୍କୁ ଦେଖାଇବାପାଇଁ ବାସ୍ତବରେ ସେମାନେ ଦ୍ୱାର ଖୋଲି ବସିଛନ୍ତି ବୋଲି ମନେ ହୁଏ। ବିଦାୟବେଳେ କହନ୍ତି, "ଆଉ ଥରେ ନିଶ୍ଚୟ ଆସିବ ଟି!"

କ୍ୟାମ୍ପ୍‌ରେ ମାସେ ଦେଢ଼ ମାସ କଟିଲା। ଖିଆପିଆର ଠିକଣା ନାହିଁ। ବସିବା ଶୋଇବାର ଠିକ୍ ନାହିଁ। ଅଛି ଅଛି, ହଠାତ୍ କୁହାଯିବ ଅମୁକ ଜାଗାକୁ ବର୍ତ୍ତମାନ ଯିବାକୁ ହେବ। କେତେ ରାସ୍ତା? ଓ, ଖୁବ୍ କମ୍—ଦୁଇଶ ମାଇଲ ହେବ। ଏବେ ଦିନେ ମହାନଦୀ ପାର ହୋଇ ବାଙ୍କୀରୁ ଗାଁକୁ ଦଶ ମାଇଲ ରାସ୍ତା ଆସିଲୁଁ ଯେ ଠିକ୍ ଦିନଟିଏ ଲାଗିଲା—ସକାଳୁଁ ସଞ୍ଜ। ଆମେରିକା କଥା ମନେ ପଡ଼ି ହସ ମାଡୁଥିଲା। ସେ ଦେଶରେ ଦୂରତାର ମୂଲ୍ୟ କିଛି ନାହଁ—ମୂଲ୍ୟ ଅଛି ସମୟର। ଆମ ଦେଶରେ ସମୟର ମୂଲ୍ୟ କିଛି ନାହିଁ, ମୂଲ୍ୟ ଅଛି ଦୂରତାର। କ୍ୟାମ୍ପ୍‌ରେ ଦିନକୁ ଦିନ ଚିହ୍ନା ପରିଚିତ ବଢ଼ିଲା। ସମସ୍ତେ ଆପଣାର ହୋଇପଡ଼ିଲେ। ସବୁବେଳେ ଥଟ୍ଟା କରନ୍ତି, ତମେ କଣ ସାପ ଖେଳେଇ ଜାଣ? ତମେ କଣ ଯାଦୁବିଦ୍ୟା ଜାଣ? ବିଦାୟ ଦିନ ଯହୁଁ ନିକଟ ହୋଇଆସିଲା, ଭାଳେଣି ପଡ଼ିଲା ସମସ୍ତଙ୍କର। ଏତେ ଭଲ ବନ୍ଧୁବାନ୍ଧବ ଛାଡ଼ି ମଣିଷ ଯିବ କିମିତି? ବିଦାୟ ପୂର୍ବ ରାତ୍ରିରେ ପାନ, ଭୋଜନ, ନୃତ୍ୟ ଖୁବ୍ ଚାଲିଲା। ବିଦାୟ ସକାଳେ ବିଦେଶୀ ପିଲାଏ ଗଣ୍ଠିରିପତ୍ର ବାନ୍ଧି ସଜବାଜ ହେଲେ। ଭିନ୍ନ ଭିନ୍ନ ଦଳ ଭିନ୍ନ ଭିନ୍ନ ସ୍ଥାନକୁ ଯିବେ। କ୍ୟାମ୍ପ୍ ଛାଡ଼ି ପରିବାରରେ ରହିବା ଆରମ୍ଭ କରିବେ। ବିଦାୟ ଲଗନ ନିକଟେଇ ଆସିଲା। ଆମେରିକା ପୁଅଝିଅମାନେ ଧାଡ଼ି ହୋଇ କାମେରା ଧରି ଠିଆ ହେଲେ, ହାତ ଧରି ବିଦାୟ ଦେଲେ। ଗାଡ଼ି ଷ୍ଟାର୍ଟ୍ କଲାବେଳକୁ ଦେଖିଲୁଁ, ପୁଅଙ୍କ ମୁହଁ ସବୁ କଳା, ଝିଅଙ୍କ ଆଖିରେ ଲୁହ। ଦୁଇ ବର୍ଷଭିତରେ ଗୋରାଲୋକଙ୍କ ଆଖିରେ ଲୁହ ଦେଖିବା ଏହ ମୋର ପ୍ରଥମ ଓ ଶେଷ। ଡଲାର୍ ଛାତିତଳେ ପୁଣି କଅଁଳ ଜାଗା ଅଛି, ଭାବପ୍ରବଣତା ଅଛି, ଲୁହ ଅଛି ବୋଲି କିଏ ଜାଣିଥିଲା? ମଣିଷପ୍ରକୃତି ସତେ ସବୁଠି ସମାନ। ଲୁହ ପୋଛିବାର ସୌଭାଗ୍ୟ ବା ଅବସର ନ ଥିଲା। ଗାଡ଼ି ଭୁସ୍‌କିନା ପାହାଡ଼ତଳକୁ ଖସିଲା। ପଟ୍ନି କ୍ୟାମ୍ପ୍‌ର ଚୂଡ଼ା ନିମିଷକେ ପାହାଡ଼ର ନୀଳିମାଭିତରେ ଲୁଚିଗଲା। ଦୀର୍ଘଶ୍ୱାସରେ ମଟରର କାଚବାଡ଼ ମଳିନ ହୋଇଗଲା।

●

ପରିବାର

ଘର

ମୁଁ ଯେଉଁ ପରିବାରରେ ରହିବା କଥା, ତାହା ଆମ କ୍ୟାମ୍ପରୁ ଦୁଇଶ ମାଇଲ ଦୂର ଗୋଟିଏ ଛୋଟ ସହରରେ, ନାଁ ୱେଷ୍ଟ ପୋଟ୍। ସମୁଦ୍ରକୂଳରେ। ନିୟୁୟର୍କ ସହରରୁ ପଚାଶ ମାଇଲ ଦୂର। ଦିନ ଦୁଇଟା ବେଳେ ଯାଇ ପହଞ୍ଚିଲି। ମଟର ଶବ୍ଦରେ ମା (ଯେଉଁ ଘରଣୀଙ୍କ ଘରେ ମୁଁ ରହିବି) ଘରୁ ବାହାରି ଆସିଲେ। ମୋତେ ସେ ଆମେରିକା ବୈଦେଶିକ ନୀତି ସମ୍ମିଳନୀରୁ ଚିହ୍ନିଥାନ୍ତି। ତେଣୁ ପରିଚୟ ଦେବା ଦରକାର ପଡ଼ିଲାନି। ଦେଖିଲମାତ୍ରେ ହାତ ଧରି ସ୍ୱାଗତ ଜଣାଇ କହିଲେ, "ତମେ ଆଜିଠାରୁ ମୋ ପୁଅ। ଘରେ ପାଟ୍ ବୋଲ ତମର ଗୋଟିଏ ଭାଇ ଅଛି। ତମ ଘର ଠିକ୍ ଅଛି। ତମେ ଯା ଦୋମହଲାର ୩ ନମ୍ବର ଘରେ ରହିବ। ବାଧିବଣି, ଧୁଆଧୋଇ ହୋଇ ଟିକିଏ ଶୋଇପଡ଼। କଥା ହେବାକୁ ତ ଅନେକ ବେଳ ପଡ଼ିଛି। ରାସ୍ତାରେ ତ ନିଶ୍ଚୟ ଲଞ୍ଚ୍ ଖାଇଥିବ, ଭୋକ ଅଛି ଯଦି ଅଳ୍ପ ଟିକିଏ କିଛି ଖାଇଦିଅ।" ସତେ ଯେମିତି ମୁଁ ତାଙ୍କର ପୁଅ; କେଉଁ ଛୁଟିରେ ଯାଇଥିଲି, ଘରକୁ ଫେରୁଛି। ଏହି ଆତ୍ମୀୟତା ମଣିଷକୁ ଆମେରକାମୁହାଁ କରିଦିଏ। ମା ୟେଲ୍ ବିଦ୍ୟାଳୟର ଏମ୍. ଏ. ବାଲୀ। ଜଣାଶୁଣା ଲେଖକ। ବାପ ଅବସରପ୍ରାପ୍ତ ପଥର ଇଞ୍ଜିନିଅର। ବୟସ ସତୁରି ଉପରେ। ପାଞ୍ଚଦଶ ମିନିଟରେ ବାପ ଆସି 'ଗୋଲୋକ' 'ଗୋଲୋକ' ପାଟି କରି ସ୍ୱାଗତ ଜଣାଇ କହିଲେ, "ଆଶା କରେଁ ଆମ ଘର ରହଣିଟା ତମକୁ ଭଲ ଲାଗିବ। ଆଚ୍ଛା, 'ରିଲାକ୍ସ ମାଇଁ ବୟ', ବିଶ୍ରାମ ନିଅ।

ବର୍ତ୍ତମାନ ଆମେରକାର ଘରଦ୍ୱାର କଥା କହେଁ। ପ୍ରଥମ କଥା, ବିଲାତରେ ଜାଗାବାଡ଼ି ସଂକୀର୍ଣ୍ଣ ବୋଲି ଘରଉପରେ ଘର ଲଦି ହୋଇ ଠିଆ ହୋଇଥାଏ। ଖୁବ୍ ମୋଟା ଇଟା ପଥରରେ ସତେ ଯେମିତି ଶତାବ୍ଦୀର ଇତିହାସ ମାଖି ହୋଇ ରହିଛି।

ମାତ୍ର ଆମେରିକାରେ ଘର ଛଡ଼ା ଛଡ଼ା, ପତଳା, ପୁରାତନ ବୋଲି କିଛି ନାହିଁ। ପଦାରୁ ଦେଖିବାକୁ ବି ସୁନ୍ଦର। ଚାରିପାଖେ ଖୋଲା ପଡ଼ିଆ ଓ ବୃକ୍ଷଲତା ଅଛି। କିନ୍ତୁ ବିଲାତ ଗାଁଭୂଇଁରେ ଗୋଟାଏ ଜିନିଷ ଅଛି ଯା ଆମେରିକାରେ ଖୋଜି ପାଇଲି ନାହିଁ। ବିଲାତି ଫୁଲ। କେତେ ରଙ୍ଗର, କେତେ ଢଙ୍ଗର ଫୁଲ ଯେ ଗାଁଗଣ୍ଡାରେ ସଜା ହୋଇଥାଏ ତାର କଳନା ନାହିଁ। ମାତ୍ର ଆମେରିକାରେ କେବଳ ଦୁଇ ତିନି ପ୍ରକାର ଫୁଲ ଦେଖିଲି। ହାଇଡ୍ ରେଞ୍ଜାର୍ ବୋଲି ପେନ୍ଥୁକୋରେଇଁ ଫୁଲ ପରି ଫୁଲଗୁଡ଼ା ଖୁବ୍ ବେଶୀ। ତା ଛଡ଼ା ଆଉସବୁ ଜିନିଷରେ ଆମେରିକା ଘର ସରସ। ଘରଭିତରେ ଯେଉଁ ଚଉକୀ, ବେଞ୍ଚ, ଟେବୁଲ, ଗାଲିଚା ଅଛି, ତା ବିଲାତରେ ଦେଖି ନାହିଁ। ବେଶୀ ଜିନିଷ ଆଜିକାଲି ପ୍ଲାଷ୍ଟିକ୍ ଓ ନାଇଲନ୍ ତିଆରି। ପାଇଖାନା ଘରେ ଯେଉଁ ରଙ୍ଗିନ୍ ପ୍ଲାଷ୍ଟିକ ଓ କୃତ୍ରିମ ସିଲ୍‌କ ପରଦା ଦିଆ ହୋଇଛି, ପାଦତଳେ ଯେଉଁ କୁସୁମକୋମଳ ଗାଲିଚା, ତା ରଜାଙ୍କ ରହଣି ଘରେ ଥିବ କି ନାହିଁ ସନ୍ଦେହ। ପାଇଖାନା ଦେଖି ଛାନିଆ ଲାଗେ। ରୋଷାଇଘର ଠିକ୍ ଫିଜିକ୍‌ସ୍ ଲାବୋରେଟୋରୀ ପରି ଦେଖାଯାଏ। ଘରଯାକ ଖାଲି ମେସିନ୍। ଆମ ଝିଏ ବାହା ହେଲାବେଳେ କାନ୍ଦନ୍ତି, 'କିମିତି କାଢ଼ିବି ଗରାରେ ପାଣି ବୋଉ ଲେ!' ତା ଛଡ଼ା ତ ଲୁଣିଆ ଅଲଣା ହେଲେ ଶାଶୁତୁଣ୍ଡ, ଶହେ କୋଶ ଫୁଟିବ। କିନ୍ତୁ ଆମେରିକା ଝିଅ ସେଥିରୁ ପାରି ପାଇଛି। ପ୍ରତ୍ୟେକ ଖାଦ୍ୟ ଜିନିଷର ଭାଗ ମାପ ସ୍ଥିର କରା ହୋଇ ଲେଖା ରହିଛି। ସେହି ଭାଗ ମାପର ଜିନିଷ ମେସିନ୍ ଚୁଲିଉପରେ ରଖିଦେଲେ କାମ ଛିଣ୍ଡିଲା। ଜଗି ବସିରହିବାକୁ ହେବନି କିମ୍ବା ଓଦା କାଠ ମୁହାଁଇ ଫୁଙ୍କି ଫୁଙ୍କି ଆଖିରୁ ପାଣି ମାରି "ଏତେ କଥା ବୋଲି ଜାଣିଥିଲ କି" କହି କାନ୍ଦିବାକୁ ପଡ଼ିବ ନାହିଁ। ତମେ ତମର ଥୋଇଦେଇ ଯାଇ ବସ, ଖବରକାଗଜ ପଢ଼, ଛୁଆ ଖେଳାଅ, ଯାଏ-ଆସେ ନି। ଖାଦ୍ୟ ପାଗ ହେଲାମାତ୍ରେ ଘଣ୍ଟି ବାଜିଉଠିବ। ତମେ ଯାଇ ଓହ୍ଲାଇଦେବ। ସବୁ ଠିକ୍।

ସଂସାରରେ ମାଇପେ ସବୁଠି ସମାନ। ରୋଷାଇ କରିବାଠାରୁ ବାସନ ମାଜିବା ବେଶୀ ଭିଡ଼। ମାତ୍ର ଆମେରିକା ସେ ସମସ୍ୟାର ସମାଧାନ କରିଦେଇଛି। ବାସନଧୁଆ କଳ ଅଛି। ଖାଇସାରି ସେଥିରେ ବାସନ ପୂରାଇ ବୋତାମ ଟିପିଦେଲେ ସାବୁନପାଣିରେ ବାସନ ଆପେ ଧୋଇହୋଇ ସଫା ହୋଇଯାଏ। ଲୁଗା ଧୋଇବାପାଇଁ ଠିକ୍ ସେହିପରି ମେସିନ୍। ମେସିନ୍ ଭିତରେ ଲୁଗା ପୂରାଇ ବୋତାମ ଟିପିଦେଲେ ଅଧଘଣ୍ଟାଭିତରେ ସବୁ ସଫା ହୋଇଯାଏ। ବର୍ଷାପାଗ ହେଲେ ଲୁଗା ଶୁଖାଇବାକୁ ବି ମେସିନ୍ ଅଛି। ଇସ୍ତ୍ରି କରିବାପାଇଁ ତ ମେସିନ୍ ଆମ ଦେଶରେ ଅଛି, ତାଙ୍କ କଥା କହି ଲାଭ କଣ? ସଡ଼କ ଓଳାଇବାପାଇଁ ଯେମିତି ମେସିନ୍, ଘର ଓଳାଇବାପାଇଁ ସେମିତି ମେସିନ୍।

ସମସ୍ତଙ୍କ ଘରେ ରେଡିଓ—ବାପର ଗୋଟେ ବୋଇଲେ ପୁଅର ଗୋଟେ, ରୋଷାଇଘରେ ଗୋଟେ ବୋଇଲେ ଶୋଇବାଘରେ ଗୋଟେ। ଶତକଡ଼ା ସତୁରି ଜଣଙ୍କ ଘରେ ଟେଲିଭିଜନ୍ (ସଚିତ୍ର ବାର୍ତ୍ତା) ଅଛି। ବଡ଼ ଲୋକଙ୍କ ଘରେ ପ୍ରତ୍ୟେକଙ୍କର ଖଣ୍ଡେ ଖଣ୍ଡେ ମଟର ଗାଡ଼ି। ଦୁଆରେ ଥାନ ହୁଏ ନାହିଁ ଠିଆ କରାଇବାକୁ। ମୂଲିଆ ବି ଗାଡ଼ି ନେଇ ୫୦ ମାଇଲ ଦୂରକୁ କାମକୁ ଯାଏ। ଏବେ ପରା ଡାକ୍ତର ମହଲରେ ବିଚାର ଚାଲିଛି, ଆସନ୍ତା କେତେ ବର୍ଷ ଭିତରେ ଗୋଡ଼କୁ କି ପ୍ରକାର ରୋଗ ଘୋଟିବ ଓ ତାହା ବନ୍ଦ କରିବାର ଉପାୟ କଣ ? କାରଣ ୧୫ ବର୍ଷ ପୂର୍ବେ ଲୋକେ ଯେତେ ଚାଲୁଥିଲେ, ଆଜି ତାର ଦି' ଅଣାର ନାହିଁ। ସକାଳୁଁ ଦୋକାନକୁ ଯିବ ବୋଇଲେ ଆଗ ନ ଯାଇଥିଲେ ଫେରି ଆସିବାକୁ ହେବ। କାରଣ ଗାଡ଼ି ଫେରାଇବାକୁ ଜାଗା ନାହିଁ। ଯାହା କହନ୍ତି 'ଜଳବିହୁନେ ସୃଷ୍ଟି ନାଶ, ପୁଣି ଜନଗହଳେ ସୃଷ୍ଟି ନାଶ'— ଆମେ ସିନା ବିହୁନେ ମରୁଛେଁ, ସେମାନେ ଗହଳେ ମରୁଛନ୍ତି। କୋରିଆ ଯୁଦ୍ଧରେ ଯେତିକି ଲୋକ ମରୁଛନ୍ତି, ଆମେରିକାରେ ବର୍ଷକରେ ସେତିକି ଲୋକ ଗାଡ଼ିଧକ୍କାରେ ମରନ୍ତି। ପୁଅଟିଏ ଜନ୍ମ ହେଲେ ରୋଗରେ ମରିବାର ଯେତେ ଭୟ ନାହିଁ; ଗାଡ଼ିମୁହଁରେ ମରିବାର ସେତିକି ଭୟ। ତେଣୁ ରାସ୍ତା ପାଖରେ ଲେଖାଥାଏ 'ଚିଲ୍ଡ୍ରେନ୍, ସ୍ଲୋ'— ପିଲା ଅଛନ୍ତି, ସାବଧାନ, ଯା।

ଜୀବଜନ୍ତୁଙ୍କ ପ୍ରତି ଭାରି ସଉକି। ବିରାଡ଼ି କୁକୁରଙ୍କୁ ଭାରି ଗେହ୍ଲାରେ ବଢ଼ାନ୍ତି। ଦ୍ୱିତୀୟ ମହାସମର ପରେ ଯେତେବେଳେ ଜର୍ମାନ୍‌ମାନେ ଖାଇବାକୁ ପାଇଲେ ନାହିଁ, ଆମେରିକାନ୍‌ମାନେ ପାଞ୍ଚ ଦଶଟା ସିଗାରେଟ୍ ବଦଳରେ ବି କୁକୁର କିଣି ଜାହାଜ ଜାହାଜ କରି ଉଡ଼ାଇଆଣିଲେ। କୁକୁର ବିରାଡ଼ିଙ୍କ ପାଇଁ ସ୍ୱତନ୍ତ୍ର ପାନ ଭୋଜନ, ସ୍ୱତନ୍ତ୍ର ଶେଯ। ରାସ୍ତାରେ କୁକୁରଟାଏ ଯାଉଥିବାର ଦେଖିଲେ ଲୋକେ ଅଟକି ରହି ତାକୁ ଆଦର କରିବେ। ପ୍ରାଣିପ୍ରୀତି ସମସ୍ତ ପାଶ୍ଚାତ୍ୟ ସଭ୍ୟତାର ବୈଶିଷ୍ଟ୍ୟ। ପାରାଡିମ୍ବଟିଏ ପର୍ଯ୍ୟନ୍ତ ଭାଙ୍ଗି ଦେଲେ ଆଇନ ଦୃଷ୍ଟିରୁ ଦଣ୍ଡନୀୟ।

ପୋଷାକ

ଇଂରେଜମାନଙ୍କଠାରୁ ପୋଷାକପତ୍ର ଦିଗରୁ ଆମେରିକାନ୍‌ମାନେ ଅନେକ ଭିନ୍ନ। ପ୍ରଥମ କଥା ସୁନ୍ଦର ଓ ମୂଲ୍ୟବାନ୍ ପୋଷାକପାଇଁ ବର୍ତ୍ତମାନ ବିଲାତରେ ପଇସା ନାହିଁ, ପୁଣି ଆମେରିକାରେ ତ ନିତି ନୂଆ ଫେସନ ବାହାରୁଛି। ତା ଛଡ଼ା ନାଇଲନ୍ ବୋଲି ସିଲ୍କ ପରି ଯେଉଁ ନୂଆ ଜିନିଷ ବାହାରିଛି, ତାହା ଆମେରିକାର ସ୍ୱାତନ୍ତ୍ର୍ୟ। ଗୋଟାଏ ଚିକ୍କଣ ଗାବାଡ଼ିନ୍ ସୁଟ୍ କିମ୍ବା ନାଇଲନ୍ କାମିଜ ପିନ୍ଧିବା ବିଲାତି ସାହେବଙ୍କ

ପକ୍ଷରେ ଭାରି ବଡ଼ କଥା । ଆମେରିକା ପିଲାମାନେ ଯେତେବେଳେ ସେଦେଶପୋଷାକ ପିନ୍ଧି ଆସନ୍ତି, ବିଲାତରେ ସେମାନଙ୍କୁ ଦେଖି ଆମେମାନେ ଈର୍ଷା କରୁଁ ଓ ନିଜକୁ ଚାହିଁ ଲଜ୍ଜିତ ହେଉଁ । ତା ଛଡ଼ା ଆମେରିକାନ୍ ରୁଚି ବଡ଼ ଉଗ୍ର । ସେମାନେ ଯେଉଁ ରଙ୍ଗଢଙ୍ଗିଆ ପୋଷାକ ପିନ୍ଧନ୍ତି, ବିଲାତର ବା ଭାରତର କୌଣସି ରୁଚିସମ୍ପନ୍ନ ଲୋକ ତା ସହିପାରିବ ନାହିଁ । କି ବିଚିକିଟିଆ ରଙ୍ଗ ! ଦେହରେ ବାଘ, କୁକୁର, ଘୋଡ଼ା, ତାଳଗଛ, ଚଢ଼େଇ କେତେପ୍ରକାର ରଙ୍ଗର କେତେ ଚିତ୍ର ଯେ ହୋଇଥାଏ, ଦେଖିଲେ ଦେହ ଉଲୁସି ଉଠିବ । ଟ୍ରୁମାନ୍ ଥରେ ପିନ୍ଧି ପକାଇଲେ ବୋଲି ସେଇ ହାଉଆଟା ଦେଶସାରା ଖେଳୁଛି । ତା ଛଡ଼ା ହାଉଆଇ ଓ ହାଫପ୍ୟାଣ୍ଟ୍ ଏତେ ଛୋଟ ଯେ ଆମକୁ ଗେଞ୍ଜି ଓ ଅଣ୍ଡର୍ ଓ୍ୱାର୍ ପରି ଲାଗିବ । ବିଲାତି ଘରେ ପାଇଜାମା ଉପରେ ଡ୍ରେସିଙ୍ଗ୍ ଗାଉନ୍ (ଗୋଟାଏ ଲମ୍ବା ପତଳା କୋଟ୍ ପରି ଜିନିଷ) ନ ଥିଲେ ସ୍ତ୍ରୀମାନଙ୍କ ସାମନାକୁ ଆସି ହେବ ନାହିଁ । ମାତ୍ର ଆମେରିକା ପରିବାରରେ ସେମିତି ବାଛବିଚାର କିଛି ନାହିଁ । ଯାହି ପିନ୍ଧିଲେ ଚଳିବ । ଗ୍ରୀଷ୍ମଦିନେ ମାସ ମାସ ଧରି ହାଫ୍‌ପ୍ୟାଣ୍ଟ୍ ଓ ଗେଞ୍ଜି ପିନ୍ଧି ଚଳିପାର, ଯାଏ-ଆସେ ନା । ଏବେ ଯାହା ଦେଖାଯାଉଛି, ସ୍ତ୍ରୀପୁରୁଷ ପୋଷାକଭିତରେ ଆଉ ତଫାତ୍ ରହିବ କି ନା ସନ୍ଦେହ । ଅନେକ ସ୍ତ୍ରୀଲୋକ ପୁରୁଷଙ୍କ ପରି ଲମ୍ବା ପ୍ୟାଣ୍ଟ ଓ ଗେଞ୍ଜି ପିନ୍ଧୁଛନ୍ତି । ପୁରୁଷଙ୍କ ପରି ବାଳ କାଟୁଛନ୍ତି । ତାଙ୍କ ପୁରୁଷ ଢଙ୍ଗର ବାଳକଟା ଦେଖି ପୁରୁଷମାନେ ଟୁଙ୍କି ଟୁଙ୍କି ବାବାଜିମାନଙ୍କ ପରି ବାଳ କାଟୁଛନ୍ତି । ମନେ ହୁଏ ନାରୀମାନେ ଯଦି ପୁରୁଷଙ୍କୁ ଗୋଡ଼ାଇ ପୁରୁଷଙ୍କ ପରି ଟୁଙ୍କି ଟୁଙ୍କି ବାଳ କାଟିବେ, ତେବେ ବୋଧହୁଏ ପୁରୁଷମାନେ ବୌଦ୍ଧ ସନ୍ନ୍ୟାସୀଙ୍କ ପରି ଟାଙ୍ଗରା ହେବେ । ଝିଅମାନେ ଯେ ଏତେ ଛୋଟ ହାଫ୍‌ପ୍ୟାଣ୍ଟ ପିନ୍ଧନ୍ତି, ଇଉରୋପୀୟମାନେ ତା ମୋଟେ ପସନ୍ଦ କରନ୍ତି ନାହିଁ । ଏବକୁ ତ ଅଳଙ୍କାର ଲଗାଇବା ସଉକ୍ ବେଶ୍ ହେଲାଣି । ଚକ ଘୂରୁଛି କିନା, ଆମେ ଛାଡ଼ିଲା ବେଳକୁ ସେ ଆରମ୍ଭ କରୁଛନ୍ତି । କାନ ନ ଫୋଡ଼ାଇ ଚିପା କାନଫୁଲ ଦିନକେ ଦିଥର ବଦଳାଉଥାନ୍ତି । ଆମେ ଯେଉଁଠି ଅଣ୍ଟାସୂତା ପିନ୍ଧିଛୁଁ ସେଠି ବଡ଼ଲୋକର ସ୍ତ୍ରୀମାନେ ରୁପାର ମୋଟା ପାତିଆ ପିନ୍ଧନ୍ତି । ବେକରେ ହାତରେ ମଧ୍ୟ ରୁପାର ଚାପ ପିନ୍ଧନ୍ତି । ମାତ୍ର ମନେ ରଖିବାକୁ ହେବ ଯେ, ଏହି ରୁପା ଅଳଙ୍କାର-ପ୍ରୀତି ଶତକଡ଼ା ଦଶ ଜଣରୁ ବେଶୀ ହେବନି । ଯହୁଁ ଯହୁଁ ବୁଢ଼ା ବୁଢ଼ୀ ହୁଅନ୍ତି ତହୁଁ ତହୁଁ ବେଶଉପରେ ବେଶୀ ନଜର । ବିଗତ ଯୌବନଟାକୁ ଟାଣି ଧରିବାକୁ ଅଦମ୍ୟ ଚେଷ୍ଟା । ବୁଢ଼ାବୁଢ଼ୀ କହିଦେଲେ ଭାରି ଅପମାନିତ ହୁଅନ୍ତି । କାରଣ ସେମାନଙ୍କର ବିଶ୍ୱାସ ଯେ, ୪୦ ବର୍ଷରେ ସେମାନଙ୍କର ଜୀବନ ଆରମ୍ଭ ହୁଏ । ଆମେରିକାର ପୋଷାକ ଦେଖି ମନୁଷ୍ୟସଭ୍ୟତା ସମ୍ପର୍କରେ ବଡ଼ କୌତୂହଳ ଜନ୍ମେ ।

ସଭ୍ୟତାର ପ୍ରଥମ ଦିନରେ ମଣିଷ ଲଙ୍ଗଳା ଥିଲା। ପତ୍ର ପିନ୍ଧୁ ପିନ୍ଧୁ କାଳକ୍ରମେ ଲୁଗା ପିନ୍ଧିଲା। ଦେହ ମୁଣ୍ଡ ସବୁ ଆଡ଼ ଘୋଡ଼ାଇ ହେଲା। କିନ୍ତୁ ଚକ ଘୂରିଯାଉଛି। ପାଶ୍ଚାତ୍ୟ ଲୋକେ ବିଶେଷତଃ ଆମେରିକା-ଲୋକେ ଦିନକୁ ଦିନ ଦେହରୁ ଲମ୍ବା ପୋଷାକ କାଢ଼ି ଜଙ୍ଘିଆ ପିନ୍ଧି ପଦାରେ ବୁଲଲେଣି। ପ୍ଲାଷ୍ଟିକ୍ ତ ପିନ୍ଧିଲେଣି, ପତ୍ର ପିନ୍ଧିବାକୁ ଆଉ କେତେ ଦିନ!

ଖାନା

ଖାନା ତ ସାହେବୀ ଖାନା, କିନ୍ତୁ ବିଲାତ ଅପେକ୍ଷା ବଡ଼ ପ୍ରକାର ଫଳ ଅଧିକ ପରିମାଣରେ ମିଳେ। କଦଳୀ, ସପୁରି, ମକା, ସେଓ ଖୁବ୍ ବେଶୀ। ସିମ, ବାଇଗଣ, ବିଲାତିଆଳୁ, ବିଲାତି ବାଇଗଣ ଢେର। ଅଣ୍ଡା, ଦୁଧ, ଦହି ଏତେ ବେଶୀ ଯେ, ଦେଶ ଦୁଧଦହିରେ ଭାସୁଛି ବୋଲି କହିଲେ ଏତେ ଟିକେ ବି ଅତ୍ୟୁକ୍ତି ହେବ ନି। ଆମ ଦେଶର ଯେଉଁମାନେ ବିଲାତରୁ ଓ ଆମେରିକାରୁ ଫେରିଛନ୍ତି, ସେମାନଙ୍କୁ ଫେରିଲାବେଳେ ଯେଉଁମାନେ ଦେଖିଥିବେ, ଜାଣିଥିବେ କିଏ ଖିରି ଖିରିସା ଖାଉଥିଲେ, ଆଉ କିଏ ଖାରିଆ ଖଡ଼ା ଚୋବାଉଥିଲେ। ପୃଥିବୀରେ ବର୍ତ୍ତମାନ ଏମିତି କୌଣସି ଦେଶ ନାହିଁ, ଯେଉଁଠି ଆମେରିକା ଅପେକ୍ଷା ବେଶୀ ଖାଇବାକୁ ମିଳିବ। ମୋ ଶୋଇବାଘର ପାଖକୁଲାଗି ଦୁଇଟି ଆପ୍ଲ (ସେଓ) ଗଛ ଥାଏ। ସେଥିରେ ଗାଡ଼ି ଗାଡ଼ି ଫଳ ଆସିଥାଏ। ସକାଳକୁ ବୋଝ ବୋଝ ପାଚି ପଡ଼ିଥାଏ। ମା ଚାରିଟା କି ପାଞ୍ଚଟା ମୋଟେ ଆଣନ୍ତି 'ଆପ୍ଲପୁଡ଼ିଂ' ବା ପିଠା କରିବା ପାଇଁ, ବାକି ସବୁ ଯାଏ ଖତକୁ। ମୁଁ କରୁଣ ଦୃଷ୍ଟିରେ ଅନାଇ ରହେ। ମୋ ଦେଶର ଲୋକେ ପିଜୁଳିଟାଏ, ବରକୋଳିଟାଏ ବି ଖାଇବାକୁ ପାଉ ନାହାନ୍ତି, ଏଠି ବୋଝ ବୋଝ ସେଓ ଖତ ଖାଉଛି! ଆମ ବଜାରରେ ସେର ତିନି ଟଙ୍କା। ସ୍ୱର୍ଣ୍ଣପ୍ରସୂ ଭାରତରେ ଆମେ ଆଜି ଶୁଖି ମରୁଛୁଁ। ଡିନର୍ ପୂର୍ବରୁ ଅଧିକାଂଶ ଦିନ ସଂଯତ ପରିମାଣରେ ମଦ୍ୟ ସେବା କରନ୍ତି, ନାରୀ ଓ ପୁରୁଷ ଉଭୟ। ପିଲାଙ୍କୁ ଦିଅନ୍ତି ନାହିଁ। ପିଲାଙ୍କ ହାତରେ 'କୋକାକୋଲା' ବୋତଲ ବେଶୀ। ଏକ ପ୍ରକାର ସ୍ୱାସ୍ଥ୍ୟକର ରସ। ଯେଉଁଠି ଇଚ୍ଛା ସେଠି 'କୋକାକୋଲା' ମିଳେ। ବାକ୍ସଭିତରେ ପଇସା ଗଳେଇଲେ କୋକାକୋଲା ବୋତଲ ଆପେ ବାହାରି ଆସେ। ସମଗ୍ର ପାଶ୍ଚାତ୍ୟ ଜଗତରେ 'କୋକାକୋଲା' ଭରିଛି। ଏମିତି କି ଆଫ୍ରିକାର ଉତ୍ତର-ପଶ୍ଚିମ ଉପକୂଳସ୍ଥ ମରକୋ ରାଜ୍ୟର ସିଉଟା ସହରରେ ବି ଦେଖିଲି ସେହି କୋକାକୋଲା। ଆମେରିକା-ଲୋକେ ଥଟ୍ଟା କରି କହନ୍ତି ଯେ କିଛିଦିନ ପରେ ଐତିହାସିକମାନେ ଯେତେବେଳେ ଇତିହାସ ଲେଖିବେ, ସେମାନେ ଆମେରିକା-

ସଭ୍ୟତାକୁ ବୋଧହୁଏ 'କୋକାକୋଲା ସଭ୍ୟତା' ବୋଲି ବର୍ଣ୍ଣନା କରିବେ। ଖାଇବା-ପିଇବାର ଠିକଣା ନାହିଁ। ରାସ୍ତାରେ-ଘାଟରେ ଯେଉଁଠି ଇଚ୍ଛା ସେଠି ଖାଆନ୍ତି! ବେଶୀ ଭାଗ ଆଇସ୍‌କ୍ରିମ୍‌। ବିଲାତ-ଲୋକେ ମୋଟେ ହାତରେ ଖାନ୍ତି ନାହିଁ, କଣ୍ଟା ଚାମଚ ସବୁବେଳେ। ମାତ୍ର ଆମେରିକାନ୍‌ମାନେ ବେଳେବେଳେ ହାତରେ ଖାନ୍ତି। ଦିନକର ଗୋଟାଏ ମଜା କଥା କହେଁ। ଆମେରିକା ଛାଡ଼ିବାର ଅଳ୍ପ ଦିନ ପୂର୍ବରୁ ନୂତନ-ବିବାହିତ ଦୁଇ ଜଣ ତରୁଣ ତରୁଣୀଙ୍କ ନିକଟରେ କିଛି ଦିନ ଥିଲି। ଭାରତୀୟ ଖାନା ଖାଇବା ପାଇଁ ସେମାନେ ଭାରି ଲଗାଇଲେ। ମାତ୍ର ଚଷା କି ଜାଣେ ପଶାର କଥା? ମୁଁ ଅପଦାର୍ଥଟାଏ ବା କି ରୋଷାଇ ଜାଣେ? କହିଲି, "ହଉ, ତା ହେଲେ ମୁଁ ଭାତ ରାନ୍ଧୁଛି, ବାଇଗଣ ଭାଜି ଦେଉଛି, ତମେ କୁକୁଡ଼ା ରାନ୍ଧ। ଖାଇବାବେଳେ ଭାରତୀୟଙ୍କ ପରି ଭୂଇଁରେ ବସି ହାତରେ ଖାଇବା।" ସେମାନେ ରାଜି ହେଲେ। ଟେବୁଲ-ଚଦର ଆସି ଭୂଇଁରେ ପରା ହେଲା। ଖାଇବା ଜିନିଷ ରଖାହେଲା। ମୁଁ ଯେତେବେଳେ ଚକା ପକାଇ ବସିଲି, ସେମାନେ ଦେଖି ତାଜୁବ ହେଲେ। ଚେଷ୍ଟା କଲେ ବ ହେଲାନି। ତେଣୁ ଲମ୍ବା ଲମ୍ବା ହୋଇ ଶୋଇଲେ। ହାତରେ ଗୁଣ୍ଡା ବଳି ପାଟିରେ ପୂରାଇବା ମୋ ପକ୍ଷରେ ସିନା ସହଜ, କଣ୍ଟାଚାମଚ-ଅଭ୍ୟସ୍ତ ହାତରେ ଗୁଣ୍ଡା ବଳିହେଉଛି କେଉଁଠି? ତିନିଟା ଆଙ୍ଗୁଠିରେ ଭାତ ଧରନ୍ତି, ହାତଟା ସିଧା ପାଟିକୁ ଆଣିପାରନ୍ତି ନାହିଁ। ଭାତ ନାକରେ-କାନରେ ପଶିଲା। ଟେବୁଲ-ଚଦର ଚାରିଆଡ଼ ମଲ୍ଲିଫୁଲ ପରି ଭାତ ବିଞ୍ଚି ହୋଇପଡ଼ିଲା। ହସି ହସି ପେଟ ଦୁହିଁ ହୋଇଗଲା। ଦୟା ହେଲା। କହିଲି, "ଥାଉ, ଭାରତ ଯେତିକି ହେଲା ସେତିକି, ଏଥର ଚାଲ ସାହେବ ହେବା।" ଏହି କଥାଟା ସେ ଯାହାକୁ ଦେଖନ୍ତି, ତା ଆଗରେ କହି ହସନ୍ତି। ଗର୍ବ କରନ୍ତି ଯେ, ସେମାନେ ଭାରତୀୟ ଖାନା ଭାରତୀୟ ଢଙ୍ଗରେ ଖାଇପାରନ୍ତି!

ପାରିବାରିକ ସମ୍ପର୍କ

ପାରିବାରିକ ସମ୍ପର୍କ ମଧୁର ଅଥଚ ଅର୍ଥନିୟନ୍ତ୍ରିତ ବୋଲି ମନେ ହୁଏ। ଯେଉଁଠି ସ୍ତ୍ରୀ ପୁରୁଷ ଉଭୟ ରୋଜଗାର କରନ୍ତି ସେଠି ଦୁହେଁ ଅଲଗା ଟଙ୍କା ପଇସା ରଖନ୍ତି; ମାତ୍ର ଯେଉଁଠି ସ୍ତ୍ରୀ ରୋଜଗାର ନ କରି ଘରକାମ କରେ, ସେଠି ଟଙ୍କାପାଇଁ ପୁରୁଷ ହାତକୁ ଅନାଏ। 'ବିନାଶ୍ରୟେ ନ ବର୍ତ୍ତନ୍ତେ ବନିତା' କଥାଟା ଅଳ୍ପବହୁତେ ସବୁଠି ସମାନ। ସ୍ୱାମୀ ସ୍ତ୍ରୀ ନାଁ ଧରି ଡକାହକା ହୁଅନ୍ତି। କେତେକ ପରିବାରରେ ଦେଖିଲି ଛୋଟ ପିଲାଗୁଡ଼ା ବି ବାପାମାଙ୍କ ନାଁ ଧରି ଡାକନ୍ତି! ମାତ୍ର ଏହା ବିଶେଷ ପ୍ରଚଳିତ ହେଇନି ବୋଲି ଶୁଣିଲି। ପ୍ରଫେସର ମର୍ଗାନଙ୍କ ଘରେ ଯେତେବେଳେ ରହୁଥିଲି,

ସେତେବେଳେ ଦେଖିଛି ଯେ, ତାଙ୍କର ତିନି ବର୍ଷର ପୁଅ ଆଲେନ୍ ବିଛଣାରୁ ଉଠି ବାପକୁ ଅଭିବାଦନ ଜଣାଏ "ହାଏ କେନ୍ (ବାପାର ଡାକ ନାମ), ହାଉ, ଆର୍ ୟୁ ଦିସ୍ ମର୍ଣ୍ଣିଂ" (କେନ୍, ଆଜି କିମିତି ଅଛ ?) ବାପ ଉତ୍ତର ଦିଏ, "ଫାଇନ୍) ଥ୍ୟାଙ୍କ୍ୟୁ , ହାଉ ଆର୍ ୟୁ?" (ହଁ, ଖୁବ୍ ଭଲ, ତମେ କିମିତି ଅଛ ?) ଆଲେନ୍ କହେ, "ଫାଇନ୍"। ମୁଁ ହସେଁ। ବାପାଙ୍କ ସଙ୍ଗେ ବଡ଼ ପାଟିରେ କଥା ପଦେ ହେବାକୁ ଏବେ ବି ମୋତେ ଲାଜ ମାଡ଼େ। ଆମର ତ ନିଜ ସ୍ତ୍ରୀଙ୍କୁ ଡାକିବାକୁ ହେଲେ କେତେ ବୁଲେଇ-ବଙ୍କେଇ କହିବାକୁ ହୁଏ, 'ହଇଏ', 'କିଓ', 'ନାହଁ କି', 'କୁଆଡ଼େ ଗଲମ', ନୋହିଲେ ଝିଅ ନାଁ ଧରି ଡାକିବାକୁ ହୁଏ। କଥା ପଡ଼ିଲେ କହୁଁ 'ଆମ ଘରେ କହୁଥିଲେ'। ସେ ଦୃଷ୍ଟିରୁ ଆମେରିକାନ୍ ସିଧସଳଖ ବ୍ୟବହାର କରନ୍ତି। ନାଁ ଧରି ଡାକନ୍ତି। ଯେଉଁଠି ଟିକିଏ ପ୍ରେମ ବହଳ ଥାଏ ସେଠି "ମାଇଁ ହନି, ମାଇଁ ସ୍ୱିଟ୍, ମାଇଁ ଲଭ୍" (ମୋ ମହୁ, ମୋ ମିଠା, ମୋ ପ୍ରେମ) ବୋଲି ଡକାଡକି ହୁଅନ୍ତି। ପିଲାଙ୍କୁ କଥା କହିଲାବେଳେ ବି ମାଆମାନେ 'ମୋ ମହୁ' ବୋଲି କହନ୍ତି। ବିଲାତରେ କିନ୍ତୁ ବେଶୀ ଭାଗ 'ମାଇଁ ଡିଅର', 'ମାଇଁ ଡାର୍ଲିଂ' (ମୋ ପ୍ରିୟ) ବୋଲି ଡାକନ୍ତି। ଜଣେ ଆମେରିକାନ୍ ଲେଖକ ତାଙ୍କ 'ଦ ଆମେରିକାନ୍' ପୁସ୍ତକରେ ଏହି ଡାକହାକର ମନସ୍ତତ୍ତ୍ୱ ବିଶ୍ଳେଷଣ କରି କହିଛନ୍ତି ଯେ, ଆମେରିକାଲୋକେ ଖାଇବାକୁ ବେଶୀ ଭଲ ପାନ୍ତି। ଖାଇବା ଭିତରେ ମିଠାଟା ସବୁ ଯୁଗରେ ବଡ଼ ବୋଲି ଧରି ନିଆହୋଇଛି। ତେଣୁ ସେମାନଙ୍କର ପ୍ରିୟତମ ମିଠାଟାକୁ ସେମାନେ ପ୍ରେମରାଜ୍ୟର ଡାକହାକରେ ବେଶୀ ଲଗାନ୍ତି।

ପିଲାଗୁଡ଼ାଙ୍କୁ ଭାରି ସ୍ନେହ ଆଦର ଦେଖାନ୍ତି। କିନ୍ତୁ ଶାସନ ଭାରି ଟାଣ। ଯେଉଁ ଜିନିଷ ପିଲା ପାଇବା ଉଚିତ ନୁହେଁ, ସେଥିପାଇଁ ସେ ଯଦି କାନ୍ଦେ, ତେବେ ତାକୁ ବୁଝାନ୍ତି ଯେ, ତାର ସେ ଜିନିଷ ପାଇବା ସମୟ ହୋଇନି। ନ ବୁଝି କାନ୍ଦିଲେ ଶୁଣନ୍ତି ନାହିଁ। ଭଦ୍ରଲୋକଙ୍କ ସାମନାରୁ ଉଠାଇନେଇ ଅନ୍ୟ ବଖରାରେ ଛାଡ଼ିଦିଅନ୍ତି। ଯେଉଁ ପିଲା କାନ୍ଦିଲେ ବାପ ମା ଜିନିଷପତ୍ର ଯୋଗାଇଦିଅନ୍ତି, ସେ ପିଲାକୁ 'ସ୍ପଏଲଟ୍ ଚାଇଲଡ୍' ଅର୍ଥାତ୍ 'ନଷ୍ଟ ଶିଶୁ' ବୋଲି କହନ୍ତି। ସନ୍ଧ୍ୟା ହେଲେ ତ ଶିଶୁ ବିଛଣାକୁ ଯିବା କଥା। ଧରନ୍ତୁ ବୈଠକଘରେ ମଉଜମଜଲିସ୍ କିଛି ଚାଲିଛି, ତେଣୁ ଛୋଟ ପିଲାର ସେଠୁ ଉଠିବାକୁ ମନ ହେଉନି। କିନ୍ତୁ ବିଛଣାକୁ ଯିବାକୁ ସମୟ ହେଲାଣି କହି ମା ସାବଧାନ କରିଦିଅନ୍ତି। ନ ଗଲେ ସିଧା ସିଧା ଉଠାଇନେଇ ବିଛଣାରେ ରଖି ଦେଇ ଆସନ୍ତି। ଶୋଉ ବା ନ ଶୋଉ ବିଛଣାରେ ରହିବା କଥା ତ, ରହିବାକୁଇ ହେବ। ସେଠି ତ ସମସ୍ତଙ୍କର ଗୋଟିଏ ଗୋଟିଏ ବଖରା। ପନ୍ଦର ଦିନର ଛୁଆର ତ ଗୋଟିଏ ସ୍ୱତନ୍ତ୍ର

ଘର, ସ୍ୱତନ୍ତ୍ର ବିଛଣା। ସୁତରାଂ ମା କୋଳରେ ଶୋଇବା, ମା କର ଲେଉଟାଇଲେ ବି ପାଟି କରି କାନ୍ଦିବା କଥାଟା ଆମେରିକା-ଶିଶୁ ଜାଣେନି। ପିଲା କାନ୍ଦିଲେ ଯାଇ ଦେଖିଦିଅନ୍ତି, କିମ୍ବା ପିଲା କାନ୍ଦି କାନ୍ଦି ତୁନି ହୋଇଯାଏ। ଆମ ଘର ତ ଛେଳି ଗୁହାଳ, ଛ ହାତରେ ଛ'ଟା ଲୋକ ଶୋଇବେ, ମଇଳା, ମୂତ ରାତିଯାକ ସମସ୍ତେ ଭୋଗିବେ। ବାପ ମା ହେବା ବାସ୍ତବରେ ଗୋଟାଏ ଅଭିଶାପ!

ପଇସାପତ୍ରପାଇଁ ପିଲାମାନେ ବାପମାଙ୍କ ଉପରେ ପୂରା ନିର୍ଭର କରନ୍ତି ନାହିଁ। ଆମ ଏଠି କଲେଜ ଛାଡ଼ି ବାପମା ହେବା ପର୍ଯ୍ୟନ୍ତ ବି ବାପାଙ୍କ ପଇସାରେ ସିଲ୍‌କ ସାର୍ଟ ଓ ସିଗାରେଟ୍ କିଣା ହୁଏ। ମାତ୍ର ସେଠି ଦଶ ବର୍ଷ ଦିନୁ ହାତରେ ରୋଜଗାର କରିବାକୁ ପଡ଼େ। ବହିପତ୍ର, ଲୁଗାପଟା, ଖାଇବାଟା ବାପ ଦିଏ। ମାତ୍ର ମନଖୁସିରେ କିଛି ଗୋଟାଏ କିଣିବାକୁ ହେଲେ ରୋଜଗାର କରିବାକୁ ହୁଏ। ଘରେ ଯେତେ ପିଲା ଥାଆନ୍ତି, ସେମାନଙ୍କ ବୟସ ଅନୁପାତରେ କିଛି କିଛି ପକେଟଖର୍ଚ୍ଚ ଦିଅନ୍ତି। ମାତ୍ର ମନମାଫି ଖର୍ଚ୍ଚ କରିବାପାଇଁ ତା କିଛି ନୁହେଁ। ତେଣୁ ଘରେ ସେମାନେ କାମ କରନ୍ତି। ମଟର ଧୋଇବା, ଘାସ କାଟିବା, ଘୋଡ଼ା ପାଳିବା, ଅଳିଆ ପୋଡ଼ିବା, ଘର ତୋଳିବା ପ୍ରଭୃତି କାର୍ଯ୍ୟରେ ସାହାଯ୍ୟ କରନ୍ତି ଓ ଘଣ୍ଟା ହିସାବରେ ବାପଠାରୁ ପଇସା ନିଅନ୍ତି। ଅନେକ ଥର ତାଙ୍କୁ ପଚାରିଛି, ଆପଣମାନଙ୍କର ଏତେ ସମ୍ପତ୍ତି, ଆପଣମାନେ ପିଲାଙ୍କୁ ଏତେ କାମ କରାଇ ପଇସା ଦିଅନ୍ତି କାହିଁକି?" ସେମାନେ କହନ୍ତି, "ଆମେ ଜାଣୁ କାମ ନ କରାଇ ବି ତାଙ୍କୁ ଆମେ ପଇସା ଦେଇପାରନ୍ତୁ। ମାତ୍ର ନିଜ ଗୋଡ଼ରେ ନିଜେ ସେ କେତେ ଛିଡ଼ା ହୋଇପାରୁଛି, ଆଉ ଦୁନିଆ-ଦୁଆରେ ତାକୁ ଏକା ଛାଡ଼ିଦେଲେ ସେ କେତେ ଦୂର ଯିବ, ସେହି ପରୀକ୍ଷାଟା ଆମେରିକା-ଜୀବନରେ ଲାଗି ରହିଛି। ଆମେରିକାଜୀବନର ତାହାହିଁ ଚରମ ଦର୍ଶନ। ଆମେ ଯେମିତି ଟାଙ୍ଗିଆ, କଟୁରି, କୋଡ଼ି, କୋଦାଳ ଧରି ଏହି ମାଟିଟାକୁ ସୁନା କରିଛୁଁ, ଆମ ପିଲାଏ ତାକୁ ହୀରାରେ ପରିଣତ କରନ୍ତୁ, ଏହି ହେଲା ଆମମାନଙ୍କର ପଣ।" ଏପର୍ଯ୍ୟନ୍ତ ବି ଗଡ଼ରୁ ଗାଁକୁ ଏକା ଆସିଲେ ବାପା ଅସୁଖ ବୋଧ କରନ୍ତି, ଖରାକୁ ବାହାରିଲେ ମନା କରନ୍ତି। ସେଥିରେ ଆମେ ମଣିଷ ହୁଅନ୍ତୁ କେମିତି? ଏନ୍.ସି.ସି. ପିଲାଙ୍କ ପରି ପୋଷାକ ପିନ୍ଧି କଲେଜ ପଢ଼ିଆରେ ସିନା ସୈନ୍ୟ ହୋଇପାରିବି, ୟା ବୋଲି କୋରିଆ ଯୁଦ୍ଧକୁ ଯାଇପାରିବି, ନା ଗଲେ କିଛି କରିପାରିବି?

ସବୁ ପାଶ୍ଚାତ୍ୟ ଦେଶ ପରି ସେମାନଙ୍କର ଏକାନ୍ନବର୍ତ୍ତୀ ପରିବାର ନାହିଁ। ଆମ ଦେଶରେ ସିନା "ପ୍ରାପ୍ତେତୁ ଷୋଡ଼ଶେ ବର୍ଷେ", ତାଙ୍କର ତା ପୂର୍ବରୁ ବି ପିଲାଏ ସ୍ୱାଧୀନ ହୋଇ ଯାଇଥାନ୍ତି। କଲେଜପଢ଼ାଟା ନିଜ ରୋଜଗାରରେ ଚଳାନ୍ତି। ଅବଶ୍ୟ

କେତେକ ପିଲା ପୂରାପୂରି ବାପାଙ୍କ ପଇସାରେ ଚଳନ୍ତି, ବଡ଼ ବଡ଼ ଗାଡ଼ ଚଢ଼ି କଲେଜ ଆସନ୍ତି। କିନ୍ତୁ, ସାଧାରଣତଃ ସମସ୍ତେ ନିଜ ପଇସାରେ ଚଳନ୍ତି। ସେହି ସମୟଟା 'ଗାର୍ଲ ଫ୍ରେଣ୍ଡ୍' କିମ୍ବା ପ୍ରେମିକା ଖୋଜିବାର ବେଳ। ନିଜେ ରୋଜଗାର ନ କଲେ ପର ପଇସାରେ ପ୍ରେମ ମିଳିବ କାହୁଁ, ତମକୁ ପଚାରିବ ବା କିଏ? ସେଥିପାଇଁ ଗ୍ରୀଷ୍ମଛୁଟିଯାକ କଲେଜପିଲାଏ କାମ କରନ୍ତି। ଥରେ ବାଡ଼ିରେ ଦି ଜଣ ଘାସ କାଟୁଥିଲେ। ମା ପଚାରିଲେ, "ଗୋଲୋକ, ତୁମେ ଜାଣିଛ ସେ ଦି ଜଣ କିଏ?"

"ନାଇଁ।"

"ସେ ପରା ୟେଲ୍ ବିଶ୍ୱବିଦ୍ୟାଳର ଦୁଇ ଜଣ ଏମ୍.ଏ ଛାତ୍ର! ଘାସ କାଟିବାକୁ ଆସିଛନ୍ତି। ଅବାକ୍ ହେଲି। ଏ ଦେଶର ଭବିଷ୍ୟତ୍ ନାହିଁ ତ ଆଉ କାହାର ଅଛି? ଏମ୍.ଏ. ଛାତ୍ରର ଘାସକଟା କିଏ କଳ୍ପନା କରିବ? ଆମେ ତ କଲେଜରୁ ଷ୍ଟେସନ ପର୍ଯ୍ୟନ୍ତ ନିଜ ଗଣ୍ଠିରିଟା ନେବାକୁ ନାରାଜ! ଥରେ ଜଣେ କୋଟିପତି ଭେଲଭେଟ୍ ମିଲ୍ ମାଲିକ ଘରକୁ ନିମନ୍ତ୍ରଣ ଖାଇ ଯାଇଥିଲୁଁ। ଗୋଟିଏ ବିରାଟ କାଚ ଟେବୁଲ ଉପରେ ଖାଦ୍ୟପଦାର୍ଥ ସଜା ହୋଇଥିଲା। ତାଙ୍କ ବୈଠକ-ଖାନାର ସାଜସଜ୍ଜା ଦେଖି ସ୍ତମ୍ଭୀଭୂତ ହେଲି। କାରଣ ଏପର୍ଯ୍ୟନ୍ତ ଏତେ ବଡ଼ଲୋକର ଘର ଦେଖିବାର ସୌଭାଗ୍ୟ ମୋର ଜୁଟି ନ ଥିଲା। ଖାଇସାରିବା ପରେ ଦେଖିଲି, ଗୋଟିଏ ଷୋଡ଼ଶୀ କିଶୋରୀ କନା ଖଣ୍ଡେ ଧରି ଟେବୁଲ ପୋଛିବାକୁ ଠିଆ ହୋଇଛନ୍ତି। ଅଙ୍ଗେ ଅଙ୍ଗେ ଯୌବନ-ଲାବଣ୍ୟ ଝରିପଡୁଛି। ଉଜ୍ଜ୍ୱଳ ନୀଳ ଭେଲଭେଟ୍ ଦେହରୁ ନୀଳିମା ଖସିପଡୁଛି। କୁନ୍ଦପୁଷ୍ପ ହସ, ବଉଳଫୁଲିଆ ବାସରେ ଘର ମହକି ଉଠୁଛି। କିଏ ସେ, ନା କୋଟିପତିଙ୍କ ଝିଅ। କଣ, କୋଟିପତିଙ୍କ ଝିଅ ଆମଭଳି ଅଭାଗାଗୁଡ଼ାଙ୍କର ଟେବୁଲ ସଫା କରିବେ! କାଳିଦାସ ଯାହା କହିଥିଲେ 'ଶମୀତରୁଂ ନୀଳୋତ୍ପଳଧାରୟା' କିମ୍ବା ଗଙ୍ଗାଧର ଯାହା କହିଥିଲେ 'ପାଟ ଦଉଡ଼ିକି ଲଗାଇଅଛନ୍ତି କାନନଗଜ-ବନ୍ଧନେ' ଆଜି ତା ଆଖିରେ ଦେଖିଲି। ଦୁଃଖ ହେଲା। କାମେରାଟା କ୍ଲିକ୍ କଲା।

ବନ୍ଧୁଚର୍ଚ୍ଚା

ଆଉ ଯାହା ହେଉନ୍ତୁ, ଆମେରିକା-ଲୋକେ ଭାରି ମେଳାପୀ ଓ ସ୍ନେହୀ, ଏଥିରେ ଏତେ ଟିକେ ସନ୍ଦେହ ନାହିଁ। ସେମାନଙ୍କ ତୁଳନାରେ ବିଲାତି ଲୋକେ ଉଦାସୀନ। ତା ଛଡ଼ା ସ୍ନେହ ଦେଖାଇବାପାଇଁ ଧନର ଅଭାବ ନାହିଁ। ସନ୍ଧ୍ୟାବେଳେ ମା ପଚାରନ୍ତି, "ଆଜି ସନ୍ଧ୍ୟାରେ ତମେ କେତେ ଜଣ ବନ୍ଧୁ ଚାହଁ?" ମୁଁ କିଛି କହିବା ପୂର୍ବରୁ ସେ ଫୋନ୍ ଉଠାଇ ତିନି ଚାରି ଜଣଙ୍କୁ ନିମନ୍ତ୍ରଣ କରି ଦେଇଥାନ୍ତି।

ଏମିତିକି ରାସ୍ତା ଘାଟରେ ବୁଲିଗଲା ବେଳେ ନୂଆ ନୂଆ ଲୋକଙ୍କ ସଙ୍ଗେ ପରିଚିତ ହୋଇ ଚା କିମ୍ବା ରାତ୍ରିଭୋଜନପାଇଁ ନିମନ୍ତ୍ରଣ କରନ୍ତି । ଯାହା ବୁଝିଲି, ସବୁ ପଇସାର କାରସାଦି । ଅଣ୍ଟାରେ ତ ଆମର ପଇସା ନାହିଁ, ପାନ କିଣି ବନ୍ଧୁଚର୍ଚ୍ଚା କରୁଛି କିଏ ? ଘରକୁ କୁଣିଆ ଆସିଲେ ପାଞ୍ଚ ମିନିଟ୍ ଭିତରେ ଆପଣାର କରିପକାନ୍ତି । ନିଜେ କରୁଥିବା କାମରେ ଯୋଗ ଦେବାପାଇଁ ଅନୁରୋଧ କରିବାକୁ ମୋଟେ ଲଜ୍ଜିତ ହୁଅନ୍ତୁ ନାହିଁ । ସମସ୍ତଙ୍କୁ ଯେଉଁ ବ୍ୟବହାର, ବଡ଼ କୁଣିଆ ଜୋଇଁ ଆସିଲେ ବି ସେହି ବ୍ୟବହାର । ଆମ ମା-ଘରକୁ ଥରେ ଜୋଇଁ ଆସିଥିଲେ, ସେ ଗପଟା କହେଁ ।

ସକାଳେ ମା କହୁଥିଲେ ଜୋଇଁ ଆସିବେ ବୋଲି । ଅପେକ୍ଷା କଲି, ଦେଖାଯାଉ ଆମେରିକା-ଲୋକେ କିମିତି ଜୋଇଁଚର୍ଚ୍ଚା କରନ୍ତି । କାହିଁ ଜୋଇଁ ଆସିବେ ବୋଲି ତ ଏତେ ଟିକିଏ ଚହଳ ନାହିଁ ! ଆମ ମଫସଲରେ ଜୋଇଁ ଆସିବେ ବୋଲି ଘରେ ତ ଘରେ, ଗାଁରେ ଚହଳ ପଡ଼େ । ଭଣ୍ଡାରି ବିଚରା ଉପରେ ସବୁ ମାଡ଼ । କେଉଁଠି ବସିବେ, କଣ ଖାଇବେ, ମହାଚିନ୍ତା । ଆମ ଦେଶ ଜୋଇଁ ବି ଶ୍ୱଶୁରଘରୁ କମ୍ ଆଶା କରନ୍ତି ନାହିଁ । ଶ୍ୱଶୁରଘର ମଉଜ ଛାଡ଼ିବାକୁ ନାରାଜ ବୋଲି ଶିବ ସିନା ହିମାଳୟରେ ରହୁଥିଲେ ! ହଠାତ୍ ଦିନ ଦୁଇଟା ବେଳେ ଦୁଆରେ ଗୋଟାଏ ମଟରଗାଡ଼ି ଶବ୍ଦ ଶୁଭିଲା । ମା ଦୋମହଲା ଝରକାଦେହରୁ ଦେଖିପାରିଲେ ଯେ, ଜୋଇଁ ଡେଭିଡ୍ ଆସିଛନ୍ତି । ତଳକୁ ଆସି ଜୋଇଁକୁ ଚୁମ୍ବନ ଅଭିବାଦନ ଦେଇ କହିଲେ, "ଡେଭିଡ୍, ଉପରେ ତମ ବଖରାଟା ଦେଖିଛ ତ ? ଯା ଧୁଆଧୋଇ ହୁଅ, ବିଶ୍ରାମ ନିଅ ।" ଏତିକି କହି ଶାଶୂ ଖବରକାଗଜ ନେଇ ବୈଠକଖାନାକୁ ଯାଇ ଆରାମ ନେଲେ । ସତେ ଯେମିତି କିଛି ଘଟିନି କିମ୍ବା କେହି ଅତିଥି ଆସିନି । ଉପରେ ଡେଭିଡ୍ ଆଉ ମୁଁ ବସି ଗପସପ କଲୁଁ, ଖେଳିଲୁଁ । ମଝିରେ ଥରେ ମାତ୍ର ଶାଶୂ ଆସି ଜୋଇଁଙ୍କୁ ପଚାରିଥିଲେ, "ଡେଭିଡ୍, ସବୁ ଠିକ୍ ଅଛି ତ ?" "ହଁ" ।

ସନ୍ଧ୍ୟାବେଳେ ଡିନର୍ । ବଂଶପଯାକ ସମସ୍ତେ ଏକା ଟେବୁଲରେ ବସିଲେ । ଖାଇବାବେଳେ ଶାଶୂ ଝିଅକଥା ଜୋଇଁଙ୍କ ସବୁ ପଚାରିଲେ, ଭଲ ମନ୍ଦ ବୁଝିଲେ । ଖାଇସାରିବା ମାତ୍ରେ ଜୋଇଁ ସବୁତକ ବାସନ ଉଠାଇ ମାଜିବାକୁ ବାହାରିଲେ । ମୁଁ ଓ ଘରର ଅନ୍ୟ ପିଲାମାନେ ସାହାଯ୍ୟ କଲୁଁ । ଆମେରିକାରେ ସବୁ ସହଜ, କିନ୍ତୁ ଜୋଇଁ ହେବ ଏଡ଼େ କଠିନ । ଶ୍ୱଶୁରଘରେ ପୁଣି ବାସନ ମାଜିବ କିଏ ? ସେମାନଙ୍କର ଏକପ୍ରକାର ସହଯୋଗିତା ଅତି ସାଧାରଣ ।

ନାରୀ ଓ ପୁରୁଷ

ଯେତେ ଜାଗାରେ ବକ୍ତୃତା ଦେବାକୁ ଯାଇଛି, ଯେତେଠି ସାମ୍ବାଦିକମାନଙ୍କୁ ସାକ୍ଷାତ୍ ଦେଇଛି, ସବୁଠି ଏହି ପ୍ରଶ୍ନଟି ନିଶ୍ଚୟ ପଚାରିବେ ସେ ଆମେରିକା-ଝିଅଙ୍କ ବିଷୟରେ ଆପଣଙ୍କର ମତାମତ କଣ ? ମୁଁ ବରାବର କହୁଥିଲି ଯେ, ସେମାନେ ଫ୍ରି, ଫ୍ରାଙ୍କ୍ ଓ ଫ୍ରେଣ୍ଡଲି; ଅର୍ଥାତ୍ ସେମାନେ ଭାରି ସ୍ୱାଧୀନ, ଭାରି ଖୋଲା ଓ ଭାରି ସ୍ନେହୀ। ଅଗ୍ରଗାମୀ ଆମେରିକା-ସଭ୍ୟତାର ଉଗ୍ରଗାମୀ ଝିଅମାନଙ୍କ କଥା ନ କହିଲେ ଆମେରିକା-ଜୀବନର ଅନେକ କଥା ଅକୁହା ରହିଯିବ।

ପୃଥିବୀର ତୁଳାକାଠିରେ ଏତେ ଟିକେ ବି ଏପାଖ ସେପାଖ ହେବାର ନାହିଁ। ପୃଥିବୀର ପୂର୍ବ ପଟରେ ଯାହା ଅଳ୍ପ, ପଶ୍ଚିମ ପଟରେ ତା ବେଶି, ପଶ୍ଚିମ ପଟେ ଯା ଅଳ୍ପ, ପୂର୍ବ ପଟେ ତା ବେଶୀ। ଏଠି ନାରୀ ସ୍ୱାଧୀନତାର ଯେତିକି ଅଭାବ, ସେଠି ସେତିକି ପ୍ରଭାବ। ସେ ଦେଶରେ ନାରୀ ଓ ପୁରୁଷ ଉଭୟ ସମାନ ନ କହି ନାରୀ ପୁରୁଷ ଅପେକ୍ଷା ଅଧିକ ସ୍ୱାଧୀନ କହିଲେ ଅତ୍ୟୁକ୍ତି ହେବନି। ଦିନେ ଗୋଟିଏ ବୃଦ୍ଧସଂଘରେ ବକ୍ତୃତା ଦେବା ପରେ ଛସ୍ତରୀ ବର୍ଷର ଜଣେ ଅବସରପ୍ରାପ୍ତ ଫିଜିକସ୍ ଶିକ୍ଷକ କହିଲେ, "ଦେଖ ବାବୁ ! ତମ ଦେଶ ପ୍ରକୃତରେ କେଡ଼େ ଭଲ। ସେ ଦେଶରେ ପୁରୁଷର ସମ୍ମାନ ଅଛି। ଏ ଦେଶ ନାରୀ ଯେମିତି ସ୍ୱାଧୀନ ହେଲେଣି ଆମେରିକା-ପୁରୁଷଜାତିର ଭବିଷ୍ୟତ୍ ନିଶ୍ଚୟ ଅନ୍ଧାର। ମାଇପେ ମଟରଚଢ଼ା ଛାଡ଼ି ମା ନ ହେଲେ, ମମତା ଦେଇ ମଣିଷ ଜାତିକୁ ନ ବଞ୍ଚାଇଲେ ମନୁଷ୍ୟ ନିଃସହାୟ ହୋଇପଡ଼ିବ। ଅବଶ୍ୟ ତମ ଦେଶରେ ନାରୀକୁ ଯେମିତ ଗୃହଦାସୀ କରି ରଖାଯାଇଛି, ତାର ଯଦି କିଛି ପରିବର୍ତ୍ତନ ନ ହୁଏ, ତମ ଦେଶର ମୁକ୍ତି ଅସମ୍ଭବ। ଯେଉଁ ଦେଶ ପ୍ରଥମେ ନାରୀଙ୍କୁ ସ୍ୱାଧୀନତା ଦେବ, ସେ ଏସିଆ ମହାଦେଶର ନେତୃତ୍ୱ ନେବାର ଯୋଗ୍ୟତା ଛାଏଁ ପାଇଯିବ।" ମୁଁ କହିଲି, "ଆପଣ ତେବେ କଣ ଭାବୁଛନ୍ତି ନାରୀମାନଙ୍କୁ ସ୍ୱାଧୀନତା ଦେଇ ଆମେମାନେ ପତିଦେବତା ହେବାର ଚାନ୍ସ୍ ହରାଇବୁ ?" ବହୁତ ହସ ହେଲା।

ବିଲାତି ଝିଅ ଭାରି ଉଦାସୀନା। କେହି ପରିଚିତ କରାଇ ନ ଦେଲେ ପରିଚିତ ହେବାକୁ ସମୟ ଲାଗେ। ମାତ୍ର ଆମେରିକା ଝିଅଙ୍କ ସଙ୍ଗେ ଆପେ ପରିଚିତ ହେବାରେ କିଛି ଭିଡ଼ ନାହିଁ। ସେମାନେ ପରିଚିତ ପରେ ତମକୁ ଏତେ ଆପଣାର କରିପକାନ୍ତି, ଦେଖିଲେ ଆଶ୍ଚର୍ଯ୍ୟ ଲାଗିବ। ବିଲାତି ଝିଅ ଖାଲି ଟାଇପିଷ୍ଟ୍ ବା କିରାଣି; କିନ୍ତୁ ଆମେରିକା-ଝିଅ କେବଳ କିରାଣୀ ନୁହେଁ, ମଟର ଡ୍ରାଇଭର ମଧ୍ୟ। ଗାଡ଼ି ଧରିଲେ ୬୫ ମାଇଲ ବେଗରେ ଉଡ଼ନ୍ତି। ଆମ କ୍ୟାମ୍ପ୍‌ରେ ଏମିତି ଅନେକ ଥର ହୋଇଛି ଯେ, ଆମେ

ମଫସଲ ଯାଇଛୁ, ଫେରିବାକୁ ଗାଡ଼ି ପାଇନୁଁ। ରାସ୍ତାରେ ଝିଅମାନଙ୍କର ଗାଡ଼ି ଅଟକାଇ ଆମମାନଙ୍କୁ କ୍ୟାମ୍ପ୍‌କୁ ନେଇଯିବା ପାଇଁ ଅନୁରୋଧ କରିଛୁଁ। ଦିନେ ହେଲେ କେହି ମୁହଁ ଆମ୍ବିଳା କରିନି, ମନା କରିନି। ଅବଶ୍ୟ ଆମେମାନେ ଆନ୍ତର୍ଜାତିକ ଛାତ୍ର ବୋଲି ଆମ ଛାତିରେ ଟିକଟ ଥିବାରୁ ଆମମାନଙ୍କୁ ମଟରରେ ଉଠାଇ ସେମାନେ କୃତକୃତ୍ୟ ହୁଅନ୍ତି। ଚିହ୍ନା ହେଲା ତ ପାଞ୍ଚମିନିଟ୍‌ରେ ସତେ ଯେମିତି ବହୁକାଳର ଚିହ୍ନା। ଏଇଟା ସେମାନେ କିମିତି ଏତେ ସହଜରେ କରିପାରନ୍ତି, ବଡ଼ ଆଶ୍ଚର୍ଯ୍ୟ ଲାଗେ। ଆମେରିକା ଝିଅ ଦେଖିବାକୁ ଖୁବ୍ ସୁସ୍ଥ, ସବଳ, ସୁନ୍ଦରୀ। ସବୁବେଳେ ସାଜସଜା ଉପରେ ଥାନ୍ତି, ଯେମିତି ଖାନ୍ତି, ସେମିତି କାମକରନ୍ତି। ଆମ ଅସୂର୍ଯ୍ୟଂପଶ୍ୟାଗୁଡ଼ିକ ପାଣିହାଣ୍ଡିତଳ ସୋରିଷ ଫୁଲ ପରି ଅନ୍ଧାରରେ ମଉଳିଯାନ୍ତି। ଯୌବନ ତେରରେ ଆସି ତେଇଶିରେ ଚାଲିଯାଏ। ଯେ ଅଠର ବର୍ଷରେ ମା ହୋଇପଡ଼େ, ସେ କେବଳ ସେତିକିରେ ମଉଳିଯାଏନି ତ, ମରଣକଷ୍ଟରେ ପଡ଼େ। ଯୌବନର ସବୁ ଆକର୍ଷଣ ଲୋପ ହୁଏ, ସୌନ୍ଦର୍ଯ୍ୟର କୋଣାର୍କ ସେ ସାତଟି ବର୍ଷରେ ଭାଙ୍ଗିରୁଜି ଧୂଳି ହୋଇଯାଏ। ବୈକୁଣ୍ଠ ବାବୁଙ୍କ ଭାଷାରେ ଆଜିର 'ସ୍ୱପ୍ନ ମାୟାବିନୀ' କାଲିର 'ପ୍ରେତପୁର ଛାୟା' ଅଥବା ଡାକିନୀରେ ପରିଣତ ହୁଏ।

ଆମେରିକାରେ ସବୁ ବିଜ୍ଞାନ। ବାହାଘର, ଅଭିସାର, ପ୍ରେମପତ୍ର ସବୁ ବିଜ୍ଞାନ ସୂତ୍ରରେ ଶିକ୍ଷା ଦିଆଯାଉଛି। ସେଗୁଡ଼ା ବି. ଏ. କ୍ଲାସରେ ପଢ଼ା ହେଉଛି। କଲ୍‌ଗେଟ୍ ବିଶ୍ୱବିଦ୍ୟାଳୟର ଗୋଟିଏ କଲେଜରେ 'ବିବାହ ଓ ଅଭିସାର' କ୍ଲାସରେ ତିନି ଦିନ ଯୋଗ ଦେଇଥିଲି। ଆମ ସଙ୍ଗରେ କେତେକ ଫରାସୀ, ସ୍ୱିଡେନ୍ ଓ ଜର୍ମାନୀ ବାଳକବାଳିକା ବି ଯୋଗ ଦେଇଥିଲେ। ଆମେରିକାନ୍ ବାହାଘର ଓ ମିଳାମିଶା କଥା ଶୁଣି ଜର୍ମାନୀ ପିଲାମାନେ ଅବାକ୍ ହେଲେ। ଇଉରୋପରେ ଯେତେ ଦେଶ ଅଛି, ସମସ୍ତଙ୍କ ମଧ୍ୟରେ ଜର୍ମାନୀ ସବୁଠାରୁ ରକ୍ଷଣଶୀଳ। ଆମ ସମାଜ ସହିତ ତାଙ୍କ ସମାଜର ଅନେକ ସାମଞ୍ଜସ୍ୟ ଅଛି, ବିଶେଷତଃ ସ୍ତ୍ରୀ ସ୍ୱାଧୀନତା ନେଇ। ଝିଅମାନେ ପୂରାପୂରି ବାପାମାଙ୍କର ଅଧୀନ।

ଆମେରିକା ସମାଜରେ, 'ଡେଟ୍' ତାରିଖ ବା ଜବାବ ବୋଲି ଗୋଟାଏ ଜିନିଷ ଅଛି, ଯାହା ପୃଥିବୀରେ ଅନ୍ୟ କେଉଁଠି ନାହିଁ। ଥିଲେ ବି 'ଡେଟ୍' ଶବ୍ଦଟାକୁ କେହି ଏତେ ବ୍ୟବହାର କରନ୍ତି ନାହିଁ। କୃଷ୍ଣଙ୍କର ରାଧାଙ୍କ ସଙ୍ଗେ କଦମ୍ବମୂଳରେ ସାକ୍ଷାତ୍ ହେବାକୁ ଯେଉଁ ଜବାବ ଥାଏ, ତାକୁଇ ଆମେରିକାରେ 'ଡେଟ୍' ବା ଜବାବ କହନ୍ତି। କିନ୍ତୁ ଜବାବ ମାତ୍ରେ ଯେ ଯୌନ କାରବାର ସେଟା ଯେମିତି କେହି ନ ବୁଝନ୍ତି। ଡେଟ୍ ଅର୍ଥାତ୍ ସାଙ୍ଗ ହୋଇ ବୁଲିବା, ଖାଇବା, ଖେଳିବା, ସିନେମା ଦେଖିବା ପ୍ରଭୃତି। ଅବଶ୍ୟ ଏହି ଡେଟ୍‌ରୁ ସବୁ ଜାତ—ପ୍ରେମ, ବାହାଘର, ଗଣ୍ଡଗୋଳ। କିନ୍ତୁ ଆମେରିକାରେ ଡେଟ୍

କହିଲେ ସେଥିରେ କିଛି ଅନୈତିକତା ନାହିଁ। ପ୍ରଫେସର ବି ଛାତ୍ରଙ୍କୁ ପଚାରନ୍ତି, ବାପ ବି ପୁଅକୁ ପଚାରେ, "ଆଜି କଣ ତମର ଡେଟ୍ ଅଛି କି ?" ଥରେ ଆମେରିକାନ୍ ବୈଦେଶିକ ନୀତି ସମ୍ମିଳନୀ ବୈଠକ ଶେଷରେ ସନ୍ଧ୍ୟାରେ ସଭାରୁ ବାହାରିଆସିବା ପରେ କେତେ ଜଣ ଅଳପଚିହ୍ନା ଝିଅ ମଦ୍ୟପାନପାଇଁ ମୋତେ ନିମନ୍ତ୍ରଣ କଲେ। ରାତି ଦୁଇଟାରେ ଫେରିବା କଥା କହିବାରୁ ମୁଁ ମନା କରିଦେଲି। କାରଣ ମୁଁ ଏଗାରଟା ପରେ ଚେଇଁପାରେନି! ମୁଁ ମନା କଲାବେଳେ ପ୍ରଫେସର ମର୍ଗାନ୍ ମୋ ପାଖରେ ଠିଆ ହୋଇଥିଲେ; ସେ କହିଲେ, "ତମେ କେଡ଼େ ଓଲୁ ଝିଅଙ୍କ ଡାକରା କେଇ ଜଣଙ୍କ ଭାଗ୍ୟରେ ଜୁଟେ, ଯା ଆଗେଇ ଯା (ଗୋ ଆହେଡ୍)। ଆମେରିକାରେ ଯଦି ଝିଅଙ୍କ ସଙ୍ଗେ ନ ମିଶ, ତମ ଆମେରିକା ଆସିବା ବୃଥା। ତା ଛଡ଼ା ଆମ ସଭ୍ୟତାର ଅନେକ କଥା ତମକୁ ଅଜଣା ରହିଯିବ।" ହସିଲି, କି ସଭ୍ୟତା ସତେ!

ଡେଟ୍ ସାଙ୍ଗକୁ ଆମେରିକାରେ ଆଉ ଗୋଟିଏ ଜିନିଷ ଅଛି 'ବ୍ଲାଇଣ୍ଡ ଡେଟ୍', ଅନ୍ଧ ଜବାବ। ଅନ୍ଧ ଜବାବରେ କଥାଟା ହେଉଛି ଯେ, ତମେ ଯେଉଁ ଝିଅ ସଙ୍ଗେ ଜବାବ କରୁଛ ତମେ ତାକୁ ଦେଖି ନ ଥିବ କି ଜାଣି ନ ଥିବ। ତମର ଜଣେ ବନ୍ଧୁ, ଯେ ତମକୁ ଜାଣେ ଝିଅକୁ ଜାଣେ, ସେ ତମପାଇଁ ସେ ଝିଅ ସଙ୍ଗେ ଜବାବ କରି ତମକୁ ସମୟ ଓ ସ୍ଥାନ ଜଣାଇଦେବ। ତାଙ୍କର ଆସିବା ଦରକାର ନାହିଁ, ତମେ ତମର ଯିବ, ଚିହ୍ନାପରିଚୟ ହେବ। ଅସୁବିଧା କିଛି ନାହିଁ।

ସ୍କୁଲ, କଲେଜରେ ଯେଉଁମାନେ ସୁନ୍ଦରୀ ଝିଅ, ସେମାନଙ୍କୁ ବହୁତ ଡେଟ୍ ଅର୍ଥାତ୍ ଡାକରା ମିଳେ। ତାଙ୍କୁ 'ପପୁଲାର୍' କିମ୍ବା 'ଗ୍ଲାମର୍ ଗାର୍ଲ' ଅର୍ଥାତ୍ ଜଣାଶୁଣା ଝିଅ ବୋଲି କହନ୍ତି। ଭାଗ୍ୟ ତ ତାଙ୍କରି। ଚାଲିଲେ ପଦ୍ମ ଫୁଟିବା କଥା। କେତେ ଉପହାର, କେତେ ଭୋଜିଭାତ, କେତେ ସିନେମା ଥିଏଟର! ପ୍ରଶ୍ନ ହେଉଛି ଯେ, ଯେତେବେଳେ ଜଣେ ଦ୍ରୌପଦୀଙ୍କ ପଛରେ ଏତେ ପାଣ୍ଡବ ରହିବେ, ଦ୍ରୌପଦୀ ଯେତେବେଳେ ଜଣକ ଗଳାରେ ବରଣମାଳା ଦେବେ, ସେତେବେଳେ ଅନ୍ୟମାନେ କରିବେ କଣ? ଜୀବନ ଦୁର୍ବହ ହେବ ନାହିଁ ତ? ବିବାହ କ୍ଲାସର ଅଧ୍ୟାପକ କହିଲେ, "ନାହିଁ, ଆମେରିକାରେ ସେ ଉନ୍ମାଦ ରୋଗ କମ୍। ଥରେ ଥରେ ଝିଅ ପୁଅ ମନର ମଣିଷ ନ ପାଇ ଆସି ଆମମାନଙ୍କ ଆଗରେ କାନ୍ଦନ୍ତି, କହନ୍ତି, 'ମୁଁ ତାକୁ ଏତେ ଯତ୍ନ କରିଥିଲି, ସେ ଚାଲିଗଲା।' କିନ୍ତୁ ଆମେମାନେ ତାଙ୍କୁ କହିଦେଉ, "ଦେଖ, ଦୁଃଖ କରିବାର କଣ ଅଛି? ଦୁନିଆ ଦାଣ୍ଡରେ କେତେ ଯାଉଛନ୍ତି ଆସୁଛନ୍ତି, ଟିକିଏ ଧୈର୍ଯ୍ୟ ଧର, କେହି ଜଣେ ପୁଣି ଆସିଯିବ।" ସେମାନେ ପରା କୁଆଡ଼େ କଥାଟା ବୁଝିଯାନ୍ତି, ଆଉ ଭବିଷ୍ୟତକୁ ଅନାଇ ରହନ୍ତି। ଏ କଥା କିନ୍ତୁ ବିଶ୍ୱାସ କରି ହୁଏନା।

ଆମ ଦେଶ ତାଙ୍କ ଦେଶ ବାହାଘର ବୟସ ପ୍ରାୟ ସମାନ। ଝିଅ ଷୋଳରୁ ବାଇଶି ଭିତରେ, ପୁଅ ବାଇଶିରୁ ଅଣତ୍ରିଶ ଭିତରେ। ବିଲାତରେ ବିବାହ-ଅନିଶ୍ଚିତତା ଯେତେ, ଆମେରିକାରେ ସେତେ ନୁହେଁ। ଅଧ୍ୟାପକ କହୁଥିଲେ, ନିହାତି ପୋଚେରୀ ହେଲେ ବି ବିବାହ ବଜାରରେ କଟିଯିବ। ହୁଏତ ଟିକିଏ ଡେରି ହୋଇପାରେ। ଶତକଡ଼ା ନବେରୁ ଅଧିକ ବାହା ହୁଅନ୍ତି। ତଥାପି ବିବାହ ଅନିଶ୍ଚିତତା ଝିଅମାନଙ୍କ ଜୀବନକୁ ବିଶେଷ ଘାରେ। ପାତେଳୀ ହେବେ ବୋଲି ଚବିଶ ଘଣ୍ଟା ଚେଷ୍ଟା କରୁଥାନ୍ତି। ଖାଇଲାବେଳେ କାହିଁକି ବେଶୀ ଖାଉନା ବୋଲି ପଚାରିଲେ କହନ୍ତି, "ଆମେ ପରା ପାତେଳୀ ହେବାକୁ ଚେଷ୍ଟା କରୁଛୁ!" ସତରେ ଦ୍ୱିତୀୟା ଜହ୍ନଟା ସିନା ପୂନେଇଁ ଜହ୍ନଠୁ ସୁନ୍ଦର!

ପୁରୁଷ ପିଲାଙ୍କ ପରି ସେମାନେ ସବୁ କାମ କରନ୍ତି, ସବୁ ଖେଳ ଖେଳନ୍ତି। ଅନେକ ସ୍କୁଲ୍ ଓ କ୍ୟାମ୍ପରେ ବହୁତ ଝିଅ ଘୋଡ଼ା ଚଢ଼ିବାର ଦେଖିଲି। ଆମ ସାଇର ଗୋଟିଏ ଝିଅ ଘୋଡ଼ା ଚଢ଼ିବାପାଇଁ ପ୍ରତିଦିନ ଆମ ଘରକୁ ଆସେ। ଦଳଖିଆ ଘୋଡ଼ା ନୁହନ୍ତି, ରଜା-ନଅରର ପକ୍ଷିରାଜ ଘୋଡ଼ା ପରି ଘୋଡ଼ା। ଝିଅମାନଙ୍କ ପାଇଁ ଏତେ ପ୍ରକାର ବ୍ୟବସାୟ ସେ ଦେଶରେ ଅଛି, କହିଲେ ନ ସରେ। ଯେ ଛୁଆ ଖେଳେଇ ଜାଣିଛି, ଘର ଲିପି ଜାଣିଛି, ତାର ଖାଇବାକୁ ଯେତେ ଇଚ୍ଛା।

ଯୌନ ସଂପର୍କୀୟ କଥାବାର୍ତ୍ତାରେ ଆମେମାନେ ସମ୍ପୂର୍ଣ୍ଣ ଚୁପ୍। ସାହେବମାନେ ଅଧାଅଧି ଖୋଲା। ବିଶେଷତଃ ଦ୍ୱିତୀୟ ମହାସମର ପରେ ସାମାଜିକ ପରିବର୍ତ୍ତନ ଯୋଗୁ ସାହେବମାନେ ଟିକିଏ ଖୋଲା ହୋଇଛନ୍ତି। କିନ୍ତୁ ଆମେରିକା-ଲୋକେ ସମ୍ପୂର୍ଣ୍ଣ ଉନ୍ମୁକ୍ତ। ବାପ, ପୁଅ, ଝିଅ, ବୋହୂ ସମସ୍ତେ ମୁକ୍ତ ଭାବରେ ଯୌନ କଥାବାର୍ତ୍ତା କରନ୍ତି। ପୁଅ କୌଣସି ଝିଅର ପ୍ରେମରେ ପଡ଼ିଲେ ମା ବି ତାକୁ ଥଟ୍ଟା କରେ। ବାପ ବି ତା ଝିଅ ଆଗରେ ତା ପିଲାଦିନର ପ୍ରେମଗଳ୍ପ କହି ବସେ। ପହିଲେ ପହିଲେ ଆମକୁ ଭାରି ଖରାପ ଲାଗେ। କିନ୍ତୁ ଦେହଘଷା ହୋଇଗଲେ ସବୁ ମାମୁଲି ଲାଗେ।

ଆମେରିକା ନାରୀର ସ୍ୱାଧୀନତା ଅନେକ ସମୟରେ ଆମଭଳି ବିଦେଶୀମାନଙ୍କୁ ଉତ୍କଟ ଜଣାପଡ଼େ। କାମ ପଡ଼ିଲେ ପୁରୁଷ ଯେମିତି ନାରୀକୁ ଅପେକ୍ଷା କରେ ନାହିଁ, ନାରୀ ମଧ୍ୟ ସେହିପରି ପୁରୁଷକୁ ଅପେକ୍ଷା କରେ ନାହିଁ। ଧରନ୍ତୁ ଘରେ ବସିଛେ, ହଠାତ୍ ସ୍ତ୍ରୀ ପାଖକୁ ଫୋନ୍ ଆସିଲା ଯେ, ଅମୁକ ଜାଗାରେ ସଭା ଅଛି, ଆପଣ ଆସନ୍ତୁ। ସ୍ତ୍ରୀ ସ୍ୱାମୀକୁ ଜଣାଇ ଦିଏ, "ମୁଁ ବର୍ତ୍ତମାନ ସଭାକୁ ଯାଉଛି, ସନ୍ଧ୍ୟା ପୂର୍ବରୁ ଫେରିବାର ଆଶା ନାହିଁ। ତମେ ଦିପହର ବକ୍ତଟା ଯେମିତି ସେମିତି ଚଳାଇଦେବ।" କହିଦେଇ ମଟର ହୁଇଲ୍ ଉପରେ ହାତ ପକାଏ। ସ୍ୱାମୀ ହତାଶ ହୁଏ ନି; ହସି ହସି ବିଦାୟ ଦିଏ।

ଆମର କେଉଁ ସ୍ତ୍ରୀ ସାହସ କରନ୍ତା ସ୍ୱାମୀଙ୍କୁ କହିବାକୁ ଯେ, ତମେ ବାଢ଼ିକରି ଖାଇବ, ମୁଁ ସଭାକୁ ଯାଉଛି। ଆଉ ଗୋଟିଏ ଗୋଟିଏ ପରିବାରରେ ମୁଁ ଦେଖୁଛି ଯେ, ସ୍ତ୍ରୀ ସହିତ ମୁଁ ବଜାର କରିଯାଏ। ବଜାରରୁ ନ ଫେରି ବାଟରେ କେଉଁ ବନ୍ଧୁ ଦେଖିଲେ ତା ଘରେ ଅଟକି ଯାଉ। ସନ୍ଧ୍ୟା ପୂର୍ବରୁ ଫେରୁ ନାହିଁ। ମୁଁ ତାଙ୍କୁ ପଚାରେ ଯେ ଆମେ ତ ଏଣେ ରହିଲେ, ସ୍ୱାମୀ ବିଚରା ଘରେ କଣ ଖାଉଥିବ। ସେ କହନ୍ତି, "ଡୋଣ୍ଟ୍ ୱ୍ୱାରି, ହି ନୋଜ୍ ହିଜ୍ ୱ୍ୱେଜ୍"—ବ୍ୟସ୍ତ ହୁଏନା, ସେ ତାଙ୍କ କଥା ବେଶ୍ ଜାଣନ୍ତି। ଆମେରିକାନ୍ ସ୍ୱାମୀ ଉପରେ ମୋର ଦୟା ହୁଏ, ବିଚରା ନିରୀହ ମେଣ୍ଢାଟି ପରି ସବୁ ସହିଯାଏ। ପାଟି ଫିଟାଇବାର ବାଟ ନାହିଁ। ସନ୍ଧ୍ୟାରେ ଫେରିଆସିଲା ବେଳକୁ କୈଫିୟତ ଦେବାକୁ ପଡ଼େନି। ସତେ ଯେମିତି କିଛି ଘଟିନି। ବରଂ ଦେଖାହେଲେ ସ୍ୱାମୀ ସ୍ତ୍ରୀଙ୍କୁ ସ୍ୱାଗତ କରି ପଚାରନ୍ତି, "ଆଜି କେମିତି ମଉଜ ହେଲା।" "ଖୁବ୍ ବହୁତ" ବୋଲି ସ୍ତ୍ରୀ ଉତ୍ତର ଦିଅନ୍ତି ! ତା ପରେ ଦୁଇଟି ଜୀବନ ପୁଣି ଦୈନନ୍ଦିନ ପଥରେ ଚାଲନ୍ତି।

ଆମେରିକା-ଲୋକେ ଆମକୁ ଥଟ୍ଟାରେ ପଚାରନ୍ତି, "ତମ ଦେଶରେ ଆଗରୁ ନ ଚିହ୍ନି ନ ଜାଣି ପରା ବାହା ହୁଅନ୍ତି। ଆମେ କଳ୍ପନା କରିପାରୁନା ଯେ, ନ ଜାଣିଥିବା ଲୋକପ୍ରତି କିମିତି, ତମର ସ୍ନେହ ମମତା ହୁଏ।" ଆମେ କହୁଁ, ତମ ଦେଶରେ ତ ଏତେ ମୁକୁଳା ପ୍ରେମ; ପାଞ୍ଚ ଥର ପନ୍ଦର ଥର ଦେଖି ଚାଖି ତ ବାହା ହେଉଛ, ଏତେ ଛାଡ଼ପତ୍ର କିଆଁ ? ଏତେ ଗଣ୍ଡଗୋଳ କିଆଁ ? କିନ୍‌ସ୍ ରିପୋର୍ଟ ଦେଖିଛ ଟିକି ? ଆମେରିକାର ବର୍ତ୍ତମାନ ଛାଡ଼ପତ୍ରସଂଖ୍ୟା ଏତେ ବଢୁଛି କାହିଁକି ? ଏଗୁଡ଼ା ମୁକ୍ତ ପ୍ରେମର ପୁରସ୍କାର ନା କଣ ? ସେମାନେ କହନ୍ତି ଯେ, ଆମେରିକା ଜାତି ନିତ୍ୟନୂତନତାର ପକ୍ଷପାତୀ। ମନ ମିଳିଲେ ଭଲ, ସୁଖରେ ରହିବା, ଘରଦ୍ୱାର କରିବା। ମନ ନ ମିଳିଲେ ଯେ ଯାହା ବାଟ ଦେଖିବା। ମନ ନ ମିଳିଲେ ପୁଣି ଏକାଠି ରହିବା କି ଦରକାର ? ତା ଛଡ଼ା ଅନେକ ବିନା କାରଣରେ ମଧ୍ୟ ଛାଡ଼ପତ୍ର ଦିଅନ୍ତି। ହଁ, ସେତେବେଳେ କିମିତି ପ୍ରେମରେ ପଡ଼ିଯାଇଥିଲେ, ବର୍ତ୍ତମାନ ଆଉ ଭଲ ଲାଗୁ ନାହିଁ, ଚାଲ ଯିବା ନୂଆ ନୂଆ ବସା ବାନ୍ଧିବା। ଏମିତି ବି ଖାଲି ଜୀବନ-ଉପଭୋଗପାଇଁ ଖାମଖିଆଲି ଭାବରେ କେତେକ ଛାଡ଼ପତ୍ର ଦିଅନ୍ତି। ପାଞ୍ଚ ଥର ଝିଅଙ୍କ ସଙ୍ଗେ ନାଚିଲେ କି ପନ୍ଦର ଦିନ ବୁଲିଲେ ବି ମନ ଜାଣିବା ସହଜ ନୁହେଁ। ନାରୀ ମନ ସବୁଠି ଗଭୀର, ତାକୁ ମାପିବା ବଡ଼ କଠିନ। ତା ଛଡ଼ା ପହିଲେ ପହିଲେ ମନରେ ନ ଥାଉ ପଛେ, ଝିଅମାନେ ଉପରେ ଉପରେ ଭାରି ମମତା ଦେଖାନ୍ତି, ପୁରୁଷମନକୁ ଏକାବେଳକେ କୁହୁକ କରି ମନେଇ ନିଅନ୍ତି। ଦୁର୍ବଳ ଯୁବକ ଥରେ ଜାଲଭିତରେ ପଡ଼ିଗଲେ ମାଛପରି ଛଟପଟ ହୁଏ; କିନ୍ତୁ ଜାଲ ଛିଣ୍ଡାଇପାରେ ନା। ଏହିଭଳି କଥା ତରୁଣ-ତରୁଣୀ, ବୁଢ଼ା-ବୁଢ଼ୀ

ଅନେକଙ୍କଠାରୁ ଶୁଣିଛି, ବିବାହ ରିପୋର୍ଟ ବି ପଢ଼ିଛି। ଆମ ଦେଶରେ ବାହାଘରଟା ସ୍ୱତଃସିଦ୍ଧ ପରି ଗ୍ରହଣ କରି ନିଆଯାଇଛି-ପିଲାରୁ ଯୁବକ, ଯୁବକରୁ ବୁଢ଼ା ହେବା ଯେମିତି ସତ୍ୟ, ବାହାଘରଟା ସେମିତି ସତ୍ୟ। ଯେତେ କନ୍ୟା ସେତେ ବର—ଯେତେ ପୁଅ ସେତେ ଘର। ଆମେରିକାରେ ଯେତେ ପୁଅ ସେତେ ଘର କଥାଟା ଏକଦମ୍ ଠିକ୍; କିନ୍ତୁ ଯେତେ କନ୍ୟା ସେତେ ବର କଥାଟା ମିଛ। ବାହା ହେବା ଝିଅ ପୁଅ ଉଭୟଙ୍କ ଜୀବନର ଲକ୍ଷ୍ୟ, କିନ୍ତୁ ମନଲାଖି ଯୋଡ଼ି ମିଳିବା ଭାରି କଠିନ। ଯେଉଁଠି ଯେତେ ବଛାବଛି, ସେଇଠି ସେତିକି ଅଭାବ।

ମେସିନ୍

ଆମେରିକାରେ ତ ବର୍ତ୍ତମାନ ସବୁଠୁ ବଡ଼ ଜିନିଷ ମେସିନ୍। ମଣିଷକୁ ସୁଖୀ କରିବାପାଇଁ କେତେ ପ୍ରକାର ଯନ୍ତ୍ରପାତି ସେମାନେ ତିଆରି କରୁଛନ୍ତି, ନ ଦେଖିଲେ କଳ୍ପନା କରି ହେବ ନାହିଁ। ଏମିତି ଘର ଅଛି ଯେଉଁଠି ହାତରେ କବାଟ ଖୋଲିବାକୁ ପଡ଼େନି। ଦେହର ଛାଇ ପଡ଼ିଲାମାତ୍ରେ ସେ କବାଟ ଆପେ ଫିଟିଯାଏ। ସେହିପରି ମଟର ନେଇ ଗାରେଜ୍ ପାଖରେ ପହଞ୍ଚିଗଲେ ଗାରେଜ୍-କବାଟ ଆପେ ଫିଟିଯାଏ। ଆଉ କଣ ହୁଅନ୍ତା। ଯାହା କହନ୍ତି କାନ୍ଥ ବାଡ଼ ବି ଜୀବନ ଥିଲାପରି କାମ କରୁଛନ୍ତି। ମେସିନ୍ ଯେତେ କାମ କରିଦେଉଛି, ମଣିଷର ସେତିକି ସମୟ ବଳୁଛି। ତାକୁଇ ବ୍ୟବହାର କରିବାପାଇଁ ମଣିଷ ପାଗଳ ପରି ଏଣେତେଣେ ଛୁଟିଛନ୍ତି। ମଟରଗାଡ଼ି ଓ ଯାନବାହନ ଏତେ ବେଶୀ ଯେ ଆଜି ଯଦି ଜଣେ ଏଠି ଅଛି, କାଲି ତାକୁ ଦେଖିବ ପାଞ୍ଚଶ ମାଇଲ ଦୂରରେ। ବ୍ୟବସାୟ ସୂତ୍ରରେ ଲୋକେ ଦେଶସାରା ଘୂରୁଛନ୍ତି। ଆଜି ଏଠି ବ୍ୟବସାୟ ନ ଚାଲିଲେ, କାଲି ସେଠିକି ଚାଲିଲେ। ଏହି ଦୃଷ୍ଟିରୁ ମୁଁ ତାଙ୍କୁ 'ସଭ୍ୟତମ ଭ୍ରମଣକାରୀ ଜାତି' ବୋଲି କହେଁ। ସେମାନଙ୍କ ପରିବାର ଭାଙ୍ଗିବାରେ ମଟରଗାଡ଼ି ଯେତିକି ସାହାଯ୍ୟ କରିଛି, ତାଠୁ ଅଧିକ କରିଛି ସିନେମା ଓ ଥିଏଟର। ସନ୍ଧ୍ୟା ହେଲେ ଇଚ୍ଛାମତେ ଯେ ଯାହାର ସିନେମା ଥିଏଟର ଦେଖିଯାନ୍ତି। ଦିନଯାକ ତ ନିଜ ଗାଡ଼ିରେ ନିଜେ ବୁଲୁଥାନ୍ତି, ରାତିରେ ସିନେମା ଥିଏଟର। ପରିବାର ଲୋକଙ୍କୁ ଏକାଠି ହେବାର ସୁବିଧା ମିଳିବ କାହୁଁ? ଏହି ଦୃଷ୍ଟିରୁ ଦେଖିଲେ ଆମେରିକା-ପରିବାର ବିଲାତି-ପରିବାର ଅପେକ୍ଷା ବେଶୀ ଜୋରରେ ଭାଙ୍ଗୁଛି। ସିନେମା ଥିଏଟର ଛଡ଼ା ଆମେରିକାରେ ଆଉ ଗୋଟିଏ ସାନ୍ଧ୍ୟ ଉପଭୋଗ ଅଛି, ଯାହା ତାଙ୍କ ଦେଶରେ ଅନୈତିକତା ବଢ଼ାଉଛି ବୋଲି ଆମେରିକା-ଲୋକେ ଅଭିଯୋଗ କରନ୍ତି। ତାକୁ 'ଡ୍ରାଇଭ୍ -ଇନ୍-ଥିଏଟର' କହନ୍ତି। ଗୋଟାଏ ଖୋଲା ପଡ଼ିଆରେ ଗୋଟାଏ କାନ୍ଥ

ଉଠିଛି, ତା ଉପରେ ଧଳା ପରଦାରେ ସିନେମା ଚିତ୍ର ଦେଖା ହେଉଛି । ମଟରରୁ ଓହ୍ଲାଇ ଘରେ ପଶି ସିନେମା ଥିଏଟରରେ ଦେଖିବାକୁ ତ ଆମେରିକା-ଲୋକଙ୍କୁ ବେଳ ନାହିଁ, ତେଣୁ ମଟର ସହିତ ପଡ଼ିଆଭିତରକୁ ପଶି ମଟରରେ ବସି ସିନେମା ଦେଖନ୍ତି । ଏହି ଡ୍ରାଇଭ୍-ଇନ୍-ଥିଏଟରରେ ସେ ଦେଶର ଏକ ବଡ଼ ଉପଭୋଗ ।

ମେସିନ୍ ତ ସବୁ କରୁଛି । ମଣିଷ ତ ହାତରେ କାମ କରିବାକୁ ନାରାଜ । ତେଣୁ ହାତ-ମୂଲିଆଙ୍କ ଦର ଖୁବ୍ ବେଶୀ । ମଜୁରିଆ ଘଣ୍ଟାରେ ଦୁଇ ଡଲାର୍ ଅର୍ଥାତ୍ ଅନ୍ତତଃ ଆଠ ଟଙ୍କା ପାଏ । ଆଜିକାଲି ଦୁଇ ଡଲାର ବହୁତ ବେଶୀ । ସ୍ଥଳବିଶେଷରେ ତିନି ଡଲାର ଅର୍ଥାତ୍ ବାର ଟଙ୍କା ପାଏ । ଶିକ୍ଷିତ ବୁଦ୍ଧିଜୀବୀ ମଜୁରିଆଠାରୁ ଶାରୀରିକ ପରିଶ୍ରମ କରୁଥିବା ମୂଲିଆ ବେଶୀ ପାଏ । ଏଠି ବି ତ ପାନଦୋକାନୀ ପ୍ରଫେସରଙ୍କଠାରୁ ବେଶୀ ରୋଜଗାର କରନ୍ତି । ଚାକରଟିଏ ପାଇବା ଭାରି କଠିନ । ଖୁବ୍ ବଡ଼ଲୋକ ଘରେ ବି ଚାକର ନ ଥାନ୍ତି । ସାଧାରଣ ପ୍ରଫେସର, ଡାକ୍ତର, ଇଞ୍ଜିନିୟରଙ୍କ ଘରେ ଚାକରର ପ୍ରଶ୍ନ ନାହିଁ । ଯଦି କାହାର ଚାକର ଥାଏ, ସେ କେତେ ଘଣ୍ଟା ପାଇଁ ଆସେ, ତା କାମ କରିଦେଇ ଚାଲିଯାଏ । ଯେଉଁ ଗାଁରେ ଏମିତି ଚାକର କମ୍ ଥାନ୍ତି, ସେଠି ମାଲିକ ମଟର ନେଇ ଚାକରକୁ ଆଣି ପୁଣି ମଟରରେ ଛାଡ଼ିଦେଇ ଆସନ୍ତି । ଆମର ଦୁଇ ମାଣ ଧାନ ମୂଲ ଦେଇ ହଳିଆକୁ ଡାକି ଯିବାକୁ ପଡ଼ିଲେ ବଡ଼ ବାଧା । ମୂର୍ଖ ଚାକରଙ୍କର ମୂଲ୍ୟ ନାହିଁ ବୋଲି ଏ ଦେଶରେ ସେମାନେ ଏତେ ଅବହେଳିତ ।

କେତେକ ଲୋକ ଅନ୍ୟ କାରଣ ଯୋଗୁ ଚାକର ରଖନ୍ତି ନାହିଁ । ଧରନ୍ତୁ ଜଣକ ଘରେ ତିନି ଜଣ ଲୋକ ଅଛନ୍ତି । ଯଦି ଦୈବାତ୍ ପାଞ୍ଚ ଜଣ ଲୋକ ପହଞ୍ଚିଯାନ୍ତି, ତେବେ ସେ ଚାକର ସେମାନଙ୍କ ସେବା କରିବାପାଇଁ ନାରାଜ । ସେଥିପାଇଁ ବିରକ୍ତ ହୋଇ ଅନେକ ଲୋକ ଚାକର ରଖନ୍ତି ନାହିଁ । ଆମେରିକାର କେତେକ ଷ୍ଟେଟ୍‌ରେ ଏମିତି ନିୟମ ଆଜିକାଲି ହୋଇଛି ଯେ ଚାକରଙ୍କ ପାଇଁ ମାଲିକକୁ ଇନ୍‌ସୁରାନ୍‌ସ ବା ଜୀବନବୀମା କରିବାକୁ ପଡ଼େ । ମନୁଷ୍ୟ ହିସାବରେ ଚାକରମାନଙ୍କୁ ବେଶ୍ ସମ୍ମାନ ଦେଖାନ୍ତି । ଏମିତି କି ଘରକୁ ଯେଉଁ ଚାକର ଚାକରାଣୀ କାମ କରିବାକୁ ଆସନ୍ତି, ସେମାନଙ୍କୁ ନିଜ ପରିବାର ସଙ୍ଗେ ଏକା ଟେବୁଲରେ ଖାଇବାକୁ ଦିଅନ୍ତି । ଯଦିଓ ସବୁ ଘରେ ଚାକରକୁ ଏକପ୍ରକାର ସମ୍ମାନ ଦେଖାନ୍ତି ନାହିଁ, ତଥାପି ଚାକରଙ୍କ ସମ୍ମାନ ଯେ ଯଥେଷ୍ଟ, ଏଥିରେ ସନ୍ଦେହ ନାହିଁ । ଗୃହସଂସାରରେ ଚାକରବାକର ସାମୟିକ ସାହାଯ୍ୟ କରୁଥିଲେ ମଧ୍ୟ ମେସିନ୍‌ର ପ୍ରାଧାନ୍ୟ ଯଥେଷ୍ଟ ବେଶୀ । ଚାକର ନ ଥାଇ ଅନେକ ଘର ଅଛି, ମାତ୍ର ମେସିନ୍ ନ ଥାଇ ଗୋଟିଏ ଘର ନାହିଁ ।

ମେସିନ୍ ମଣିଷକୁ କିମିତି ସାହାଯ୍ୟ କରେ, ତାର ଗୋଟିଏ ଚରମ ଉଦାହରଣ ଦିଏଁ। ଦିନେ ଜଣେ ବନ୍ଧୁଙ୍କ ସାଇକେଲ ଧରି ଜଙ୍ଗଲଭିତରେ ଯାଉଛି, ହଠାତ୍ କଣ ଗୋଟାଏ ଠକ୍ ଠକ୍ ହୋଇ ବାଜୁଥିବାର ଶୁଣିଲି। ଦେଖିଲି, କେଉଁଠି କିଛି ନାହିଁ। ଗୋଟାଏ ତାରବାଡ଼ଦିଆ ହତାଭିତରେ କେତେଗୁଡ଼ା ଗାଈ ଚରୁଛନ୍ତି, ପାଖରେ ଜଙ୍ଗଲଭିତରଟାରେ କେହି ଜଗୁଆଳ ନାହିଁ। ଶବ୍ଦଟା କେଉଁଠୁ ଆସୁଛି ପଚାରିବାରେ ବନ୍ଧୁ ସବୁକଥା ବୁଝାଇଦେଲେ। ଦେଖିଲି ଗୋଟାଏ ଗଛ-ଖୋଲରେ କେତେଗୁଡ଼ା ବେଟାରୀ ରଖା ହୋଇଛି। ତାରି ସାହାଯ୍ୟରେ ତାରବାଡ଼ରେ ଇଲେକ୍‌ଟ୍ରି ଚାଲୁଛି। ଗଉଡ଼ ତ ନାହିଁ, ତାରବାଡ଼ ଗାଈ ଜଗିଛି। ଇଲେକ୍‌ଟ୍ରି ଲାଗିଯିବା ଭୟରେ ଗାଈଗୋରୁ ତାର ବାଡ଼ ପାଖକୁ ଆସନ୍ତି ନାହିଁ। ହତା ଭିତରେ ଜବତ ଥାନ୍ତି। ସେହି ଗାଈ ଦୁହିଁବାପାଇଁ ବି ମେସିନ୍ ଦରକାର; ନ ହେଲେ ଗୋଟାଏ ଗାଈରୁ ଷାଠିଏ ସେର ଦୁଧ ଦୁହିଁବାପାଇଁ କେଉଁ ଗଉଡ଼-ବାହାରେ ଜୋର୍ ଅଛି ? ସହର-ବଜାର, ରାସ୍ତା-ଘାଟରୁ ଆରମ୍ଭ କରି ବଣ-ଜଙ୍ଗଲର ଗାଈ-ଗୋରୋଡ଼ା ପର୍ଯ୍ୟନ୍ତ ସବୁଠି ଇଲେକ୍‌ଟ୍ରି, ସବୁଠି ମେସିନ୍ କାମ କରୁଛି।

ଆମେରିକାରେ ଯେତେବେଳେ ଏତେ ମେସିନ୍, ଏତେ ବଡ଼ କାରଖାନା ଅଛି, ସେ ସମ୍ପର୍କରେ ପଦେଅଧେ କହିଦେଉଛି। କୌଣସି ବିରାଟ କଳକାରଖାନା ଭିତରକୁ ଯିବାର ସୁଯୋଗ ନ ଥିଲା। ତଥାପି ରୁଟିକଳ, ଟୋପିକଳ ଓ ଭେଲଭେଟ୍‌କଳ ପ୍ରଭୃତି କେତେକ ସାଧାରଣ କାରଖାନା ବୁଲି ଦେଖିଥିଲି। ରାକ୍ଷସ ପରି ବିରାଟ ଲୌହକଳ ଗୁରୁ ଗର୍ଜନ କରି ଚାଲିଛନ୍ତି। ନଗଣ୍ୟ ମଣିଷ ଖାଲି ରାକ୍ଷସ ନିକଟରେ ବାମନ ପରି ଘୂରି ବୁଲୁଛି। ମଣିଷ ନିଜ ସୃଷ୍ଟି ଆଗରେ ନିଜେ ଏତେ ଛୋଟ ଦେଖାଯାଉଛି। ଦେଖିଲେ ଆଶ୍ଚର୍ଯ୍ୟ ଲାଗେ। ସବୁଠୁ ଆଶ୍ଚର୍ଯ୍ୟ ଲାଗେ ଯେ, ଏହି କ୍ଷୁଦ୍ର ମଣିଷ ପୁଣି ଚାହିଁଲେ ସେହି ବିରାଟ ଲୌହରାକ୍ଷସକୁ ଏକ ମୁହୂର୍ତ୍ତରେ ବି ଚପେଇ ଦେଇପାରେ। କଳକବ୍‌ଜାସବୁ ଏତେ ବିରାଟ ଯେ, ତା ଏଠି କଳ୍ପନା କରିବା କଠିନ। କଳକାରଖାନା କଥା ଯେତେ ଭାବିବାର ନୁହେଁ, କୁଲି ମୂଲିଆଙ୍କ କଥା ସେତିକି ଭାବିବାର ବିଷୟ। ସେମାନଙ୍କୁ ଦେଖି ମୋର ମନେ ପଡ଼େ ଘୁସୁଡ଼ି ଚଟକଳ କୁଲିଙ୍କ କଥା। ପାଟଣାରେ ପଢ଼ିଲାବେଳେ ଆମ ଗାଁର କେତେକ କୁଲିଙ୍କୁ ଭେଟିବାପାଇଁ ଘୁସୁଡ଼ି ଯାଇଥିଲି। ଯାହା ଦେଖିଲି ଏବେ ବି ମନେ ପଡ଼ିଲେ ଦେହ ଶୀତେଇପଡ଼େ, ରୋମ ଟାଙ୍କୁରିଉଠେ। ଛେଳି ଗୁହାଳ ପରି ତାଟି ଘର। ପାଞ୍ଚହାତ ବଖରାରେ ପାଞ୍ଚ ଜଣ ରହନ୍ତି। ରୋଷାଇ ସାରି ଶିକାନେ ଆଟିକା ଟାଙ୍ଗି ଦେଇଥାନ୍ତି। ଦୁଆରେ କାଦୁଅ, ଦାଣ୍ଡରେ ଧୂଳି। ଲୁଗାଗୁଡ଼ା କଳ-ଧୂଳିରେ ବିଚିକିଟିଆ କଳା। ପେଟପାଇଁ କଷ୍ଟ କରୁଥାନ୍ତି। ବିକଳ ଲାଗେ, କରୁଣା ହୁଏ। ମୋରି ଦେଶର ଭାଇଗୁଡ଼ା ବଙ୍ଗ ଦେଶରେ କି ହୀନିମାନ ସତେ ! କଳକବଜାର

କୁଲି ମଜୁରିଆଙ୍କୁ ବିଲାତରେ କିମ୍ବା ଆମେରିକାରେ ଦେଖିଲେ ଲୋଭ ହୁଏ। କି ସୁନ୍ଦର ଘର, କେତେ ରେଡିଓ, ଟେଲିଭିଜନ୍, କେତେ ସୁଖସ୍ୱାଚ୍ଛନ୍ଦ୍ୟ। ଆଠଘଣ୍ଟା ଲେଖାଁ ସପ୍ତାହରେ ପାଞ୍ଚ ଦିନ କାମ କରିଦେଲେ ଅଶୀ ଡଲାର୍ ଅର୍ଥାତ୍ ଅନ୍ତତଃ ତିନିଶ ପଚାଶ ଟଙ୍କା। ତା ଛଡ଼ା ତ ଜୀବନବୀମା ପ୍ରଭୃତି ନାନା ଉପାୟରେ କମ୍ପାନୀରୁ ଅନେକପ୍ରକାର ଲାଭ ଉଠାନ୍ତି।

ଆଚାରବ୍ୟବହାର ଦୃଷ୍ଟିରୁ ଆମେରିକା ଲୋକେ ସାହେବମାନଙ୍କ ଅପେକ୍ଷା ଅନେକ ସାଦାସିଧା। କଥାବାର୍ତ୍ତା ଚାଲିଚଳଣରେ ବିଲାତରେ ଏତେ କାଇଦା କଟକଣା ଯେ, କିଛି ଦିନ ରହିଲ ପରେ ଭାରି ବ୍ୟସ୍ତ ଲାଗେ। ପ୍ରତ୍ୟେକ କଥାରେ 'ଥ୍ୟାଙ୍କ୍ୟୁ' 'ଧନ୍ୟବାଦ', 'ସରି' 'ଏକ୍‌ସକ୍ୟୁଜ୍ ମି' କ୍ଷମା କରିବେ—ଏତେ ବ୍ୟବହାର କରନ୍ତି ଯେ, ତା କଥା କଥାକେ ପାଟିରୁ ବାହାରେ। ଏଇ ଶିଷ୍ଟାଚାର-ବ୍ୟାଧି ଆମମାନଙ୍କୁ ଏତେ ଜୋର୍‌ରେ ଧରିଥିଲା ଯେ, ଆମେରିକା-ପିଲାଙ୍କ ସଙ୍ଗେ କଥାବାର୍ତ୍ତାବେଳେ ଆମେମାନେ ପୂରା ବ୍ରିଟିଶ ବୋଲି ବାଛି ହୋଇ ଯାଉଥିଲୁଁ। ସାହେବ ମନଭିତରେ ଯା ଭାବନ୍ତୁ ପଛେ, ପାଟି ଫିଟାଇ କେବେ ମନକଥାଟା କହନ୍ତି ନାହିଁ। ମାତ୍ର ଆମେରିକାନ୍‌ଗୁଡ଼ା ଏମିତି ଖୋଲା ଓ ସାଦାସିଧା ଯେ, ହାଡ଼ରେ ପଡୁ, ଗୋଡ଼ରେ ପଡୁ, ମୁହଁ ଫିଟାଇ କହିଦେବେ। ସେଥିପାଇଁ ବିଦେଶୀ ଲୋକେ ଅନେକ ସମୟରେ ସେମାନଙ୍କୁ ଅଶିଷ୍ଟ ବୋଲି ଭାବନ୍ତି। ପ୍ରକୃତରେ ସାହେବମାନଙ୍କ ତୁଳନାରେ ସେମାନେ ଟିକିଏ ଉଗ୍ର। ବିଲାତରେ ଅନେକ ବୁଲାଇକରି କଥା କହନ୍ତି। ଯଦି କୌଣସି ଲୋକଙ୍କୁ ବୁଦ୍ଧୁ ବା ବୋକା ବୋଲି କହିବାକୁ ଚାହଁ, ତାହେଲେ ତାକୁ ଇଡିଅଟ୍ ନ କହି କହିବାକୁ ହେବ, "ହି ହାଜ୍ ୱାଣ୍ଡରଫୁଲ୍ ସେନ୍‌ସ ଅଫ୍ ହ୍ୟୁମର୍" ଅର୍ଥାତ୍ ଥଟ୍ଟାତାମସା ବୁଝିବାପାଇଁ ତାଙ୍କର ଶକ୍ତି ଖୁବ୍ ବେଶୀ। ଯଦି କୌଣସି କାଳିକୋତୋରୀ ଅସୁନ୍ଦରୀଙ୍କ ବିଷୟରେ କିଛି କହିବାକୁ ହୁଏ, ତେବେ କହନ୍ତି "ସି ଇଜ୍ ଏ ଗୁଡ୍ ସ୍ପୋର୍ଟ୍" ସେ ଗୋଟାଏ ବେଶ୍ ଖେଳନାଚିଜ। ଏସବୁ ଭାବକୁ ଓଡ଼ିଆରେ ଅନୁବାଦ କରିବା କଠିନ। ମୋର କହିବାର କଥା ଯେ, ସାହେବଙ୍କର ସିଧା କଥା ମୋଟେ ନାହିଁ। ସବୁ କଥାରେ ସାହେବ କହନ୍ତି "ହାଉ୍ ଲଭ୍‌ଲି" କେଡ଼େ ସୁନ୍ଦର! ଆମେମାନେ ସେହି ଅର୍ଥରେ କେବେ ତାକୁ ବ୍ୟବହାର କରୁନି। ଗୋଟିଏ କଥା ମନେ ପଡ଼ିଲେ ହସ ମାଡ଼େ। ଥରେ ଗୋଟିଏ କୋଇଲାଖଣିରେ ଦୁଇ ହାତ ଓସାର ଦେଢ଼ ହାତ ଉଚ୍ଚ ଗୋଟାଏ ସୁଡ଼ଙ୍ଗଭିତରେ ଆମେମାନେ ଘୁଷୁରି ଘୁଷୁରି ଯାଉଥିଲୁ। ଅନ୍ଧାରରେ ଅଣନିଶ୍ୱାସୀ ହେବା ସଙ୍ଗେ ସଙ୍ଗେ ଆଣ୍ଠୁ ଓ କହୁଣୀ ଛିଣ୍ଡି ରକ୍ତ ବାହାରିବା ଉପରେ। ମୁଁ ଏ କଷ୍ଟପାଇଁ ମନେ ମନେ ଭାରି ରାଗୁଥାଏଁ। ଯେଉଁ ସାହେବ ଜଣକ ଆମ ଆଗେ ଆଗେ ବାଟ କଢ଼ାଉଥାଏ,

ସେ ହଠାତ୍ କହି ପକାଇଲା, "ହାଉ ଲଭ୍‌ଲି ଇଜ୍ ଦି କୋଲ୍" କେଡ଼େ ସୁନ୍ଦର କୋଇଲା ! ଏ କଷ୍ଟଭିତରେ ମୋତେ ଏତେ ରାଗ ଲାଗିଲା ଯେ, ମୁଁ କହିପକାଇଲି, "ପୋଡ଼ିଯାଉ ତମ 'ଲଭ୍‌ଲି'—ସବୁ କଥାରେ ତମର ଲଭ୍‌ଲି । କୋଇଲାକୁ ତ ଲଭ୍‌ଲି କହିବ, ଫୁଟିଲା ଫୁଲକୁ କଣ କହିବ ?" ଆମେରିକାରେ ସେମିତି ସବୁ କଥାକୁ 'ହାଉ ୱାଣ୍ଡରଫୁଲ୍', 'ହାଉ ଇଣ୍ଟରେଷ୍ଟିଂ' ବୋଲି କହନ୍ତି । ଆମକୁ ହସ ମାଡ଼େ । ସବୁ କଥାରେ ଏମିତି କଣ କହିବ ? ସବୁ ପାଶ୍ଚାତ୍ୟ ଜାତିମାନଙ୍କର ଏଇମିତି କେତେଗୁଡ଼ା ଖୋଇ ଅଛି । ବିଲାତରେ ଟେବୁଲ ମାନର୍ସ ବା ଭୋଜନବିଧି ସେମିତି ବହୁତ ବେଶୀ, ଫ୍ରାନ୍‌ସ ବା ଆମେରିକାରେ ଏତେ ନାହିଁ । ଖାଇବାବେଳେ ପୁରୁଷ ଯଦି ବାଢ଼ିବେ, ତେବେ ଆଗ ସ୍ତ୍ରୀମାନଙ୍କ ପତ୍ରରେ ଦେବେ । କଳିଯୁଗ ନା, "ନାରୀବଶାଃ ମାନବାଃ !, "ଲେଡ଼ିଜ ଫାଷ୍ଟ", ଆଗ ସ୍ତ୍ରୀ, ତାପରେ ଯାଇ ସବୁ । ଘରେ ଯଦି ବସିଛ, କେହି ସ୍ତ୍ରୀ ଲୋକ ହଠାତ୍ ଆସିଲା, ତେବେ ଯାହା କହନ୍ତି ଆସନରୁ ଡେଇଁପଡ଼ି ଛିଡ଼ା ହେବାକୁ ହେବ । ବସିବାର ଆଦେଶ ତାଙ୍କଠୁ ମିଳିଲେ ଯାଇ ବସିବ । ମାତ୍ର ଗାଡ଼ିରେ ଯିବାଆସିବାବେଳେ ଆଜିକାଲି ସ୍ତ୍ରୀଙ୍କୁ କେହି ମାନୁ ନାହାନ୍ତି । କାରଣ ସେମାନେ ତ ପୁରୁଷମାନଙ୍କ ସହିତ ସମାନ ଆସନ ଦାବୀ କରୁଛନ୍ତି, ପୁରୁଷ ଏତେ ଭକ୍ତି ଦେଖାଇ ଲାଭ କଣ ? ତଥାପି ପୃଥିବୀର ଯେଉଁ କୋଣକୁ ଯାଅ ନାରୀପାଇଁ, ନିର୍ମଳ ଚାନ୍ଦପାଇଁ, ଫୁଲପାଇଁ ପୁଣି ଆଦର ନାହିଁ କେଉଁଠି ! ବସିଛ, ଯଦି ଗରମ ହେଲା, ଦେହରୁ ଟାଇଟା ବା କୋଟ୍‌ଟା କାଢ଼ିବାକୁ ପଡ଼ିଲା, ତେବେ କ୍ଷମା ମାଗି ଅନୁମତି ନେଇ କାଢ଼ିବାକୁ ହେବ । ରାସ୍ତାରେ ଯଦି ଯାଉଛ, ତେବେ ଝିଅଙ୍କୁ ରାସ୍ତାର ବାହାରପାଖେ ଚଲାଇ ତମେ ଭିତର ପାଖେ ଚାଲିବ । ଧକ୍‌କା ଲାଗିଲେ ବା ଧୂଳି ଲାଗିଲେ ତମ ଦେହରେ ଲାଗିବ, ଫୁଲରେ ଯେମିତି ଆଘାତ ନ ଲାଗିବ । ଝିଅଙ୍କର କୋଟ୍ ଥିଲେ ତମେ ପିନ୍ଧାଇଦେବ ଓ ସେମାନେ ଯିବାପାଇଁ ବାଟ କାଟି ଆଡ଼େଇ ହୋଇ ଠିଆ ହେବ । ଖାଇ ବସିବାବେଳେ କଥା ନ କହି ଖାଲି ଖାଦ୍ୟ ଉପରେ ନଜର ରଖି ଗିଳି ଚାଲିଲେ ବିଶେଷ ଅଭଦ୍ରତା ହେବ । କାରଣ ଖାଇବା ଟେବୁଲଇ ସେମାନଙ୍କର ମିଳନ-କେନ୍ଦ୍ର । ସେଇଠି ସମସ୍ତେ ଦିନଯାକର କାମଦାମର ହିସାବ ଦିଅନ୍ତି ।

ପାଶ୍ଚାତ୍ୟ ସଭ୍ୟତାର ଅବିଚ୍ଛେଦ୍ୟ ଅଙ୍ଗ ହେଉଛି ନାଚ । ନାଚ ବିଷୟରେ ଆମ ଲୋକଙ୍କର ନାନାପ୍ରକାର ଧାରଣା ଅଛି । ସେଥିପାଇଁ ପଦେଅଧେ କହିବା ଦରକାର । ନାଚଟା ପାଉଡରମଖା ଗୋଟିପିଲା ନାଚ ନୁହେଁ କି ଛିଟପିନ୍ଧା ବୈଷ୍ଣବପାଣି ସୁଆଙ୍ଗ ନାଚ ନୁହେଁ । ତା ପାଶ୍ଚାତ୍ୟ ସମାଜର ସାନ୍ଧ୍ୟ ଉପଭୋଗର ବିଶେଷ ଅଙ୍ଗ । ଜଣେ ଝିଅ ଜଣେ ପୁଅଙ୍କୁ ଧରି ନାଚନ୍ତି । ଚିହ୍ନା-ଅଚିହ୍ନାର ପ୍ରଶ୍ନ ନାହିଁ । ତମେ ଆଗରୁ ଜଣେ

ଗାର୍ଲଫ୍ରେଣ୍ଡ୍ ନେଇକରି ଯାଇପାର ବା ସେଠି ସଙ୍ଗେ ସଙ୍ଗେ ଯେ କୌଣସି ଝିଅକୁ ନାଚିବାପାଇଁ ଅନୁରୋଧ କରିପାର। ବାଜା ବାଜେ, ସଙ୍ଗୀତ-ଲହରରେ ଘର ଉଛୁଳେ। ପୁଅ ଝିଅଙ୍କ ପାଦ ଉଠେ। ଯେଉଁମାନେ ଭଲ ନାଚିପାରନ୍ତି, ସେମାନଙ୍କୁ ଭାରି ଆଦର। ପାଶ୍ଚାତ୍ୟ ସଭ୍ୟତାର ଉଦାରତାର ଓ ବିଶ୍ୱପ୍ରେମର ଚରମ ବିକାଶ ନାଚ ଘର। ସେଠି କଳା-ଗୋରା, ଛୋଟ-ବଡ଼ର ବିଚାର ବେଶୀ ନ ଥାଏ। ଗୋରୀ-ସାହେବାଣୀ-ରାଧାଙ୍କ ସଙ୍ଗେ କଳା ନିଗ୍ରୋ-କୃଷ୍ଣଙ୍କ ନାଚ ସବୁଠାରୁ ବିସ୍ମୟ ଜାତ କରାଏ। ନାଚଘରେ ପୃଥିବୀର ସବୁ ଦେଶର ପୁଅଝିଅ ପାଇବ, ଏସିଆରୁ ଆମେରିକା ଯାଏ ସବୁ ଦେଶର ଲୋକ। ଜଣେ ନାଚିବାକୁ ଡାକିଲେ କାରଣ ନ ଥାଇ ମନା କରିଦେବା ଅଭଦ୍ରତା। ଥରେ ଆମେରିକାର ଗୋଟିଏ ଗାଁରେ ଥିବାବେଳେ ଗାଁବାଲା ଆମମାନଙ୍କୁ ନାଚକୁ ନିମନ୍ତ୍ରଣ କରିଥିଲେ। ମୋର କେତେକ ବ୍ରିଟିଶ୍ ବନ୍ଧୁ କେତେ ଜଣ ଆମେରିକାଝିଅଙ୍କ ସଙ୍ଗେ ନାଚିବା ପାଇଁ ଇଚ୍ଛା ପ୍ରକାଶ କଲେ। ମାତ୍ର ଝିଅମାନେ ମନା କରିଦେଲେ। ସେମାନେ କହିଲେ, "ଉଇ ଆର୍ ରନିଂ ଷ୍ଟେଡି" ଅର୍ଥାତ୍ ଆମେ କେତେ ଦିନ ହେଲା କେତେ ଜଣ ପିଲାଙ୍କ ସଙ୍ଗେ ନାଚୁଛୁଁ (ତେଣୁ ବିଭା ହେବାର ସମ୍ଭାବନା ଅଛି), ଆପଣଙ୍କ ସଙ୍ଗେ ନାଚି ପାରିବୁ ନାହିଁ। ବ୍ରିଟିଶ୍ ପିଲାଗୁଡ଼ାକ ଏତେ ସଜବାଜ ହୋଇ ଆସିଥିଲେ, ସବୁ ବୃଥା ଗଲା। କିନ୍ତୁ ସେତିକିରେ କଥା ଶେଷ ହେଲାନି। ତହିଁ ଆରଦିନ ଗାଁସାରା ଚହଳ ପଡ଼ିଲା ଯେ, ଆମେରକା-ଝିଅମାନେ ବ୍ରିଟିଶ୍ ପିଲାମାନଙ୍କ ସଙ୍ଗେ ନାଚିବାକୁ ମନା କଲେ। ଗାଁ ପଡ଼ିଲା-ଉଠିଲା। କି ଅଭଦ୍ରତା! ଆଟଲାଣ୍ଟିକ୍ ପାରି ହୋଇ କେତେ ରାସ୍ତାରୁ ପିଲା ଆସିଛନ୍ତି, ସେମାନେ ଯାଇ ଘରେ କଣ କହିବେ? ଆମେରିକା-ଲୋକଙ୍କ ବିଷୟରେ ଇଉରୋପ ଲୋକଙ୍କର କି ଧାରଣା ହେବ! କଥା ହେଲା, ସେ ଝିଅମାନେ କ୍ଷମାପ୍ରାର୍ଥନା ମାଗିବେ; ନଚେତ୍ ଗାଁର ମହତ ପଦାରେ ପଡ଼ିବ। ଯାହାହେଉ କଥାଟା ମେଣ୍ଟାଇ ଦିଆଗଲା। ପୁଣି ସମସ୍ତେ ମିଳିମିଶି ଗଲେ। ତା ଛଡ଼ା ମଫସଲର କେତେକ ଯୁବକ-କ୍ଲବ୍‌କୁ ଯାଇ ଦେଖିଲି, ଭାଇଭଉଣୀ ବି ଏକାଠି ନାଚୁଛନ୍ତି। ସେହି ଏକା ଆଖଡ଼ାରେ ମା ବି ନାଚୁଛି ପୁଅ ବି ନାଚୁଛି। ସୁତରାଂ ନାଚିବାଟା ଗୋଟିଏ ସାମାଜିକ ମଉଜ-ମଜଲିସ୍ ଛଡ଼ା ଅନ୍ୟ କିଛି ନୁହେଁ। ଅବଶ୍ୟ ଆମ ଦେଶ ପିଲାଏ ନିଜ ଦେଶରେ ଯେମିତି ମାନସିକ ବିକୃତି ଅବସ୍ଥାରେ ଥାନ୍ତି, ସେ ଦେଶରେ ଦ୍ୱାର ମୁକୁଳା ଦେଖି ପାଗଳ ହୁଅନ୍ତି। କିନ୍ତୁ ଅନୈତିକ ଆଚରଣ ଯେତେ ସହଜ ମନେହୁଏ, ତା ପ୍ରକୃତରେ ନୁହେଁ। ସେମାନେ ଆମକୁ କହନ୍ତି ଯେ, ତୁମେମାନେ ନାରୀକୁ ଭୋଗ-ସାମଗ୍ରୀ ବୋଲି ଧରିନେଇଛ, ତା ଛଡ଼ା ନାରୀର ନିଜର ରୋଜଗାର ନାହିଁ ବୋଲି ସେ ତମ ହାତକୁ ଅନାଇଁ ପଡ଼ିରହିଛି। ମାତ୍ର ଏ ଦେଶର ନାରୀକୁ

ସମାନସ୍କନ୍ଧ ସାଥୀ ହିସାବରେ ଗ୍ରହଣ କରାଯାଇଛି, ସେ ରତି ପରି ସୁଖ ଦେବ ଓ ସାଥୀ ପରି ସମ୍ମାନ ଦାବୀ କରିବ। ଲାଲ ଆଖି ତଳେ ଚପିଯିବ ନାହିଁ। ଅର୍ଥନୈତିକ ସ୍ୱାଧୀନତା ସଙ୍ଗେ ନାରୀ ଜୀବନର ସ୍ୱାଧୀନତା ଜଡ଼ିତ ଅଛି। ଯେତେ ଗାଲୁ ଭୁରୁଡ଼ି ମାରିଲେ ବି ତା ସ୍ୱୀକାର କରିବାକୁ ପଡ଼ିବ। ଦିନ ଆସୁଛି, ଏଠି ସତୀ ସାବିତ୍ରୀ ସୀତା ମିଳିବ ନାହିଁ, ଏହା ମେରି ଟଡ, ଜୋସେଫିନ୍ ଓ ସିମ୍ପସନ୍‌ଙ୍କ ରାଜ୍ୟ ହେବ। ସେଥିରେ ଦେଶ ଆଗେଇଯିବ କି ନାହିଁ କହି ପାରୁନି, କିନ୍ତୁ ଆଜିର ଗୃହବାସୀ ନାରୀ ସ୍ୱାଧୀନ ହେବ ନିଶ୍ଚୟ। ତା ଛଡ଼ା ଆମର ଯୁକ୍ତି ଯେ, ଆମ ନାରୀ ଯୁଗ ଯୁଗ ଧରି ଏକ ପତିବ୍ରତ କରି ଆସିଛି। ସେ ଆଜି ପତିଦେବତାଙ୍କୁ ଅନାଇ ରହିବନି କାହିଁକି? କିଏ ମନା କରୁଛି? ସେ ଯଦି ସୀତା ହେବ, ଆମେ ରାମଙ୍କ ପରି ହେବା ଉଚିତ। ତାହେଲେ ସିନା ଆମ ବିଶେଷତ୍ୱ ରହିବ! ଆମେ ତ ଆଜି ପୂରା ପଶ୍ଚିମା ସାହେବ ହେବାକୁ ବସିଲେଣି, ପୃଥିବୀର ଏପାଖ ସେପାଖ ଦୌଡ଼ କରିବାକୁ ବସିଲେଣି। ସେମାନେ ଆଉ ଘରକୋଣରେ ପଡ଼ି ରହିବାକୁ ପସନ୍ଦ କରିବେ କାହିଁକି? ଭଗବାନ୍ କରନ୍ତୁ ମାତୃଜାତି ପ୍ରକୃତ ମାଆ ହୁଅନ୍ତୁ। ନିଃସହାୟ ଜାତିର ସାହା ହୁଅନ୍ତୁ।

ପରିବାରରେ ରହିବାର ଶେଷ କେତେ ଦିନ

ଆମେରକା ପରିବାରରେ ରହିବାର ଶେଷ କେତେ ଦିନ ଆମେରିକାର ଜଣେ ବିଶିଷ୍ଟ ପତ୍ରିକା-ସମ୍ପାଦକଙ୍କ ଘରେ ରହିଥିଲି। ତାଙ୍କ ନାଁ ହାୱାର୍ଡ୍ ବୁବେକର୍। ସେ ଓ ତାଙ୍କ ସ୍ତ୍ରୀଙ୍କର ପରିଚୟ ଆଗରୁ କହସାରିଛି। ତାଙ୍କର ଗୋଟିଏ ମାତ୍ର ପୁଅ ଡେଭିଡ୍। ସେ ଗ୍ରୀଷ୍ମଛୁଟି କଟାଇବାପାଇଁ ଗୋଟାଏ ବଡ଼ ପାହାଡ଼-ଦେହରେ ଗୋଟିଏ କୋଠାରେ ରହୁଥିଲେ। ପାଖରେ ମାଇଲିଏ ଦେଢ଼ ମାଇଲ ଦୂରରେ ଆଉ କେତେକ ଲୋକ ବି ରହୁଥିଲେ। ଜାଗାଟିର ନାଁ ନିଉପ୍ରେଷ୍ଟନ୍। ଏପର୍ଯ୍ୟନ୍ତ ଯେତେ ପରିବାରରେ ରହିଥିଲି, ଏମିତି ବେପରୁଆ ଭାବରେ ବା ବିଶେଷ ମଉଜିରେ କେଉଁଠି ନ ଥିଲି। କାରଣ ସେମାନେ ଖାଲି ମଉଜ କରିବାପାଇଁ ସେଠାରେ ରହୁଥିଲେ। ପହିଲି କଥା ମୋତେ ରୋଷାଇବାସରେ ମାମୁଲି ସାହାଯ୍ୟ ଛଡ଼ା ଆଉ କିଛି କରିବାକୁ ପଡୁ ନ ଥିଲା। ଘରର ଅନ୍ୟାନ୍ୟ ଯାବତୀୟ କାମ ମା ପୁଅ ଦୁହେଁ କରି ଦେଉଥିଲେ। କାହିଁକି କେଜାଣି, ସେ ପରିବାରରେ ମୋତେ ସବୁଠୁ ବେଶୀ ଆଦର ମିଳିଲା। ମା ସବୁବେଳେ କହନ୍ତି, ଗୋଲୋକ, ତମେ ମୋର ବଡ଼ ପୁଅ, ଡେଭିଡ୍ ସାନ ପୁଅ। ତମେ ତାକୁ ସାନ ଭାଇ ଭଳି ଦେଖିବ।" ସେହି ପରିବାର ଛାଡ଼ିଲାବେଳେ ମା କାନ୍ଦିଲେ। ଏବେ ବ ଲେଖିଛନ୍ତି ଯେ, ତୁମେ ଆମ ପରିବାର ଜୀବନରେ ଗୋଟାଏ ଥାନ ଖାଲି କରିଦେଇ ଯାଇଛ। ଆମେ ଅନାଇଛୁ ତମେ ୧୯୫୩ ବେଳକୁ ୟେଲ୍ ବିଶ୍ୱବିଦ୍ୟାଳୟକୁ ଆସିବ। ତମକୁ ଯାଇ ଉଡ଼ାଜାହାଜ ଘାଟିରୁ ଆଣିବାର ଗୌରବ ମତେ ଦେବ।" ଏତେଗୁଡ଼ା କଥା ଅବିଶ୍ୱାସ କରିପାରେଁନି। ଏମିତି ଆନ୍ତରିକତା ଦେଖି ତାଜୁବ ହୁଏ। ହଁ, ସବୁ ଦେଶରେ ତ ଭଲମନ୍ଦ ଅଛି। ଆସିଲାବେଳେ ଛୋଟ ବଡ଼ ଅନେକ ଉପହାର ଦେଇଥିଲେ। ସେମାନଙ୍କ ସଙ୍ଗେ ପ୍ରତିମୁହୂର୍ତ୍ତ ମୁଁ କିମିତି ଉପଭୋଗ କରିବି, ସୁଖୀ ହେବି, ଏଇ ଚେଷ୍ଟାରେ ସେମାନେ ବରାବର ଥାନ୍ତି। ଗୋଟିଏ କଥା ମନେ ପଡ଼ିଲେ ଆଶ୍ଚର୍ଯ୍ୟ

ଲାଗେ, ତାଙ୍କ ଅତିଥିଙ୍କ ଭଲମନ୍ଦ ସେ କେତେ ଦେଖନ୍ତି। ଦିନେ ରାତିରେ ଭୋଜି କରିଥିଲୁଁ। କେତେ ଜଣଙ୍କୁ ନିମନ୍ତ୍ରଣ କରିଥିଲୁଁ। ସେ ଦିନ ମୁଁ ବାଇଗଣ ଭାଜିଥିଲି ବୋଲି ମା ଭାରି ଖୁସୀ ହୋଇ ଅତିଥିମାନଙ୍କୁ ଦେଲେ। ଡେଭିଡ୍‌ର ଗସ୍ ନାମକ ଜଣେ ସାଙ୍ଗ ପନ୍ଦର ଷୋଳ ବର୍ଷର ପିଲାଟିଏ। ମା ଯେତେବେଳେ ତାକୁ ବାଇଗଣ ଭଜା ଯାଚିଲେ, ସେ ନେଲା; ମାତ୍ର ବିଶେଷ ଆଗ୍ରହ ଦେଖାଇଲା ନାହିଁ। ସେଥିରେ ଭାବିବାର କଣ ଥିଲା ? ମାତ୍ର ଡେଭିଡ୍ ମନରେ କଥାଟା ଭାରି ଲାଗିଥାଏ, ମୋତେ ଜଣା ନାହିଁ। ମୁଁ ଯେତେବେଳେ ସେମାନଙ୍କ ଘରୁ ବିଦାୟ ନିଏ, ଡେଭିଡ୍ ମୋତେ ଧରିପକାଇ କହିଲେ, "ଭାଇ ଗୋଲୋକ, ସେଦିନର କଥାଟା ତମେ ମନରେ ନେବ ନି।" ମୁଁ ଆଶ୍ଚର୍ଯ୍ୟ ହେଲି, "କି କଥା।" ସେ କହିଲେ, "ମନେ ନାହିଁ, ସେ ଦିନ ସେ ପିଲା କିମିତି ତମ ବାଇଗଣ ଭଜାଟା ଆଗ୍ରହରେ ଗ୍ରହଣ କଲା ନାହିଁ। ମୋତେ ଭାରି ଲାଜ ମାଡ଼ିଲା। ଆମ ଅତିଥିଙ୍କୁ ସହାନୁଭୂତି ନ ଦେଖାଇଲେ ଆମକୁ ଭଲ ଲାଗେନି।" ଆଶ୍ଚର୍ଯ୍ୟ ହେଲି, ପନ୍ଦର ବର୍ଷର ପିଲାମନ ଏତେ ଗଭୀର ସତେ !

ଏହି ପରିବାର ଅନ୍ୟ ପରିବାରଠୁ ଭିନ୍ନ, କାରଣ ଏଠି ଖାଲି ଦିନରାତି ବୁଲା ମଉଜ। ବୁଢ଼ା ହାୱାର୍ଡ୍ ଦିନରାତି ଖବରକାଗଜ ବହିଭିତରେ ପୋତି ହୋଇ ବସିଥାନ୍ତି। ଦିନବେଳେ ମନକୁ ମନ ଯାହିତାହି ଲଞ୍ଚ୍ ଖାଇଦିଅନ୍ତି। ଆମେ ମୁଁ, ଡେଭିଡ୍ ଓ ମା ସକାଳୁ ଖାଇଦେଇ ମଟର ନେଇ ଯାଉଁ, ଆଖପାଖ ଗାଁଗଣ୍ଡା, ହାଟବଜାର ବୁଲି, ରାସ୍ତାରେ ଖାଇ ସଞ୍ଜବେଳକୁ ଫେରୁଁ। ସେଠିକାର ପର୍ବତଖୋଲର ଉଷା-ସନ୍ଧ୍ୟାର ସୌନ୍ଦର୍ଯ୍ୟ ମୁଁ ଜୀବନରେ ଭୁଲିପାରିବି ନାହିଁ। ଠିକ୍ ଆମରି ଆଡ଼ ପରି ଲାଗୁଥାଏ। ଗଲାବେଳେ ସିନା ତିନି ଜଣ ଯାଉଁ, ଆସିଲାବେଳେ ଅନ୍ତତଃ ପାଞ୍ଚ ଛ ଜଣ ଆସୁ। ଗୋଟାଏ ବିରାଟ ହ୍ରଦକୂଳରେ ଲୋକେ ଗ୍ରୀଷ୍ମଛାଉଣୀ ପକାଇ ପଡ଼ି ରହିଥାନ୍ତି। ସେହି କ୍ୟାମ୍ପ୍‌ଲୋକଙ୍କ ସଙ୍ଗେ ବନ୍ଧୁତା କରି ପ୍ରତିଦିନ ସେହିଠାରୁ ଦୁଇ ଚାରି ଜଣଙ୍କୁ ନିମନ୍ତ୍ରଣ କରୁଁ। ସଞ୍ଜବେଳେ ନାନା ମଉଜ ମଜଲିସ୍ କରି ସେମାନେ ତାଙ୍କ କ୍ୟାମ୍ପ୍‌କୁ ଫେରିଯାନ୍ତି। କେତେ ରାତି ସେହି ହ୍ରଦକୂଳରେ ବଣଭୋଜି କରିବାକୁ ଯାଉଁ।

ହଁ, ଏଇ ଅବସରରେ ତାଙ୍କ ବଣଭୋଜି ଓ ଗ୍ରୀଷ୍ମ ମଉଜ ବିଷୟରେ ଦୁଇ ଚାରି କଥା କହେଁ। ଆମ ଘର ପାଖରେ ଥିଲା ପର୍ବତ-ପ୍ରାଚୀର ଘେରା ଗୋଟିଏ ବିଶାଳହ୍ରଦ। ଏହି ପ୍ରକାର ହ୍ରଦ ଆମେରିକା ଦେଶସାରା ଭରି ରହିଛି। ଜଳକ୍ରୀଡ଼ା ଉପଭୋଗପାଇଁ ଏହି ଦେଶର ହ୍ରଦଗୁଡ଼ିକ ବହୁ ଯତ୍ନରେ ସୁରକ୍ଷିତ। ସନ୍ଧ୍ୟାପୂର୍ବରୁ ସ୍ନାନପାଇଁ ହ୍ରଦକୂଳକୁ ଯାଉଁ। ମନେ ପଡ଼େ ରାଧାନାଥଙ୍କ ଚିଲିକା, ମନେ ପଡ଼େ ଗାଁପାଖ ଅଂଶୁପା। କି ହୀନିମାନ ଅବସ୍ଥାରେ ଅଂଶୁପା ରହିଛି। ଏଠି ଇନ୍ଦ୍ରନୀଳ ପର୍ବତ ସବୁ ଆକାଶ ଛୁଇଁ

ଉଭା ହୋଇଛନ୍ତି। ଶତ ଶତ ଶୁଭ୍ର ଗ୍ରୀଷ୍ମାବାସର ଛାଇ ହ୍ରଦ ବକ୍ଷରେ ଲୋଟି ପଡ଼ିଛି। ଚାହିଁଲେ ଏପାର ସେପାର ଆଖି ପାଏନି। ତୀରସ୍ଥ ବଣକୁ ଏଭଳି ଭାବରେ ସଜାଡ଼ି ରଖାଯାଇଛି ଯେ, ମଇଳା କାଗଜ ଖଣ୍ଡିଏ ବି କେଉଁଠି ପଡ଼ିବାର ଦେଖିବନି। କୋମଳ ଶ୍ୟାମଳ ଘାସର ଗାଲିଚା ଜଳଧାରାରୁ ପାହାଡ଼ ଉପର ପର୍ଯ୍ୟନ୍ତ ବିଛାଇ ହୋଇ ରହିଛି। ଆମ ଦେଶର ପର୍ବତ-ଖୋଲ ସର୍ବଦା ନିଶ୍ଚଳ ନିଷ୍ପନ୍ଦ। ତେଣୁ ଏହି ପର୍ବତଘେରା ହ୍ରଦତୀରରେ ପହଞ୍ଚି ଶତ ଶତ ବିରାଟକାୟ ମଟରଗାଡ଼ି ପିମ୍ପୁଡ଼ିମୁଣ୍ଡ ପରି ଘେରିଥିବାର ଦେଖି ଆଶ୍ଚର୍ଯ୍ୟ ଲାଗେ। ଯେଉଁଠି ଯାଅ, ବିରାଟ ଗାଡ଼ି, ବର୍ଣ୍ଣବିଚିତ୍ର ଛବିଳ ଜନତା। ଶହ ଶହ ପିଲାଛୁଆ, ଯୁବକ-ଯୁବତୀ, ବୁଢ଼ାହଡ଼ା ବିଚିତ୍ର ରଙ୍ଗଢଙ୍ଗିଆ ଆମେରିକାନ୍ ଜଙ୍ଘିଆ ପିନ୍ଧି କଇଁଛ ପରି ପିଠି ଦେଖାଇ ଜଳାଧାରରେ ପଡ଼ିଥାନ୍ତି। ଅସ୍ତ-ସୂର୍ଯ୍ୟର ଶେଷକିରଣ ସେମାନଙ୍କର ଛବିଳ ଆଭରଣ ଉପରେ ସୃଷ୍ଟି କରେ ଅପୂର୍ବ ଇନ୍ଦ୍ରଜାଲ। ତୀରସ୍ଥ ବୃକ୍ଷଛାୟାରେ ଶହ ଶହ ଆଧୁନିକ ଧରଣର ସୁନ୍ଦର ବେଞ୍ଚ ଚଉକୀ ସଜା ହୋଇଛି। ଦୃଶ୍ୟସେବୀ ନାଗରିକ ଦୋଳାୟମାନ ଚଉକୀ ଦେହରେ ଆରାମରେ ଝୁଲୁଛି। ମୁହଁରେ ତାର ନିଆଁ ଆଉ ଧୂଆଁ। ମଟର-ସଂଯୁକ୍ତ ଆଧୁନିକ ଧରଣର ନୌକା ଯେତିକି, ତାଠୁ ବେଶୀ ପାଲସଂଯୁକ୍ତ ନୌକା। ଆଗମନୀ ସନ୍ଧ୍ୟାଛାଇରେ ମାନସୋନ୍ମୁଖୀ ବଳାକା ପରି ପାଲଗୁଡ଼ିକ ଦୋହଲୁଥାନ୍ତି। କେଉଁଠି ଯୁଗଳ ଜଳକ୍ରୀଡ଼ା, କେଉଁଠି ସଙ୍ଗୀତ ସେବା, କେଉଁଠି ଅବା ବନ୍‌ସୀକ୍ଷେପଣ।

ମୁକ୍ତ ଆକାଶତଳେ ନଇଁ ଆସେ ସନ୍ଧ୍ୟାର ଆଲୋକ। ଶିଶୁ-କୋଳାହଳ ସାଙ୍ଗେ ମିଶିଯାଏ ଝିଙ୍କାରିର ଝଙ୍କାର। ମନ ଉଚ୍ଛନ୍ନ ହୁଏ। ମନେ ପଡ଼ନ୍ତି ସ୍ୱଦେଶ, ସ୍ୱଜନ। ଇଂଲଣ୍ଡରେ ଦିନେ ହେଲେ କେବେ ମନ ଏଡ଼େ ଚଞ୍ଚଳ ହୁଏନି। କାରଣ ସେଠିକାର ବାୟୁମଣ୍ଡଳ ନିହାତି ଅଚିହ୍ନା, ବିଦେଶ ପରି ଜଣାଯାଏ; ମାତ୍ର ଏ ଦେଶର ବିରାଟ ଆକାଶ, ବଣ, ପାହାଡ଼, ହ୍ରଦ, ନିର୍ମଳ ସୂର୍ଯ୍ୟଚନ୍ଦ୍ର, ବିଦେଶକୁ ବାରମ୍ବାର ଘରମୁହାଁ କରିପକାନ୍ତି। ସନ୍ଧ୍ୟା ଛାଇ ତଳେ ତୀରସ୍ଥ ବନଦେଶରେ ବହୁ ସ୍ଥାନରେ ନିଆଁ ଜଳିଉଠେ। ବଣଭୋଜିରନ୍ଧା ଆରମ୍ଭ ହୁଏ। ଭ୍ରମଣଜୀବନକୁ ସରଳ କରିବା ପାଇଁ ଆମେରିକା-କମ୍ପାନୀମାନେ ସବୁପ୍ରକାର ବନ୍ଦୋବସ୍ତ କରିଛନ୍ତି। କାଗଜ ଥାଳି, କାଗଜ ଗ୍ଲାସ, କାଗଜ ବୋତଲ, କାଗଜ ବନ୍ଧା ଖାଦ୍ୟ ପଦାର୍ଥ, ସବୁ କାଗେଜୀ, ସବୁ ପାତଳ। ଜୀବନକୁ ସହଜରେ ଉଡ଼ାଇବା ପାଇଁ ଯେମିତି ଏତେଟିକେ ବାଧା ନ ଲାଗେ। ଅନେକ ପରିବାର ସେହି ଜଙ୍ଗଲ ଭିତରେ ତମ୍ବୁ ପକାଇ ରହନ୍ତି। ଆମେରିକା ଲୋକେ ଏହିପ୍ରକାର ଅନିଶ୍ଚିତ ଜୀବନସମ୍ଭୋଗକୁ ଭାରି ପସନ୍ଦ କରନ୍ତି। ଯନ୍ତ୍ରଚାଳିତ ଲୌହ ସଭ୍ୟତାରେ ଜୀବନ ପ୍ରତି ମୁହୂର୍ତ୍ତ ଯନ୍ତ୍ରି ହୋଇଯାଉଛି। ତେଣୁ ସହର-ବଜାରର କୋଳାହଳ ଛାଡ଼ି ବଣଭିତରେ

ଜୀବନ କାଟିବାକୁ ପଳାଇ ଆସୁଛନ୍ତି। ସହରର ବିଜୁଳି ଆଲୋକରେ ସୁଖ ନାହିଁ। ତେଣୁ ଏଠି ଦୀପ ଜାଳି, କାଠ ଜାଳି, ତାସଖେଳ, ଚେସଖେଳ ଓ ବାଡ଼ମିଣ୍ଟନ୍ ଖେଳ ଚାଲିଛି। ଦୂରରୁ ଦେଖିଲେ ମନେ ହେବ, କୌଣସି ଜଙ୍ଗଲ-ଭ୍ରମଣକାରୀ ଜାତି ସେଠି ରାତ୍ରିରେ ଛାଉଣୀ ପକାଇଛି। ମନେ ହୁଏ ଇତିହାସର ପୁନରାବୃତ୍ତି ହେଉଛି। ମନୁଷ୍ୟ ତାର ଭ୍ରମଣକାରୀ ପୂର୍ବପୁରୁଷକୁ ପୁଣି ମନେ ପକାଇ ଅନିଶ୍ଚିତ ଯାଯାବର-ଜୀବନଭୋଗପାଇଁ ପାଗଳ ହେଉଛି। ମାତ୍ର ଏହିସବୁ ସମ୍ଭୋଗ ଓ ନାଚକୁଦ ଭିତରେ ଜାତିର ସଂଯମ ଓ ଶିକ୍ଷା ଲକ୍ଷ୍ୟ କରିବାର କଥା। ହଜାର ହଜାର ଥାଳି, ଗ୍ଲାସ ଓ ବୋତଲ ବ୍ୟବହାର କରନ୍ତି; ମାତ୍ର ଗଲାବେଳେ କେହି ଭୁଲରେ ଏତେ ଟିକେ କାଗଜ ବି ପକାଇ ଦେଇଯାନ୍ତି ନି। ଆମ ଦେଶରେ ଜଙ୍ଗଲ କଥା ପଚାରେ କିଏ, ସହର ବଜାରରେ ତ ଅଳିଆ ଗଦାଇବାପାଇଁ ଟିକିଏ ହେଲେ ମନରେ ସଙ୍କୋଚ ହୁଏନି। ନିଜେ ଭଲ ତ ସବୁ ଭଲ। ନିଜ କାମଟି ସରିଲେ ପରକଥା ପଚାରୁଛି କିଏ ? ମାତ୍ର ସେ ଦେଶରେ ଏପ୍ରକାର ଚିନ୍ତା ବିରଳ। ନିଜର କାମ ସରିଲେ ପରକୁ ସେହି ସ୍ୱାଚ୍ଛନ୍ଦ୍ୟ ଓ ସମ୍ଭୋଗର ସୁଯୋଗ ଦେବାପାଇଁ ସେମାନେ ବରାବର ଭାବନ୍ତି। ନାଗରିକର ଦାୟିତ୍ୱ ବେଶ୍ ଜାଣନ୍ତି।

ହାୱାର୍ଡ୍‌ଙ୍କ ପରିବାର ସଙ୍ଗେ ଦୁଇ ତିନି ବାର ବଣଭୋଜି ଖାଇବା ପାଇଁ ଯାଇଛି। ଖାଇଲାବେଳେ ହାତରେ ଟର୍ଚ୍ଚଲାଇଟ୍ ଥିଲେ ବି କେହି ବ୍ୟବହାର କରନ୍ତି ନାହିଁ। ଆଲୁଅ ଦରକାର ହେଲେ ନିଆଁଖୁଣ୍ଟା ହଲାଇ କାରବାର କରିବାରେ ବେଶୀ ଆନନ୍ଦ ଉପଭୋଗ କରନ୍ତି। ବଣଭୋଜିରେ ସେମାନେ ମକା ସିଝାଇ ତହିଁରେ ଲୁଣ ଓ ଲହୁଣୀ ଦେଇ ଖାନ୍ତି। ମକା ଯେ ନିଆଁରେ ପୋଡ଼ା ଯାଇପାରେ ଏ ଧାରଣା ତାଙ୍କର ନାହିଁ। ମକାପୋଡ଼ା ଶିଖାଇ ଦେବାରୁ ଅଧିକାଂଶ ଦିନ ସେମାନେ ପୋଡ଼ି ଖାଇଲେ। ହାୱାର୍ଡ୍ ସବୁଦିନେ ଥଟ୍ଟା କରି କହନ୍ତି, "ଏହି ମକାପୋଡ଼ାଟାକୁ ପେଟେଣ୍ଟ କରିଦେଲେ ଆମକୁ ଅନେକ ପଇସା ମିଳନ୍ତା।" ହଁ, ଆମେରିକା ପରି ପାଗଳ ରାଜ୍ୟରେ ଅସମ୍ଭବ ବା କଣ ? ଭୋଜିପରେ ଗୀତର ଧ୍ୱନି ଉଠେ। ପୁଅଝିଅ, ବୁଢ଼ାହଡ଼ା ସମସ୍ତେ ନାଚନ୍ତି। କୋକାକୋଲା ଓ କକ୍‌ଟେଲ ବି ବେଳେ ବେଳେ ହୁଏ। ରାତ୍ରି ବାରଟା ବେଳକୁ ହ୍ରଦତୀରରୁ ମେଲାଣି ମିଳେ। ଚିଲିକା ରସିକ ମନ କହିଉଠେ, "ଯାପନ୍ତି ତୋ ତୀରେ ସମସ୍ତ ଜୀବନ"; କିନ୍ତୁ ହାୟ ରେ ତରୁଣ ଯାତ୍ରୀର ଆଶା !

ଦିନେ ଗୋଟିଏ ଦୋକାନ ପାଖରେ ମଟର ରଖି ବାହାରିଲା ବେଳେ ମା କହିଲେ, "ଯଦି ପୋଲିସ୍ ଆସେ, ତେବେ ଗାଡ଼ି ଟାକୁ ଟିକିଏ ଆଗକୁ ଚଳାଇଦେବ।" "ମୁଁ, ମଟର ଚଳାଇ ଜାଣେ ନି" ବୋଲି ନାହିଁ କଲି। "ଆଚ୍ଛା,

ଆଚ୍ଛା ତମେ ଆଜି ଶିଖିବ, ଆମେରିକା ଆସି ମଟରଚଲା ନ ଶିଖି କଣ ଘରକୁ ଯିବ ?" ସେହିଦିନୁ ଘଣ୍ଟାଏ ଲେଖାଏ ମଟର-ଡ୍ରାଇଭିଂ ତାଙ୍କର ଜଣେ ନାରୀବନ୍ଧୁ ନାନ୍‌ସୀ ଓ ଡେଭିଡ୍ ମୋତେ ଶିଖାଇବାକୁ ଲାଗିଲେ। ତାପରେ ନାନ୍‌ସୀଙ୍କ ସଙ୍ଗେ ଟ୍ରାକଟର ଓ ଟ୍ରକ ଚଳାଇବା ପାଇଁ ଜମିକୁ ଗଲି। ଅନେକ ସମୟରେ ସେ ଟ୍ରାକଟର ଚଳାନ୍ତି, ମୁଁ ବସି ରହେ। ତାଙ୍କର ବ୍ୟବସାୟ ଗାଈ ରଖିବା ଓ ଦୁଧ ବିକିବା। ଗାଈ ଗୋଟିକେ ୬୦ ସେର ଦୁଧ ଦିଅନ୍ତି। ସେହିମାନଙ୍କୁ ରଖିବା ପାଇଁ ବହୁ ଯତ୍ନ ଦରକାର। ସେମାନଙ୍କ ପାଇଁ ନଡ଼ା କାଟିବା ଲାଗି ଆମେ ଗହୀରକୁ ଯାଉଁ। ପାଞ୍ଚ ଏକର ଜମିର ନଡ଼ା ଗୋଟେଇ, ବିଡ଼ା ବାନ୍ଧି ଗଦାଇ ଦେବାକୁ ଘଣ୍ଟାଏ ସମୟ ଲାଗେ। ଆମର ଏକୋଇଶ ଜଣ ମୂଲିଆ ଏକରେ ଜମିର ନଡ଼ା ବାନ୍ଧି ଗଦେଇଦେବାକୁ କେତେ ସମୟ ଲାଗେ, ଚାଷୀ ଭାଇଙ୍କୁ ପଚାର।

ଏହି ଯେଉଁ ନାରୀବନ୍ଧୁ (ନାନ୍‌ସୀ) ମୋତେ ମଟର ଡ୍ରାଇଭିଂ ଶିଖାଇଲେ, ତାଙ୍କ ପରିଚୟରୁ ଗୋଟିଏ ଜିନିଷ ମିଳିଲା। ଯାହା ମୋତେ ବିଲାତରେ ବା ଫ୍ରାନ୍‌ସରେ ମିଳି ନ ଥିଲା। ଆନ୍ତର୍ଜାତିକ ସମ୍ମିଳନୀମାନଙ୍କରେ ସବୁ ଦେଶର ଲୋକଙ୍କୁ ଭେଟୁଥିଲି, ମାତ୍ର ଜଣେ ରୁଷିଆ ଲୋକ ପାଉ ନ ଥିଲି। ସେଇ ସୁଯୋଗଟା ଏଇଠି ମିଳିଲା। ଏହି ଆମେରିକାନ୍ ଯୁବତୀ ନାନ୍‌ସୀ ଜୀବନରେ ଗୋଟିଏ ବିରାଟ ଭୁଲ୍ କରି ଜଣେ ରୁଷ ଲୋକଙ୍କୁ ବିବାହ କରିଛନ୍ତି। ଭୁଲ୍ କରିଛନ୍ତି ବୋଲି ସେ ନିଜେ କହନ୍ତି, ଦୁଃଖ ପ୍ରକାଶ କରନ୍ତି। ସେ ସେତେବେଳେ ସୁକୁମାରୀ ଷୋଳବର୍ଷୀ କଲେଜପଢୁଆ ଝିଅ ଥିଲେ, ସେତେବେଳେ ଗାନାବାଜଣାରେ ତାଙ୍କର ଭାରି ନାଁ। କଲେଜର ସେ "ପପୁଲାର୍ ଗାର୍ଲ" କହିଲେ ଚଳେ। ସେତିକିବେଳେ ସେ ଏହି ରୁଷ୍ ଲୋକଙ୍କ ପ୍ରେମରେ ପଡ଼ିଲେ। ରୁଷ୍ ଭଦ୍ର ଲୋକଙ୍କ ନାଁ ବୋରିସ୍। ଛ ଫୁଟ ଛ ଇଞ୍ଚ ଉଚ୍ଚ ବା ଟିକିଏ ବେଶୀ। ବଢ଼ିଆ ଗୀତ ଗାଇପାରନ୍ତି। ରୁଷିଆର ଭୂତପୂର୍ବ ରଜା ଜାର୍‌ଙ୍କ ଡାକ୍ତରଙ୍କ ପୁଅ। ରୁଷ୍ ବିପ୍ଳବ ପରେ ସେ ପ୍ରାଣ ଭୟରେ ରୁଷିଆରୁ ପଳାଇ ଆସି ଆମେରିକାରେ ଅଛନ୍ତି। ତାଙ୍କ ଗାନ ଶୁଣି ନାନ୍‌ସୀ ତାଙ୍କୁ ବାହା ହେଲେ। ସେତେବେଳେ ଥିଲା ଯୌବନ, ଥିଲା ସ୍ୱପ୍ନ, ଥିଲା ସଙ୍ଗୀତର ଉନ୍ମାଦନା। ତେଣୁ ଗୋଡ଼ ଖସିଲା। ନାନ୍‌ସୀ ବାହା ହେଲେ ବୋରିସ୍‌ଙ୍କୁ। ରୁଷିଆ-ଆମେରିକା ପ୍ରୀତି ବା କେତେ ଦିନ ରହନ୍ତା ? ଏବେ ରାଜନୀତି କ୍ଷେତ୍ରରେ ଯେମିତି ରୁଷିଆ ମୁହଁ ଇଆଡ଼କୁ ହେଲେ ଆମେରିକା ମୁହଁ ସେଆଡ଼କୁ, ପ୍ରେମକ୍ଷେତ୍ରରେ ବି ନାନ୍‌ସୀ ବୋରିସ୍‌ଙ୍କ ଅବସ୍ଥା ଠିକ୍ ସେହିପରି। ଶୁଣି ଆଶ୍ଚର୍ଯ୍ୟ ହେଲି। ନାନ୍‌ସୀ ଓ ବୋରିସ୍ ଗଲା ଦଶବର୍ଷ ହେଲା ସ୍ୱାମୀ-ସ୍ତ୍ରୀ ଭାବରେ ନାହାନ୍ତି, ଯଦିଓ ସେମାନେ ଏକା ଘରେ ରହୁଛନ୍ତି।

ଯେଉଁ ଦେଶରେ ଛାଡ଼ପତ୍ର ଏତେ ସହଜ, ସେଠି ନାନ୍‌ସୀ ଯେ କାହିଁକି ବୋରିସ୍‌ଙ୍କୁ ଛାଡ଼ି ଯାଉ ନାହାନ୍ତି, କେହ ବୁଝିପାରନ୍ତି ନାହିଁ। ଦୁହେଁ ଦୁଇଟା ଭିନ୍ନ ବ୍ୟବସାୟ କରନ୍ତି। ନାନ୍‌ସୀ ଗୋରୁ ପାଳନ୍ତି, ବୋରିସ୍ ଘରତିଆରି କରି ବିକନ୍ତି। ହଜାର ହଜାର ଟଙ୍କା ପାନ୍ତି। ସକାଳେ ଯାଇ ସଞ୍ଜେ ଆସନ୍ତି। ଏକା ଟେବୁଲରେ ଖାନ୍ତି, କିନ୍ତୁ ଯେଝା ମଟରଗାଡ଼ିରେ ଯେଝା ଚଢ଼ନ୍ତି, ଯେଝା ବଖରାରେ ଯେଝା ଶୁଅନ୍ତି। ଷୋଳବର୍ଷ ପୁଅଟି ତନ୍ତୀଘର କଣ୍ଡାପରି ଏପାଖ-ସେପାଖ ହେଉଥାଏ। ଦୁଃଖରେ ଜୀବନ କାଟେ। କାର ହେବା ଜାଣିପାରେ ନି। ମାକୁ ଭଲ ପାଏ; କିନ୍ତୁ ବାପକୁ ଡରେ। ଏହିଭଳି ମାନସିକ ଅବସ୍ଥାର ବିଚାରଲାଗି ଆମେରିକାରେ ଶହ ଶହ ମନସ୍ତତ୍ତ୍ୱବିତ୍ ଦିନରାତି କାମରେ ଲାଗିଛନ୍ତି। ପାଶ୍ଚାତ୍ୟ ପ୍ରେମର ଛାଡ଼ପତ୍ର ପ୍ରଥା ବିଚାର କଲେ ବାସ୍ତବରେ ଭାରି ଦୁଃଖ ହୁଏ। ଅନେକ ସମୟରେ ଛୁଆପିଲାଗୁଡ଼ାଙ୍କୁ ଅନିଶ୍ଚିତତାଭିତରକୁ ଠେଲିଦେଇ ବାପ ମା ପୁଣି ନୂଆ ଜାଗାରେ ବାହା ହୁଅନ୍ତି। ପିଲାଗୁଡ଼ାଙ୍କର ପକ୍ଷି ଲାଗି ନ ଥାଏ; ତେଣୁ ଭାରି ଅବସ୍ଥା ହୁଅନ୍ତି। ଫ୍ରାନ୍‌ସରେ ଥିଲାବେଳେ କ୍ୟାମ୍ପରେ ମୋର ଜଣେ ଡେନ୍‌ମାର୍କ ଓ ଜଣେ ସ୍ୱିଡେନବାସୀ ବନ୍ଧୁ ଥିଲେ। ସେମାନଙ୍କ ବାପ ମା ପିଲାଦିନୁଁ କିମିତି ସେମାନଙ୍କୁ ରାସ୍ତାରେ ପକାଇଦେଇ ପୁଣି ବାହା ହୋଇଗଲେ, ସେ କଥା କହୁ କହୁ ତାଙ୍କ ଆଖିରୁ ଲୁହ ଖସିପଡ଼େ। "ଭାଇ, ଯାହା କହ ତମ ଭାରତୀୟ ପନ୍ଥା ଭଲ, ବାପମା ପିଲାଛୁଆ ଏକାଠି ରହିବା ସତେ କେଡ଼େ ଭଲ।" ସବୁବେଳେ ଏଇ କଥା କହନ୍ତି।

ହଁ, ବର୍ତ୍ତମାନ ବୋରିସ୍‌ଙ୍କ କଥା କହେଁ। ସେ ମୋର ସର୍ବ-ପ୍ରଥମ ରୁଷ୍ ବନ୍ଧୁ। ଦିନେ ଦୁଇ ଦିନ ତାଙ୍କ ସଙ୍ଗେ କଥା ହୋଇ ଆଉ ଦେଖା କରିବାକୁ ଇଚ୍ଛା ହେଲାନି। ଦେଖା ହେଲା ମାତ୍ରେ ଆମେରିକା ଲୋକଙ୍କୁ ବେଜିତ୍ ଆରମ୍ଭ କରିଦିଅନ୍ତି। ରୁଷିଆର କମ୍ୟୁନିଷ୍ଟମାନଙ୍କପାଇଁ ବି ଏତେଟିକେ ମମତା ଥାଏ। ସେମାନଙ୍କ ଉପରେ ଭାରି ରାଗ। ଦୁନିଆରେ ସବୁଠୁ ଭଲ ଲୋକ ଥିଲେ ରୁଷିଆର ଜାର୍‌ଗୁଡ଼ା। ମୁଁ ଇଉରୋପ-ଇତିହାସରୁ ରୁଷିଆ କଥା ଯେତେ ଜାଣିଥିଲି ସବୁ ତାଙ୍କୁ କହିଲି, ବିଶେଷତଃ ସେହି ହତଭାଗ୍ୟ ମନୁଷ୍ୟ ରାଜ୍ୟରେ ପଶୁ ଜାର୍‌ଗୁଡ଼ାଙ୍କ କଥା। ମାତ୍ର ସେ ଗୋଟିଏ କଥାରେ ରାଜି ହେଲେ ନି, ଖାଲି କହିଲେ, ଆଜିର ଷ୍ଟାଲିନ୍ ଜାର୍‌ଠାରୁ ଢେର ଖରାପ।" ଏଭଳି ଗୋଟାଏ ବ୍ୟାଧିଗ୍ରସ୍ତ ଲୋକ ସଙ୍ଗେ କିଏ କଥା ହେବାକୁ ଚାହିଁବ ? ସେ ଖଣ୍ଡଚକଡ଼ାରେ ଯେତେ ଲୋକ, ସମସ୍ତେ ତାଙ୍କୁ ଚିଡ଼ନ୍ତି। ତାଙ୍କ ସଙ୍ଗେ କଥାବାର୍ତ୍ତା ହେବାକୁ ବି ମୋତେ ଛାଡ଼ନ୍ତି ନାହିଁ। ଦୈନିକ ମଜୁରି ଦେଇ ଘରତୋଳା କାମରେ ମୋତେ ଲଗାଇବାପାଇଁ ସେ ଡାକି ଆସିଲେ ମୁଁ ମନା କଲି।

ଇଉ. ଏନ୍. ଓ. ଅଫିସ୍‌ରେ ଯେଉଁ ବୟସ୍କା ରୁଷରମଣୀଙ୍କୁ ହାୱାର୍ଡ଼ଙ୍କ ଘରେ

ଭେଟିଥିଲି, ସେ ଭାରି ଧୀରସ୍ଥିର, ସୁନ୍ଦର, ଅଥଚ କଥାବାର୍ତ୍ତାରେ ତୁଣ୍ଡ-ସୁଆଦ ନାହିଁ। ନିଜ ଦେଶରେ ତ ରହିପାରି ନାହାନ୍ତି, ପରଦେଶକୁ ବି ଭଲ ପାଇପାରୁ ନାହାନ୍ତି। ଏହିଭଳି ଗୋଟାଏ ଅନିଶ୍ଚିତ ମାନସିକ ଅବସ୍ଥାରେ ରହି ବୋଧହୁଏ ସେମାନେ ସୁଖୀ ହୋଇ ପାରୁ ନାହାନ୍ତି। ଛାଡ଼ନ୍ତୁ ସେ କଥା, ମନସ୍ତତ୍ତ୍ୱବିତ୍ ବିଚାର କରିବେ।

ଏହି ନିଉପ୍ରେଷ୍ଟନ୍‌ରେ ରହୁଥିବାବେଳେ କେତେକ ଗରିବ କୁଲି ମଜୁରିଆଙ୍କ ଘରକୁ ଯାଇଛି। ଥରେ ଜଣେ ଲୋକଙ୍କ ଘରକୁ ଯାଇ ଦେଖିଲି, ତାଙ୍କର ସତରଟା ପିଲା। ତଳକୁ ତଳ ଗୁଡୁମାଗୁଡୁମି କୁକୁଡ଼ା ପିଲା ପରି ବୋଝେ ପିଲା। ରୋଜଗାର କରିବାପାଇଁ ବଡ଼ ଗୋଟାଏ ଦିଟାଙ୍କୁ ଛାଡ଼ିଦେଲେ ଆଉ କେହି ରୋଜଗାରୀ ହୋଇ ନାହାନ୍ତି। ପିଲଗୁଡ଼ା ଧୂଳି-ଧୂସର ହୋଇ ଦିନଯାକ ବୁଲୁଥାନ୍ତି। ପାଶ୍ଚାତ୍ୟ ପରିବାର ସବୁବେଳେ ସସୀମ, ଦୁଇ ତିନୋଟି ପିଲା ନେଇ ତାଙ୍କର ଘରସଂସାର। ଏଗୁଡ଼ା ଏତେ ପିଲା ଆସିଲେ କେଉଁଠୁ ? ବୁଝିଲି, ତାଙ୍କର କାଥଲିକ୍ ଧର୍ମ। ସେମାନେ କୃତ୍ରିମ ଜନ୍ମନିରୋଧରେ ବିଶ୍ୱାସ କରନ୍ତି ନାହିଁ। ବିଲାତରେ କାଥଲିକ୍‌ଙ୍କ ଅବସ୍ଥା ଅନେକଟା ଠିକ୍ ଏହିପରି। ବିଲାତରେ ଆମ ହଷ୍ଟେଲ ମାଲିକାଣୀ ବୁଢ଼ୀ ପାଞ୍ଚ ଫୁଟରୁ ଟିକିଏ କମ୍ ଉଚ୍ଚ; କିନ୍ତୁ ପୁରୁଣା ବରଗଛ-ଗଣ୍ଡିପରି ମୋଟୀ। ସେ କାଥଲିକ୍। ତାଙ୍କର ତିରିଶଟା ଛୁଆପିଲା ବୋଲି କହନ୍ତି। ଅଠରଟା ବୋଧହୁଏ ସତ। ନିଉପ୍ରେଷ୍ଟନ୍‌ର ବଣପାହାଡ଼ ଭିତରେ ଏହିମିତି କେତେ ନୂଆ କଥା ଦେଖି ସାତଟି ଦିନ ସପନପରି କାଟିଦେଲି।

ବିଦାୟ-ଦିନ ପାଖେଇ ଆସୁଥାଏ, ମାତ୍ର ସେମାନେ ବିଶ୍ୱାସ କରୁ ନ ଥାନ୍ତି ଯେ ସତେ ମୁଁ ଯିବି। ନିୟୁୟର୍କ ସହରରେ ପହଞ୍ଚିବାପାଇଁ ନିର୍ଦ୍ଦିଷ୍ଟ ତାରିଖ ଥାଏ। ରହିବାପାଇଁ ହଜାର ମନ ଥିଲେ ବି ଏପାଖ-ସେପାଖ କରି ହେଉ ନ ଥାଏ। ମା କହନ୍ତି, "ଆଉ ପାଞ୍ଚଟି ଦିନ ରହିଯା। ଯଦି ଆମେରିକା ଫେର, ତେବେ ୟେଲ୍ ବିଶ୍ୱବିଦ୍ୟାଳରେ ପଢ଼ିବ, ମୋ ଘରେ ରହିବ।" ଏତେ ଆଦର-ଅଭ୍ୟର୍ଥନା ଏଡ଼ିବାପାଇଁ ମନ ହୁଏ ନି, ମାତ୍ର ଉପାୟ ନ ଥିଲା। ବିଦାୟବେଳା ପହଞ୍ଚିବାରୁ ହାୱାର୍ଡ୍ ହାତ ଧରି ବିଦାୟ ଦେଲେ, ଦୁଃଖ କଲେ। ଓଷ୍ଟପୋର୍ଟ ସହର ଅଭିମୁଖରେ ଗାଡ଼ି ଛୁଟିଲା, ଗାଡ଼ିରେ ଡେଭିଡ୍, ମା, ଆଉ ମୁଁ। ଲକ୍ଷ୍ୟ ସ୍ଥଳରେ ପହଞ୍ଚିଲୁ। ବିଦାୟ-ଲଗନ କରୁଣ ହୋଇଉଠିଲା। ମାଙ୍କ ଆଖି ଛଳଛଳ, ଗଣ୍ଡରେ ମୋର ଚୁମ୍ବନ ଆଙ୍କିଦେଇ ସେ କହିଲେ, "ଗୋଲୋକ, ତମର ମା ନାହିଁ। ମୁଁ ତମର ମା। ମତେ ବରାବର ଲେଖିବ।" ଡେଭିଡ୍ କିଛି କହିପାରିଲା ନାହିଁ। ମା ଯେତେବେଳେ ଗାଡ଼ି ଷ୍ଟାର୍ଟ୍ ଦେଲେ, ଡେଭିଡ୍ କେବଳ କରୁଣ ଦୃଷ୍ଟିରେ ଅନାଇଁ ହାତ ହଲାଇ ବିଦାୟ-ସଙ୍କେତ ଦେଲା। ସେ ଦିନର କରୁଣ ବିଦାୟ ଏବେ ମନେ ଅଛି। ଆଟଲାଣ୍ଟିକ୍ ସେପାରିରେ ବି ମଣିଷର ମା ଅଛନ୍ତି।

ରାସ୍ତା ଓ ପୁଲିସ

ନିୟୁୟର୍କ ସହରରେ ଆମମାନଙ୍କର ଶେଷ ରହଣି । ତେଣୁ ନିୟୁୟର୍କ କଥା କହିବା ପୂର୍ବରୁ ଆମେରିକାର ସାଧାରଣ ଜ୍ଞାତବ୍ୟ କେତେଟା କଥା କହିବା ଉଚିତ । ବର୍ତ୍ତମାନ ରାସ୍ତା କଥା କହେଁ । ଲୋକେ କହନ୍ତି ଗାଁର ସଭ୍ୟତା ଧୋବାତୋଠରୁ ଜାଣିବ । ଆଜିକାଲିର ଧୋବା ଆଉ ତୋଠ କରୁ ନାହାନ୍ତି, ମେସିନ୍‌ଭିତରେ ଲୁଗା ସଫା କରୁଛନ୍ତି, ତେବେ ଦେଶର ସଭ୍ୟତା ଜାଣିବ କେଉଁଠୁ ? ରାସ୍ତାରୁ । ରାସ୍ତା ହେଉଛି ଆଜିକା ସଭ୍ୟତାର ଚରମ ବିକାଶ । ହିଟଲର୍ ଯେ ପୃଥିବୀକୁ ପାଦତଳେ ରଖିବ ବୋଲି ଚେଷ୍ଟା କରୁଥିଲା, ସେଥିପାଇଁ ତାର ବିଶେଷ ଆୟୋଜନ ଥିଲ ? ରାସ୍ତା—ଯେଉଁ ରାସ୍ତାରେ ଗାଡ଼ି ଘଣ୍ଟାରେ ନବେ ମାଇଲ ଗତିରେ ଯିବ । ଆମ ଦେଶରେ ଗାଡ଼ିର ସାଧାରଣ ଗତି ୩୫ ରୁ ୫୦ ମାଇଲ; ମାତ୍ର ରାସ୍ତା ଯେମିତି ସେଥିରେ ୨୫ ମାଇଲରେ ଯିବା କଥା । ଅମାନିଆ ହୋଇ ଗାଡ଼ି ଚଳାଇଲେ ପଡ଼ି ଉଡ଼ି ଅଣ୍ଟା ଭାଙ୍ଗିଯିବ । ଆମେରିକାର ନିର୍ଧାର୍ଯ୍ୟ ଗତି ଘଣ୍ଟାରେ ୫୦ ମାଇଲ ଉପରେ ନିଶ୍ଚୟ; କିନ୍ତୁ ଗାଡ଼ି ଅଧିକାଂଶ ସମୟରେ ୭୦ ମାଇଲ ପାଖାପାଖି ଥାଏ । ରାସ୍ତା ଦେଖିବାକୁ ସିଧାସଳଖ, ଖୁବ୍ ଓସାର, କଳାମସ୍‌ମସ୍, ପରିଷ୍କାର ପରିଚ୍ଛନ୍ନ । ପାଖାପାଖି ଦୁଇଟି ରାସ୍ତା, ଗୋଟାଏ ରାସ୍ତାରେ ଯିବ, ଆଉ ଗୋଟାଏ ରାସ୍ତାରେ ଆସିବ । ଗୋଟାଏ ରାସ୍ତାରେ ଦୁଇଟା ଗାଡ଼ି ସମାନ୍ତରଭାବରେ ଚାଲେ । ତେଣୁ ଦୁଇଟି ରାସ୍ତାରେ ଚାରୋଟି ଗାଡ଼ି ପ୍ରତିଦ୍ୱନ୍ଦ୍ୱିତା କରି ଚାଲିଥାନ୍ତି । ଖଟ୍‌ଖଟ୍, ପେଁପାଁ କିଛି ବୋଇଲେ କିଛି ନାହିଁ । ହଜାର ହଜାର ଚକଚକିଆ ବିରାଟ ନୂଆ-ଗାଡ଼ି ପ୍ଲିମଥ୍, ହଡ୍‌ସନ୍, କୁଇକ୍, ପଣ୍ଟିଆକ୍, କାଡ଼ଲାକ୍, ଲିଙ୍କନ୍ ସୁ-ସୁ ଶବ୍ଦ କରି ପାଣିପରି ବହି ଯାଉଥାନ୍ତି । ନିୟୁୟର୍କର ବାହାରେ ହଡ୍‌ସନ୍ ଧାରରେ ଯଦି ଜୀବନରେ କେବେ ଛିଡ଼ା ହେବାର ସୁଯୋଗ ପାଆନ୍ତି, ତେବେ ଛିଡ଼ା ହୋଇ ଦେଖିନେବେ, ବର୍ଷାର ଝରିପୋକପରି କେତେ ଲକ୍ଷ ଗାଡ଼ି ଦିନଭିତରେ ପାରି ହୋଉଛି । ପୃଥିବୀର ଆଉ

କୌଣସି ଦେଶରେ ଏ ଦୃଶ୍ୟ ମିଳିବ ନାହିଁ। ରାତିରେ ଆହୁରି ମଜା। ଅନ୍ଧାର ରାତି, ହଜାର ହଜାର ଗାଡ଼ି ଚାଲିଛନ୍ତି, ପଛର ଲାଲବତିସବୁ ଡାଆଣୀ ଆଲୁଅପରି ଜଳି ଉଠୁଛି। ରାସ୍ତାରେ ଯେତେ ଗାଡ଼ି ଚାଲେ, ଯଦି ସେମାନେ ପେଁକାଳି ବଜାଉଥାନ୍ତେ, ତେବେ ଆକାଶ ଫାଟି ପଡୁଥାନ୍ତା। ରାସ୍ତା ଦୁଇ ପ୍ରକାର ଅଛି। ଏକପ୍ରକାର ରାସ୍ତାରେ ସବୁପ୍ରକାର ଗାଡ଼ି ଅର୍ଥାତ୍ ମଟର, ଟ୍ରକ୍, ବସ୍ ସବୁ ଚାଲିପାରିବ। ସେଥିରେ ଚଞ୍ଚଳ ଯିବାକୁ ହେଲେ ହଜାରେ ଲୋକଙ୍କୁ ଫେରେଇ ହୋଇ ଯିବାକୁ ହେବ। ଫେରେଇ ହୋଇ ଯିବାପାଇଁ ହେଲେ ଆମେରିକା ଲୋକେ ଘୃଣା କରନ୍ତି! ମଣିଷ ଯେଉଁ ତରତର, ସେଥିରେ ଏତେ ରେରେଇ ହେବାକୁ ବେଳ କାହିଁ? ତା ଛଡ଼ା ଗୋଟିଏ ଗୋଟିଏ ଟ୍ରକ୍, ଅଧା ରେଳପରି ଲମ୍ବ। ଆମ ଦେଶରେ ଏତେ ଜିପ୍, ମାତ୍ର ସେ ଦେଶରେ ଏହି ରକ୍ଷ ଜିପ୍ ତ କାହିଁ ଖଣ୍ଡେ ଦେଖିଲି ନାହିଁ। ଦ୍ୱିତୀୟ ପ୍ରକାର ରାସ୍ତାରେ କେବଳ ବିଳାସୀ ଗାଡ଼ିଗୁଡ଼ିକ ଚାଲେ। ବସ୍, ଟ୍ରକ୍ ଭଳି ଗଧିଆ ଓ ଗନ୍ଧିଆ ଗାଡ଼ିମାନଙ୍କୁ ସେଠି ପ୍ରବେଶ ନିଷେଧ। ତେଣୁ ଚଞ୍ଚଳ ଯିବାକୁ ହେଲେ ସେହି ରାସ୍ତାରେ ଯିବାକୁ ହୁଏ। କିନ୍ତୁ ସେଥିପାଇଁ ପଇସା ପଡ଼େ। ରାସ୍ତା ମଝିରେ ସ୍ଥାନେ ସ୍ଥାନେ ମାସୁଲଷ୍ଟେସନ୍ ଅଛି। ଷ୍ଟେସନର ଦୁଇ ମାଇଲ ଦୂରରୁ ଲେଖା ଦେଖିବେ "ଆଗରେ ମାସୁଲ (ଟଲ୍) ଘାଟି ଅଛି। ପଇସା କାଢ଼ି ରଖନ୍ତୁ।" ଷ୍ଟେସନଭିତରେ ଗଳିଯିବାବେଳେ ଗାଡ଼ି ଆସ୍ତେ ଚାଲେ। ଡ୍ରାଇଭର ଗାଡ଼ିରୁ ପଇସା ବଢ଼େଇଦିଏ। ଆଦାୟ କରିବା ପୋଲିସ ହାତ ବଢ଼ାଇ ମାସୁଲଟା ନେଇଯାଏ। ଏହି ମାସୁଲ ପଇସାଟା ରାସ୍ତାର ଉନ୍ନତିରେ ଲାଗେ। ଦୁଇଟା ରାସ୍ତା ତ ଅଛି। ଦୁଇ ରାସ୍ତା ମଝିରେ ସୁନ୍ଦର ବୃକ୍ଷଲତା, ଫୁଲଗଛ ସବୁ ଲଗା ହୋଇଛି। ଗୋଟିଏ ଗୋଟିଏ ଷ୍ଟେଟ୍‌ଭିତରେ ୫୦ ବା ୬୦ଟା ପୋଲ ଅଛି। କୌଣସି ଗୋଟିଏ ପୋଲ ଅନ୍ୟ ପରି ନୁହେଁ। ଗୋଟିକେ ଜାତିଏ ନକ୍‌ସା। ଆମେରିକାର ଇଞ୍ଜିନିୟରିଂ ବୁଦ୍ଧି କୌଶଳ ବର୍ତ୍ତମାନ ପୃଥିବୀ-ବିଖ୍ୟାତ। କନେଟିକଟ୍ ଷ୍ଟେଟ୍‌ର ରାସ୍ତାଘାଟ କମିଶନରଙ୍କ ଘରେ ଯେ କେତେ ଦିନ ଥିଲି, ବୁଲି ବୁଲି ଅନେକ ରାସ୍ତାଘାଟ, ପୋଲ ଦେଖିଥିଲି।

ଆମେରିକା ରାସ୍ତାଦେହରେ ଅନେକ ପ୍ରକାର ବିଚିତ୍ର ସଙ୍କେତ ଅଛି, ଯାହା ବିଲାତରେ ଦେଖାଯାଏ ନାହିଁ। ରାସ୍ତାକୁ ଉଠିଲାମାତ୍ରେ ସ୍ଥାନେ ସ୍ଥାନେ ଦେଖିଲୁ, ଲେଖାଅଛି, "ସଫଟ୍ ଶୋଲ୍‌ଡାର" କଅଁଳ କାନ୍ଧ। ରାସ୍ତାର ଦୁଇ ଧାରରେ ମାଟି ପକାଇ ଘାସ ଲଗାଇ ଦିଆଯାଇଛି। ସେହି ଘାସ ମଡ଼ା ମାଟି ରାସ୍ତା ଅପେକ୍ଷା କଅଁଳ। କୌଣସି ଗାଡ଼ି ଯଦି ଅସାବଧାନରେ ଯାଉଁ ଯାଉଁ କଅଁଳ ଘାସଦେହକୁ ଖସିଯାଏ, ତେବେ ହୁଏତ ଚକ ମାଟିରେ ପଶିଯିବ। ପଛରେ ଯେ ହଜାର ହଜାର ଗାଡ଼ି ଲାଗିଛନ୍ତି, ତାଙ୍କ ସଙ୍ଗେ ଆକ୍‌ସିଡେଣ୍ଟ ହୋଇଯିବ। ଇଂଲଣ୍ଡରେ ଗାଡ଼ିର ଗତି ନିୟମିତ କରିବାପାଇଁ

ଇଲେକ୍‌ଟ୍ରିକ୍ ନାଲି ନେଳୀ ବତି ଖୁଣ୍ଟ ଛକ ଉପରେ ପୋତା ହୋଇଛି। ଆମେରିକାର ରାସ୍ତା କାନ୍ଥରେ ଖୁଣ୍ଟ ନ ପୋତି ରାସ୍ତା ଉପରେ ତାରରେ ନାଲି ନେଳୀ ଆଲୁଅ ଝୁଲା ହୋଇଛି। ଆମର ତ ଛୋଟ ସହରମାନଙ୍କରେ ଗାଡ଼ି ନାହିଁ। ମୁଣ୍ଡ ନ ଥାଇ ବା ମୁଣ୍ଡବ୍ୟଥା ହେବ କାହିଁକି ? ସମ୍ବଲପୁର ଟାଉନ୍ ଛକମାନଙ୍କରେ ପଥର ଚାନ୍ଦେନୀ ଏବେ ତିଆରି ହୋଇଛି। ବଡ଼ଲୋକେ ବିଜେ କଲାଦିନ ଡାଙ୍ଗୁଆ ଡାଙ୍ଗୁଆ କେତେ ଜଣ ପୁଲିସ ଠିଆ ହୋଇଥାନ୍ତି। ସେ ବି ଏତେ ଦରକାର ନୁହେଁ। ଯେଉଁ ଜାଗାମାନଙ୍କରେ ପିଲାପିଲିଙ୍କ ଗହଳି, ଗାଇଗୋରୁ ଆସିବା ରାସ୍ତା, ସେଠି ଲେଖା ଥାଏ "ଚିଲ୍‌ଡ୍ରେନ୍ ସ୍ଲୋ ବା କାଟ୍ଲ ପାଶ୍"। ପ୍ରତି ଅଠ ଦଶ ମାଇଲରେ, ଠାଏ ଠାଏ ପାଞ୍ଚ ମାଇଲରେ ବି ପେଟ୍ରୋଲ ଦୋକାନ ଦେଖିବେ। ତାକୁ ସେଠି ଗାସ୍ ଷ୍ଟେସନ କହନ୍ତି। ସବୁ ଗାସ୍ ଷ୍ଟେସନରେ ଝାଡ଼ା ଯିବାର ଓ ପରିସ୍ରା କରିବାର ସୁବିଧା ଅଛି। ଖାଇବାକୁ ବି ଅନେକ ଗାସ୍ ଷ୍ଟେସନରେ ମିଳେ। ଗାଡ଼ି ଛିଡ଼ା କରିଦେଲେ ଲୋକ ଆସି ପେଟ୍ରୋଲ ପୂରାଇ ଆବଶ୍ୟକତା ଅନୁସାରେ ପାଣି ଓ ମୋବିଲ ଦେଇ ଗାଡ଼ିର ସାମନା କାଚରୁ ଧୂଳି ସଫା କରିଦେଇଯାଏ। ଗାଡ଼ି ଛାଡ଼ିଦେଲେ ପଇସା ନେଇ ସଲାମ ଉଠାଏ। ଅଶୋକଙ୍କ ଯୁଗରେ ରାସ୍ତା କାନ୍ଥରେ ସରେଇ ଘରସବୁ ଥିଲ। କ୍ଳାନ୍ତ ପଥିକ ସେଠି ଶ୍ରାନ୍ତି ଭାଙ୍ଗୁଥିଲା। ଆମେରିକାରେ ରାସ୍ତାପାଖରେ ଏହିସବୁ ଚମତ୍କାର ଆଧୁନିକ ସରେଇ ଘର ଦେଖିବାର କଥା। ପ୍ରତି ପାଞ୍ଚ ଦଶ ମାଇଲରେ ବଗ ପକ୍ଷି ପର ଧଳା ଛୋଟ ଘର ଦେଖିବେ। ତା ପୁଣି କି ସୁନ୍ଦର "ସ୍ନୋ ହ୍ୱାଇଟ୍ କ୍ୟାବିନ୍" ବରଫ ଧଳା ବିଶ୍ରାମ ଘର। ସାଧାରଣତଃ ଘରଗୁଡ଼ିକ ପାହାଡ଼ ତଳେ, ହ୍ରଦକୂଳରେ କିମ୍ବା ଖୋଲା ପଡ଼ିଆରେ ତିଆରି ହୋଇଥାଏ। ସହର ବଜାରରେ ଘରେ ରହିଲେ ଯେଉଁ ସୁବିଧା ସୁଯୋଗ ମିଳେ, ସେଇ ଛୋଟ ଆଶ୍ରମମାନଙ୍କରେ ବି ତା ପାଇବେ। ଜଣକିଆ ରହିପାରିବେ, ପରିବାର ନେଇ ବି ରହିପାରିବେ। ଆମର ଯାତ୍ରାତିଥିରେ ଯେମିତି ମାଳ ମାଳ ଗାଡ଼ି ଫିଟିଥାଏ, ତାଙ୍କର ପାହାଡ଼ପର୍ବତ ଭିତରେ ସେମିତି ଶହ ଶହ ମଟର ଛିଡ଼ା ହୋଇଥାଏ। ଏହିପରି କେତେକ ପାନ୍ଥଶାଳାକୁ ସେ ଦେଶରେ 'ମୋଟେଲ୍' କହନ୍ତି। ଆମେରିକାନ୍ ତ ଦିନକୁ ଜାତିଏ ନୂଆ ଜିନିଷ ବାହାର କରିବେ, ନୂଆ ନାଁ ଦେବେ। ହୋଟେଲରେ ସିନା ମଣିଷ ରହିବେ, ମୋଟେଲ୍‌ରେ ମଣିଷ ସାଙ୍ଗରେ ମଟର ବି ରହିବ। ବିଲାତରେ ଡାକବଙ୍ଗଳା ଥାଇପାରେ, କିନ୍ତୁ "ସ୍ନୋ ହ୍ୱାଇଟ୍ କ୍ୟାବିନ୍" ବା ମୋଟେଲ୍ ନାହିଁ। ତା ଛଡ଼ା ଏଡ଼େ ଛୋଟ ଦେଶଟାରେ ଗୋଟିଏ ସହରରୁ ଆଉ ଗୋଟିଏ ସହରକୁ କେତେ ଘଣ୍ଟାରେ ଯାଇପାରିବେ, ତେଣୁ ମୋଟେଲ୍‌ର ଆବଶ୍ୟକତା ନାହିଁ। ଏହିପ୍ରକାର ପାନ୍ଥଶାଳା ଛଡ଼ା ରାସ୍ତାକଡ଼ରେ ଏକ ପ୍ରକାର ଦୋକାନ ଥାଏ, ତାକୁ "ଆଣ୍ଟିକସ୍" କହନ୍ତି। ସେ

ଦୋକାନମାନଙ୍କରେ ନାନାପ୍ରକାର ଖେଳନା ଘରସାରା ସ୍ମାରକ ଜିନିଷ ବିକ୍ରି ହେଉଥାଏ। ଇଚ୍ଛା ହେଲେ ଗାଡ଼ିରୁ ଓହ୍ଲାଇ ଦୋକାନରେ ଘେରେ ବୁଲଆସିପାରନ୍ତି। ବେଳେ ବେଳେ ଏମିତି ଜିନିଷ ପାଇବେ, ଯାହା ନିୟୁୟର୍କ ସହରରେ ବି ମିଳିବ ନାହିଁ।

ରାସ୍ତାର ଆଇନ୍ କାନୁନ୍ ଭାରି କଡ଼ା। ଆମେ ଭୋକ-ଉପାସରେ ଯେତିକି ମରୁଁ, କୋରିଆ ଯୁଦ୍ଧରେ ବନ୍ଧୁକ-ମୁହଁରେ ସେତିକି ଲୋକ ମରନ୍ତି, ଆମେରିକାରେ ମଟର-ଆଘାତରେ ସେତିକି ଲୋକ ମରନ୍ତି। ତେଣୁ ରାସ୍ତା ଘାଟ ଉପରେ ଚବିଶ ଘଣ୍ଟା ପୁଲିସ ପହରା। ପୁଲିସ କେଉଁଠି ଅଛି, ଜାଣିବା କଠିନ। ମରଣ ଯେମିତି ଅଜଣା ଭାବରେ ଆସି ମଣିଷକୁ ଉଠାଇନିଏ, ଦୋଷ କଲେ ପୁଲିସ ସେମିତି ଅତର୍କିତଭାବରେ ଆସି ମଟର ଜବତ କରେ।

ଆମ ମଟର କିମିତି ଦିନେ ଜବତ୍ ହେଲା, ସେହି କଥା କହିଲେ ଅନେକ ବିଷୟ ସହଜେ ଜଣା ପଡ଼ିଯିବ। ଆମେ ଦିନେ ପାଞ୍ଚ ଛ ଜଣ ଆନ୍ତର୍ଜାତିକ ଛାତ୍ର ଗୋଟିଏ ଗାଡ଼ିରେ ଯାଉଛୁଁ। ଗାଡ଼ି ଚଳାଉଥାନ୍ତି ମା, ଶ୍ରୀମତୀ ବେକର୍। ହୁଇଲ୍ ଉପରେ ହାତ ପଡ଼ିଛି। ଆମେ ତାକୁ ଚିଡ଼ାଉଛୁ ଯେ, ମାଇପି ଜାତ ସବୁଠି ସମାନ। ଯେତେହେଲେ ସେମାନେ କଣ ମଣିଷଙ୍କ ସଙ୍ଗେ ସମାନ ହୋଇ ପାରିବେ ? ବିଲାତ ମାଇପି-ଡ୍ରାଇଭର ଯେମିତି କିଛି ନୁହନ୍ତି, ଆମେରିକା ମାଇପି-ଡ୍ରାଇଭର ବି ସେମିତି। ସେ ପ୍ରତିବାଦ କରୁଥାନ୍ତି। ତିରିଶ ବର୍ଷ ହେଲା ସେ ଗାଡ଼ି ଚଳାଇଲେଣି, ଦିନେ ହେଲେ ତାଙ୍କର କିଛି ଘଟିନି। ଯୋଗ ବୋଲେ ମୁଁ ବଡ଼। ଏହି କଥାଭିତରେ ଗାଡ଼ିଟା କେତେବେଳେ ଲାଲବତି ପାରିହୋଇ ଗଲାଣି ମାଙ୍କର ଖିଆଲ ନାହିଁ। ମାଇଲିଏ ରାସ୍ତା ଯାଇଛୁଁ କି ନାହିଁ, ହଠାତ୍ ଦେଖିଲୁ, ଗୋଟାଏ ଗାଡ଼ି ଆମକୁ ଡେଇଁ ଆମ ଆଗକୁ ଆସିଲା, ପଛରେ ଲାଲବତି ଦେଖାଇ ଅଟକିଗଲା। ମା କହିଲେ, “ମଲା ମଲା, ପୋଲିସ୍ ତ ! ଲାଲବତିତଳେ ଆମ ଗାଡ଼ିଟା ଚାଲିଆସିଲା କି ? ମୁହୂର୍ତ୍ତକଭିତରେ ପୁଲିସ ବାହାରିଆସି ଗୁଡ୍‌ମର୍ଣ୍ଣିଂ ବୋଲି ଅଭିବାଦନ ଜଣାଇ ଥାନାକୁ ଯିବାକୁ ମାଙ୍କୁ ଅନୁରୋଧ କଲେ। କି ଭଦ୍ର, ସୁନ୍ଦର, ସଂଯତ ବ୍ୟବହାର ! ମଣିଷ ଦୋଷ କରି ବି ପୁଲିସ ପାଖରେ ଦୋଷୀ ବୋଲି ଅନୁଭବ କରିବ ନି ! ଆମ ଦେଶରେ ଠିକ୍ ଓଲଟା। ଦିନେ ସଞ୍ଜ ସଞ୍ଜ ମୁଁ ବୁଢ଼ାରଜା କଲୋନିରୁ ଗଡ଼ିଆସୁଛି ମୋ ଘରକୁ ଯିବା ପାଇଁ। ଦେଖିଲି, ଦି ଜଣ ପୁଲିସ ଗୋଟାଏ ପଞ୍ଜାବୀ ଟ୍ରକ୍‌ବାଲା ସଙ୍ଗେ କଣ କଥା ହେଉଛନ୍ତି, ମୋ ସାଇକେଲ ଯେମିତି ଗଡ଼ିଆସିଛି, ଦେଖିଲି, ଜଣେ ପୁଲିସ ମୋତେ ଡାକୁଛନ୍ତି, “ଏ ସାହେବ, ଏ, ଏ।” ଥରେ ନୁହେଁ, ତୁହାଇ ତୁହାଇ ମୋତେ ତିନି ଥର ଡାକିଲେ। ପ୍ରଫେସରମାନଙ୍କ ସଙ୍ଗେ ଭଲି ଖେଳିସାରି ମୁଁ ଫେରୁଥାଏଁ। ହାତରେ ବି ଟର୍ଚ୍ଚ ଅଛି, ଆକ୍‌ସିଡେଣ୍ଟ ତ

କରିନି; ତେବେ ପୁଲିସ ଜଣେ କାହିଁକି ଏମିତି ଅଭଦ୍ରଭାବରେ ଡାକୁଛନ୍ତି, ବୁଝିପାରିଲି ନାହିଁ। "କିଏ ଯାଉଛ ଟିକିଏ ରହ" ବୋଲି କହିବାକୁ କଣ ଭାରତୀୟ ପୁଲିସ ଆଜିଯାଏ ଶିଖିପାରି ନାହାନ୍ତି ? ଏ, ଏ ବୋଲି ପାଟି କରୁଛନ୍ତି। ହଁ ବାସ୍ତବରେ କଣ ହୋଇଛି ଯେ, ସେମାନେ ଶିଖନ୍ତେ ? ସ୍ୱାଧୀନତା ସିନା ମିଳିଛି, ସଭ୍ୟତା ତ ଆଗେଇ ଯାଇ ନି। ଆମେରିକା ପୁଲିସ କଥା ମନେ ପକାଇ ହସିଲି। ଲଣ୍ଡନ ପୋଲିସକୁ ତ କଥା ପଡ଼ିଲେଇ ମୁଁ ହାତ ଉଠାଏଁ। କି ଶାନ୍ତ, ଶିଷ୍ଟ, ଭଦ୍ର, ସୁନ୍ଦର ସେ ଛ-ଫୁଟିଆ କବାଟ ଫାଳିଆ ଇଂରେଜ ପୁଲିସ। ନୀଳ ପୋଷାକ ତଳେ ପଥର ଛାତି।

ପୋଲିସ ଥାନାକୁ ଗଲୁଁ। ସବୁ ଥାନାରେ ଜଜ୍‌ଙ୍କ କଚେରୀ ଅଛି, ଏହି ରାସ୍ତା ମକଦ୍ଦମା ବିଚାର ପାଇଁ। ଜଣେ ବଡ଼ ସାହେବ ଆସି ମାଙ୍କ ସାଙ୍ଗେ ହାତ ମିଳାଇ ଗୁଡ୍ ମର୍ଣ୍ଣିଂ କହି ଦୁଃଖସୁଖ ପଚାରିଲେ। ମା ଆମମାନଙ୍କୁ ଆନ୍ତର୍ଜାତିକ ଛାତ୍ର ବୋଲି ପରିଚିତ କରାଇଦେବାରୁ ଆମମାନଙ୍କୁ ଥାନା ଚାରିପାଖ ବୁଲାଇ ଦେଖାଇ ଦେବାକୁ ତଳ ଅଫିସରଙ୍କୁ ଆଦେଶ ଦେଇ ମାଙ୍କ କେସ୍ ରେକର୍ଡ଼ କଲେ। ଥାନା ହାଜତରେ ବଢ଼ିଆ ଗଦି, ପାଣି, ପାଇଖାନା, ସବୁ ଅଛି। ଖବରକାଗଜ ଓ ବହି ରଖାହୋଇଛି। ସମସ୍ତେ ଟିକିଏ ଟିକିଏ ସେଥିରେ ବସିଲୁଁ। ଗୋଟିଏ ବୋତାମ ଟିପିଦେଲେ ସବୁ ହାଜତ ଘର ଦରଜା ବନ୍ଦ ହୋଇଯିବ, ଚାହିଁଲେ ବି ଖୋଲିଯିବ। ଦେଖିଲୁଁ, ଭଙ୍ଗାଦଦରା ଅନେକ ଛୋଟ ପିଲାଙ୍କ ସାଇକେଲ ଗଦା ହୋଇଛି। ପୁଲିସ କହିଲେ ଯେ, ଏହିସବୁ ସାଇକେଲ ସେମାନେ ମରାମତି କରି ରଙ୍ଗ ଦେଇ ବଡ଼ଦିନ ପରେ ଗରିବ ପିଲାଙ୍କୁ ଉପହାର ଦିଅନ୍ତି। ପୁଲିସ ପୁଣି ଗରିବର ମାବାପ ହୁଅନ୍ତି ! ହାୟ ରେ ହତଭାଗ୍ୟ ଆମ ପୁଲିସ୍ ! ଥାନା ବୁଲି ଫେରିଆସିବାରୁ ମା ହସି ହସି କହିଲେ, "ଆର ମାସ ଚବିଶରେ ମତେ କଚେରୀକୁ ଆସିବାକୁ ଆଦେଶ ହୋଇଛି। ହଉ ତେବେ, ଚାଲ।" ନମସ୍କାର ପକାଇ ସମସ୍ତେ ଘରକୁ ଫେରିଲୁଁ। ତହିଁ ଆର ଦିନ ଖବରକାଗଜରେ ମାଙ୍କ ସହିତ ଆମ ଚିତ୍ର ବାହାରିପଡ଼ିଲା "ନାଲି ଆଲୁଅ ତଳେ ଆନ୍ତର୍ଜାତିକ ଛାତ୍ର" (ଇଣ୍ଟର ନେସନାଲ୍ ଷ୍ଟୁଡେଣ୍ଟସ୍ ଅଣ୍ଡର-ରେଡ୍ ଲାଇଟ୍)।

ପୁଲିସ ଅନେକ କଥା ଉପରେ ନଜର ରଖିଥାନ୍ତି। ବିଶେଷତଃ ଅଧିକ ଜୋର୍‌ରେ ଗାଡ଼ି ଚଳାଇବାଟାକୁ ବେଶୀ ଜଗିଥାନ୍ତି। ପାଗଳ ଆମେରିକାନ୍ ହୁଇଲ ଉପରେ ହାତ ଦେଲେ କିଏ ପୁଲିସକୁ ମାନେ ? ପୁଲିସ ଗାଡ଼ି ତ ରାସ୍ତାରେ ଅଲକ୍ଷ୍ୟରେ ପଇନ୍ତରା ମାରୁଥାଏ। କେହି ଜୋର୍‌ରେ ଯିବାର ଦେଖି ତା ପଛରେ ଗାଡ଼ି ଛୁଟାଏ। ଯଦି ଧରିବାକୁ ସୁବିଧା ନ ହୁଏ, ତେବେ ଆଗରେ ଥିବା ପୁଲିସ ଷ୍ଟେସନକୁ ବେତାରବାର୍ତ୍ତା ପଠାଇଦିଏ। ସବୁ ପୁଲିସ ଗାଡ଼ିରେ ପୁଲିସକୁ ଖବର ଦେବା ଓ ଥାନାରୁ ଖବର ପାଇବାପାଇଁ ଫୋନ୍ ଥାଏ। ପୁଲିସ ଧରିବା ମାତ୍ରେ ନିକଟସ୍ଥ ଥାନାକୁ ନେଇଯାଏ। ଆଉ ଗୋଟିଏ ବଡ଼

ଦୋଷ ମଦ ଖାଇ ମଟର ଚଳାଇବା। ହାତଗୋଡ଼ ଠିକ୍ ରହେ ନାହିଁ, ମଟରଚକ ଥରଥର ହୁଏ। ଛୁଟିଦିନରେ ମଦ ପିଇ ଗାର୍ଲଫ୍ରେଣ୍ଡ୍‌ଙ୍କୁ ସାଙ୍ଗରେ ନେଇ ମଟର ଛୁଟେଇବା ସବୁଠୁ ବିପଦ। ମଟର ଚକର ଗତିରୁ ପୁଲିସ ଜାଣିପାରେ ଯେ, ଡ୍ରାଇଭର୍ ଖୁବ୍ ବୋତଲ ଚଢ଼ାଇଛି। ଗାଡ଼ି ଜବତ୍ କରି ପ୍ରକୃତରେ ମଦ ପିଇଛି କି ନାହିଁ, ଜାଣିବାପାଇଁ ଡ୍ରାଇଭରକୁ ଥାନାକୁ ନେଇଯାନ୍ତି। ଥାନାରେ ରକ୍ତ ପରୀକ୍ଷା କରିବାପାଇଁ ଡାକ୍ତର ପ୍ରସ୍ତୁତ ଥାନ୍ତି। ସାଙ୍ଗେ ସାଙ୍ଗେ ରକ୍ତ ନେଇ ପରୀକ୍ଷା କରି ଦେଖନ୍ତି, ରକ୍ତରେ ମଦର ମାତ୍ରା କେତେ ? ଯଦି ଆବଶ୍ୟକ ମାତ୍ରାରୁ ଅଧିକ ଥାଏ, ତେବେ ତାଙ୍କୁ ମାତାଲ ହିସାବରେ ଜଜ୍‌କୋର୍ଟ୍‌ରେ ହାଜର କରନ୍ତି। କେସ୍‌ର ଗୁରୁତ୍ୱ ନେଇ ଜେଲ କିମ୍ବା ଜୋରିମାନା ହୁଏ। ପୁଲିସ ସଙ୍ଗେ ଝଗଡ଼ା କଲେ ମଟର ଲାଇସେନ୍‌ସ କଟିଯିବାର ପୂରା ଭୟ। ଆମେରିକାର ମଟର ଲାଇସେନ୍‌ସ କଟିଯିବା ଅର୍ଥ କାମଦାମ ସବୁ ବନ୍ଦ, ଗୋଡ଼ହାତ ବାନ୍ଧି ହୋଇଯିବା କଥା। ଆମେରିକାରେ ପରା କଥା ଅଛି, ମଦ ଆଉ ପେଟ୍ରୋଲ୍ ଦେଢ଼ଶୁର ଭାଇବୋହୂ ଅର୍ଥାତ୍ ମଦ ପିଇ ମଟର ଚଳାଇଲେ ବିପତ୍ତି ନିଶ୍ଚୟ। ପୁଲିସ କେବଳ ହଇରାଣ କରିବାକୁ ନ ଥାଏ, ଅନେକ ସମୟରେ ସାହାଯ୍ୟ କରେ। ରାସ୍ତାରେ ଯଦି ଚକ ଫାଟିଲା, କିମ୍ବା କୌଣସି କାରଣବଶତଃ ଗାଡ଼ି ଅଚଳ ହେଲା, ତେବେ ସେମାନେ ସାହାଯ୍ୟ ଦେଇ ଗାଡ଼ିକୁ ଯଥାସ୍ଥାନରେ ପହଞ୍ଚାଇଦିଅନ୍ତି।

ରାସ୍ତାରେ ଘୂରୁଥିଲାବେଳେ ଥରେ ଥରେ ଯେ ସୌନ୍ଦର୍ଯ୍ୟ ଆଖିରେ ପଡୁଥିଲା, ତା ଆଜି ମନେ ପଡ଼ିଲେ ମନଟା ଆମେରିକା ମୁହାଁ ହୋଇପଡ଼େ। ମୋ ଦେଶର ବଣ, ପାହାଡ଼, ଗୋଡ଼ିମାଟି କୌଣସି ଗୁଣରେ ଊଣା ନୁହେଁ। କିନ୍ତୁ ହାତରେ ଧନ ନାହିଁ ବୋଲି ସବୁ ରୁକ୍ଷ ମଳିନ ବଣଫୁଲ ପରି ବଣରେ ମଉଳୁଛି। ରାସ୍ତାରେ ଯାଉଁ ଯାଉଁ ବିରାଟ ହ୍ରଦସବୁ ପାରିହେବାକୁ ପଡ଼େ। ଦୁଇ ପାଖରେ ନଭଶ୍ଚୁମ୍ବୀ ନୀଳପାହାଡ଼। ତରଳ ଇନ୍ଦ୍ରନୀଳମଣି ପରି ଢଳ ଢଳ ହ୍ରଦଜଳ। ମୃଦୁ ଲହରୀ ଉପରେ ମାଖିହୋଇଥାଏ ଅସ୍ତସୂର୍ଯ୍ୟର କନକ କିରଣ। ସୌନ୍ଦର୍ଯ୍ୟର ସେହି ମହୋତ୍ସବ ଭିତରେ ଛୋଟ ଛୋଟ ଷ୍ଟିମର ଏ ପାଖ ସେପାଖ ମଟର ଗାଡ଼ି ପାରିକରି ଦିଅନ୍ତି। ସବୁ ଚିନ୍ତା ପଛରେ ପଡ଼ିଯାଏ। ଶାନ୍ତ ମନରେ କାନ୍ତ ସୌନ୍ଦର୍ଯ୍ୟକୁ ଅନାଇ ରହେ। ସମ୍ଭୋଗର ଏହି ଚରମ ମୁହୂର୍ତ୍ତରେ ମୁଁ ମୃତ୍ୟୁ ଖୋଜେ, ଆଉ ବଞ୍ଚିବାକୁ ଚାହେଁନା। ସରଗ ସୁଷମାରୁ ବଞ୍ଚିତ ହୋଇ ପୁଣି ମାଟି ଧୂଳିର ଧରଣୀରେ ପାଦ ଦେବି କାହିଁକି ? ହ୍ରଦ ଭିତରେ ଯୁଗଳ ରାଜହଂସ ଓ କ୍ରୀଡ଼ାରତ ତରୁଣ ତରୁଣୀଙ୍କୁ ଦେଖି ମନେ ପଡ଼େ ସରଯୂ ତୀର ସନ୍ଧ୍ୟା। କାହାନ୍ତି ସେ ରାମଚନ୍ଦ୍ର, କାହିଁ ସେ ଅଯୋଧ୍ୟା।

ପାଶ୍ଚାତ୍ୟ ଦେଶମାନଙ୍କରେ "ହିଚ୍ ହାଇକ୍" ବୋଲି ଗୋଟିଏ ପ୍ରଥା ଅଛି, ଯା

ଆମ ଦେଶରେ ନାହିଁ। ଅନ୍ୟାନ୍ୟ ଯେ କୌଣସି ଦେଶ ତୁଳନାରେ ଆମେରିକାରେ ଏହି ପ୍ରଥାର ଖୁବ୍ ବେଶୀ ପ୍ରଚଳନ। "ହିଚ୍ ହାଇକ୍" କଥାଟା ହେଉଛି ବିନା ପଇସାରେ ପର ଗାଡ଼ିରେ ଚଢ଼ି ବୁଲିବା। ଧରନ୍ତୁ ଜଣେ କେହି କୌଣସି ଗୋଟିଏ ଜାଗାକୁ ଯିବାକୁ ଚାହାନ୍ତି। ତାଙ୍କର ନିଜର ଗାଡ଼ି ନାହିଁ ବା ପଇସା ନାହିଁ। ତେବେ ସେ ନିଜ ଗଣ୍ଠିରି ପତ୍ର ଧରି ରାସ୍ତା ପାଖରେ ଠିଆ ହୋଇ ରହନ୍ତି। ତାଙ୍କ ଲକ୍ଷ୍ୟସ୍ଥାନ ଆଡ଼କୁ ଯେଉଁ ଗାଡ଼ି ଯାଉଥାଏ, ହାତ ଦେଖାଇ ତାକୁ ଅଟକାଇବାର ଚେଷ୍ଟା କରନ୍ତି। ହୁଏତ ପହିଲି ଜଣେ ଦିଜଣ ଗାଡ଼ି ଅଟକାଇ ନ ପାରନ୍ତି। କିନ୍ତୁ ବ୍ୟସ୍ତ ନ ହୋଇ ଅପେକ୍ଷା କରିବାକୁ ହେବ। କେହି ହେଲେ ଜଣେ ଶେଷରେ ମଟର ଅଟକାଇ ପଥିକକୁ ଗାଡ଼ିରେ ଉଠାଇ ନେବେ। ବେଳେ ବେଳେ ଅପେକ୍ଷା କରି କରି ପାଞ୍ଚ ସାତ ମାଇଲ ବି ଚାଲିବାକୁ ପଡ଼େ। କିନ୍ତୁ ଶତକରା ସତାନବେ ସ୍ଥଳରେ ଗାଡ଼ି ମିଳେ। ଛାତ୍ରମାନେ ବିଶେଷ ଭାବରେ ଏହି ପନ୍ଥା ଧରିଥାନ୍ତି। ମୋ ସଙ୍ଗରେ ଯେଉଁ ବିଲାତ ସାହେବ ଛାତ୍ରଗୁଡ଼ିକ ଥିଲେ ସେମାନେ ଏହିପରି "ହିଚ୍ ହାଇକ୍" କରି ଅନେକ ରାସ୍ତା ବୁଲିଲେ। ଦୁଇ ଜଣ ଇଂରେଜ ଛାତ୍ର ହାତରେ ମୋଟେ ୨୫ ଡଲାର ଅର୍ଥାତ୍ ୧୦୦ ଟଙ୍କା ଧରି ଅଚିହ୍ନା ଗାଡ଼ିରେ ଚଢ଼ି ସାରା ଆମେରିକା ଘୂରିଲେ ବୋଲି ସମ୍ବାଦ ପତ୍ରରେ ଚିତ୍ର ସହ ପ୍ରକାଶିତ ହୋଇଥିଲା। ଆମେରିକା ଦେଶସାରା ଘୂରିବା କେତେ ମାଇଲ ଜାଣନ୍ତି ତ ? କେବଳ ପୂର୍ବ ଉପକୂଳରୁ ପଶ୍ଚିମ ଉପକୂଳକୁ ଯିବା ପାଇଁ ତିନି ହଜାର ମାଇଲ। ଏଇ "ହିଚ୍ ହାଇକ୍" ପ୍ରଥାଟାକୁ ବେଆଇନ କରିବା ପାଇଁ କେତେକ ଷ୍ଟେଟ୍ ସରକାର ଚେଷ୍ଟା କରୁଛନ୍ତି। କାରଣ ରାସ୍ତାରେ ଯେଉଁଠି ଇଚ୍ଛା ସେଠି ଗାଡ଼ି ଅଟକାଇବାରେ ବହୁତ ପ୍ରକାର ଆକ୍‌ସିଡେଣ୍ଟ ଅର୍ଥାତ୍ ଦୁର୍ଘଟଣା ଘଟୁଛି। ଆମ ଦେଶର ବଡ଼ଲୋକଙ୍କ ଗାଡ଼ି ଅଟକାଇ ତହିଁରେ ଚଢ଼ିବା ପାଇଁ ଅନୁରୋଧ କରିବା ଲାଗି କେତେ ଜଣ ସାହସ କରିବେ ? କେଇଟା ଗାଡ଼ି ଆମ ଡାକକୁ ଅପେକ୍ଷା କରିବ ? ଧୂଳି ଖାଇବାଟା ସାର ହେବ ସିନା !

ପିଲାଦିନରୁ ପୋଲିସଙ୍କ ଠାରେ ମୋର ଭାରି ଆଖି। ଗଡ଼ଜାତରେ ଘରକିନା, ପୋଲିସ ଆମର ସବୁ, ମାଆ ବାପ ସେ, ମହାରାଜା ସେ। ମନେଅଛି ଗାଁ ହାଟରେ ପୁଲିସ କନେଷ୍ଟବଲ୍ ଯେତେବେଳେ ହାତରେ ବେତଧରି ମୋଜାରେ ପେନ୍‌ସିଲ ଖୋସି ବିଜୟ ଗର୍ବରେ ବୁଲୁଥାନ୍ତି, ମଣିଷଗୁଡ଼ା ତାଙ୍କୁ କେଡ଼େ ଛୋଟ ଦିଶୁଥାନ୍ତି। ମୋଜାରେ ପେନ୍‌ସିଲ୍ ଖୋସିହୁଏ, ସେଇଟା ମୋର ସବୁଠୁ ବେଶୀ କୌତୂହଳ। ଦିନ ଗଡ଼ିଗଲା। ଇଂରେଜ ସରକାରଙ୍କ ସଙ୍ଗେ ଲଢ଼ିଲୁ। ଭାଇଙ୍କ ହାତରେ ହାତକଡ଼ି ଆଉ ଆମ ପଛରେ ଓ୍ୱାରେଣ୍ଟ୍ ଯେତେବେଳେ ଲାଗିଲା, ପୁଲିସ କାରସାଦି ସେତେବେଳେ ବେଶୀ ବୁଝିପାରିଲି। ସେଥିପାଇଁ ବିଦେଶରେ ବୁଲିଲାବେଳେ ପୁଲିସଙ୍କ ଉପରେ

ବରାବର ଆଖି ରଖିଥାଏ। ରାସ୍ତା ଘାଟରେ ଥାନାରେ ପହଞ୍ଚି ପୁଲିସଙ୍କ ସଙ୍ଗେ ଗପ କରେ, ଭଲ ମନ୍ଦ ବୁଝେ। ଯେତେ ଦେଶ ଦେଖିଲି, ଲଣ୍ଡନ ପୁଲିସ ସବୁଠୁ ଭଲ। ଆମେରିକାରେ ଅନେକ ଜିନିଷ ବିଲାତ ଅପେକ୍ଷା ଭଲ ହେଲେ ସୁଦ୍ଧା ଆମେରିକା ପୁଲିସ୍ ଦେଖିବାକୁ ଅନ୍ତତଃ ବିଲାତ ପୁଲିସଙ୍କ ଆଗରେ କିଛି ନୁହନ୍ତି। ବିଲାତ ପୁଲିସ ତାଳଗଛ ପରି ଡେଙ୍ଗା, ବରଗଛ ପରି ମୋଟା। ନାବିକ ପରି ନୀଳ ପୋଷାକ ପିନ୍ଧି ଭଦ୍ରଲୋକ ପରି ଟହଲ ମାରୁଥାଏ; ଶାନ୍ତ, ଶିଷ୍ଟ, ମଉନ। ଆମେରିକା ପୁଲିସର ଠିକ୍ ଠିକଣା ନ ଥାଏ। ଦେଖିବାକୁ ସେତେ ବଡ଼ ନୁହେଁ। କିଏ କାମିଜଟାଏ ପିନ୍ଧିଛି ତ କିଏ ଟାଇଟାଏ ଭିଡ଼ିଛି। ଅଣ୍ଟାରେ ହାତକଡ଼ି, ଛୁରୀ, ରିଭଲଭର ସବୁ ଝୁଲୁଥାଏ। ଭାରି ଗପୁଡ଼ି। ବେଳେ ବେଳେ ଭାରି କଡ଼ା କଥା, ଟାଣୁଆ ବ୍ୟବହାର। ତାଙ୍କ ପୁଲିସଙ୍କ ମୁହେଁ ମୁହେଁ ବି କହିଲି ଯେ, ଇଂରେଜ ପୁଲିସଙ୍କ ତୁଳନାରେ ସେମାନେ କିଛି ନୁହନ୍ତି। ଆମେରିକାରେ ସେହି ଗୋଟିଏ ଜିନିଷ ମୋର ମୋଟେ ପସନ୍ଦ ହେଲାନି।

ଜଣେ ପୁଲିସ ଅଫିସର ବକ୍ତୃତା ଦେବା ପାଇଁ ଆମ କ୍ୟାମ୍ପ୍‌କୁ ଆସିଲେ। ପୁଲିସ ସମ୍ପର୍କରେ ସେ ଯାହା କହିଲେ, ଯନ୍ତ୍ରପାତି ଯାହା ଦେଖାଇଲେ ମନେହୁଏ ଆମେରିକା ପୁଲିସ ବେଶ୍ କାର୍ଯ୍ୟଦକ୍ଷ। ବର୍ତ୍ତମାନ ଜର୍ମାନ ପୁଲିସମାନେ ଆମେରିକାରେ ଶିକ୍ଷା ପାଉଛନ୍ତି। ଗୋଟିଏ ପୁଲିସ ମଟର ଗାଡ଼ି ଖୋଲି ଆମମାନଙ୍କୁ ଦେଖାଇଲେ। ବାହାରକୁ ସମ୍ବାଦ ଦେବାକୁ ଓ ବାହାରୁ ସମ୍ବାଦ ପାଇବାପାଇଁ ଗାଡ଼ିରେ ଫୋନ୍ ଅଛି। ରାସ୍ତାରେ ଚୋରକୁ ତଡୁଥିବେ, ଏଣେ ରାସ୍ତା କଡ଼ରେ ଯେତେ ପୁଲିସ ଷ୍ଟେସନ୍ ଅଛି ସମସ୍ତଙ୍କୁ ଚଳନ୍ତା ଗାଡ଼ିରୁ ସମ୍ବାଦ ଦେଉଥିବେ। ସେ ପୁଲିସ ଜଣଙ୍କ କହୁଥିଲେ ଯେ, ଥରେ ଥରେ ଚୋରଙ୍କ ପଛରେ ଗୋଡ଼ାଇ ଏକା ନିଶ୍ୱାସକେ ଆମେରିକାର ପୂର୍ବ ଉପକୂଳରୁ ପଶ୍ଚିମ ଉପକୂଳ ପର୍ଯ୍ୟନ୍ତ ତିନିହଜାର ମାଇଲ ଦଉଡ଼ିବାକୁ ପଡ଼େ। ରିଭଲଭର୍‌ଟା ରଖିଥାନ୍ତି; ମାତ୍ର ବ୍ୟବହାର କରିବାକୁ ପ୍ରାୟ ପଡ଼େନି। କୋଡ଼ିଏ ବର୍ଷ ଚାକେରୀ ଭିତରେ ସେ ଥରେ ମାତ୍ର ବ୍ଲାଙ୍କ୍ ଫାୟାର୍ କରିଥିଲେ। ଆମ ଦେଶରେ ଗୁଳି ଚୋଟ କେବେ ମାହାଳିଆ ଯାଏ? ଆମରି ନିମକ ଖାଇ ପୁଲିସ ଆମକୁ ବାଉଁଶ ମୂଳରେ ସିଧା କରନ୍ତି। ରାସ୍ତା ଘାଟରେ ଗାଡ଼ି ଉପରେ ଆଗ ସିଟ୍ ମାଡ଼ି ବସନ୍ତି। ମାତ୍ର ସଭ୍ୟ ଦେଶର ପୁଲିସ୍‌ମାନଙ୍କର ଦର୍ଶନ ଏକ—ଦେଶ ସେବା, ଜାତି ସେବା, ଲୋକ ସେବା ଯାହା କହ। ସେ ମାରିବା ପାଇଁ ଯେତେ ନୁହେଁ ତାରିବା ପାଇଁ ସେତେ। ମଟର ଭିତରେ ପ୍ରାଥମିକ ଚିକିତ୍ସା ପାଇଁ ଔଷଧ ମୌଷଧି ସଜାଡ଼ି ରଖିଥାନ୍ତି। ରାସ୍ତାଘାଟରେ କେହି ଖଣ୍ଡିଆ ଖାବରା ହେଲେ ତାଙ୍କୁ ପ୍ରାଥମିକ ଚିକିତ୍ସା କରି ଡାକ୍ତରଖାନାକୁ ବହି ନିଅନ୍ତି।

●

ରାଜନୀତି

ବର୍ତ୍ତମାନ ପୃଥିବୀ ରାଜନୀତି କ୍ଷେତ୍ରରେ ଯେଉଁ ଚାଞ୍ଚଲ୍ୟ ପଡ଼ିଛି, ସେଥିରେ ପ୍ରେସ୍ ଓ ପଲିଟିକ୍ସ୍ କଥା ଟିକିଏ କହିବା ଦରକାର। ଆମେରିକାନ୍ ପ୍ରେସ୍ ଭାରି ମୁଖର ଅଥଚ ସଚ୍ଚୋଟ ନୁହେଁ ବୋଲି ଶୁଣାଯାଏ। ଖବରକାଗଜ ବିଭାଗରେ ଶିକ୍ଷା ପାଉଥିବା ଜଣେ ଭାରତୀୟ ବନ୍ଧୁ କହୁଥିଲେ ଯେ, ଗଲାବର୍ଷ ପୃଥିବୀର ଖବରକାଗଜମାନଙ୍କ ବିଷୟରେ ଯେଉଁ ରିପୋର୍ଟ ବାହାରିଛି, ସେଥିରୁ ଜଣାଯାଇଛି ଯେ ଆମେରିକା ପ୍ରେସ୍ ସଚ୍ଚୋଟ ନୁହେଁ। ଶହ ଶହ ଖବରକାଗଜ, ସଚିତ୍ର ପତ୍ରପତ୍ରିକା ବାହାରେ। ଚିତ୍ର ଦେଖିଲେ ଆଖି ଝଲସି ପଡ଼ିବ। ଖବରକାଗଜର ଆକାର ଦେଖିଲେ ମୁଣ୍ଡ ପାଗଳା ହୋଇଯିବ। ନିଉୟର୍କ ଟାଇମସ୍, ହେରାଲ୍ଡ଼ ଟ୍ରିବୁନ୍ ପ୍ରଭୃତି ବଡ଼ ବଡ଼ ପତ୍ରିକାରେ କେତେ ପୃଷ୍ଠା ଜାଣନ୍ତି ? ଚାଳିଶ, ବୟାଳିଶ, ବେଳେ ବେଳେ ବି ବାଷଠି। ସମାଜ, ପ୍ରଜାତନ୍ତ୍ର ଚାରିପୃଷ୍ଠା ବା ଛ ପୃଷ୍ଠା, ହିନ୍ଦୁସ୍ଥାନ ଷ୍ଟାଣ୍ଡାର୍ଡ ଆଠ ପୃଷ୍ଠା। ତାଜୁବ ହୁଏ ସେ ଆମେରିକାନ୍‌ଗୁଡ଼ା କିମିତି ଏତେ ପୃଷ୍ଠା ପଢ଼ନ୍ତି। ଘାସକଟାଠାରୁ ଘୋଡ଼ା ଚଢ଼ା ପର୍ଯ୍ୟନ୍ତ ଯେତେ ବ୍ୟବସାୟ ଅଛି, ସବୁ ବିଷୟରେ ପତ୍ରିକା ଅଛି। ଜାଣିବାକୁ ଚାହାନ୍ତି କିମିତି ଘର ଲିପିବ? କିମିତି ମଣିଷର ମନ କିଣିବ? କିମିତି ଲଟାରୀ ଜିତିବ? ସବୁ ଅଛି। ସବୁ ବ୍ୟବସାୟକୁ ବିଜ୍ଞାନ ଛାଞ୍ଚରେ ପକାଇ ଦିଆଯାଇଛି। ବହି କଥା ତ ଛାଡ଼ନ୍ତୁ। ଛପେଇ ଦେଖିବେ ନା କାଗଜ ଦେଖିବେ। ଠିକ୍ ଯେଉଁ ବହି ଆମେରିକାରେ ଛପା ହୋଇଛି ସେହି ବହି ବି ବିଲାତରେ ଛପା ହୋଇଛି। ଆମେରିକା ଦାମ୍ ଦେଢ଼ଗୁଣା, କିନ୍ତୁ ବହି ଦେଖିଲେ ପେଟ ପୂରିବ। ଉଦାହରଣ ଚାହାନ୍ତି ତ ବିଲାତର ବିତାଡ଼ିତ ରାଜା ଅଷ୍ଟମ ଏଡ୍‌ୱାର୍ଡଙ୍କ ପ୍ରଣୟ ଗଳ୍ପଟା ଦେଖନ୍ତୁ। ସାରା ଓଡ଼ିଶାରେ ତିନିଖଣ୍ଡ କାଗଜ ଚଳିପାରୁନି। କିନ୍ତୁ ସେଠି ଢେଙ୍କାନାଳ ଟାଉନ୍ ପରି ଛୋଟ ଟାଉନ୍‌ରେ ବି ସାପ୍ତାହିକ କାଗଜ ଅଛି। ହଁ, କାନେଡ଼ାର କାଗଜ ତିଆରି କଳ ଯାହାର ଦୁଆର ମୁହଁରେ ଠିଆ ହୋଇଛି, ତା'ର

ପୁଣି କାଗଜ ଅଭାବ କ'ଣ ? କାଗଜ ପଢ଼ିବା ତ ଅର୍ଥନୀତି ଓ ଶିକ୍ଷାର ପରିମାଣ ଉପରେ ନିର୍ଭର କରେ। ସେ ଦେଶରେ ଟଙ୍କା ଯେତିକି, ଶିକ୍ଷା ବି ସେତିକି। ତେଣୁ ଯୁଆଡ଼େ ଯିବେ ଦେଖିବେ ଲୋକେ କ'ଣଟାଏ ହେଲେ ପଢୁଛନ୍ତି। ଟାକ୍‌ସି ଡ୍ରାଇଭରଟାଏ ଯଦି କେଉଁଠି ପାଞ୍ଚ ମିନିଟ୍ ବିଶ୍ରାମ ନେଉଛି, ତେବେ ପାଟିରେ ସିଗାରେଟ ଜଳୁଛି, ହାତରେ ବି ଖବରକାଗଜ ରହିଛି। କିନ୍ତୁ ଆମର ପଛେ ହାତରେ ଖବରକାଗଜ ନାହିଁ ପାଟିରେ ନିଆଁ ଜଳୁଛି। ଗୋରାଙ୍କର ଯେତେ ଆବର୍ଜନା ସେଟା ଆମଠୁ ଅଧିକା କେହି ଶିଖି ପାରି ନାହାନ୍ତି। ପାଟିଧୂଆଁରେ ଦେଶଟା ଧୂଆଁ ହୋଇ ନ ଗଲେ ରକ୍ଷା।

ପଲିଟିକ୍‌ସ୍ କଥା କହେ। ରଜା ତ ତାଙ୍କର ନାହାନ୍ତି। ବିଲାତି ଲୋକଙ୍କର ରଜାପ୍ରୀତି ଦେଖି ସେମାନେ ଭାରି ହସନ୍ତି। ସେ ବୁଝିପାରନ୍ତି ନାହିଁ ଆଜି ଯୁଗରେ ସଭ୍ୟ ଇଂରେଜଗୁଡ଼ା କାହିଁକି ଏତେ ରଜା ରଜା ହୁଅନ୍ତି। ଟ୍ରୁମାନଙ୍କ ଉପରେ ଆସ୍ଥା ନାହିଁ। ଭାରି ଗାଳି ଦିଅନ୍ତି। ଅପଦାର୍ଥଟାଏ, ଓଲୁଟାଏ ଟିକସ ବସାଇ ବସାଇ ଦେଶକୁ ସାରି ଦେଲାଣି। ଆମେରିକା ବୈଦେଶିକ ନୀତି ଯୋଗୁଁ ବର୍ତ୍ତମାନ ପୂର୍ବଖଣ୍ଡର ଲୋକେ ଆମେରିକାର ଶତ୍ରୁ ବୋଲି ସେମାନେ ବେଶ୍ ବୁଝି ସାରିଲେଣି। ବର୍ତ୍ତମାନ ଫେରିଗଲେ ପୃଥିବୀ କ୍ଷେତ୍ରରେ ମୁହଁ ପୋଡ଼ା ହେବେ ଓ ରୁଷିଆର ସାହସ ବଢ଼ିଯିବ ବୋଲି ସେମାନେ କୋରିଆରୁ ହଟୁ ନାହାନ୍ତି। ସାଧାରଣ ଲୋକେ କୋରିଆ ଯୁଦ୍ଧ ଲାଗି ବଡ଼ ଉଦ୍‌ବିଗ୍ନ। ଖବରକାଗଜବାଲାଙ୍କୁ ସାକ୍ଷାତ୍ ଦେଲେ ସେମାନେ ପଚାରନ୍ତି, ଆମେରିକାରେ ଆପଣ କେଉଁ ଜିନିଷଟା ସବୁଠୁ ନାପସନ୍ଦ କରନ୍ତି ? ମୁଁ ବରାବର କହୁଥିଲି ଯେ ମୁଁ ସେମାନଙ୍କର ଅଯଥା କମ୍ୟୁନିଷ୍ଟ ଭୟକୁ ବେଶୀ ଘୃଣା କରେ। ବିଲାତ ଲୋକେ କମ୍ୟୁନିଷ୍ଟଙ୍କୁ ଖାତିର କରନ୍ତି ନାହିଁ। ଅଟ୍‌ଲି ବି ପାର୍ଲିଆମେଣ୍ଟରେ ବକ୍ତୃତା ଦେଉଥିଲେ ଯେ, ବିଲାତରେ ଯେମିତି ଏକ ପ୍ରକାର ସରକାର, ରୁଷିଆରେ ମଧ୍ୟ ସେମିତି ଏକ ପ୍ରକାର ସରକାର। ତାଙ୍କୁ ଡରିବାର କୌଣସି କାରଣ ନାହିଁ। ଯଦି ଇଂରେଜ ଲୋକେ ଭାବନ୍ତି ଯେ ଷ୍ଟାଲିନ୍ ସରକାର ଭଲ, ତେବେ ସେମାନେ ସେହିପରି ସରକାର ଗଢ଼ନ୍ତୁ। ଆମର ଆପତ୍ତି କ'ଣ। ଏବକାର ନିର୍ବାଚନ ଫଳାଫଳ ତ ଦେଖିଲେ। ଦଶ ଜଣ ଯାକ କମ୍ୟୁନିଷ୍ଟ୍ ଅମାନତ ଟଙ୍କା ବି ହରାଇଲେ। ଏମିତିକି ସାମ୍ୟବାଦୀ ସରକାର ବି ଫେରିଲା ନାହିଁ। ଇଂରେଜ ଲେକଙ୍କୁ ହାତ ଉଠାଇବାକୁ ଇଚ୍ଛା ହୁଏ, କାରଣ ପୃଥିବୀରେ ଯଦି କୌଣସି ଜାତି ବ୍ୟକ୍ତି-ସ୍ୱାଧୀନତାରେ ବିଶ୍ୱାସ କରୁଥାନ୍ତି ତାହାହେଲେ ସେମାନେ ହେଉଛନ୍ତି ଇଂରେଜ ଜାତି। ହାଇଡ୍ ପାର୍କ ପଡ଼ିଆରେ କାଳିଆ ନିଗ୍ରୋ କି ବର୍ବର ଭାଷାରେ ସାହେବଙ୍କୁ ବେଜିତ ନ କରେ। କିନ୍ତୁ ଲଣ୍ଡନ ପୋଲିସ୍ ତା ଏକାନେ ପକାଇ ସେ କାନେ ଉଡ଼ାଇ ଦିଏ, ହସେ। ଏହି ଦୃଷ୍ଟିରୁ ଆମେରିକା ନିହାତି ସଂକୀର୍ଣ୍ଣମନା।

ରୁଷିଆ ନାଁ ଧରିଲେ ଚବିଶ ଘଣ୍ଟାରେ ଦେଶରୁ ବାହାର। ନୂଆ ଜାତି, ତାଙ୍କର ଇତିହାସ ନାହିଁ, ଅନୁଭୂତି ନାହିଁ, ଫୁଲ ପରି ଖରା ସହି ପାରିବେ ନାହିଁ। ଗଙ୍ଗଶିଉଳି ପରି ଝାଉଁଳି ପଡ଼ିବେ। ହିଟ୍‌ଲର୍ ମାଡ଼ରେ ସାଇବଙ୍କର କଇଁଛ ପିଠି। ରୁଷିଆ କଥାକୁ ସେମାନେ କଂସାରୀଘର ପାରା। କିନ୍ତୁ ଆମେରିକା ସାହେବଗୁଡ଼ା ଯୌବନପରି ତରଳ ଢଳ ଢଳ, ବାର୍ଦ୍ଧକ୍ୟର ପ୍ରବୀଣତା ସେମାନଙ୍କର ମୋଟେ ନାହିଁ। ଉପରେ ସିନା ଆଟମ୍‌ବମ୍ ତିଆରି କରୁଛନ୍ତି, ଭିତରେ ତେଣେ ଲୁଚିବା ପାଇଁ ଆଲୁ ଖୋଳୁଛନ୍ତି। ଘରେ ଖାଲି ମାଇପ ଆଗରେ ପାଇକପଣ, ଦେଶସାରା ଖାଲି ଥରୁଛି। ଚାରିଜଣରେ ଜଣେ ସିନା ମଟରଗାଡ଼ି ଚଢ଼ନ୍ତି, କିନ୍ତୁ ଷୋଳ ଜଣରେ ଜଣେ ପାଗଳ ହୁଅନ୍ତି। ବିଶିଷ୍ଟ ଆମେରିକାନ୍ ଲେଖକ ଡେଲକାନେଗୀଙ୍କ ହିସାବଟା ଦେଖନ୍ତୁ। ମନେହୁଏ ଯଦି ତୃତୀୟ ମହାସମର ହୁଏ ତେବେ ସୈନ୍ୟଙ୍କ ଛଡ଼ା ଆଉ ସବୁ ଆମେରିକା ଲୋକେ ବୋଧହୁଏ ଆଟଲାଣ୍ଟିକରେ ଝାସଦେବେ।

ଥରେ ଗୋଟିଏ ମଜଲିସ ବୈଠକରେ ମୁଁ କହିଲି ଯେ, ମୋତେ ସୁବିଧା ମିଳିଲେ ମୁଁ ଟିକିଏ ରୁଷିଆ ଦେଖନ୍ତି। ତହିଁଆରଦିନ ଆମ ସହକାରୀ ଡିରେକ୍‌ଟର ମୋତେ ସତର୍କ କରାଇ କହିଦେଲେ ଯେ, ତମେ ଏ ଦେଶର ରୁଷିଆ ନାଁ ଧରି ପାରିବ ନାହିଁ। ଆଶ୍ଚର୍ଯ୍ୟ ହେଲି। ଏ ଛୋଟଲୋକି ଦେଖି ଭାରି ଚିଡ଼ିଲି। ସେମାନଙ୍କର ବିଶ୍ୱାସ ଯେ କମ୍ୟୁନିଷ୍ଟମାନେ ବିଲାତଟାକୁ କବଳରେ ପକାଇ ସାରିଲେଣି, ନିକଟରେ ଭାରତଟାକୁ ନେଇ ଯିବେ, ଏମିତିକି ମୁଁ ଆମେରିକାରୁ ଫେରିଲା ବେଳକୁ ନେହୁରୁ ସରକାର ଷ୍ଟାଲିନଙ୍କ ନିକଟରେ ପ୍ରାଣଭିକ୍ଷା କରୁଥିବେ। ହସେ, ଚିଡ଼େ, ମନେ ମନେ ସେମାନଙ୍କ ପ୍ରତି ଦୟା ବି ଆସେ। କି ଲୋକ, ଏତେ କଥା ଜାଣି ବି ଏତେ ଡର! ଖାଲି ଡର, କାଳେ ସେହି ଶହେ ଦୁଇ ମହଲା କୋଠାଉପରେ ବମ୍ ଖସି ପଡ଼ିବ। ତେବେ ନାଇଲନରୁ ରଙ୍ଗ ଛାଡ଼ିଯିବ, ଅଧରରୁ ଲିପ୍‌ଷ୍ଟିକ ଲିଭିଯିବ। ଆମ ଦେଶରେ ଯେତେ ଅସୁରୁଣୀବୁଢ଼ୀ ଗପ, ତାଙ୍କ ଦେଶରେ ତାଠୁଁ ବେଶୀ କମ୍ୟୁନିଷ୍ଟ ଅସୁର ଗପ।

ମୁଁ ଆମେରିକାରେ ଥିବାବେଳେ ଜାପାନ-ଆମେରିକା-ସାନଫ୍ରାନ୍‌ସିସ୍‌କୋ ଚୁକ୍ତି ଚାଲିଥାଏ। ସେଥିରେ ଯୋଗ ଦେବା ପାଇଁ ନେହୁରୁ ମନା କରିଥାନ୍ତି। ଆମେରିକା ଲୋକଙ୍କ ରାଗ ଦେଖେ କିଏ? ଦେଶସାରା ଚହଳ। ଭାରତ ବିରୁଦ୍ଧରେ ରକ୍ତ ଚାଉଳ ଚୋବାଉଥାଆନ୍ତି। ମାତ୍ର ଖବର କାଗଜରେ ନେହୁରୁଙ୍କୁ ବେଶୀ ଗାଳିଗୁଲଜ କରିବାକୁ ସାହସ କରୁ ନଥାନ୍ତି। ବିଶେଷତଃ ଆମମାନଙ୍କ ସଙ୍ଗେ ଦେଖାହେଲେ କହୁଥାନ୍ତି, "ନେହୁରୁ ଜଣେ ବିଚକ୍ଷଣ ରାଜନୀତିଜ୍ଞ, ମାତ୍ର ସେ ବଡ଼ ଅବୋଧ୍ୟ, ରହସ୍ୟମୟ। ତାଙ୍କର ବୈଦେଶିକ ନୀତି ବୁଝିବା ଆମ ପକ୍ଷରେ ଭାରି କଠିନ।" ଭାରତ

ଯେତେବେଳେ ଦୁର୍ଭିକ୍ଷ ମେଣ୍ଟାଇବା ପାଇଁ ଗହମ ମାଗୁଥିଲା, ଆମେରିକା ସାରା ଯେମିତି ଚହଳ ପଡ଼ିଥିଲା, ଏହି ଆମେରିକା-ଜାପାନ ଚୁକ୍ତିବେଳେ ଠିକ୍ ସେହିପରି ଚହଳ ଲାଗିଥିଲା। କାଗଜ ପତ୍ରରେ ନେହୁରୁ ସରକାରଙ୍କୁ ଅପମାନ କରିବାର ସାହସ ନାହିଁ, ଅଥଚ ମନେ ମନେ ଭାରି ରାଗ। ଦିନେ ଟ୍ରାକ୍ଟର ପଜାଇବା ପାଇଁ ଆମେମାନେ ଗୋଟିଏ କମାର ଶାଳକୁ ଯାଇଥିଲୁ। ସାଙ୍ଗ ଲୋକେ ଭାରତୀୟ ବୋଲି ମତେ ପରିଚିତ କରାଇ ଦେବାରୁ ମିସ୍ତ୍ରୀ ଜଣେ ବଡ଼ ରୁକ୍ଷ ଭାବରେ ମୋତେ ପଚାରିଲା, କିଓ ? ବର୍ତ୍ତମାନ ଭାରତବର୍ଷର ହାଲ୍ କ'ଣ ? ସେ ଯେଉଁଭଳି ମୁଖଭଙ୍ଗୀ କରି ପଚାରିଲା, ମୁଁ ବୁଝିପାରିଲି ଯେ ଭାରତ ଜାପାନ-ଆମେରିକା ଚୁକ୍ତି ଦସ୍ତଖତ୍ କରିନି ବୋଲି ତାର ବୋଧହୁଏ ଏ ରାଗ। ମୁଁ ଗମ୍ଭୀର ହୋଇ କହିଲି, "ହଁ, ତମ ଆମେରିକା ହାଲ୍ କ'ଣ ?"

"କାହିଁ କିଛି ତ ନାହିଁ।"

"ସେମିତି ଆମ ଭାରତରେ ତ କିଛି ନାହିଁ।"

ତମେ କାହିଁକି ଆମ ଚୁକ୍ତିରେ ଦସ୍ତଖତ୍ କରୁନ ?" ସେ ପଚାରିଲା।

"ତମେ କାହିଁକି ତେବେ ଲାଲ ଚାଇନାକୁ ସ୍ୱୀକାର କରୁନ ?" ଉତ୍ତର ଦେଲି।

"ଓଃ, ସେ କ'ଣ ଏମିତି ଗୋଟାଏ ବଡ଼ କଥା ?"

"ତମ କଥାଟା ବଡ଼ ନୁହେଁ, ଖାଲି ଆମରି କଥାଟା ବଡ଼। କାହିଁକି ତମେ ଯାଇ କୋରିଆରେ ଏମିତି ଗୋଟିଏ ପାଲା ଲଗାଇଚ ? ତମେ କ'ଣ ଭାବିଛ, ତମର ଧନ ଅଛି ବୋଲି ନେହୁରୁ ତମ ପଛରେ ଗୋଡ଼ାଇବେ ? ଭାରତ ଗୋଟାଏ ବିରାଟ ଶକ୍ତି, ସେଇଟା ଭୁଲିଗଲେ ଭୁଲରେ ପଡ଼ିବଟି।"

ବିଚରା ଚୁପ୍ ହେଲା। ମୁଁ କହିଲି, "ଦେଖ, ତମେ ହେଉଛ କମାର, ମୁଁ ହେଉଛି ମାଷ୍ଟର। ଆମେ ଆସିଛୁ ଲୁହା ପଜାଇ। ରାଜନୀତିରେ ଆମର କି ଫାଇଦା। ଢିଙ୍କିଶାଳେ କିଆଁ ଢେଙ୍କାନାଳ ?"

ଦୁଇଲକ୍ଷ ଟନ୍ ଗହମ ଦେବା କଥା ସମସ୍ତେ କହନ୍ତି। ଦୁଃଖ ବି ପ୍ରକାଶ କରନ୍ତି ଯେ, କେତେଜଣ ଦୁର୍ବୃତ୍ତ ସିନେଟରଙ୍କ ଯୋଗୁ ଏତେ ଗୋଳମାଳ, ଏତେ ଡେରି ହେଲା। ପ୍ରକୃତରେ ହଜାର ହଜାର ଶିକ୍ଷିତ ଆମେରିକାନ୍ ସିନେଟରମାନଙ୍କୁ ଲେଖିଥିଲେ ଯେ କୌଣସି ଗଣ୍ଡଗୋଳ ନ କରି ଭାରତକୁ ଗହମ ଦିଆଯାଉ। ସ୍କୁଲ କଲେଜମାନଙ୍କରେ ନାନାପ୍ରକାର ଚାନ୍ଦା ଭେଦା କରି ଭାରତକୁ ପଠାଇଥିଲେ। ଆମକୁ ଭଲ ପାନ୍ତୁ ନ ପାନ୍ତୁ ଆଶୁ ସାହାଯ୍ୟ ଦେବାରେ ସେମାନଙ୍କର ଆନ୍ତରିକତା ଥିଲା। ମାତ୍ର ରାଜନୀତି ଏମିତି ଗୋଟିଏ କଥା ଯେ, ସେ ଚକ୍ରରେ ପଡ଼ିଲେ ମଣିଷ ସହଜେ ମୁକୁଳି ପାରେ ନା। ଭାରତକୁ ହାତ କରିବା ପାଇଁ ତାଙ୍କର ପ୍ରଣାନ୍ତ ଚେଷ୍ଟା। ଅନେକ ପ୍ରକୃତରେ ବିକଳ

ହେଉଛନ୍ତି, କେମିତି ପୂର୍ବ ଖଣ୍ଡ ସହିତ ସେମାନଙ୍କର ବନ୍ଧୁତା ହୁଅନ୍ତା। ସ୍ୱାର୍ଥ ଦୃଷ୍ଟିରୁ ହେଉ ପଛକେ ସେ ବନ୍ଧୁତା କରିବାକୁ ଚାହାନ୍ତି।

ଆମେରିକାରେ ଯେତେ ଆନ୍ତର୍ଜାତିକ ଅନୁଷ୍ଠାନ ଅଛି ଅନ୍ୟ କୌଣସି ଦେଶରେ ଅଛି କି ନା ସନ୍ଦେହ। ଇଂଲଣ୍ଡରେ ନାହିଁ ନିଶ୍ଚୟ। ସବୁ ଦେଶର ଲୋକଙ୍କୁ ଏକାଠି କରିବା, ଆନ୍ତର୍ଜାତିକ ପ୍ରୀତି ବଢ଼ାଇବା ପାଇଁ ସବୁବେଳେ ଚେଷ୍ଟା। ଆମେରିକା ବାହାରେ ଦୁଃସ୍ଥ ଦରିଦ୍ରମାନଙ୍କୁ ଅର୍ଥଦାନ ବସ୍ତ୍ରଦାନ କରିବା ପାଇଁ ବହୁ ଆମେରିକାନ୍ ପ୍ରସ୍ତୁତ। ଆମେରିକାରେ ବର୍ତ୍ତମାନ ଶହ ଶହ ଅନୁଷ୍ଠାନରୁ ହଜାର ହଜାର ବୃତ୍ତି ଦିଆଯାଉଛି। କିନ୍ତୁ ସବୁ ସତ୍ତ୍ୱେ ପୃଥିବୀ ରାଜନୀତି କ୍ଷେତ୍ରରେ ସେମାନେ ପ୍ରଭୁତ୍ୱ ଚାହାନ୍ତି। ସେମାନେ ଜାଣନ୍ତି ଯେ ସେମାନେ ପୃଥିବୀରେ ଗୋଟାଏ ବିରାଟ ଶକ୍ତି। ଅନ୍ୟମାନେ ତାଙ୍କୁ ଅନୁସରଣ କରିବା ଉଚିତ। ସମାଲୋଚନା ସହିବାର ଉଦାରତା ସେମାନଙ୍କର ନାହିଁ। ତାଙ୍କ ଯୁକ୍ତିର ବିରୁଦ୍ଧ ହେଲେ ସେମାନେ ଭାରି ଅସୁଖ ପାନ୍ତି।

ସ୍କୁଲ ଓ କଲେଜ

ଆମର ଏଠି ଉତ୍କଳ ବିଶ୍ୱବିଦ୍ୟାଳୟ କହିଲେ ଆମେ କଣ ବୁଝୁଥିଲୁ। ଚାଉଳିଆଗଞ୍ଜ ପୋଷ୍ଟଅଫିସ ପାଖ ଅଧାଚାଳ ଅଧା ପକା କୋଠାଟା ନା ଆଉ କିଛି ? (ଏବେ ଅବଶ୍ୟ ବାଣୀବିହାରରେ ବଡ଼ ବଡ଼ କୋଠା ହୋଇଗଲାଣି) ବିଶ୍ୱବିଦ୍ୟାଳୟ କହିଦେଲେ ଯେତେ କଲେଜ ଅଛି, ସେହିମାନଙ୍କର ପରିଚାଳନା ଭାର ନେଇଥିବା ଗୋଟିଏ ଅନୁଷ୍ଠାନ। ଗୋଟିଏ ସ୍ଥାନରେ ଛିଡ଼ାହୋଇ ଏଇ ବିଶ୍ୱବିଦ୍ୟାଳୟଟାକୁ ଦେଖୁଛି ବୋଲି କହିହେବନି। ଲଣ୍ଡନରେ ବି ଠିକ୍ ଏକ କଥା। ଲଣ୍ଡନ ବିଶ୍ୱବିଦ୍ୟାଳୟ ଘର ଚାରିକଣିଆ ଦେଉଳ ପରି ଗୋଟାଏ ଆକାଶଭେଦୀ କୋଠା। ବୋଧହୁଏ ଲଣ୍ଡନର ସବୁଠାରୁ ଉଚ୍ଚ କୋଠା। ନାଁ ଯେମିତି ଚେହେରା ସେମିତି। କିନ୍ତୁ ଅକ୍ସଫୋର୍ଡ୍ ଓ କେମ୍ବ୍ରିଜ୍ କଥା ଭିନ୍ନ। ସେଠି ଗୋଟିଏ ଜାଗାରେ ଠିଆ ହୋଇ ଜଣେ କହିଦେଇ ପାରେ ଯେ ଏଇଟା କେମ୍ବ୍ରିଜ୍ ବିଶ୍ୱବିଦ୍ୟାଳୟ ବା ଏଇ। ଅକ୍ସଫୋର୍ଡ ବିଶ୍ୱବିଦ୍ୟାଳୟ। ତାର ଅର୍ଥ ହେଉଛି ଯେ, ଗୋଟିଏ ଜାଗାରେ ବିଶ୍ୱବିଦ୍ୟାଳୟ ପରିଚାଳିତ ସମସ୍ତ କଲେଜ ଅବସ୍ଥିତ। କେମ୍ବ୍ରିଜ୍, ଅକ୍ସଫୋର୍ଡ୍ କହିଲେ ଗୋଟିଏ ଗୋଟିଏ ଛୋଟ ବିଶ୍ୱବିଦ୍ୟାଳୟ ସହରକୁ ବୁଝାଏ। ସେହି ସହରଟାଇ କେବଳ କଲେଜ କୋଠାବାଡ଼ି ଛାତ୍ରଛାତ୍ରୀ ନେଇ ପୂର୍ଣ୍ଣ। ଏ ହେଲା ବ୍ରିଟିଶ ବିଶ୍ୱବିଦ୍ୟାଳୟ କଥା।

ଆମେରିକା ଲୋକେ ତ ସବୁ ବିଷୟରେ ନୂଆ କଥା ପାଇଁ ପାଗଳ। ସେମାନେ ଯାହାକୁ 'କାମ୍ପସ୍' କହନ୍ତି, ସେଇ ବିଷୟରେ ସଂକ୍ଷିପ୍ତ ଧାରଣା ଦେଉଛି। ଅର୍ଥ ଖୋଜି ବସିଲେ 'କାମ୍ପସ'ମାନେ ପଡ଼ିଆ। ଏହା ଗୋଟିଏ ଲାଟିନ୍ ଶବ୍ଦ ସହିତ ସଂପୃକ୍ତ। ଫରାସୀ ଭାଷାକୁ ଏହାକୁ ସାଁ (Champ) କହନ୍ତି। ଏହି ପଡ଼ିଆଟାଇ ବିଶ୍ୱବିଦ୍ୟାଳୟ ପଡ଼ିଆ। ଆମେରିକାର ବଡ଼ ବଡ଼ ବିଶ୍ୱବିଦ୍ୟାଳୟ ଏହିପରି ବିରାଟ ବିରାଟ ପଡ଼ିଆ ଭିତରେ ଅବସ୍ଥାପିତ। ତାରି ଭିତରେ କଲେଜ, ଲାଇବ୍ରେରୀୟି, ଖେଳ ପଡ଼ିଆ, ନାଚ

ଆଖଡ଼ା, ହଷ୍ଟେଲ ସବୁ-କେଳି ପାଇଁ କୁଞ୍ଜ, ଉପବନ; କ୍ରୀଡ଼ା ପାଇଁ ପୁଷ୍କରିଣୀ। ଜୀବନଟାକୁ ସଲୀଳ, ସୁନ୍ଦର, ସରସ କରିବା ପାଇଁ ଯାହା ଲୋଡ଼ା ସବୁ ସେଇଠି। ବୃକ୍ଷଲତା, ତରୁତୃଣ ସବୁ ସେଠି ତରୁଣାୟିତ, ଜୀବନ୍ତ। ଜ୍ଞାନର ଗରିମା ଅଛି କିନ୍ତୁ ବାର୍ଦ୍ଧକ୍ୟର ନିଶ୍ଚେଷ୍ଟତା ନାହିଁ। ଖାଲି ଜୀବନ ଓ ଯୌବନର ଉପାସନା; ସମସ୍ତଙ୍କ ଆଖିରେ "ଆଗେଇ ଚାଲ" ଇଙ୍ଗିତ। ଦେଶର ଗତି ମୁକ୍ତି ସେଇ ବିଶ୍ୱବିଦ୍ୟାଳୟ, ସେଇ ଜ୍ଞାନକେନ୍ଦ୍ର। ସମାଜ, ରାଜନୀତି, ଅର୍ଥନୀତି, ବିଜ୍ଞାନ ସବୁ କ୍ଷେତ୍ରରେ ଦେଶ ଅନାଇ ଥାଏ ବିଶ୍ୱବିଦ୍ୟାଳୟକୁ। ଦେଶରେ ଯୁଦ୍ଧ ଡେଙ୍ଗୁରା ବାଜିଲେ ବିଲାତ ସରକାର ସୈନ୍ୟଙ୍କ ଆଡ଼କୁ ଅନାନ୍ତି ଯେତିକି, କେମ୍ବ୍ରିଜ ବିଶ୍ୱବିଦ୍ୟାଳୟର ବଡ଼ ବଡ଼ ବିଜ୍ଞାନ ଅଧ୍ୟାପକମାନଙ୍କୁ ଅନାନ୍ତି ସେତିକି। ଅଧ୍ୟାପକମାନେ ଦେଶର ଜାତିର ଆଖି, କର୍ଣ୍ଣଧାର, ସୁଖ ଦୁଃଖର ବନ୍ଧୁ। ଆମ ଦେଶ କଥା ତ ସମସ୍ତେ ଜାଣନ୍ତି, କହି ଲାଭ କ'ଣ? କଲେଜରେ ଚାକିରି କଲେ ବିବାହ ବଜାରରେ ସପ୍ଲାଇ ଇନ୍‌ସ୍ପେକ୍‌ଟରଙ୍କ ସଙ୍ଗେ ବି ଠିଆ ହୋଇ ପାରିବ ନାହିଁ।

ହାର୍ଭାଡ଼୍, ୟେଲ୍, କଲଗେଟ୍ ପ୍ରଭୃତି କେତେକ ବିଶ୍ୱବିଦ୍ୟାଳୟ କାମ୍ପସ୍ ଦେଖିଲି। ସୁନ୍ଦର କୋଠାବାଡ଼ି ସବୁ ଭୁଲି ଗଲିଣି। କିନ୍ତୁ ସେ ପଡ଼ିଆରେ ଶୁଆପକ୍ଷିଆ କୋମଳ ଘାସ ଓ ସଜ୍ଜିତ ବୃକ୍ଷଲତା କେବେ ଭୁଲି ପାରିବି ନାହିଁ। ଥରେ ଦଳେ ଛାତ୍ରଙ୍କ ସଙ୍ଗରେ ଶାନ୍ତିନିକେତନ ବୁଲି ଯାଇଥିଲା। ଗଛମୂଳେ ପୁଅ ଝିଅ ଏକାଠି ବସି ଗପସପ ହେଉଥିବାର ଦେଖି ଛାତ୍ରମାନେ ହସି ହସି ପଚାରିଲେ, "ସାର୍, ଏ କ'ଣ ପାଠ ପଢୁଛନ୍ତି?" ମୁଁ କହିଲି, "ତମେ ଆଉ କ'ଣ ଭାବୁଛ?" ମନେ ମନେ ଭାବୁଥିଲି ଏହି ଛାତ୍ରମାନଙ୍କୁ କିଏ କଲ୍‌ଗେଟ୍ ବିଶ୍ୱବିଦ୍ୟାଳୟ କ୍ୟାମ୍ପସ୍ ଭିତରକୁ ହେଲେ ଦିନେ ନେଇଯାନ୍ତା, ସେଇଠି ସେମାନେ ଶତ ଶାନ୍ତିନକେତନ ଏକାଠି ଦେଖନ୍ତେ, "ପ୍ରଣୟବଲ୍ଲରୀ"ରୁ ପଦ୍ୟ ଉଦ୍ଧାର କରନ୍ତେ। ଛାଡ଼। ଆମ ପୁରାତନ ଆଶ୍ରମ ବିଦ୍ୟାଳୟ ବକୁଳବନ ବା ଶାନ୍ତିନିକେତନ ଧାରଣା ତାଙ୍କ କ୍ୟାମ୍ପସ୍ ଭିତରେ ଅଛି, ମାତ୍ର ଦୈନନ୍ଦିନ ଜୀବନ ଯାପନରେ ଯାହା ତଫାତ୍। ଆମର ସବୁଦ୍ୱାର ବନ୍ଦ, ଖାଦ୍ୟପାନ, ବସନ ଭୂଷଣ ସବୁଥିରେ ଆମର ସଂଯମ ଚାହି। "ଯା କର ନାହିଁ" "ତା କର ନାହିଁ" ଖାଲି 'ନାହିଁ ବାଦରେ' ଜୀବନ ଭରା। ତେଣୁ ତପସ୍ୟାର ଆଦର୍ଶ ନେଇ ବିଂଶ ଶତାବ୍ଦୀର ଜୀବନଟା ବ୍ୟାକୁଳ, ବ୍ୟଥିତ-ବାଡ଼ ଡେଇଁ ବଜାର ଯିବା, ସିନେମା ଦେଖିବାର ଚେଷ୍ଟା। ମାତ୍ର ସେଠି ସଂଯମ ଶୃଙ୍ଖଳା ଭିତରେ ବି ସମ୍ଭୋଗ ପାଇଁ ମନା ନାହିଁ। ସୀମା ମାତ୍ରାରେ ସମ୍ଭୋଗ ପାଇଁ ବଡ଼ଦାଣ୍ଡ ଖୋଲା ପଡ଼ିଛି। ମାତ୍ର ସାବଧାନ। ସୀମା ଡେଇଁଲେ ଶାସନର ଚାପ ଲାଗିଯିବ।

ସ୍କୁଲ୍ କଲେଜ କୋଠାବାଡ଼ି କଥା କହେ। ଆମେରିକାର ସବୁ ବଡ଼ କିନା, ତାଙ୍କ ସ୍କୁଲ କଲେଜ ବଡ଼ ହେବାର କଥା। ବାସ୍ତବରେ କୋଠାବାଡ଼ି ଅତି ବିରାଟ-ସୁନ୍ଦର ସାଜସଜ୍ଜାରେ ଭରା। ସେ ଦେଶର ଛାତ୍ର ବେଶୀ ପଢ଼ିପାରେ ତାର କାରଣ ପାଠ୍ୟ ଉପକରଣ ସବୁ ସହଜେ ସେ ଇଚ୍ଛାମତେ ପାଇଥାଏ। ଯଦି ଏଠି ଜଣେ କେହି ଗବେଷଣା କରୁଛନ୍ତି, ଦରକାରୀ ବହି ଖଣ୍ଡେ ମିଳୁ ନାହିଁ। କିନ୍ତୁ ସେଠି ପ୍ରଫେସରଙ୍କୁ କହିଦେଲେ ସେ ଯେତେ ପଇସା ପଡ଼ୁ, ଯେତେ ଦୂରରେ ଥିଲେ ବି ଅଣାଇଦେବେ। ସ୍କୁଲ କଲେଜ ଭିତରେ ଥିଏଟର ପାଇଁ ଷ୍ଟେଜ୍, ବ୍ୟାୟାମ ଗୃହ ଓ ପହଁରିବା ପାଇଁ ପୋଖରୀ ଦେଖିବା କଥା। ପହଁରିବା ତାଙ୍କର ବିଶେଷ ମଜଲିସ ଭିତରୁ ଗୋଟାଏ। ଗୋଟିଏ ଗୋଟିଏ ସ୍କୁଲରେ ଘର ଭିତରେ ଯେଉଁ ପୋଖରୀ ଦେଖିଲୁ ଆଶ୍ଚର୍ଯ୍ୟ ହେବା କଥା। ଘର ଭିତରେ ପୋଖରୀ ଶହେ ହାତ ଲମ୍ବ, ତିରିଶ ହାତ ଓସାର। ଗଭୀର ଦଶହାତ। ଚଟାଣ ଓ କାନ୍ଥ ନୀଳ ରଙ୍ଗରେ ଚିତ୍ରିତ ହୋଇଛି। ତେଣୁ ତରଳ ନିର୍ମଳ ଜଳ ଇନ୍ଦ୍ର ନୀଳମଣିପରି ଢଳଢଳ ହେଉଛି। ପୋଖରୀ ଚାରିପାଖେ ରେଳଇଞ୍ଜିନର ଆଲୁଅପରି ବିରାଟ ଆଲୁଅ ସବୁ ଖଞ୍ଜା ହୋଇଛି। ଗାଧୋଇ ପଡ଼ି ଉଠିଲାବେଳକୁ କାଳେ ଥଣ୍ଡା ଲାଗିବ ବୋଲି ଘରକାନ୍ଥ ବିଦ୍ୟୁତ୍ ସାହାଯ୍ୟରେ ଗରମ ରଖା ଯାଉଛି। ପାଣିକୁ ଡେଇଁବା ପାଇଁ ପୋଖରୀ ଦାଢ଼ରେ ଲୁହାର ନିଶୁଣୀ ଛିଡ଼ା କରାଯାଇଛି। ଦେହରେ ଖଣ୍ଡେ ଖଣ୍ଡେ ଜଙ୍ଘିଆ। ଫୁଟିଲା ଶ୍ୱେତପଦ୍ମପରି ଶହ ଶହ ତରୁଣ ତରୁଣୀ ତା ଭିତରେ ଜଳକ୍ରୀଡ଼ା କରନ୍ତି। ଠିକ୍ ତ କାଳିନ୍ଦୀ ହ୍ରଦ। କେବଳ ସେଠି ନ ଥାଏ କଦମ୍ବ କିମ୍ବା ବଂଶୀ। ରାଧାକୃଷ୍ଣ ମିଳନରେ ଯେଉଁ ଜଟିଳା ଡର ଓ ଅପବାଦ ଭୟ ଥାଏ, ଆମେରିକାରେ ଛାତ୍ରଛାତ୍ରୀ ମିଳାମିଶା କରିବାରେ ସେ ଭୟ ଆଦୌ ନ ଥାଏ। ଆଗ୍ରା ଦୁର୍ଗରେ ସାହାଜାହାନଙ୍କ ସ୍ନାନକୁଣ୍ଡ ଦେଖି ଈର୍ଷା ହୁଏ। ମୋଗଲ ବାଦସା କି ସମ୍ଭୋଗରେ ନ ଥିଲେ ସତେ? କିନ୍ତୁ ଆମେରିକା ଛାତ୍ର ତା ଦେଖିଲେ ହସନ୍ତେ? ଯାକୁ ଇ ପୁଣି ଭାରତୀୟମାନେ ସମ୍ଭୋଗ କହନ୍ତି। ଈର୍ଷା କରନ୍ତି? ସ୍କୁଲ ଘରେ ପରା ପିଲାମାନଙ୍କୁ ହାତରେ ଠେଲି କବାଟ ଫିଟାଇବାକୁ ପଡ଼େନି। ଦେହର ଛାଇ ପଡ଼ିଲେ କବାଟ ଆପେ ଫିଟିଯାଏ। ଆମ ବୋର୍ଡିଂର ଖପର ଘରେ ବରଷା ରାତିରେ ପାଣି ଗଳେ, ଜିଲା ସ୍କୁଲର ଗୁହାଳଘର ବାଡ଼ କଣା କରି ବିଲୁଆ ପଶିଲେ ବି ଆମେ ପରା ଦେଖି ନ ଦେଖିଲା ପରି ରହିଯାଉ।

ବିଶ୍ୱବିଦ୍ୟାଳୟ ସବୁ ରାଷ୍ଟ୍ର-ନିରପେକ୍ଷ। ସରକାରଙ୍କର ସେଥିରେ କିଛି ହାତ ନାହିଁ। ବିଶ୍ୱବିଦ୍ୟାଳୟର ସଭାପତି ବା ପ୍ରେସିଡେଣ୍ଟ୍ ବିଶ୍ୱବିଦ୍ୟାଳୟର ହର୍ତ୍ତା କର୍ତ୍ତା। ସେ ନିର୍ବାଚିତ। ଖଗାବଗା କେହି ନୁହନ୍ତି, ଗୁଣଜ୍ଞ। ବିଶ୍ୱବିଦ୍ୟାଳୟର ଅଧିକାଂଶ ଅର୍ଥ

ବଦାନ୍ୟ ବ୍ୟକ୍ତିମାନଙ୍କ ଦାନରୁ ଆସେ। ଆମ ଦେଶରେ ଏପରି ଦାନ ଖୁବ୍ କମ୍ ବୋଲି ଆମ ବିଶ୍ୱବିଦ୍ୟାଳୟ ସବୁ ଏତେ ଗରିବ। ଅଧ୍ୟାପକ ନିଯୁକ୍ତି ପ୍ରଫେସରମାନଙ୍କ ଉପରେ ନିର୍ଭର କରେ। ଦେଖନ୍ତୁ ଆମ ଦେଶରେ ଯଦି ଜଣେ ଅଧ୍ୟାପକ ଦରକାର ତେବେ ପବ୍ଲିକ ସର୍ଭିସ କମିଶନ୍ ଯେମିତି ଡେପୁଟି, ଡାକ୍ତର, ଇଞ୍ଜିନିଅର ବାଛନ୍ତି, ସେମିତି ମଧ୍ୟ ଅଧ୍ୟାପକ ବାଛନ୍ତି। ମାତ୍ର ଆମେରିକାରେ ତା ଅସମ୍ଭବ। ଅଧ୍ୟାପକ ବାଛିବାକୁ ହେଲେ ବିଭାଗୀୟ ପ୍ରଫେସର ତାଙ୍କ ସହକର୍ମୀମାନଙ୍କ ମତାମତ ନେଇ ଲୋକ ବାଛନ୍ତି। ପ୍ରଥମେ ଦେଖନ୍ତି କେଉଁଲୋକ କେତେ ବହି ଲେଖିଛି, କେତେ ଗବେଷଣା କରିଛି, ଦେଶର ବିଶେଷଜ୍ଞ ସମାଜରେ ତାଙ୍କର ସ୍ଥାନ କେଉଁଠି, ଏହିଭଳି ନାନା ବିଚାର କରି ଉପଯୁକ୍ତ ଲୋକ ବାଛନ୍ତି। ନିର୍ବାଚିତ ଲୋକ ପ୍ରଥମେ ଇନ୍‌ଷ୍ଟ୍ରକ୍‌ଟର ହୁଅନ୍ତି। ସାତ ବର୍ଷ ଚାକିରି ପରେ ଉଚ୍ଚ ପାହିଆକୁ ଉଠନ୍ତି ନଚେତ୍ ବରଖାସ୍ତ ହୁଅନ୍ତି। ରାଧାନାଥ ଯାହା କହନ୍ତି "ମହାସୁଖ ମହାଦୁଃଖ ମଧ୍ୟେ ନାହିଁ ମଧ୍ୟମ ଠାବ।" ହେଲେ ଏକର, ନୋହିଲେ ସେକର। ଆଉ କାମ କରି ପାରୁ ନ ଥିବ, କିନ୍ତୁ ଦେଶକୁ ଜାତିକୁ ଠକି ପଇସା ନେଉଥିବ, ତା ସମ୍ଭବ ନୁହେଁ। ଅଗ୍ନିପରୀକ୍ଷାରୁ ଉତ୍ତୀର୍ଣ୍ଣ ହେବାକୁ ଯାହାକୁ ସାତ ବର୍ଷ ଲଗେ, ତାର ସାଧନା କେତେ କଠିନ, ବିଚାରିବାର କଥା। ଇନ୍‌ଷ୍ଟ୍ରକ୍‌ଟର, ଆସିଷ୍ଟାଣ୍ଟ୍ ପ୍ରଫେସର୍, ଆସୋସିଏଟ୍ ପ୍ରଫେସର୍, ପ୍ରଫେସର୍ ଏହି ହେଲା ଅଧ୍ୟାପକ-ଜୀବନର ବିଭିନ୍ନ ପାହିଆ। ଇନ୍‌ଷ୍ଟ୍ରକ୍‌ଟର ମାସିକ ଏଗାର ଶହ ଟଙ୍କାରେ ଆରମ୍ଭ କରନ୍ତି। ପ୍ରଫେସର୍ ମାସିକ ଅନ୍ତତଃ ଦୁଇହଜାର ଟଙ୍କା ପାଆନ୍ତି। ଏଇଟା କଲ୍‌ଗେଟ୍ ବିଶ୍ୱବିଦ୍ୟାଳୟର ଦରମା ହିସାବ ଦେଲି। ଅନ୍ୟାନ୍ୟ ବିଶ୍ୱବିଦ୍ୟାଳୟରେ ପ୍ରାୟ ଏହିପରି ବା ଏପାଖ-ସେପାଖ ଟିକିଏ ଅଳ୍ପ-ବେଶୀ। କିନ୍ତୁ ଆମେରିକାର ପୂର୍ବ ଉପକୂଳସ୍ଥ ବିଶ୍ୱବିଦ୍ୟାଳୟରେ ପଶ୍ଚିମସ୍ଥ ବିଶ୍ୱବିଦ୍ୟାଳୟମାନଙ୍କଠୁ ବେଶୀ ଦରମା। କୁଲିଙ୍କର ତ ବଡ଼ ବଡ଼ ଗାଡ଼ି ଅଛି, ଆଉ ପ୍ରଫେସରଙ୍କର ଗାଡ଼ି ଅଛି ବୋଲି କହିବାରେ କି ବାହାଦୁରୀ?

କିନ୍ତୁ ମନେ ରଖିବାକୁ ହେବ, ସବୁଦେଶରେ ମାଷ୍ଟର ପେଟ-ଉପାସ। ଆମ ଆଖିକୁ ସିନା ଦୁଇହଜାର ଟଙ୍କା ବଡ଼, ଆମେରିକା ଆଖିରେ ଦୁଇହଜାର କେତେ? କୁଲି ପରି ଦିନକୁ ୮ ଘଣ୍ଟା କାମ କଲେ ଅନ୍ତତଃ ଷାଠିଏ ଟଙ୍କା ଥାଏ! ସବୁଠି ଏକା କଥା। ଆମ ଦେଶରେ ଯାହା, ବିଲାତ, ଆମେରିକାରେ ବି ସେଇଆ। ବହି କିଣିବା, ପିଲା ପଢ଼ାଇବା ପାଇଁ ମାଷ୍ଟରମାନେ ପଇସା ପାଆନ୍ତି ନାହିଁ। ଅବଶ୍ୟ ଜ୍ଞାନୀ ଲୋକ ହିସାବରେ ସମାଜରେ ଗୋଟାଏ ଫମ୍ପା ନାଁ ଥାଏ। ପେଟକୁ ନ ଅଣ୍ଟିଲେ ସମସ୍ତେ କଣ ନାଁଟାକୁ ଚାଟି ରହିପାରିବେ? ବିଲାତରେ ଏବେ ଭାଳେଣି ପଡ଼ିଛି ଯେ, ଆସନ୍ତା ପାଞ୍ଚ ବର୍ଷରେ ଯେତେ ଛୁଆ ହେବେ, ତାଙ୍କୁ ପଢ଼ାଇବା ପାଇଁ ମାଷ୍ଟର ମିଳିବେ ନାହିଁ।

ମାଷ୍ଟର କଥା କିଏ ପଚାରୁଛି, ମାଷ୍ଟରାଣୀ ବି ମିଳିବେ ନାହିଁ। କାରଣ ଅଫିସରେ ଟାଇପ୍ କରିପାରିଲେ ତ ମାଷ୍ଟରଙ୍କଠୁ ବେଶୀ ପଇସା; ଲୋକେ ତେବେ ଆସିବେ କାହିଁକି ? ସେଥିପାଇଁ ବିଚାର ପଡ଼ିଛି, ଦେଶରେ ଶିକ୍ଷକମାନଙ୍କୁ ସବୁଠୁ ବେଶୀ ଦରମା ଦିଆଯିବ। ସତେ ସୁଦିନ ଆସିବ, ମାଷ୍ଟରଙ୍କ ଭଙ୍ଗା କୁଡ଼ିଆରେ ମାଟି ନେଶା ହେବ ? କେଜାଣି। ଆମେରିକାରେ ସେଇ କଥା। ଏବେ ମାଷ୍ଟରଙ୍କ ଦରମା ବଢ଼ାଇବାପାଇଁ ଛାତ୍ରମାନେ ଆନ୍ଦୋଳନ କରିଥିଲେ; କିନ୍ତୁ ଫଳ କିଛି ଫଳି ନାହିଁ। ମାତ୍ର କେତେକ ଷ୍ଟେଟ୍‌ରେ କେତେକ ନୂଆ ବ୍ୟବସ୍ଥା ପ୍ରଚଳନ କରାଯାଉଛି। ଆମେରିକା ଗୋଟିଏ ସତ୍ୟ ସ୍ୱୀକାର କରିବାକୁ ବାହାରିଛି, ଯା ଅନ୍ୟତ୍ର ହୋଇନି। ମୁଁ ଅବଶ୍ୟ ରୁଷିଆକଥା ଜାଣେନି। ମାଷ୍ଟର ମାତ୍ରେ ସମସ୍ତେ ସମାନ। ଗାଁ ଅବଧାନେ ଓ କଲେଜ ପ୍ରିନ୍‌ସପାଲଙ୍କ ଭିତରେ ତଫାତ୍ ନାହିଁ। ବରଂ ଗାଁ ଅବଧାନ ପ୍ରିନ୍‌ସପାଲଙ୍କ ଅପେକ୍ଷା ବେଶୀ ଦାୟିତ୍ୱ ତୁଲାଉଛନ୍ତି। ପିଲାଙ୍କୁ ପାଠ ପଢ଼ାଇବା ଅନ୍ଧକୁ ଚକ୍ଷୁଦାନ କରିବା ସଙ୍ଗେ ସମାନ। ଶିଶୁମନକୁ ସଜାଡ଼ିବା ବଡ଼ କଠିନ। "ଯା ନ ହୋଇଛି ବାଳକାଳେ, ତାକି ହେବ କଲେଜକାଳେ ?" ପିଲାଦିନେ ଯା ମନ ବଙ୍କା ହୋଇଛି, କଲେଜ ପ୍ରଫେସର କଣ ସହଜରେ ସେ ମନ ସିଧାକରିପାରିବେ ? ତେଣୁ କଲେଜ ଅଧ୍ୟାପକ ଓ ଗାଁ ଅବଧାନ ଭିତରେ ଡିଗ୍ରୀଗତ ତଥା ଅର୍ଥଗତ କୌଣସି ପାର୍ଥକ୍ୟ ରହିବ ନାହିଁ। କଲେଜ ଅଧ୍ୟାପକମାନେ ଯେମିତି ଏମ୍.ଏ. ବା ପି.ଏଚ୍. ଡି. ହେବା ଦରକାର, ଗାଁ ସ୍କୁଲ୍ ମାଷ୍ଟର ବି ସେହିପରି ହେବା ଦରକାର। ସମସ୍ତଙ୍କର ଦରମା ଅନ୍ତତଃ ୯୫୦ ଟଙ୍କାରେ ଆରମ୍ଭ ହୋଇ ୨୫୦୦ ଟଙ୍କା ପର୍ଯ୍ୟନ୍ତ ଯିବ। ବର୍ଷରେ ୨୦୦ ଟଙ୍କା ବଢ଼ିବ। ଗୋଟାଏ ମଜା କଥା ହେଉଛି, ପ୍ରାଇମେରୀ ଓ ହାଇସ୍କୁଲ ମାଷ୍ଟରଙ୍କ ସମ୍ମାନ ଅନେକ ସମୟରେ ଖୁବ୍ ବେଶୀ। କାରଣ ସେଗୁଡ଼ା ସରକାରୀ ଚାକିରି, ସେଥିରେ ପେନ୍‌ସନ୍ ଅଛି। ମାତ୍ର କଲେଜ ଚାକିରି ବେସରକାରୀ ଚାକିରି। ନିହାତି ସାବଧାନ ନ ହେଲେ ସେ ଚାକିରିରେ ସ୍ଥାୟିତ୍ୱ କମ୍। ଆମ ଦେଶରେ ଗାଁ ମାଷ୍ଟର ବା ସ୍କୁଲ୍ ମାଷ୍ଟରଙ୍କୁ ଆଦୌ କେହି ସମ୍ମାନ ଦେଖାନ୍ତି ନାହିଁ; ମାତ୍ର ସେ ଦେଶରେ ଠିକ୍ ଓଲଟା। ଏବେ ଅବଶ୍ୟ ପରସ୍ଥିତି ଓ ଦରମା ପତ୍ର ବହୁତ ବଦଳି ଗଲାଣି।

କଲେଜରେ ଛାତ୍ର-ଶିକ୍ଷକ ସମ୍ପର୍କ ବେଶ୍ ମଧୁର। ଏକ ପରିବାରର ଲୋକପରି ଚଳନ୍ତି। ପିଲାମାନେ କେତେକ କଲେଜରେ ପ୍ରଫେସରଙ୍କ ନାଁ ଧରି ଡାକନ୍ତି। ନାଁ ଧରି ଡାକିବା ସହୃଦୟତା ଆମେରିକାରେ ଖୁବ୍ ବେଶୀ। ପିଲା ଯା ତା ପିନ୍ଧି କ୍ଲାସକୁ ଆସିଲେ କେହି ପଚାରନ୍ତି ନାହିଁ। ଖରାଦିନେ ପିଲାଏ ଖାଲି ଗେଞ୍ଜିଟାଏ ଦେହରେ ଗଳାଇଦେଇ କ୍ଲାସକୁ ଆସନ୍ତି। ଆମ ଦେଶ ଭଳି ଗୋଟିଏ କ୍ଲାସରେ ଦୁଇଶ ପିଲା ଦେଖିବାକୁ ମିଳେ

ନାହିଁ। ତାଙ୍କ କ୍ଲାସ୍‌ରେ ତିରିଶ ବା ଚାଳିଶ ପିଲା। ପିଲାମାନେ ଗୋଲ ହୋଇ ବସନ୍ତି। ଶିକ୍ଷକ ଗୋଟାଏ ପାଖକୁ କିମ୍ବା ମଝିରେ ବସନ୍ତି। ଆମେରିକାନ୍ ଶିକ୍ଷାପଦ୍ଧତିହିଁ ସମାଲୋଚନା ପଦ୍ଧତି। ମାଷ୍ଟର ଲେକ୍‌ଚର ଝାଡ଼ିବେ, ଆଉ ପିଲାଗୁଡ଼ିକ ମେଣ୍ଢା ଛୁଆପରି ନିରୀହଭାବରେ ଅନାଇ ରହିବେ—ଏ ବିଚିତ୍ର ଦୃଶ୍ୟ ସେ ଦେଶରେ ନାହିଁ। ମୁଁ କେତେଗୁଡ଼ିଏ କ୍ଲାସ୍‌ରେ ବସି ଦେଖିଛି ଯେ, ପିଲାମାନଙ୍କୁ ପ୍ରଥମେ ସେମାନଙ୍କର ମତାମତ ପ୍ରକାଶ କରିବାକୁ ଦିଆଯାଏ। ଜଣକ ପରେ ଜଣେ ଯାହାକୁ ଯାହା ଦିଶିଲା କହିଯାନ୍ତି, ତାପରେ ଶିକ୍ଷକ ସେଗୁଡ଼ିକ ସମାଲୋଚନା କରି ନିଜ ଯୁକ୍ତି ଦେଖାନ୍ତି। ଏହିଭଳି ସମାଲୋଚନାରେ କେବଳ ପିଲା ଶିଖନ୍ତି ନାହିଁ, ମାଷ୍ଟର ମଧ୍ୟ ପିଲାଙ୍କଠୁଁ ଅନେକ କଥା ଶିଖନ୍ତି। ବହିର କଥାଗୁଡ଼ା ଛାତ୍ରମୁଣ୍ଡରେ ଜବରଦସ୍ତି ଲଦିଦେବାର ଅତ୍ୟାଚାର ସେ ଦେଶରେ ନାହିଁ। ବରଂ କେହି ଛାତ୍ର ନୂତନ କଥା କିଛି କହିଲେ ଶିକ୍ଷକ ତାକୁ ପ୍ରଶଂସା କରି ନୂତନ ପ୍ରେରଣା ଦିଅନ୍ତି। ଆମ ଦେଶର ନୋଟ ବହି ବ୍ୟାଧିଟା ସେ ଦେଶରେ ମୋଟେ ନାହିଁ। ଆମ ଦେଶର ଅଧା ଛାତ୍ର ମାଷ୍ଟ୍ରଙ୍କ କଥାକୁ କାନ ଦିଅନ୍ତି ନାହିଁ। ବଜାରରେ ଯେତେ ଦିନ ପର୍ଯ୍ୟନ୍ତ ଗାଡ଼ି ଗାଡ଼ି ନୋଟବହି ଥିବ, ସେପର୍ଯ୍ୟନ୍ତ ପିଲା କାହିଁକି ଶୁଣିବେ? ଯେଉଁମାନେ ନୋଟବହି ଲେଖୁଛନ୍ତି, ସେମାନେ ଅର୍ଥ କିଛି ଲାଭ କରୁଛନ୍ତି ସତ, ମାତ୍ର ସାମାନ୍ୟ କେତେକ ଅର୍ଥବିନିମୟରେ ଦେଶର ଯେ କି ଜୋର୍ କ୍ଷତି କରୁଛନ୍ତି, ତା ସେମାନେ ଜାଣୁଥିଲେ ମଧ୍ୟ ସେଥିରୁ ରହିତ ହେଉ ନାହାନ୍ତି। ନୋଟ ବହି ପଢ଼ି ଯେଉଁ ପିଲା ଶୁଆ ଚଢ଼େଇ ପରି ନ ବୁଝି "ଚକ୍ରଧର, ପକ୍ଷୀ ଜନ୍ତୁରୁ ପାରି କର" ଘୋଷିଦେଇ ପରୀକ୍ଷା ଖାତାରେ ବାନ୍ତି କରନ୍ତି, ସେମାନଙ୍କର ସ୍ୱାଧୀନ ଚିନ୍ତା, ସ୍ୱାଧୀନ ଗବେଷଣା ଆସିବ କେଉଁଠୁ? ଛାତ୍ର ସମାଜ ଆଉ କାହା ବିରୁଦ୍ଧରେ ହାତ ନ ଉଠାଇ ନୋଟ-ଲେଖକମାନଙ୍କ ବିରୁଦ୍ଧରେ ଅଭିଯାନ କରନ୍ତୁ। ତେବେ ଯାଇ ଏ ଦେଶ ପ୍ରକୃତ ନେତା ଓ ଭାବୁକ ଜନ୍ମ କରିବ। ନଚେତ୍ ନୋଟ୍ ବହି ଘୋଷି ମଣିଷ ହେବା କଠିନ ହେବ ନିଶ୍ଚୟ। ବିଜ୍ଞାନ ଓ ବିଦେଶୀ ଭାଷା ଶିକ୍ଷା ଉପରେ ବିଶେଷ ଜୋର୍ ଦିଆଯାଉଛି। ଆମର ତ ପରୀକ୍ଷା ଏତେ କମ୍, ବର୍ଷରେ ମୋଟେ ଦୁଇ ଥର ବା ଥରେ। ସେତିକିରେ ପିଲା ନାକେଦମ୍। ମାତ୍ର ସେ ଦେଶରେ ସାପ୍ତାହିକ, ମାସିକ ପରୀକ୍ଷା ଛାଡ଼ି ପ୍ରତି ତିନି ମାସରେ ନିୟମିତ ପରୀକ୍ଷା। ସେମାନଙ୍କର ପାଠପଢ଼ା ଏତେ ନିୟମିତ ଓ ବିଜ୍ଞାନସମ୍ମତ ଯେ; ପରିଶ୍ରମ କଲେ ଫେଲ୍ ହେବାର ଆଶା କମ୍। ପରୀକ୍ଷାରେ ଷ୍ଟାଣ୍ଡାର୍ଡ଼ ନମ୍ବର ରଖି ନ ପାରିଲେ କଲେଜରୁ ବିଦା କରି ଦିଆଯାଏ। ଆମର କଲେଜରେ ତିନି ଥର ଫେଲ୍ ହେଲେ ବି କଲେଜ ମାମଲତକାର ହୋଇ ପିଲାଏ ବୁଲୁଥାନ୍ତି। ଆଇନ କାନୁନ ମାନି ଚଳିବାପାଇଁ ସେମାନେ ସର୍ବଦା ବ୍ୟଗ୍ର।

ସେ ଦୃଷ୍ଟିରୁ ସେମାନେ ଢେର୍ ଧୀର ଓ ସଂଯତ ! ବିଶ୍ୱବିଦ୍ୟାଳୟମାନଙ୍କରେ ଷ୍ଟ୍ରାଇକ୍‌ର ନାଁଗନ୍ଧ ନ ଥାଏ। ଛାତ୍ର ଷ୍ଟ୍ରାଇକ୍ କରିବାଟା ନିହାତି ଅସ୍ୱାଭାବିକ ମନେ ହୁଏ। ଅବଶ୍ୟ ଆମ ଦେଶ ପରସ୍ଥିତି ସ୍ୱତନ୍ତ୍ର। ବିଦେଶୀ ସରକାର ବିରୁଦ୍ଧରେ ଲଢ଼େଇ କଲାବେଳେ ଦେଶ ଛାତ୍ରମାନଙ୍କର ସାହାଯ୍ୟ ଲୋଡ଼ିଥିଲା। ପିଲାମାନଙ୍କର ସେ ଦିନର ଲଢ଼େଇ ମନୋବୃତ୍ତି ଏବେ ବି ରହିଯାଇଛି। ତା ଛଡ଼ା ଛାତ୍ର ଶିକ୍ଷକମାନଙ୍କ ଭିତରେ ନିକଟ ସମ୍ପର୍କ ନ ଥିବାରୁ କେହି କାହାର ଦୃଷ୍ଟିକୋଣ ବୁଝିବାପାଇଁ ରାଜି ନୁହନ୍ତି। ଆଗେ ବ୍ରିଟିଶ ଅମଳରେ ଅମଲା ଓ ଲୋକସାଧାରଣଙ୍କ ଭିତରେ ବହୁତ ତଫାତ୍ ଥିବାରୁ ବଡ଼ଙ୍କ ଦୁଆରେ ଛୋଟଙ୍କ ଛାଇ ପଡୁ ନ ଥିଲା। ସେହି ତଫାତ୍‌ଟା ଏବେ ବି ଘୁଞ୍ଚି ନାହିଁ। ମାତ୍ର ଛାତ୍ର-ଶିକ୍ଷକ ସମ୍ପର୍କ ଏବେ ନିକଟତର ହେବାର ଦେଖାଯାଉଛି। ଛାତ୍ରମାନେ ଶିକ୍ଷକମାନଙ୍କର ତଳିଆ କର୍ମଚାରୀ ନୁହନ୍ତି। ତେଣୁ ସେମାନଙ୍କୁ ଦୂରରେ ନ ରଖି ଦେଶର ଭବିଷ୍ୟତ, ଜାତିର ଆଶା ତଥା ବନ୍ଧୁ ଓ ସ୍ୱଜନ ପରି ବ୍ୟବହାର କଲେ ବିଶ୍ୱବିଦ୍ୟାଳୟ ସ୍ନେହସୌହାର୍ଦ୍ଦ୍ୟର ଲୀଳାସ୍ଥଳୀ ହେବ। ସେ ଦେଶମାନଙ୍କର ଛାତ୍ର-ଶିକ୍ଷକ ସମ୍ପର୍କ ଦେଖିଲେ ପ୍ରକୃତରେ ଈର୍ଷା ହୁଏ। ସ୍କୁଲର ହେଡ଼ମାଷ୍ଟର ପ୍ରତ୍ୟେକ ପିଲାଙ୍କୁ ଚିହ୍ନି ସେମାନଙ୍କ ନାଁ ଧରି ଡାକିବାକୁ ଚେଷ୍ଟା କରୁଥାନ୍ତି ପରା !

ସ୍କୁଲରେ ପିଲାଙ୍କର ପ୍ରତିଦିନ ଭଲମନ୍ଦ, ଦେହପା ଦେଖିବା ପାଇଁ ଡାକ୍ତର ଓ ନର୍ସ ଥାନ୍ତି। ହଠାତ୍ କେହି ଅସୁସ୍ଥ ହେଲେ ତାଙ୍କୁ କ୍ଲାସରୁ ନେଇ ବିଶ୍ରାମଘରେ ରଖି ସେବା କରନ୍ତି। ବେତ ମାଡ଼ ଓ ଲାଲ ଆଖିର ପ୍ରଶ୍ନ ନାହିଁ। ଯେଉଁଠି ପିଲା ଦୁଷ୍ଟ, ସେଠି ମନସ୍ତତ୍ତ୍ୱବିତ୍ ପିଲାର ମନବୁଝିବାପାଇଁ ଲାଗିପଡ଼ନ୍ତି। କେତେକ ଛୋଟ ପିଲାଙ୍କ କ୍ୟାମ୍ପ୍‌କୁ ଯାଇଥିଲି ଭାରତକଥା କହିବାପାଇଁ। ପିଲା ଯେତେବେଳେ ଗୋଳମାଳ କରନ୍ତି, ପରସ୍ପରର ଗୋଡ଼ କୁଦି ଦେବାକୁ ଚେଷ୍ଟା କରନ୍ତି, ସେତେବେଳେ ମାଷ୍ଟ୍ରାଣୀ ଦୁଷ୍ଟ ପିଲାଙ୍କୁ କୋଳ କର ଆଉଁସିଦେଇ କେତେ ଗେଲ କରି କହନ୍ତି, "ଦେଖ ବାପା, ଭଲ ପିଲାମାନେ ଏମିତି କରନ୍ତି ନାହିଁ, ତୋତେ ମାରିଲେ ଯେମିତି କାଟନ୍ତା ଅନ୍ୟକୁ ତୁ ମାରିଲେ ସେମିତି କାଟିବଟି ? ଯା ବାପ, ଆଉ ସେମିତି କରିବୁ ନାହିଁ।" ସେ ସ୍ନେହ ସୋହାଗ ଦେଖି ମନ ବିକଳ ହୁଏ। ମଣିଷ ହେଲେ ଏଇ ଦେଶର ଶିଶୁ ହୋଇଥାନ୍ତା ! ମା ଆଉ ମାଷ୍ଟ୍ରାଣୀ ଭିତରେ ସତେ ତଫାତ୍ କାହିଁ ! ଶିକ୍ଷକ ହେବାପାଇଁ କେତେ ଧୈର୍ଯ୍ୟ ଦରକାର, ଦେଖିଲେ ଆଶ୍ଚର୍ଯ୍ୟ ହୁଏ। ସତରେ ଯେ "ଶିଖି ନାହିଁ ଚିହ୍ନିବାକୁ ପର-ମନ, ସେ କି କେବେ ଶିକ୍ଷାପଣକୁ ଭାଜନ ?" ମୋ ଚାହାଳୀସାଥୀ ତରିଆନାଥକୁ କୃଷ୍ଣ ଅବଧାନେ କିମିତି ଗୋଡ଼ ଉପରକୁ ମୁଣ୍ଡ ତଳକୁ କରି ଝୁଲାଇ ଦେଇଥିଲେ, ଏବେ ବି ମନେ ପଡ଼ିଲେ ଦେହ ଶୀତେଇପଡ଼େ।

ବିଲାତରେ ଯେତେ ସ୍କୁଲକୁ ଯାଇଥିଲି ପିଲାସବୁ ପଚାରିଲେ, "ତମେ କଣ ବାଘ ଦେଖିଛ, ତମ ଦେଶରେ ସବୁଠୁ ବଡ଼ ସାପ କେତ୍ତୁଟିମାନ?" କିନ୍ତୁ ଆମେରିକା ପିଲାଏ ଟିକିଏ ଭିନ୍ନ ପ୍ରଶ୍ନ ପଚାରିଲେ। ମୁଁ ଯେଉଁ ବେଲ୍‌ଟଟା ପିନ୍ଧିଥିଲି, ଜଣେ ପଚାରିଲା, "ତମ ଦେଶରେ କଣ ଏଇ ବେଲ୍‌ଟ ତିଆରି ହେଉଛି?" ଆଉ କେତେକ ପ୍ରଶ୍ନର ନମୁନା ଦେଉଛି।

"ତମ ଦେଶରେ ଗୋଟିଏ ସ୍ଥାନରୁ ଆଉ ଗୋଟିଏ ସ୍ଥାନକୁ ଯାଅ କିମିତି?"

"ତମ ଝିଅମାନେ କିମିତି ପୋଷାକ ପିନ୍ଧନ୍ତି? ଲିପ୍‌ଷ୍ଟିକ୍ ଲଗାନ୍ତି କି ନାହିଁ?"

"ତମେ ଜଣେ ଆମେରିକା-ଝିଅକୁ ବାହା ହେଲେ ତମ ଦେଶରେ ତମକୁ କଣ କହନ୍ତେ।" ଆଶ୍ଚର୍ଯ୍ୟ କଥା, ଏହି ପ୍ରଶ୍ନ ଜଣେ ଆଠ ବର୍ଷର ଝିଅ ପଚାରିଲା?

"ତମେ କଣ୍ଟାଚାମଚ ନ ଧରି ଖାଲି ହାତରେ କିମିତି ଖାଅ, ତମକୁ ଅସୁଖ ଲାଗେ ନି?

"ତମ ଘର କଣ ଆମ ଘର ପରି? ସେଥିରେ କେମିତି କବାଟ ଲାଗିଛି?"

ଏସବୁ ଶିଶୁଶ୍ରେଣୀ ପିଲାଙ୍କର ପ୍ରଶ୍ନ। ସ୍କୁଲରେ ପାଠପଢ଼ା ଯେତେ, ହସ୍ତକର୍ମ ତାଠୁ ବେଶୀ। ଦେଖିବେ, ଦଶ ବାର ବର୍ଷର ପିଲା ସୁନ୍ଦର ସୁନ୍ଦର ଚଉକୀ ବେଞ୍ଚ ନିଜ ହାତରେ ତିଆର କରୁଛନ୍ତି। ଛୋଟ ଛୋଟ ଘରକରଣା ଜିନିଷ ତିଆରି କରି ମା ବାପମାନଙ୍କ ପାଖକୁ ଉପହାର ପଠାଉଛନ୍ତି। ବିବିଧ ଚିତ୍ର ଓ ଶିଳ୍ପକଳାରେ ଶିଶୁମନ ବୁଡ଼ିରହିଛି। ସ୍କୁଲ ଛାଡ଼ିଲାବେଳକୁ ସଂସାରକ୍ଷେତ୍ରରେ ବୁଲି ପେଟ ପୋଷିଲାପରି ଶିକ୍ଷା ହୋଇଯାଇଥାଏ। ଆମର ଏ ପୁସ୍ତକଗତ ଶିକ୍ଷା ଦେଖି ମନରେ ଅବସୋସ ହୁଏ। ଏମ୍. ଏ. ପାଶ କରି ଆଉ କିଛି କରିବାର ଯୋଗ୍ୟତା ରହେ ନାହିଁ ବୋଲି ଚାକିରି ବିରୁଦ୍ଧରେ ହଜାରେ ଅଭିଯୋଗ କଲେ ମଧ୍ୟ, ରାଣ୍ଡ-ମାଇପଙ୍କ ପରି ଛାଡ଼ି ପଳାଇବାକୁ ନିତି ଧମକ ଦେଉଥିଲେ ବି ଚାକିରିଖଣ୍ଡ ଛାଡ଼ି ଯାଇ ହୁଏ ନି। ପାନଦୋକାନ କରିବାକୁ ଲାଜ, ମଲା ଏମ୍. ଏ. ପଢ଼ିଛିଟି! ଲୋକେ କଣ କହିବେ? ମାତ୍ର ଆମେରିକା ଶିକ୍ଷାରେ ଛାତ୍ର ସବୁ ହୋଇପାରିବ, ମୂଲିଆ ହେବ, ମାଲିକ ବି ହେବ।

ଆମ ପିଲାମାନେ ବାପ ଅଜା ନାଁ ନ ଜାଣନ୍ତୁ ପଛେ ବାବର ଆକବରଙ୍କ ସାତପୁରୁଷ ନାଁ ମୁଖସ୍ତ କରିଥାନ୍ତି। ପିଲାଏ ବି. ଏ. ରେ ଅନର୍ସ ନେଇ ପାସ୍ କରି, ନେହ୍ରୁଙ୍କ ଘର କେଉଁଠି ଜାଣନ୍ତି ନାହିଁ। ଯେଉଁ ବିଶ୍ୱବିଦ୍ୟାଳୟରେ ପଢ଼ନ୍ତି, ତାର ଭାଇସ୍‌ଚାନ୍‌ସେଲର କିଏ ବା ଭାଇସ୍‌ଚାନ୍‌ସେଲର ଅର୍ଥ କଣ ଜାଣନ୍ତି ନାହିଁ। ଡେପୁଟି ହେବା ପାଇଁ କେତେଦିନ ତଳେ ଯେଉଁ ପରୀକ୍ଷା ହୋଇଥିଲା, ପବ୍ଲିକ୍ ସର୍ଭିସ କମିଶନ ତାର ଫଳାଫଳ ଦେଖାଇ କହିଥିଲେ ଯେ, ଓଡ଼ିଆ ପିଲାଏ ହୀରାକୁଦ ବନ୍ଧ କେଉଁଠି

କହିପାରିଲେ ନାହିଁ। କିନ୍ତୁ ଟେନିସିଭାଲି କଥା ପଚାର, ଏଇନେ କହିଦେବେ। ଏଇ ହେଲା ଆମ ଅବସ୍ଥା। ମାତ୍ର ତାଙ୍କ ଅବସ୍ଥା ଠିକ୍ ଓଲଟା। ତାଙ୍କ ନିଜ ଦେଶ ବିଷୟରେ ସେମାନଙ୍କୁ ଏତେ ଜାଣିବାକୁ ପଡ଼େ ଯେ, ଅନ୍ୟ ଦେଶକଥା ଜାଣିବାର ଅବସର ନଥାଏ। ଦଶମ ଶ୍ରେଣୀର ପିଲାଙ୍କୁ ବିଲାତର ପ୍ରଧାନମନ୍ତ୍ରୀ କିଏ ପଚାରିବାରେ କେହି କହିପାରିଲେ ନାହିଁ, କେବଳ ଜଣେ ପିଲା ଭୁଲ୍ ଉତ୍ତର ଦେଲା। ଚର୍ଚ୍ଚିଲ ବୋଲି କହିଲା। ଐତିହାସିକ ପୁରୁଷ ସେ ନିଆଁଗିଳା ଜାଠନେତା ଚର୍ଚ୍ଚିଲ ସେତେବେଳେ ନ ଥିଲେ। ଥିଲେ ସାମ୍ୟବାଦୀ ଅଟ୍‌ଲି। ବାହାର ବିଷୟରେ ଏ ଅଜ୍ଞତା କେବଳ ଛାତ୍ରମାନଙ୍କଠି ପାଇବନି, ଆମେରିକାର ସର୍ବତ୍ର ଦେଖିବ। ମୋ ବିଲାତବନ୍ଧୁମାନଙ୍କୁ ଜଣେ ଆମେରିକାନ୍ ପଚାରିଲେ, ତମ ଦେଶରେ କଣ ଟେଲିଫୋନ୍ ବ୍ୟବହାର କର?" ହସି ହସି ପେଟ କଣ ହୋଇଗଲା। ମନେ ମନେ ଘୃଣା ବି ହେଲା। ଏ ଚହଟଚିକ୍କଣ ରୂପ ତଳେ କଣ ମାଲ୍ କିଛି ନାହିଁ କି? ଲଣ୍ଡନ ପିଲାଏ ଫୋନ୍ ବ୍ୟବହାର କରନ୍ତି କି ନାହିଁ, ଏ କଥା ପଚାରିବାର ନିର୍ବୋଧତା ଏ ଦୁନିଆରେ ଆଉ କାହାର ଥିବ, ଭାବି ହୁଏ ନା। ସେଥିପାଇଁ ମୋର ସବୁବେଳେ ଚିନ୍ତା ଥାଏ ଯେ, ଏ ଅଜ୍ଞଗୁଡ଼ା ମୋତେ ହୁଏତ କଣନା କଣ ପଚାରିବେ। ଥରେ ଗୋଟିଏ ପରିବାରରେ କଥାବାର୍ତ୍ତା ହେଉଥାନ୍ତି, "ଚାଲ ଗୋଲକକୁ ଗୋଟାଏ ଲୁଗା ସିଲାଇ ସିଙ୍ଗର୍ ମେସିନ୍ ଦେଖାଇବା। ଦେଖିବା, ମେସିନ୍ ଦେଖି ସେ କଣ ଭାବୁଛି।" ମୁଁ ଉପର ମହଲାରୁ ଏ କଥାଟା ଶୁଣିପାରି କହିଲି, "ନିଜକୁ ଆଉ ବେଶୀ ନିର୍ବୋଧ ବୋଲି ପରିଚୟ ଦିଅ ନାହିଁ। ଦେଖିବା କଥା ପଚାରୁଛ କଣ, ମୁଁ ନିଜେ ସିଲେଇ କରି ଜାଣେଁ। ଆମ ଗାଁ ଗହଳରେ ଏବେ ବି ସିଙ୍ଗର୍ ମେସିନ୍ ଚାଲୁଛି।" ସମସ୍ତେ ଅବାକ୍ ହେଲେ।

ଆମ ସ୍କୁଲରେ ଥରେ ନାମ ଲେଖାଇଦେଲେ ପିଲାଙ୍କ ମୁରବି ଓ ମାଷ୍ଟ୍ରଙ୍କ ଭିତରେ ଆଉ ଦେଖାସାକ୍ଷାତ ନାହିଁ। ପିଲା ଯଦି ସ୍କୁଲକୁ ନ ଆସି ଲୁଚିଲା, ଜୋରିମାନା ହେଲା କିମ୍ବା ମାଷ୍ଟ୍ରଙ୍କ ପାଳି ଠିକ୍ ସମୟରେ ଦେଇ ନ ପାରିଲ, ତେବେ ଗାଁ ମାଷ୍ଟ୍ରେ ଖୋଜି ଖୋଜି ମୁରବି-ଦୁଆରକୁ ଯାନ୍ତି, ବଚସା ହୁଅନ୍ତି। ହାଇସ୍କୁଲ ଓ କଲେଜ କଥା ଛାଡ଼ିଦିଅ। କର୍ତ୍ତୃପକ୍ଷ ରେଜିଷ୍ଟର ବହି ଦେଖି ମୁରବିମାନଙ୍କ ନାମ ଜାଣନ୍ତି। କଳା କି ଗୋରା ଆଖିରେ ଦେଖନ୍ତି ନାହିଁ। ଖାଲି ସ୍କୁଲ କଲେଜରେ ପିଲାଏ ଗଣ୍ଡଗୋଳ କଲେ ମଝିରେ ମଝିରେ ବାପମାନଙ୍କ ପାଖକୁ ଖଣ୍ଡେ ଖଣ୍ଡେ ଧମକପତ୍ର ଆସେ ଯାହା। ମୁରବିମାନଙ୍କ ସାଥିରେ ଦେଖା ସାକ୍ଷାତ ବୋଇଲେ ସେତିକି। କିନ୍ତୁ ଆମେରିକାରେ ଅନ୍ତତଃ କେତେଗୁଡ଼ା ଷ୍ଟେଟ୍‌ରେ ସ୍ୱୀକାର କରି ନିଆ ହୋଇଛି ଯେ, ଯେଉଁ ଲୋକର ପିଲାଙ୍କୁ ସ୍କୁଲ କଲେଜରେ ଶିକ୍ଷା ଦେଉଛି, ସେହି ପିଲାମାନେ କି ପ୍ରକାର ଶିକ୍ଷା

ପାଇବେ, ସେମାନଙ୍କ ଭବିଷ୍ୟତ ସଙ୍ଗେ ଶିକ୍ଷାର କି ସମ୍ପର୍କ ରହିବ, ତାଙ୍କ ମୁରବିମାନେ ତା ଜାଣିବା ଉଚିତ। ସେଥିପାଇଁ ସେମାନଙ୍କର ପି. ଟି. ଏ. (ପାରେଣ୍ଟ୍ ଟିଚର୍ ଆସୋସିଏସନ୍) "ମୁରବି ମାଷ୍ଟର ସଙ୍ଘ" ବୋଲି ଗୋଟିଏ ଅନୁଷ୍ଠାନ ଅଛି। ଚାନ୍ଦା ଦେଇ ମୁରବି ଓ ଶିକ୍ଷକମାନେ ତାର ମେମ୍ବର ହୁଅନ୍ତି। ମଝିରେ ମଝିରେ ସେମାନଙ୍କର ସଭା ବସେ। ମୁରବି ମାଷ୍ଟର ଏକାଠି ବସି ଶିକ୍ଷାର ଅତୀତ, ବର୍ତ୍ତମାନ, ଭବିଷ୍ୟତ ବିଚାର କରନ୍ତି। ଏମିତିକି ଶିକ୍ଷା-ପଲିସିରେ ବି ବାପମାଙ୍କର ହାତ ଥାଏ। ବିଶ୍ୱବିଦ୍ୟାଳୟର ବାହାରି କ୍ଷମତାରେ ପ୍ରାଥମିକ ଶିକ୍ଷା ପରିଚାଳିତ ନ ହୋଇ ମୁରବି ଓ ମାଷ୍ଟରଙ୍କୁ ସମାଲୋଚନାସିଦ୍ଧ ପଦ୍ଧତିରେ କାମ ଚଳେ। ତା ଫଳରେ ମୁରବିମାନେ ସ୍କୁଲର ଭଲମନ୍ଦ ଲାଗି ଜାଗ୍ରତ ଥାନ୍ତି ଓ ସ୍କୁଲର ଅବସ୍ଥା ସ୍ୱଚ୍ଛଳ ଥାଏ।

ଜୁନ୍, ଜୁଲାଇ, ଅଗଷ୍ଟ ଓ ସେପ୍‌ଟେମ୍ବର ଅଧା ପର୍ଯ୍ୟନ୍ତ ସେମାନଙ୍କର ଗ୍ରୀଷ୍ମଛୁଟି। ସବୁ ସ୍କୁଲକଲେଜ ବନ୍ଦ ଥାଏ। ମାତ୍ର ଏହି ଗ୍ରୀଷ୍ମରେ କଲେଜ କୋଠାବାଡ଼ି ବନ୍ଦ ରହେ ନାହିଁ। କେତେଗୁଡ଼ା ବିଷୟରେ ଗ୍ରୀଷ୍ମକାଳୀନ ଶିକ୍ଷା ଦିଆଯାଉଥାଏ। କଳକାରଖାନା କାମରେ ପଞ୍ଚାଏ ବାହାରିଗଲେ ଆଉ ପଞ୍ଚାଏ ଯେମିତି ପଢ଼ନ୍ତି, ତାଙ୍କ କଲେଜସବୁ ଠିକ୍ ସେମିତି। ତମେ ନ ପଢ଼ି ପାରୁଥା, ମାତ୍ର ଆଉ ପଞ୍ଚାଏ କିଏ ହେଲେ ପଢୁଥିବେ। ଆମେରିକା ଛାତ୍ର-ଜୀବନରେ କ୍ୟାମ୍ପ୍ କରିବା ଗୋଟାଏ ବୈଶିଷ୍ଟ୍ୟ। ଦେଶର ଏପାଖ ଲୋକ ସେପାଖେ କ୍ୟାମ୍ପ୍ କରୁଥିବେ, ସେପାଖ ଲୋକ ଏପାଖେ କ୍ୟାମ୍ପ୍ କରୁଥିବେ। ବେଶୀ ଭାଗ କ୍ୟାମ୍ପ୍ ହେଉଛି ଛୋଟ ପିଲାମାନଙ୍କର। ମୋତେ ଆଶ୍ଚର୍ଯ୍ୟ ଲାଗେ, ଚାରିବର୍ଷ ପାଞ୍ଚବର୍ଷ ପିଲା ଘରଦ୍ୱାର ଛାଡ଼ି ଆସି କିମିତି କ୍ୟାମ୍ପ୍-ଜୀବନକୁ ଏତେ ଉପଭୋଗ କରନ୍ତି! ହାଇସ୍କୁଲର ଫାଷ୍ଟ୍ କ୍ଲାସରେ ପଢୁଥିବା ଯାଏ ଘର ଛାଡ଼ିଲା ଦିନ ଆଖିରୁ ଲୁହ ବୋହୁଥିଲା। ମୋ ଲୁହ ସଙ୍ଗେ ବୋଉ ଲୁହ ବି ମିଶି ଯାଉଥିଲା। ଆମେରିକାନ୍ ବାପମା ପିଲାଙ୍କ ଠାରୁ ଅବ୍ୟାହତି ପାଇଁ, ଗ୍ରୀଷ୍ମରେ ବୁଲିବାପାଇଁ ଓ ମିଳିତ ଜୀବନର ଶୃଙ୍ଖଳା ଶିଖିବାପାଇଁ ପିଲାମାନଙ୍କୁ ଗ୍ରୀଷ୍ମ କ୍ୟାମ୍ପ୍‌କୁ ପଠାଇଦେଇ ନିଶ୍ଚିନ୍ତ ଥାନ୍ତି। ନଦୀକୂଳରେ, ହ୍ରଦକୂଳରେ ଏମିତି କେତେ ଛୋଟ ପିଲାଙ୍କ କ୍ୟାମ୍ପ୍ ଦେଖି ଆଶ୍ଚର୍ଯ୍ୟ ହେଉଥିଲି। କି ବିରାଟ ଭ୍ରମଣକାରୀ ଜାତି! ଜନ୍ମ ହେଲା ଦିନୁ ମୃତ୍ୟୁ ପର୍ଯ୍ୟନ୍ତ ଘୂରୁଛନ୍ତି ଅବସର ନାହିଁ, ଅବସାଦ ନାହିଁ। ଛୋଟ ଛୋଟ ପିଲାସବୁ ନାଆ ଧରି ପାଣିରେ ବୁଲୁଛନ୍ତି। କିଏ ଗଛରେ ଦୋଳି ଖେଳୁଥାଏ ତ କିଏ ହଟ ମାରୁଥାଏ। କି ଫୂର୍ତ୍ତି, କି ଜୀବନ, ଫୁଟନ୍ତା ଫୁଲ ସେ ସୁସ୍ଥ ସବଳ ଆମେରିକାନ୍ ଶିଶୁ।

ଥରେ ଗୋଟିଏ କ୍ୟାମ୍ପ୍ ଦେଖିବାକୁ ଯାଇଥିଲି। ରବଟ୍ ବ୍ରୁସ୍ ବୋଲି ଗୋଟିଏ ସୁନ୍ଦର ଗୋଲଗାଲିଆ ପାଞ୍ଚବର୍ଷିଆ ପିଲା ଆସି ମୋତେ ପଚାରିଲା, "ତମେ କିଏସେ,

କେଉଁଠୁ ଆସିଛ।" ପ୍ରଶ୍ନ ପଚାରିବାର ସେ ଠାଣି ମୁଁ ଜୀବନରେ ଭୁଲିବି ନାହିଁ। ପୁରୁରଜାଙ୍କୁ ଆଲେକ୍‌ଜେଣ୍ଡାର ଏମିତି ଦର୍ପରେ ପଚାରିଥିବ କି ନା ସନ୍ଦେହ। ପିଲାଟିକୁ କୋଳକରି କହିଲି, "ତମେ ଅନୁମାନ କର, ମୁଁ କେଉଁ ଦେଶରୁ ଆସିଛି।" ସେ କହିଲା, "ଜର୍ମାନୀ।" ସବୁ ପିଲା ଅବାକ୍ ହୋଇ ଅନାଇ ରହିଲେ, ଚୁପ୍‌ଚାପ୍ ହେଲେ, ଏ ଲୋକଟି ଜର୍ମାନୀରୁ ଆସିଛି। ତହୁଁ ତାଙ୍କ ମାଷ୍ଟ୍ରାଣୀ କହିଲେ, "ସମସ୍ତେ ଭୁଲ୍। ସେ ବହୁଦୂରରୁ ଆସିଛନ୍ତି, ଭାରତରୁ। ଏଠାକୁ ଏଗାର ହଜାର ମାଇଲ।" ପିଲାଗୁଡ଼ିକ ଅବାକ୍ ହୋଇ ପଚାରିଲେ, "ସତେ ?"

ହଁ, ମାଷ୍ଟ୍ରମାନଙ୍କ କଥା ଆଉ ଟିକିଏ କହେଁ। ଆମ ମାଷ୍ଟ୍ରେ ଥରେ ଏମ୍. ଏ. ପାସ୍‌କରି ଆସିଲେ ପିଲାଏ ଭାବନ୍ତି ସେ, ତାଙ୍କୁ ସବୁ ଆସିବ। ଯଦି ପିଲା ଯେକୌଣସି ଗୋଟାଏ ପ୍ରଶ୍ନ ପଚାରନ୍ତି, ଆଉ ମାଷ୍ଟ୍ରେ ତାର ଉତ୍ତର ଦେଇ ନ ପାରନ୍ତି, ପିଲାଙ୍କ ଆଖିରେ ମାଷ୍ଟ୍ରଙ୍କ ସମ୍ମାନ ବିଶେଷ ହାନି ହୁଏ। ସେଥିପାଇଁ ସମ୍ମାନହାନି ଭୟରେ ବି ମାଷ୍ଟ୍ରେ ଅନେକ ସମୟରେ ଏପାଖ ସେପାଖ କିଛି ଗୋଟାଏ ବୁଝାଇବାର ଚେଷ୍ଟା କରନ୍ତି। ମାତ୍ର ସେ ଦେଶରେ ଯେ ଯେଉଁ ବିଷୟରେ ଗବେଷଣା କରୁଥାନ୍ତି, ସେହି ବିଷୟ-ବହିର୍ଭୂତ କୌଣସି ପ୍ରଶ୍ନ ହେଲେ ସେମାନେ ସିଧା ମନା କରିଦିଅନ୍ତି ଯେ, ସେ ଜାଣନ୍ତି ନାହିଁ। ସେ ବିଷୟରେ ଯେ ବିଶେଷଜ୍ଞ ତାଙ୍କ ନିକଟକୁ ଯିବାପାଇଁ ଉପଦେଶ ଦିଅନ୍ତି। ସେଥିରେ ପିଲା ଏତେ ଟିକେ ଆଶ୍ଚର୍ଯ୍ୟ ହୁଅନ୍ତିନି ବା ମାଷ୍ଟ୍ରଙ୍କ ସମ୍ମାନ ଉପରେ କିଛି ଆଞ୍ଚ ଆସେ ନି। ଗୋଟାଏ ଉଦାହରଣ ନିଆଯାଉ। ଆମ ଦେଶରେ ଯଦି ଜଣେ ଅର୍ଥନୀତି ପଢ଼ାଉଛନ୍ତି, ତେବେ ସେ ସବୁ ଜାଣିବା ଦରକାର ହେଉଛି—ମନି, ବ୍ୟାଙ୍କ୍, ପଲିଟିକ୍‌ସ। ଯଦି ଜଣେ ଓଡ଼ିଆ ପଢ଼ାଉଛନ୍ତି, ସେ ସାରଳା ଦାସ, ସାମନ୍ତସିଂହାରକୁ ଜାଣିବା ଯେମିତି ଦରକାର; କାହ୍ନୁ, କାଳିନ୍ଦୀ ଓ ମାନସିଂହଙ୍କୁ ଜାଣିବା ସେମିତି ଦରକାର। ଏ କଣ ଏଡ଼େ ସହଜ କଥା ? ସେ ଦେଶରେ ପ୍ରତ୍ୟେକ ବ୍ୟକ୍ତି ବା ବିଭାଗ ଉପରେ ଜଣେ ଜଣେ ବିଶେଷ ଗବେଷଣା କରୁଥିବାରୁ ଜ୍ଞାତବ୍ୟ ବିଷୟଟି ଭଲ ଜାଣନ୍ତି। ଆମର ସବୁଥିରେ ଥାଇ କେଉଁଥିରେ ନ ଥଲା ପରି ସବୁ ପଢୁଁ। କୌଣସିରେ ବିଶେଷ ଜ୍ଞାନ ସମ୍ଭବ ହୁଏନି। ତା ଛଡ଼ା ତାଙ୍କ ଶିକ୍ଷକମାନଙ୍କର ପଢ଼ିବାପାଇଁ ବହୁତ ବାହାରି ସୁବିଧା। ପ୍ରତ୍ୟେକଙ୍କର ଗୋଟିଏ ଗୋଟିଏ ଘର ଥାଏ। ସେଠି ବସି ଚୁପ୍‌ଚାପ୍ ପଢ଼ନ୍ତି। ଆମର ତ ରହିବାପାଇଁ ଘର ନାହିଁ; ତେଣୁ ସେଠି ସବୁବେଳେ ଚେଭେର୍‌ଚାଭେର୍। କଲେଜକୁ ଆସିଲେ ଅଧ୍ୟାପକମାନଙ୍କ ସେବା ଘର ତ ଗୋଟାଏ ଗୋଟାଏ ଗୁହାଳ, ସାଧୁ ଭାଷାରେ କହିଲେ ଗୋଶାଳା! ବୌଦ୍ଧ ସଂଘ ପରି ସେ ଗୋଟାଏ ବିଶ୍ୱମତ ପ୍ରଚାର ସଂଘ। ତେଣୁ ନାହିଁ ଘରେ ପାଠ, ନାହିଁ ବାହାରେ ପାଠ। ଯେ ବୌଦ୍ଧ ସନ୍ନ୍ୟାସୀ

ହୋଇ କୌପୀନ ମାରି ବଣରେ ବସିବେ, ସେହି କେବଳ ଗବେଷଣା କରିପାରିବେ। ସେ ଦୃଷ୍ଟିରୁ ପାଶ୍ଚାତ୍ୟ ଶିକ୍ଷକମାନଙ୍କୁ ମଣିଷ ସତେ କେତେ ଈର୍ଷା କରେ! ତା ଛଡ଼ା ଥରେ ଶିକ୍ଷକ ହେଲେ ଆଉ କ୍ଲାସରେ ବସି ଶିକ୍ଷା ନେବାର ସୁବିଧା ଆମର ନ ଥାଏ। ମାତ୍ର ସେ ଦେଶରେ ଦେଖିବେ ବର୍ତ୍ତମାନ ଯେ ତମକୁ ଗୋଟିଏ କ୍ଲାସରେ ପଢ଼ାଉଛନ୍ତି, ଆଉ ଗୋଟାଏ କ୍ଲାସରେ ତମ ସାଙ୍ଗେ ବସି ପଢୁଛନ୍ତି। ଏମିତି ବି ହୁଏ, ତମେ ବି ବେଳେ ବେଳେ ତମ ନିଜ ଗବେଷଣା ବିଷୟରେ ସେମାନଙ୍କୁ ପଢ଼ାଇବ। ସେମାନେ ବାସ୍ତବରେ ଆଜୀବନ ଛାତ୍ର। ଶିଖିବା ମନୋବୃତ୍ତି ଏତେ ପ୍ରବଳ ଓ ସେ ଦୃଷ୍ଟିରୁ ସେମାନେ ଏତେ ବିନୀତ ଯେ, ପ୍ରତ୍ୟେକ ବୋଧହୁଏ ନିଉଟନଙ୍କ ପରି ସ୍ୱୀକାର କରନ୍ତି ଯେ, ସେମାନେ ଜ୍ଞାନସାଗର-ତୀରରୁ ଉପଳମାତ୍ର ସଂଗହ କରୁଛନ୍ତି। "ବିଦ୍ୟା ଦଦାତି ବିନୟଂ" କଥାଟା ସେଇଠି ଦେଖିବାକୁ ମିଳେ। ଅନେକ ସମୟରେ ମାଷ୍ଟ୍ରମାନେ ପିଲାଙ୍କ ସଙ୍ଗେ ନୂତନ ବିଷୟ ପଢ଼ି କ୍ଲାସ ପରୀକ୍ଷାରେ ପିଲାଙ୍କଠୁ କମ୍ ନମ୍ବର ରଖନ୍ତି, କିନ୍ତୁ ସେଥିପାଇଁ କେବେ ଲଜ୍ଜିତ ହେବାର ଦେଖାଯାଏ ନି। ଗୁରୁଶିଷ୍ୟ ସମ୍ପର୍କ ଏତେ ମଧୁର ଓ ସହଜ ଯେ, ସେଥିରେ ସାନ ବଡ଼ର ପ୍ରଶ୍ନ ଉଠେନି। ବଡ଼ ବଡ଼ ପ୍ରଫେସରମାନଙ୍କ କଥା ସ୍ୱତନ୍ତ୍ର। ସେମାନଙ୍କୁ ଦେଖିଲେ ଡର ନ ହୋଇ ଭକ୍ତି ଆସେ। ରାସ୍ତା ଘାଟରେ ଦେଖିଲେ ବି "ଗୁଡ୍ ମର୍ଣ୍ଣିଂ' କହି ଭଲମନ୍ଦ ପଚାରନ୍ତି। ଆମ ଦେଶରେ ପୂର୍ବେ ଯେଉଁ ଗୁରୁ ଶିଷ୍ୟ ସମ୍ପର୍କ ଥିଲା, ଆଜି ବାସ୍ତବରେ ତାହା ପାଶ୍ଚାତ୍ୟ ଦେଶରେ ଦେଖା ଦେଇଛି। ଆମ ଦେଶର ସାର ଶିକ୍ଷା ସେମାନେ ଗ୍ରହଣ କରିଛନ୍ତି। ଆମେ ଖାଲି ସବୁ ଅସାର ଗ୍ରହଣ କରି ପୁରୀ କୋଣାରକ ଆମର କହି ବଡ଼େଇ କରୁଁ ସିନା, ବଡ଼ ହେବାର ଚେଷ୍ଟା କରୁନି।

ଦୋକାନ ବଜାର

ଗୋରାଜାତି ମାତ୍ରେ ବ୍ୟବସାୟୀ ଜାତି। ଗାନ୍ଧି ତାଙ୍କୁ ଯଥାର୍ଥରେ ବଣିଆ ଜାତି ବୋଲି କହୁଥିଲେ। ଶିଖିବାର କଥା, ଦେଖିବାର କଥା, ସେ ଜାତି କେମିତି ବ୍ୟବସାୟ କରେ, କେମିତି ଗରାଖର ମନ କିଣେ। ଦୋକାନ ବଜାର କରିବା ଗୋଟାଏ ବିଶେଷ ବିଜ୍ଞାନ। ସେଥିପାଇଁ କେତେ ଶିକ୍ଷା, ସଂଯମ ଆବଶ୍ୟକ ତା ଗୋରାମାନଙ୍କଠୁ ଶିଖିବାର କଥା। ଦୋକାନ ବଜାରରେ ବଛା ବଛା ଝିଅ ସବୁ ବିକାକିଣା କରିବା ପାଇଁ ରଖା ହୋଇଥାନ୍ତି। ନ କିଣି ପଛେ ଟିକିଏ ଚାହିଁ ଯା। ବ୍ୟବହାର ଏତେ ମଧୁର ଯେ, ସାତ ଜନ୍ମର ସାଥୀ ପରି ମିନିଟିକେ ଆପଣାର ହୋଇଯାନ୍ତି। ପିଲାଦିନେ ଦେଖିଛି ଆମ ସ୍କୁଲ କାନ୍ଥରେ ବିଲାତୀ ଯୁବରାଜଙ୍କ ଛବିଟି ଟଙ୍ଗା ହୋଇଥିଲା। ଛବିଟି ଏମିତି ଅବସ୍ଥାରେ ଥାଏ ଯେ, କ୍ଲାସରେ ଯେତେ ପିଲା ବସିଥାନ୍ତି, ସମସ୍ତେ କହନ୍ତି ଚିତ୍ରଟି ମତେ ଚାହିଁଛି। ପ୍ରକୃତରେ ତ ଚିତ୍ରଟି କାହାକୁ ଅନାଇ ନ ଥାଏ। ସେମିତି ସେ ଦେଶ ଦୋକାନ ବଜାରରେ ଯେ ଝିଅ ସବୁ ଥାନ୍ତି, ତାଙ୍କ ବ୍ୟବହାର ଦେଖିଲେ ମନେହୁଏ, ସେ ସମସ୍ତଙ୍କୁ ଅନାଇଛନ୍ତି। ଦୋକାନଭିତରେ ପଶିଗଲେ କିଏ ହେଲେ ଜଣେ ଆସି ପଚାରନ୍ତି, “ମୁଁ ଆପଣଙ୍କୁ ସାହାଯ୍ୟ କରିପାରେଁ କି?” କି କୋମଳ ମଧୁରଭଙ୍ଗୀ! ସବୁ ବ୍ୟବସାୟ ଟି! ମାତ୍ର ମନେ ହୁଏ, ସତେ ଯେମିତି ସେଥିରେ ବ୍ୟବସାୟର ଗନ୍ଧ ନାହିଁ—ଖାଲି ମାୟାମମତାର କଥା।

ବିଲାତି ଦୋକାନରେ ସବୁ ଜିନିଷର ଦାମ୍ ଲେଖାଥାଏ। ଦୋକାନରେ ପଶି କେହି ‘ଦବାନବା କେତେ କହ’ ବୋଲି ଜିନିଷ ଦରଦାମ୍ କରନ୍ତି ନାହିଁ। ଦୋକାନର ରାସ୍ତା ପାଖ ବାଡ଼ଟା କାଚରେ ତିଆରି। ତାରି ଭିତରେ ଯେତେ ଜିନିଷ ଥାଏ, ପଦାକୁ ଦେଖାଯାଉଥାଏ। ଦାମ୍ ବି ସେଥିରେ ଲେଖାଥାଏ। ତେଣୁ ଯେଉଁ ଜିନିଷ କିଣିବା କଥା, ଦୋକାନରେ ପଶି ଦାମ୍ ପକାଇଲେ ଜିନିଷ ମିଳିଯାଏ। ଗୋଟିଏ ଦୋକାନରେ

ଜିନିଷ ନ ଥିଲେ ଯେଉଁ ଦୋକାନରେ ତା ମିଳିବ, ତାଙ୍କୁ ଫୋନ୍ କରି ବୁଝିଦିଅନ୍ତି। କହିଲେ ମଗାଇ ଦିଅନ୍ତି। ଆମଭଳି କହନ୍ତି ନାହିଁ ଯେ ଏଇଟା ବଜାରର ସବୁଠୁଁ ଭଲ ଜିନିଷ। ଏମିତି ଜିନିଷ ଆପଣ କେଉଁଠି ପାଇବେ ନାହିଁ। ବେଳେ ବେଳେ ସନ୍ଦେହ ହୁଏ କୋମ୍ପାନୀ କଣ ଏଇ କେତେଟା ଜିନିଷ ତିଆରି କରି ମରିଗଲା ? ଜିନିଷ ଯଦି ବେଶୀ ଓଜନର ହୁଏ ଓ କେହି ତାକୁ ନିଜେ ବୋହି ନେବା ପାଇଁ ରାଜି ହୁଅନ୍ତି ନାହିଁ, ତେବେ କୋମ୍ପାନୀ ତାଙ୍କ ଗାଡ଼ିରେ ଜିନିଷ ନେଇ ଗରାଖଙ୍କ ଘରେ ଛାଡ଼ି ଦେଇ ଆସନ୍ତି। ସେମାନେ ବରାବର ଆଖି ରଖିଥାନ୍ତି, ଗରାଖର ମନ ନେବାପାଇଁ। ଆମର ଗରାଖ ଚିଡ୍ଡୁ ପଛେ, ଆଉ ଥରେ ନ ଆସୁ ପଛେ, ଆଜି କିମିତି ଦୁଇ ପଇସା ମିଳିଯାଉ। ମାତ୍ର ତାଙ୍କର ଯୁକ୍ତିଟା ଠିକ୍ ଓଲଟା। ଆଜି ପଛେ ବେଶୀ କିଛି ନ ମିଳୁ, ଗରାଖ ଏମିତି ଭଲ ବ୍ୟବହାର ପାଇ ଫେରିଯାନ୍ତୁ ଯାହା ଫଳରେ ସେ ଆଉ ଥରେ ଆସିବାକୁ ମନ କରିବେ। ତା ଛଡ଼ା ଆମର ଦୋକାନ ବଜାର ଓ ଜିନିଷ କମ୍ ବୋଲି ଦୋକାନୀ ବାବୁମାନଙ୍କର ମଗଜ ବଡ଼ ଟାଣ, ମାତ୍ର ସେଠି ତ ସମସ୍ତେ ଦୋକାନୀ, ଏଠି ନ ମିଳିଲେ ସେଠି ମିଳିବ। ତେଣୁ ମନ ମୋଟ କରି ଗରାଖକୁ ଅସୁନ୍ଦର ବ୍ୟବହାର କରିବାର ଅବସର ନ ଥାଏ ବରଂ ଜିନିଷ ଯାହା ହେଉ ପଛେ ବ୍ୟବହାରରେ ଏତେ ଟିକେ ଖିଲାପ କରିବା କଥା ନୁହେଁ। ଆମ ଦୋକାନରେ ପଶିଲେ ଦୋକାନୀ ପଚାରନ୍ତି, "ବାବୁ ନବ ନା ଦେଖିବ ?" ଯଦି ଟିକିଏ ଦେଖିବ ବୋଲି କେହି କହନ୍ତି, ତେବେ ନ ଚାହିଁଲା ଭଳି ହୋଇ ଉତ୍ତର ଦିଅନ୍ତି, "ଏଇନେ ଆମର କେହି ଲୋକ ନାହାନ୍ତି।" ବିଦେଶରେ ଦୋକାନ ବଜାର ଦେଖି ସ୍ୱଦେଶ ଦୋକାନୀଙ୍କର ତିକ୍ତ ବ୍ୟବହାର ତିକ୍ତତର ମନେ ହୁଏ।

ଏଇ ଦରଦାମ୍ କଥା ଆମେରିକାରେ ଟିକିଏ ଭିନ୍ନ! ସେଠି ବେଳେ ବେଳେ କେତେଗୁଡ଼ା ଜିନିଷରେ ବିଶେଷତଃ ଲୁଗାପଟାରେ ଦବାନବା ବିଚାର ଅଛି। ସେଥିପାଇଁ ଅନେକ ସମୟରେ ମନେ ହୁଏ, ମୁଁ କଣ ଠକେଇରେ ପଡ଼ିଗଲି କି ? ଆଉ ପାଞ୍ଚ ହାତ ଯାଇଥିଲେ ଦିପଇସା କ'ଣ ରିଆତି ମିଳିଥାନ୍ତା କି ? ସେ ଦୃଷ୍ଟିରୁ ବିଲାତି ବଜାର ନିରାପଦ ବୋଲି ମୋର ମନେ ହୁଏ। ଆନ୍ତର୍ଜାତିକ ଛାତ୍ରଟିକଟ ଛାତିରେ ମାରି କେତେକ ସମୟରେ ଆମେ ଲାଭ ବି ପାଇଛୁଁ। ତିନି ଡଲାରର ପାଣ୍ଟ୍ ଆମକୁ ଦୁଇ ଡଲାରରେ ମିଳିଛି। ଡଲାରକର ଖାଦ୍ୟ ଅଧଡଲାରରେ ମିଳିଛି। ପଚାରିଲେ କହନ୍ତି, "ହଉ, ତମେ ଜଣେ ଆନ୍ତର୍ଜାତିକ ବନ୍ଧୁ, ଏତେ ଦୂରରୁ ଆସିଛ, ସ୍ମୃତି ରଖିବାପାଇଁ ତମକୁ କିଛି ଛାଡ଼ କରିଦେଉଛି।" କିନ୍ତୁ ବିଲାତରେ ଏମିତି ଅନୁଭୂତି କେବେ ମୋର ହୋଇନି ବା ମୁଁ କୌଣସି ବନ୍ଧୁଙ୍କଠାରୁ ଶୁଣିନି।

ଆମେରିକାରେ କେତେ ପ୍ରକାର ଦୋକାନ ବଜାର ଅଛି, ଯା ବିଲାତରେ ଏ ପର୍ଯ୍ୟନ୍ତ ପ୍ରଚଳିତ ହୋଇନି, ଯଥା—ସୁପର ମାର୍କେଟ୍। ଓଡ଼ିଆରେ କହିଲେ ବଡ଼ବଜାର ବା ବଡ଼ ଦୋକାନ। ଆମେରିକାରେ ସବୁବେଳେ ଚେଷ୍ଟା ଚାଲିଛି, କିମିତ ମେସିନ୍ ବେଶୀ କାମ କରିବ, ମଣିଷକୁ ଯେମିତି ହାଡ଼ଭଙ୍ଗା ପରିଶ୍ରମ କରିବାକୁ ପଡ଼ିବନି। ତା ଛଡ଼ା ପଚାଶ ଜଣଙ୍କ ଜାଗାରେ ପାଞ୍ଚ ଜଣ କିମିତ କରିବେ, ସେହି ଚେଷ୍ଟା ଖୁବ୍ ବେଶୀ। ଆମେରିକାରେ ଯେଉଁ ବଡ଼ ବଡ଼ ଦୋକାନ ଅଛି, ତହିଁରେ ଥରକେ ହଜାର ସଂଖ୍ୟା ଲୋକ ଏକାବେଳକେ ପଶି କାରବାର କରିପାରିବେ। ତା ହେଲେ ଯେଉଁଠି ହଜାର ଲୋକ ଏକାଠି କିଣିବାକୁ ଯିବେ, ସେଠି ବିକ୍ରି କରିବାକୁ କେତେ ଲୋକ ରହିବେ, ଭାବିବା କଥା। ମାତ୍ର ଆମେରିକାରେ ଲୋକ ପାଇବା ଯେମିତି କାଠିକର ପାଠ, ସେଥିରେ ଏ ଦୋକାନସବୁ ଚାଲିବ କେମିତି ? ସେଥିପାଇଁ ସୁପର୍‌ମାର୍କେଟ ପନ୍ଥା ଏବେ ଗ୍ରହଣ କରାଯାଇଛି। ପାଞ୍ଚଶ ଲୋକ ଏକାବେଳକେ କିଣି ପାରୁଥିବା ଦୋକାନରେ ମୋଟେ ପାଞ୍ଚ ଜଣ ବିକାଳି ଥାନ୍ତି। ଦୋକାନରେ ପଶିବା ଜାଗାରେ ପାଞ୍ଚ ଜଣ ଲୋକ ଖଣ୍ଡେଦୂର ଛଡ଼ା ଛଡ଼ା ହୋଇ ଛିଡ଼ା ହୋଇଥାନ୍ତି। ପ୍ରତ୍ୟେକଙ୍କ ପାଖରେ ଗୋଟିଏ ଗୋଟିଏ ଲୁହାର ବାରେଣୀ ବା ଡିଆଁ ପୋତା ହୋଇଥାଏ। ଟିକଟ୍ କାଟି ଷ୍ଟେସନ ହତାରେ ପଶିଲାବେଳେ ଯେମିତି ବାରେଣୀ ଦିଆ ଯାଇଥାଏ, ଠିକ୍ ସେହିପରି। ସେହି ବାରେଣୀ ନିକଟରେ ଶହ ଶହ ସଂଖ୍ୟାର ଛୋଟ ଠେଲାଗାଡ଼ି ରଖା ହୋଇଥାଏ। ଯେଉଁମାନେ ଦୋକାନରୁ କିଣିବାକୁ ଯାନ୍ତି, ସେମାନେ ସେହି ଗାଡ଼ିରୁ ଖଣ୍ଡିଏ ଖଣ୍ଡିଏ ଠେଲି ଦୋକାନରେ ପଶନ୍ତି। ଯଦି କାର ପିଲାଛୁଆ ଥାନ୍ତି, ସେହି ଛୋଟ ଗାଡ଼ିରେ ବି ବସାଇଦିଅନ୍ତି। ଦୋକାନଭିତରେ ପଶିଲେ ସବୁ ଜିନିଷ ଦେଖିବେ, ବିଶେଷତଃ ଖାଦ୍ୟପାନୀୟ ଜିନିଷ ବେଶୀ ଏହି ସୁପର୍‌ମାର୍କେଟରେ। ବରଫଥଣ୍ଡା ଉଜ୍ଜ୍ୱଳ କାଚ ଆଲମାରୀ ଭିତରେ ଏମିତି ଭାବରେ ସଜ୍ଜା ହୋଇ ଜିନିଷ ରହିଥାଏ ଯେ, ଧାର କରି ବି କିଣିବାକୁ ଇଚ୍ଛା ହେବ। ଠେଲାଗାଡ଼ି ଧରି ଦୋକାନଯାକ ବୁଲି ବୁଲି ନିଜ ହାତରେ ଜିନିଷ କାଢ଼ି ଯେତେ ଆଣିପାରିବ। ଅସଲ ଅଣ୍ଟାରେ ପଇସା ଥିଲେ ହେଲା। ଦୋକାନଭିତରେ ଗାଡ଼ି ଓ ବର୍ଣ୍ଣବିଚିତ୍ର ବହୁ ଲୋକଙ୍କୁ ଦେଖିବା ଗୋଟାଏ ବିଶେଷ ମଉଜ। ସବୁ ଆଲମାରୀ ଖୋଲା, କିନ୍ତୁ ଅଣ୍ଟାରେ ଖୋସିବା, କାଖରେ ଜାକିବାର ଉପାୟ ନାହିଁ।

ଜିନିଷ କିଣିସାରି ଗାଡ଼ି ଧରି ସେହି ବାରେଣୀମୁହଁରେ ପହଞ୍ଚିଗଲେ ସେଠି ଠିଆ ହୋଇଥିବା ଲୋକ ଆଖିପିଛୁଳାକେ ସବୁ ଜିନିଷର ଦାମ୍ ଏକାଠି କହିଦିଏ। ଆଶ୍ଚର୍ଯ୍ୟ ନୁହେଁ ? ଆମେ କେତେ ନା କେତେ ପ୍ରକାର ଜିନିଷ କିଣିବୁଁ, ସେ ମୁହୂର୍ତ୍ତକେ କିମିତି

ମିଶାଣ କରି କହିଦେବ ? ହଁ, ପାରିବ । କାରଣ ସେଠି ମଣିଷ ମିଶାଣ ନ କରି ମେସିନ୍ କରିଦିଏ । ସବୁ ଜିନିଷ ଉପରେ ଦାମ୍ ଲେଖାଥାଏ । ମିଶାଣ ମେସିନ୍ ଉପରେ ଟାଇପ୍ କଲା ପରି ଟିପ ମାରିଦେଲେ ମିଶାଣ ଫଳ ବାହାରି ଆସେ । ପଇସା ଦିଅ, ନଚେତ୍ ଚେକ୍ ଦିଅ, ଯାଏ ଆସେନି । ଜିନିଷ ଯଦି ବେଶୀ ଓଜନ ହୋଇଥାଏ, କହିଲେ ସେ ମଧ୍ୟ ଜିନିଷ ବୋହି ଆଣି ଗରାଖଙ୍କ ମଟର ଉପରେ ରାସ୍ତାରେ ରଖିଦେଇ ଯିବେ । କହିବା ବାହୁଲ୍ୟ, ଏପ୍ରକାର କାମ ବେଶୀ ଭାଗ ଝିଅ କରନ୍ତି, କିମ୍ବା ଛୁଟି ସମୟରେ ସ୍କୁଲ କଲେଜ ପିଲାଏ କରି ପଇସା ପାନ୍ତି । ଅନେକ ଜାଗାରେ ଦୋକାନଭିତରେ ପଶି ଜିନିଷ କିଣୁ କିଣୁ କେତେ ସ୍କୁଲ ଶିକ୍ଷକ ଓ କଲେଜ ଛାତ୍ରଙ୍କୁ ଭେଟିଛି । ଏ ଦୃଶ୍ୟ ଆମ ଦେଶରେ କମ୍ । ଦୋକାନରେ ସିନା ଦୋକାନୀ, ମାଷ୍ଟ୍ର ସେଠି ପଶିବେ କାହୁଁ ?

ଆଜିକାଲି ଅଟୋମାଟ୍ ମେସିନ୍ ତ ସବୁ ଦେଶରେ ଅଳ୍ପବହୁତ ହୋଇଗଲାଣି । ଅଟୋମାଟ୍ ଅର୍ଥାତ୍ ମେସିନ୍‌ରେ ପଇସା ଗଳାଇଦେଲେ ଜିନିଷ ଆପେ ବାହାରି ଆସେ । ପଇସା ପକାଇଲେ ଫ୍ରାନ୍‌ସରେ ଯେମିତି ମଦ ବୋତଲ ବାହାରିଆସେ, ଆମେରିକାରେ ସେମିତି କୋକାକୋଲା ବୋତଲ ବାହାରେ । ଏମିତି ଗଣିଲେ ଅନେକ ଜିନିଷ ପଇସା ପକାଇଲେ ମେସିନ୍‌ରୁ ବାହାରେ ଦିଆସିଲି, ଚକୋଲେଟ, ନିଜର ଓଜନ ଟିକଟ୍ । ମଲା ମଲା, ସେତିକି କଣ ? ପଇସା ପକାଇ ମେସିନ୍ ଉପରେ ହାତ ରଖିଦେଲେ ହାତ ଦେଖି ମେସିନ୍ ଜ୍ୟୋତିଷ ପରି ଭଲମନ୍ଦ କହିଦେବ । 'ଚେଷ୍ଟା କଲେ ତମେ ଭଲ ବନ୍ଧୁ ପାଇବ, ତମେ ଭାରି ଖର୍ଚ୍ଚୀ, ଏ ଦେଶରେ ତମ ମନ ଭଲ ରହୁ ନାହିଁ—ଇତ୍ୟାଦି, ଇତ୍ୟାଦି ।' ହସ ମାଡ଼େ । ଯେଉଁଠି 'ପୁରୁଷସ୍ୟ ଭାଗ୍ୟଂ ଦେବାଃ ନ ଜାନାନ୍ତି କିବା ମନୁଷ୍ୟାଃ' ସେଠି ମେସିନ୍ ଏତେ ଶସ୍ତାରେ ମଣିଷର ଭବିଷ୍ୟତ୍ କହିଦଏ ।

ସୁତରାଂ ମେସିନ୍ କଣ କରିପାରେ, ତାର ଗୋଟାଏ ଧାରଣା ତ ମିଳିଲା । କିନ୍ତୁ ଆମେରିକାରେ ମେସିନ୍ ଗୋଟାଏ ଗୋଟାଏ ହୋଟେଲ ଚଳାଇଦିଏ । ତାକୁ ବି ଅଟୋମାଟ୍ କହନ୍ତି । ହୋଟେଲଭିତରେ ପଶି ଦେଖିବେ, କେହି ପରଶୁ ନାହିଁ, ଅଥଚ ସମସ୍ତେ ଖାଉଛନ୍ତି । ଏ କିମିତି କଥା ! କେବଳ ଗୋଟାଏ ଜାଗାରେ ଲେଖା ଅଛି "ଚେଞ୍ଜ୍ ହିଅର୍"—ଏଇଠି ବଦଳାଇ ନିଅନ୍ତୁ । ଅର୍ଥାତ୍ ଯଦି ଅଣି, ଦୋଅଣି, ଦୋପଇସି ନ ଥାଏ, ତେବେ ଏହି ସ୍ଥାନରେ ନୋଟ ଭଙ୍ଗାଇ ନିଅନ୍ତୁ । ହୋଟେଲର ଭିତର ପାଖ କାନ୍ଥବାଡ଼ ସବୁ କାଚତିଆରି । ଚାହିଁଲେ ଦେଖାଯାଉଛି, ଭିତରେ ସବୁ ପ୍ରକାର ଖାଦ୍ୟ ସଜା ହୋଇ ରଖା ହୋଇଛି । ଅଣ୍ଡା, କୁକୁଡ଼ା, ପିଠା, ଦୁଧ, ଫଳ, ଚା ଯାହା ଖୋଜିବେ, ସବୁ ପାଇବେ । ଗୋଟିଏ ଜାଗାରେ ଟ୍ରେ (ବଡ଼ ବଡ଼ ଥାଳି କହିଲେ ଚଳେ) ଓ କଣ୍ଟା-ଚାମଚସବୁ ଗଦା ହୋଇଛି । ଖଣ୍ଡିଏ ଥାଳି ଓ ଆବଶ୍ୟକ କଣ୍ଟାଚାମଚ ନେଇ କାନ୍ଥ

ପାଖକୁ ଯାଇ କଣାରେ ପଇସା ଗଳାଇଲେ, ପଇସା ଅନୁସାରେ ଜିନିଷ ବାହାରି ଆସେ। ପଇସା ନ ପକାଇଲା ଯାକେ ଜିନିଷ ବାହାରେ ନାହିଁ। ଅଳପ ପଇସା ପକାଇ ଠକିବାକୁ ଚାହିଁଲେ ପଇସା ତେଣେ ଠାକି ଯାଏ। ସେତକ ଜାଣି ଗଲା, ଆଉ ଆସିବ ନାହିଁ। ଦୁଧ ପିଇବାକୁ ଚାହଁ, ଚା, ପିଇବାକୁ ଚାହଁ, ପଇସା ଗଳାଇ ଦେଖିବ କିମିତି ଆଗ ଗୋଟିଏ କାଗଜର ଗ୍ଲାସ ବାହାରପଡ଼ିବ, ତା ଦେହରେ ଦୁଧ ବା ଚା ଢାଳି ହୋଇ ସେ ଗ୍ଲାସ ପୂର୍ଣ୍ଣ ହୋଇଯିବ। ସତେ ଯେମିତି ମେସିନ୍ ପଛରେ କେଉଁ କଅଁଳ ହାତରେ କରୁଣା ଝରି ପଡୁଛି। ମଣିଷ ସତେ କଣ ନ କରିଛି ! ପଥର ନୁହେଁ ତ ଲୁହାରୁ ବି ପାଣି ବାହାରୁଛି। ଖାଇ ପିଇ ସାରି ବାସନ ପକେଇଦେଇ ଆସ। ଲୋକ ଥା'ନ୍ତି, ସେ ବାସନ ଉଠାଇନେଇ ମେସିନ୍ ଭିତରେ ପୂରାଇ ସଫା କରିଦିଅନ୍ତି। ସମୟ ଲାଗେନି କିଛି। ଏହି ହେଲା ଆମେରିକାର ଅଟୋମାଟ୍ ହୋଟେଲ। ବିଲାତରେ ଏ ବ୍ୟବସ୍ଥା ଏ ପର୍ଯ୍ୟନ୍ତ ଆରମ୍ଭ ହୋଇନି। ଏବେ ହୁଏତ ହେବଣି।

•

ଧୋବା, ଭଣ୍ଡାରି ଓ ବ୍ରାହ୍ମଣ

ମନୁଷ୍ୟ ସଭ୍ୟତା କଥା କହିଲେ ତ ଧୋବା ଭଣ୍ଡାରିଙ୍କ କଥା କହିବାକୁ ହେବ। କାରଣ ସେ ଦୁଇ ଜଣଙ୍କ ସାହାଯ୍ୟ ବ୍ୟତିରେକେ ଏ ଧୋବଲି ସଭ୍ୟତା ପାଦେ ହେଲେ ଚାଲିପାରିବ ନାହିଁ। ଧୋବା କହିଲେ ତ ସେ ଦେଶରେ କେହି ଧୋବା ନାହିଁ। ମାତ୍ର ଧୋବା ବ୍ୟବସାୟୀ କୋମ୍ପାନୀସବୁ ଅଛି। ସପ୍ତାହରେ ଥରେ କୋମ୍ପାନୀର ଗାଡ଼ି ଆସେ; ଲୁଗାପଟା ନେଇଯାଏ। ଆଉ ଦିନେ ଆସି ଘରଠି ଦେଇଯାଏ। ଚକ୍ ଚକ୍ ଇସ୍ତ୍ରି। ହାତରେ ବେକରେ ସୁନ୍ଦର ପିନ୍ ମରା ହୋଇଥାଏ। ସୁନ୍ଦର ସୁନ୍ଦର ଚକମକିଆ କାଗଜରେ ବନ୍ଧା ହୋଇ ଲୁଗା ଆସିଥାଏ। ସତେ ଯେମିତି ମଉଳା ଫୁଲଟାକୁ କିଏ ପୁଣି ଜୀବନ୍ତ କରିଦେଇଛି ! ସୁନ୍ଦର ରସିଦ ପଛରେ ନାଁ ଗାଁ ସବୁ ଲେଖା ଥାଏ। ଏମିତି ବି କୋମ୍ପାନୀ ଅଛି, ଯେଉଁଠି ଲୁଗା ଦେଲେ ଦିନକରେ ମିଳିଯାଏ। ବିଲାତରେ କାମିଜ ଖଣ୍ଡେ ସଫା କରିବାକୁ ପନ୍ଦର ଅଣା ଲାଗେ, ଦଶଣା ଦାମ୍, ପାଞ୍ଚଣା ବିକ୍ରି ଟିକସ। ଯାହା କହନ୍ତି ଖଜଣାକୁ ମାଗଣ ବଳିଯାଏ। ଆମେରିକାରେ ଇଂଲଣ୍ଡ ଅପେକ୍ଷା ଦାମ୍ ଢେର୍ ବେଶୀ। କିନ୍ତୁ ପଇସା ଦେବ ସିନା, କାମଟା ଦେଖିବ ! ଆମ ଗାଁ ଧୋବଣୀ ବରଷ ଯାକରେ ଧାନ ବିଡ଼ାଟିଏ ନିଏ। ସେଥିପାଇଁ ଯେମିତି ଦିଅଁଙ୍କୁ ସେମିତି ପୂଜା ନୀତିରେ ସକାଳେ ନେଇ ଖାର ବୋଲି ସଞ୍ଜକୁ ଫେରାଇଦିଏ।

ଭଣ୍ଡାରି ଦୋକାନ ତ ଆହୁରି ବଢ଼ିଆ। କାନ୍ଥ ବାଡ଼ ଖାଲି ଦର୍ପଣ, ଯେଉଁଆଡ଼େ ବୁଲିବ ଖାଲି ମୁହଁ ଦେଖାଯିବ। ଧାଡ଼ି ହୋଇ ଚଉକୀସବୁ ପଡ଼ିଥାଏ। ଦାନ୍ତ ଡାକ୍ତରଙ୍କ ଅପରେସନ୍ ପରେ ଯେମିତି ମୂଲ୍ୟବାନ୍ ଚଉକୀ, ଠିକ୍ ସେମିତିକା। ବସିପଡ଼ିଲା ପରେ ବାରିକ ପାଡ଼ଲ୍ ଚିପିଦେଇ ଯେତେ ଉଚ୍ଚ ଇଚ୍ଛା କରିବ ତମକୁ ସେତିକି ଉଚ୍ଚ ଉଠାଇଦେବ। ତମେ ଆରାମରେ ବସି ଘୁମାଇଗଲେ କିଛି ଆପତ୍ତି ନାହିଁ। ମାତ୍ର ସବୁ ଦେଶରେ ବାରିକ ହାତରେ ଚୁଟି ଥିବା ଯାକ ମଣିଷର ଡର। ଆଉ କିଛି ନ ହେଉ

ଅସୁନ୍ଦର କରି କାଟିଦେଲେ ମଣିଷ ପଦାକୁ ବାହାରିପାରିବ ନାହିଁ। ପାଶ୍ଚାତ୍ୟ ଦେଶରେ, କି ଇଂଲଣ୍ଡ କି ଆମେରିକା କେଉଁଠି ହେଲେ ଭାରତୀୟଙ୍କ ପରି ସେମାନେ ବାଳ କାଟି ପାରନ୍ତି ନି। ଦୁଇ ବର୍ଷ ଭିତରେ ଦିନେ ହେଲେ କେବେ ଭଣ୍ଡାରିଘରୁ ମନଖୁସିରେ ମୁଁ ଫେରିବାର ମନେ ନାହିଁ। ଦୋକାନ ଟେବୁଲ ଉପରେ କେତେ ପ୍ରକାର ଇଲେକ୍‌ଟ୍ରିକ୍‌ଚାଳିତ ଯନ୍ତ୍ର, କେତେ ପ୍ରକାର ସାବୁନ୍, ତେଲ, ଅତର ଦେଖିଲେ ଠିକ୍ ଡାକ୍ତରଖାନା ବୋଲି ମନେ ହେବ। କିନ୍ତୁ ମନେ ରଖିବାକୁ ହେବ, ସବୁ ଦେଶରେ "ନରାଣାଂ ନାପିତଃ ଧୂର୍ତ୍ତଃ।" ଚଢ଼େଇ ଭିତରେ କାଉ ମଣିଷଭିତରେ ଭଣ୍ଡାରି ସବୁଠୁ ଚଲାକ୍। ସେ ଦେଶମାନଙ୍କରେ ଭଣ୍ଡାରି ଆହୁରି ଚଲାକ। ଆଖି ଆଗରେ ତାଲିକା ଝୁଲୁଥାଏ। ଖାଲି ବାଳ କାଟି ଦେଲେ ତିନି ଟଙ୍କା, ଆଉ ତେଲ ଲଗାଇଲେ କିମ୍ବା ପାଉଡର୍ ଦେଲେ ଦାମ୍ ଆହୁରି ଆହୁରି ଅଧିକ। ମୁଣ୍ଡରେ ହାତ ଦେଲା ମାତ୍ରେ ଭଣ୍ଡାରି ତମ ମନ ଜାଣି ଗପ ଆରମ୍ଭ କରିଦିଏ। "ହଁ, ନେହେରୁ ଭାରି ଭଲ, ଭାରତ ଲୋକେ ଆମର ବଡ଼ ବନ୍ଧୁ।" ତମେ ଯଦି କଥା ଛଳରେ ଭୁଲିଛ, ଆଉ ସେ ତେଲ ପାଉଡର୍ ପ୍ରଭୃତି ମାଖିବାକୁ ଲାଗିଛ, ତେବେ ମନେ ରଖିଥା ଯଥେଷ୍ଟ ପଇସା ନ ଥିଲେ ହୁଏତ କାମିଜ୍ ବନ୍ଧା ପକାଇବାକୁ ହେବ। କିଏ ଜାଣେ ସାତ କି ଆଠ ଟଙ୍କା ନ ବାଜିବ? ନୂଆ ନୂଆ ଆମ ଲୋକେ ପ୍ରଥମେ ତାଙ୍କ କଥା ନ ବୁଝି ସବୁଥିରେ ହଁ ମାରନ୍ତି, ଶେଷରେ ପଇସା ଗଣିଲା ବେଳକୁ ଫାଙ୍କସି ଉଡ଼େ—ଦିଅ ପାଞ୍ଚ ଟଙ୍କା, ଦିଅ ସାତ ଟଙ୍କା!

ଆମେରିକାରେ ଏକ ପ୍ରକାର ବାଳକଟା ଅଛି, ଯାହା ଇଂରେଜମାନେ ମୋଟେ ପସନ୍ଦ କରନ୍ତି ନାହିଁ। ତାକୁ କ୍ଳକଟ୍ କହନ୍ତି। ଗୁର୍ଖା ନେପାଳୀ ସୈନ୍ୟମାନେ ଯେମିତି ଟୁଙ୍କ ଟୁଙ୍କି ବାଳ କାଟିଥାନ୍ତି, ଅଧିକାଂଶ ଆମେରିକା ଲୋକେ ଠିକ୍ ସେମିତି ବାଳ କାଟନ୍ତି। ଆମକୁ ଭାରି ଖରାପ ଲାଗେ। ମାତ୍ର ହାତରେ ପଇସା ନ ଥିବାରୁ, ଥରେ ବାଳ କାଟିଲେ ଦୁଇ ମାସ ଚଳିଯିବାପାଇଁ ଆମେମାନେ ଆମେରିକା ଫେସନରେ କ୍ଳକଟ୍ କରିଥିଲୁଁ। ପୁରୁଷଙ୍କୁ ଗୋଡ଼ାଇ ଝିଅମାନେ ତାଙ୍କର କଦମ୍ବମୂଳିଆ କୃଷ୍ଣଙ୍କର ଝିଲିପିବାଳ କାଟିଦେଇ ଠିକ୍ ଆମ ଦେଶ ପୁରୁଷଙ୍କ ପରି ବାଳ କାଟିବାକୁ ଆରମ୍ଭ କଲେଣି। ସେମାନେ ବେଶୀ ଅସୁନ୍ଦର ଦେଖାଯାନ୍ତି ନି; କାରଣ ସ୍ୱାସ୍ଥ୍ୟହିଁ ସେମାନଙ୍କର ସୌନ୍ଦର୍ଯ୍ୟ। ଆମର ସିନା ଟାକୁଆ ଗାଲକୁ ଟାଙ୍ଗରା ମୁଣ୍ଡ ଅସୁନ୍ଦର, ତାଙ୍କ ରକ୍ତ ପିଚି ପିଚି ଗୋଲମୁହଁକୁ ଅସୁନ୍ଦର ହେବ କିଆଁ? ସେମାନେ ଆଶ୍ଚର୍ଯ୍ୟ ହୁଅନ୍ତି, ଆମ ଝିଏ କିମିତି ଭଅଁରକଳା ଦୀର୍ଘ ବେଣୀକୁ ଏତେ ଆଦରଯତ୍ନରେ ସଜାଡ଼ି ରଖନ୍ତି। କିନ୍ତୁ ସେମାନେ ଭୁଲିଯାନ୍ତି ଯେ, ସେମାନେ ଚାଖଣ୍ଡେ ବାଳକୁ ଚକାଏ ପାନିଆ ଧରି ବାଟଭିତରେ ବି ସଜାଡୁଥାନ୍ତି। ଆମେ ହସୁଁ।

ବର୍ତ୍ତମାନ ବ୍ରାହ୍ମଣମାନଙ୍କ କଥା କହେଁ। ବ୍ରାହ୍ମଣ ବୋଇଲେ ତ କୌଣସି ଜାତି ନାହିଁ, ଯେଉଁମାନେ ବିଭାବନ୍ଧାପନାରେ ମନ୍ତ୍ର ପଢ଼ନ୍ତି, ଗୀର୍ଜାଘରେ ବାଇବଲ୍ ପଢ଼ନ୍ତି, ସେହିମାନେ ବ୍ରାହ୍ମଣ। ତାଙ୍କ କଥା କହେଁ। ମୋର ମନେ ହୁଏ ପାଶ୍ଚାତ୍ୟ ଜାତି ଆମଠୁ ଅଧିକ ଈଶ୍ୱରବିଶ୍ୱାସୀ। ଆମ ହିନ୍ଦୁମାନଙ୍କ ଘରେ ଭାଗବତଟୁଙ୍ଗୀ ଅଛି, କିନ୍ତୁ ଦିଅଁ ଦେଖିବାପାଇଁ ମନ୍ଦିର ଯିବାର କୌଣସି ନିର୍ଦ୍ଦିଷ୍ଟତା ବା ବାଧ୍ୟବାଧକତା ନାହିଁ। ଦେହପୀଡ଼ା ହେଲେ, ପୁଅ ନ ହେଲେ ସିନା ଦିଅଁଙ୍କ ମୁଣ୍ଡରେ ବେଲପତ୍ରୀ ଚଢ଼େ, ନ ହେଲେ ଆଜି ଯୁଗରେ କିଏ କାହାର ? କିନ୍ତୁ ଖ୍ରୀଷ୍ଟଧର୍ମରେ ରବିବାର ଦିନ ଗୀର୍ଜାକୁ ଯିବା ବିଧି। ଆମେରିକାରେ ପ୍ରାୟ ସବୁ ରବିବାର ମୁଁ ଗୀର୍ଜାକୁ ଯାଏଁ। ବୁଢ଼ା ହଡ଼ା, ପିଲା, ଯୁବକ ଯୁବତୀ ସବୁ ପ୍ରକାରର ଲୋକ ଜମା ହୁଅନ୍ତି। ବ୍ରାହ୍ମଣ ବାଇବଲ୍ ପଢ଼ନ୍ତି; ସମସ୍ତେ ପାଳି ଧରନ୍ତି, ଆଖି ବୁଜି, ଆଣ୍ଠୁ ପକାଇ ଧ୍ୟାନ କରନ୍ତି। ମୁଁ ମର୍ମ ନ ବୁଝି ସେମାନେ ଯାହା କରନ୍ତି, ସେଇଆ କରେଁ। ମାତ୍ର ସେମାନଙ୍କର ଭକ୍ତି ଓ ଶୁଦ୍ଧପୂତ ବେଶଭୂଷା ଦେଖି ଭାରି ପବିତ୍ର ଲାଗେ। ଥରେ ଜଣେ ବନ୍ଧୁଙ୍କୁ ପଚାରିଲି, "ଏତେ କମ୍ ବୟସର ଯୁବକଯୁବତୀସବୁ ଗୀର୍ଜାକୁ ଆସନ୍ତି, ଆଖି ବୁଜି ପ୍ରାର୍ଥନା କରନ୍ତି। ଏତେ କମ୍ ବୟସରେ ତାଙ୍କର କଣ ଯଥେଷ୍ଟ ଧର୍ମବିଶ୍ୱାସ ହୋଇ ଯାଇଥାଏ ? ଆମ ଦେଶରେ ପଚାଶରୁ ନ ଗଡ଼ିଲେ ତ ଆମେ ପାଞ୍ଚ ଥର ହେଲେ ଦେବମନ୍ଦିରକୁ ଯାଉ ନାହୁଁ।" ସେ କହିଲେ, "ଆମର ଏଠି ଭଗବାନଙ୍କୁ ଚିହ୍ନିବାପାଇଁ ଯେତେ ଯୁବକଯୁବତୀ ଆସନ୍ତି, ତାଠୁ ବେଶୀ ଆସନ୍ତି ପରସ୍ପରକୁ ଚିହ୍ନିବାପାଇଁ, ମାୟା ମମତା ସୃଷ୍ଟି କରି ପତିଦେବତା ବରଣ କରିବାପାଇଁ।" ଅନେକେ ତ ଏଇ କଥା କହନ୍ତି। କିନ୍ତୁ କଥାଟା କେତେଦୂର ସତ, ମୁଁ ବିଶେଷ ଅନୁସନ୍ଧାନ କରିନି।

ଅନେକ ସମୟରେ ଗୀର୍ଜାରେ ଯେଉଁ ବକ୍ତୃତା ଦିଆଯାଏ, ତା ଶୁଣିବାର କଥା। ଧର୍ମଛଡ଼ା ଧର୍ମଜଡ଼ିତ ରାଜନୀତି ବି ସେଠି ଶୁଣିବାକୁ ମିଳେ। ଧରନ୍ତୁ କୋରିଆରେ ଯୁଦ୍ଧ ଚାଲିଛି। ତେବେ ପୁରୋହିତ କୋରିଆ ସୈନ୍ୟମାନଙ୍କର ହିତ କାମନା କରିବା ସଙ୍ଗେ ସଙ୍ଗେ ଯୁଦ୍ଧର ଅପକାରିତା, ମାନବର ଦାନବ-ପ୍ରବୃତ୍ତି ବିଷୟରେ ମଧ୍ୟ ବକ୍ତୃତା ଦିଅନ୍ତି। ଗୋଟିଏ ଗୀର୍ଜାରେ ଥରେ ଜଣେ ପୁରୋହିତ ବକ୍ତୃତା ଦେଉଥିଲେ, ନ୍ୟାୟ-ଅନ୍ୟାୟ ଓ ଦେବତା-ମନୁଷ୍ୟର ସମ୍ପର୍କ ନେଇ। ମତେ ଲାଗିଲା, ଠିକ୍ ଯେମିତି କେହି ଜଣେ ହିନ୍ଦୁଧର୍ମ ବିଷୟରେ ବକ୍ତୃତା ଦେଉଛନ୍ତି। ମୌଳିକ ଧର୍ମବିଶ୍ୱାସରେ ସେମାନଙ୍କଠୁ ଆମର ତଫାତ୍‌ଟା କେଉଁଠି, ମୋଟେ ବୁଝିପାରିଲି ନାହିଁ। ଆମ ଦେଶପରି ଗାଁଗହଳରେ ସେ ଦେଶରେ ବି ପୁରୋହିତମାନଙ୍କଠି ଲୋକଙ୍କର ସମ୍ମାନ ଥାଏ। ଗୋବ୍ରାହ୍ମଣ ପୁଣି ପୂଜ୍ୟ ନୁହନ୍ତି, ଏମିତି ସ୍ଥାନ ନାହିଁ। ଅବଶ୍ୟ ଗୋରୁ ସେମାନଙ୍କର ଖାଦ୍ୟ ବୋଲି ବେଶୀ ଆଦରଯତ୍ନରେ ସେମାନଙ୍କୁ ରଖିଥାନ୍ତି।

●

ସାନ ବଡ଼ ପ୍ରଭେଦ

ଯେତେ ଲୋକ ଇଉରୋପ ଯାନ୍ତି, ବିଶେଷତଃ ଆମେରିକା ଯାନ୍ତି, ସେମାନଙ୍କ ମଧ୍ୟରୁ ଅଧିକାଂଶ ନିଶ୍ଚୟ ମୋ ସଙ୍ଗେ ଏକମତ ହେବେ ଯେ, ପ୍ରକୃତରେ ସେ ଦେଶଗୁଡ଼ା ଆମ ଦେଶଠୁ କେତେ ଭଲ, ସେ ଲୋକ କେତେ ସରସ। ଏଠି ଆତ୍ମଅବଜ୍ଞା ବା ଆତ୍ମନିନ୍ଦାର ପ୍ରଶ୍ନ ନାହିଁ। ଶହ ଶହ ବର୍ଷର ନିଷ୍ପେଷଣ, ନିର୍ଯାତନା, ଦୁଃଖ ଦୈନ୍ୟଭିତରେ ଆମେମାନେ କିମିତି ବିକୃତ ହୋଇପଡ଼ିଛେ, ଭାବିଲେ କ୍ଷୋଭ ହୁଏ, ହତାଶା ଆସେ। ନ୍ୟାୟ-ଅନ୍ୟାୟ, ଭଲ-ମନ୍ଦ, ସତ-ମିଛ ଭିତରେ ଯେ ଗୋଟାଏ ତଫାତ୍ ଅଛି, ସେଟା ଆମେମାନେ ଭୁଲିଗଲେଣି। କଳାବଜାର, କିଳାପୋତେଇରେ ଯେ ଯେତେ ଉପରକୁ ଉଠୁଛି, ସେ ସେତେ ବଡ଼। ବିଦେଶୀ ସରକାର ଏ ଦେଶରେ ଯେତେ ଖରାପ କଥା ଛାଡ଼ିଦେଇ ଯାଇଛି, ସବୁଠାରୁ ମାରାତ୍ମକ ହେଉଛି ସାନବଡ଼ ବିଚାର। ସେମାନେ ଗୋଟାଏ କୃତ୍ରିମ ଉପାୟରେ ଶାସନଟାକୁ ରକ୍ଷା କରିବାପାଇଁ ପାଠୁଆ-ଅପାଠୁଆ, ଧନୀ-ଦରିଦ୍ରଙ୍କ ଭିତରେ ବିରାଟ ବ୍ୟବଧାନ ସୃଷ୍ଟି କରିବାକୁ ଚାହୁଁଥିଲେ। ସେଥିପାଇଁ ବଡ଼ ହାକିମମାନେ ଛୋଟଙ୍କ ସଙ୍ଗେ ନ ମିଶିବାପାଇଁ ଭିତିରି ଆଦେଶ ଥିଲା। ଯେ ଯେତେ ଆଡ଼ଛାଡ଼ ହୋଇ ରହିଲା, ସେ ସେତେ ବଡ଼ଲୋକ।

ଏହି ବିକୃତ ବ୍ୟବଧାନ ବର୍ତ୍ତମାନ ନାନା ଗଣ୍ଡଗୋଳର ମୂଳକାରଣ ହୋଇଛି। ସ୍ୱାଧୀନ ଜନତା ବଡ଼ଲୋକଙ୍କର ଏ ଦୂରଛଡ଼ା ଭାବକୁ ଭାଙ୍ଗି ତାଙ୍କୁ ତଳକୁ ଟାଣି ଆଣିବା ପାଇଁ ଆଜି ବ୍ୟଗ୍ର। ନିହାତି ସ୍ୱାଭାବିକ କଥା। କଲେକ୍‌ଟରଙ୍କ ଘରେ ସବ୍‌ଡେପୁଟିଙ୍କୁ ଚଉକି ମିଳେନି, ଅଧ୍ୟକ୍ଷଙ୍କ ଅଫିସରେ ଅଧ୍ୟାପକଙ୍କୁ ଆସନ ମିଳେନି। ପିଅନ ପଟାଦାର, କିରାଣିଙ୍କ କଥା ପଚାରେ କିଏ ? ମନୁଷ୍ୟରାଜ୍ୟରେ ଏହାଠୁ ବଳି ଅତ୍ୟାଚାର ଆଉ କଣ ହୋଇପାରେ ? ତମ ବଡ଼ଲୋକି, ତମ ବୁଦ୍ଧିମତ୍ତାପାଇଁ ଆମେ ସମ୍ମାନ ଦେଖାଇବୁଁ ସିନା, ତମେ ଆମକୁ ନାକ ଟେକି ଘୁଞ୍ଚି ରହିଲେ ଆମେ ତମକୁ

ସମ୍ମାନ ଦେଖାଇବୁ କାହିଁକି ? ବିଲାତି ଲୋକେ ରଜାଙ୍କୁ ଏତେ ଖାତିର ଦେଖାନ୍ତି। ଆମେରିକାଲୋକେ ସେ କଥା ଶୁଣିଲା ମାତ୍ରେ ଚିଡ଼ନ୍ତି। ଏ ଯୁଗରେ ପୁଣି ରଜା ଗୋଟାଏ କଣ ? ରାମିଆ ଶାମିଆ ଯେ କେହି ଗୋଟିଏ ରଜାପୁଅ ହୋଇ ଜନ୍ମ ହୋଇଗଲେ ଆମେ ତାକୁ କଣ ସମ୍ମାନ ଦେଖାଇବୁଁ ? ତା ଛଡ଼ା ଏଇ ସାନ ବଡ଼ ବିଚାରଟା ଆମ ଦେଶର ଦରମାପତ୍ରରେ ବି ଖୁବ୍ ରଖାହୋଇଛି। କଲେକ୍‌ଟରଙ୍କର ପଚିଶ ଶହ ଜାଗାରେ ପିଅନଙ୍କର ପାଞ୍ଚ ଟଙ୍କା ଦରମା ଥିଲା। ହଁ, ଆଜି ଟିକିଏ ଅବା ବଦଳିଯାଇଛି। ସେ ବି କିଛି ନୁହେଁ। ବଡ଼ ସାହେବଙ୍କର ପିଲାଛୁଆ ଅଛନ୍ତି, ପ୍ରିୟାପ୍ରୀତି ଅଛନ୍ତି, ପେଟ ଅଛି, ଆମ ଦରିଦ୍ରଗୁଡ଼ାକଙ୍କର କଣ କିଛି ନାହିଁ ? ମାତ୍ର ଆମେରିକାରେ ଏ ତଫାତ୍ ଦେଖିବା ଅସମ୍ଭବ। ଆଗେ ପରା କହିସାରିଛି, କୁଲି ଯେତିକି ଦରମା ପାଏ ପ୍ରଫେସରର ଦରମା ପ୍ରାୟ ସେତିକି ହେବ। ତେଣୁ ପଇସାପତ୍ରର ତଫାତ୍‌ଟା ଯେତିକି କମିବ, ସାମାଜିକ ତଫାତ୍‌ଟା ସେତିକି କମିବ।

ଆଉ ଗୋଟାଏ କଥା, ସେ ଦେଶରେ ଧରି ନିଆଯାଉଛି, ଯେ ଯେଉଁ କାମ କରୁ ପଛେ ସମାଜପାଇଁ ତାର ଆବଶ୍ୟକତା ଅଛି, ସମ୍ମାନ ଅଛି। ଆମର ତା ନାହିଁ। ପାନଦୋକାନଟା କିଛି ନୁହେଁ, ଘାସକଟା ମୂଲିଆ ଜୀବନର ମୂଲ୍ୟ ନାହିଁ। ଏହି ଧାରଣା ଯୋଗୁ ସେମାନଙ୍କ ପ୍ରତି ଆମର ଅବହେଳା। ମାତ୍ର ଏ ଅବହେଳାର ଆଶୁ ପୂର୍ଣ୍ଣଚ୍ଛେଦ ନ ହେଲେ ସମାଜରେ ଘୋର ବିଶୃଙ୍ଖଳା, ସାନ ବଡ଼ ଲଢ଼ାଇ ଓ ରକ୍ତପାତର ସମ୍ଭାବନା ବରାବର ରହିଛି। ଆମେ ତୁମକୁ ସମ୍ମାନ ଦେଖାଇବାକୁ ରାଜି, ମାତ୍ର ତୁମର ଆମ ପ୍ରତି ଏତେ ଅବହେଳା କାହିଁକି ? ନମସ୍କାରଟାଏ କଲେ ପ୍ରତିନମସ୍କାର ପାଇଁ ହାତ ଉଠାଇବାକୁ ଏତେ କୁଣ୍ଠିତ କାହିଁକି ? ନିମ୍ନସ୍ତରର ଲୋକଙ୍କୁ ହସି କଥା କହିବାକୁ ଏତେ ଅଭିମାନ କାହିଁକି ? ତାଙ୍କ ଦେଶର ସାନ ବଡ଼ ବିଚାର ଦେଖିଲେ ମଣିଷ ତାଜୁବ ହୁଏ। କୁଲି ହୋଇ ସେ ଦେଶରେ ରହିବା ପାଇଁ ଇଚ୍ଛା ହୁଏ ପଛେ, ଏଠି ବଡ଼ଲୋକଙ୍କୁ ସଲାମ ବଜାଇ ଛୋଟଲୋକଙ୍କୁ ଅପମାନିତ କରିବାର ଇଚ୍ଛା ହୁଏନି।

ଦୁଇ ବର୍ଷ ବିଦେଶରହଣି ଭିତରେ ବଡ଼ଲୋକ ଦେଖିଲି, କିନ୍ତୁ ବଡ଼ଲୋକି ଦେଖିଲି ନାହିଁ। ସେହି ମତେ ଦେଲା ଅପାର ଆନନ୍ଦ। ଯେତେ ଭାରତୀୟଙ୍କୁ ଭେଟିଛି, ସମସ୍ତଙ୍କଠୁ ପ୍ରାୟ ଅଳ୍ପ ବହୁତେ ଏଇ କଥା ଶୁଣିଛି, ଅଙ୍ଗେ ଲିଭାଇଛି ଅନେକ। ନିୟୁୟର୍କ ସହରର ୱାଲ୍‌ଷ୍ଟ୍ରିଟ୍ ସମସ୍ତେ ଜାଣନ୍ତି। ପୃଥିବୀରେ ଚରମ ଅର୍ଥକେନ୍ଦ୍ର। କୋଠା ମହଲାକୁ ଅନାଇଲେ ଆଖି ପାଏନି। କିଏ ପଞ୍ଚସ୍ତରୀ ମହଲା, କିଏ ଅଶୀ ମହଲା। ଅଣଓସାରିଆ ଗଳି ବୋଲି ଚନ୍ଦ୍ର ସୂର୍ଯ୍ୟଛାଇ ପଡ଼େନି। ତାର ପ୍ରେସିଡେଣ୍ଟ କି ବିରାଟ ଲୋକ, ନ ଜାଣିବା ଲୋକଙ୍କ ପକ୍ଷରେ କଳ୍ପନା କରିବା କଠିନ। ୱାଲ୍‌ଷ୍ଟ୍ରୀଟ୍ ପ୍ରେସିଡେଣ୍ଟଙ୍କ

ସଙ୍ଗେ ସାକ୍ଷାତ କରିବା ପାଇଁ ଜାପାନର ପିସ୍ କମିଶନର୍ ମୋ ପାଇଁ ଯୋଗାଡ଼ କରି ଦେଇଥିଲେ। ତାଙ୍କ ସଙ୍ଗେ ଦେଖା ହେବାପାଇଁ ଯେତେବେଳେ ମୋ ଚିଠା ଗଲା, ସେ ପାଛୋଟି ନେବାପାଇଁ ଆସନ ଛାଡ଼ି ଦୁଆର ପର୍ଯ୍ୟନ୍ତ ଆସିଥିଲେ। 'ଆପଣ ଭାରତରୁ ଆସିଛନ୍ତି' ବୋଲି ପଚାରି ଘର ଭିତରକୁ ଡାକି ନେଲେ। ଗୋଡ଼ ଭାଙ୍ଗି ହାତ ମଳି ଠିଆ ହେବାକୁ ପଡ଼ିଲାନି। ମଖମଲ ଚଉକୀଭିତରେ ବୁଡ଼ିଗଲି ଅଧଘଣ୍ଟାକ ପାଇଁ। ନେହେରୁଙ୍କଠୁ ଆରମ୍ଭକରି ଭାରତର ନିରକ୍ଷରତା ପର୍ଯ୍ୟନ୍ତ ସବୁ କଥା ପଡ଼ିଲା। ତାଙ୍କ ବଡ଼ଲୋକି ତ ଏତେ ଟିକେ ବି କମିଲା ନାହିଁ ? ଓ୍ୱାଲ୍‌ଷ୍ଟ୍ରୀଟ୍‌ର ପ୍ରେସିଡେଣ୍ଟଙ୍କ ନିକଟରେ ହତଭାଗ୍ୟ ଆମେ କିଏ ? କେହି ନୁହେଁ ଯେ ମଣିଷ। ତାଙ୍କରି ପରି ଆମର ହାତ ଗୋଡ଼ ଅଛି।

ପ୍ରଫେସର କଲେଜକୁ ଆସନ୍ତି, କଲେଜ ଗେଟ୍‌ରେ ଚପରାସିକୁ ଦେଖି ହସି ହସି "ଗୁଡ୍‌ମର୍ଣ୍ଣିଂ" କହନ୍ତି। କେତେ ଥର ମୋ ପ୍ରଫେସରଙ୍କୁ ତାଙ୍କ ସେକ୍ରେଟାରୀ ଅଫିସରେ ଦେଖିଛି। ତାଙ୍କ ଦେଶ ପ୍ରଫେସରଟି ! ବିରାଟ, ମହାନ୍—ଆମ ଦେଶ ଅଧ୍ୟାପକ ବୋଲି ବୁଝିଲେ କଥାଟାର ଗୁରୁତ୍ୱ କିଛି ରହିବ ନାହିଁ। ହଁ, ସେଇ ପ୍ରଫେସର ଯେତେବେଳେ ସେକ୍ରେଟେରୀ ଅଫିସକୁ ଆସନ୍ତି, ଦେଖିଛି ଷାଠିଏ ବର୍ଷର ସେ ବୁଢ଼ା ଠିଆ ହୋଇ କଥା କହୁଥାନ୍ତି। ଷୋଳବର୍ଷୀ ତରୁଣୀ କିରାଣି ଚଉକୀ ଉପରେ ଗୋଡ଼ ହଲାଇ ମୁହଁରେ ସିଗାରେଟ୍ ଫୁଙ୍କି ହସି ହସି କଣ କହୁଥାଏ। ଆଶ୍ଚର୍ଯ୍ୟ ଲାଗେ ପ୍ରଫେସରଙ୍କ ଅଫିସ ଭିତରକୁ ପଶିଗଲେ ସେ ନିଜେ ଚଉକୀରୁ ଉଠି ବସିବାକୁ ଅନୁରୋଧ କରନ୍ତି। ତେବେ ଆମ ମନରେ ପ୍ରଶ୍ନ ହୁଏ, ସାନ ବଡ଼ଙ୍କ ଭିତରେ ଯେତେବେଳେ କିଛି ପାର୍ଥକ୍ୟ ନାହିଁ, ସେ ଦେଶରେ କାମ ହୁଏ କେମିତି ? ନାହିଁ ସେହି ଦେଶରେ ପ୍ରକୃତରେ ବେଶୀ କାମ ହୁଏ। ଏଠି ବ୍ୟକ୍ତି ବଡ଼ ସାନ କେହି ବିଚାର କରନ୍ତି ନାହିଁ, ବିଚାର କରନ୍ତି କର୍ତ୍ତବ୍ୟ। ଦେଶ ପାଇଁ, ଜାତି ପାଇଁ କର୍ତ୍ତବ୍ୟ। ନିଜ କାମ ନିଜ ଦାୟିତ୍ୱ ସେମାନେ ଏମିତି ଜାଣନ୍ତି ଓ ଏମିତି ସୁନ୍ଦର ଭାବରେ ତୁଲାଇଥାନ୍ତି ଯେ, ଅନ୍ୟକୁ ଅଯଥା ଡରିବାର ଦରକାର ପଡ଼େନି। କାମରୁ ଛୁଟି ହୋଇଗଲେ ଦୁନିଆ ଦାଣ୍ଡରେ ସମସ୍ତେ ସମାନ ହୋଇଯାନ୍ତି—ଅଟ୍‌ଲି, ଚର୍ଚ୍ଚିଲ, ଟମ୍, ଡିକ୍, ହାରି ସମସ୍ତେ ଏକା ରାସ୍ତାରେ ଚାଲନ୍ତି।

ପ୍ରଫେସର ମର୍ଗାନଙ୍କ ଘରେ ଥିଲାବେଳେ ଦେଖିଲି ଜଣେ ବୁଢ଼ୀ ଚାକରାଣୀ ପ୍ରତି ଶୁକ୍ରବାର ଦିନ ତିନି ଚାରିଘଣ୍ଟା କାମ କରି ଦେବାକୁ ତାଙ୍କ ଘରକୁ ଆସେ। ଦିନେ ଆମେ ଲଞ୍ଚ୍ ଖାଇବାପାଇଁ ଟେବୁଲ ଉପରେ ବସିଛୁ, ଦେଖିଲି ଆଉ ଗୋଟିଏ ଥାଳି ଅଧିକା ବଢ଼ା ହୋଇଛି। ପଚାରିଲି, "ଏ ଥାଳି କାହାର ?" ମର୍ଗାନ୍ କହିଲେ, "ଆମ

ଚାକରାଣୀର।" ଆଶ୍ଚର୍ଯ୍ୟ ହେଲି। ଯେଉଁ ଟେବୁଲ ଉପରେ ପ୍ରଫେସର ମର୍ଗାନ୍ ଓ ତାଙ୍କ ଆନ୍ତର୍ଜାତିକ ଛାତ୍ରବନ୍ଧୁମାନେ ଖାଉଛନ୍ତି, ସେହି ଟେବୁଲ ଉପରେ ତାଙ୍କ ଘର ଲିପୁଥିବା ଚାକରାଣୀ ବି ଖାଇବ ! ମର୍ଗାନ୍ କହନ୍ତି ଯେ ଆମ ଦେଶଭଳି ତାଙ୍କ ଦେଶରେ ସାନବଡ଼ ତଫାତ୍ ଅନେକ ଥିଲା, ଏବେ ଆସ୍ତେ ଆସ୍ତେ ଭାଙ୍ଗିଯାଉଛି। ଅବଶ୍ୟ ଆମେରିକାରେ ସବୁଠାରୁ ଘୃଣ୍ୟ ଅମାନୁଷିକ କଳାଗୋରା ବିଚାର ଅଛି। ଏମିତି କି କେତେକ କଳା ଭାରତୀୟ ବନ୍ଧୁଙ୍କୁ ସେମାନେ ନିଗ୍ରୋ ଭାବି ଅସୁନ୍ଦର ବ୍ୟବହାର କରିଛନ୍ତି ବୋଲି କେତେ ବନ୍ଧୁଙ୍କଠାରୁ ଶୁଣିଲି। ମୁଁ ଦକ୍ଷିଣକୁ ବେଶୀ ଦୂର ଯାଇନି ବୋଲି ତା ଅଙ୍ଗେ ନିଭାଇ ପାରିନି। କିନ୍ତୁ ବୁଦ୍ଧିଜୀବୀ ଆମେରିକା ଲୋକଙ୍କୁ ଏହି କଳା ଗୋରା ବିଚାର ପଚାରିଲେ ଦୁଃଖ କରନ୍ତି, ଲଜ୍ଜିତ ହୁଅନ୍ତି। ଏପ୍ରକାର ବିଚାର ବହୁ କ୍ଷୋଭର ବିଷୟ ବୋଲି କହିଥାନ୍ତି।

•

ହେଲେନ୍ କେଲର

ମଫସଲ ଛାଡ଼ି ସହର ଯିବା ପୂର୍ବରୁ ଏକ ବିଶିଷ୍ଟ ଘଟଣା କହି ଗାଉଁଲୀ ଜୀବନ କଥା ଶେଷ କରିବି। ଆଗେ ଥିଲା 'ସପ୍ତ ଆଶ୍ଚର୍ଯ୍ୟ', ଆଜି ତ ସାତ ଶହ ଆଶ୍ଚର୍ଯ୍ୟ। କିନ୍ତୁ ଆମେରିକା ମଫସଲ ଗାଁର ଗୋଟିଏ ଆଶ୍ଚର୍ଯ୍ୟ କଥା ଦେଖିଲି, ଯାହା ପୃଥିବୀର ଅନ୍ୟତ୍ର କେଉଁଠି ନାହିଁ। ସେହି ଆଶ୍ଚର୍ଯ୍ୟ ଜିନିଷଟି ଜଣେ ବିଶ୍ୱବିଖ୍ୟାତ ନାରୀ। ତାଙ୍କ ନାଁ ହେଲେନ୍ କେଲର୍। ସେ ଅନ୍ଧୁଣୀ, କାଲୁଣୀ, ଜାଡ଼ୀ। ପୃଥିବୀରେ କଣ ଏମିତି ଲୋକ ନାହାନ୍ତି ? ତେବେ ଆଶ୍ଚର୍ଯ୍ୟ କଥା ରହିଲା କେଉଁଠି ? ଆଶ୍ଚର୍ଯ୍ୟ କଥାଟା ହେଉଛି, ସେ ବି. ଏ. ପାସ୍ କରିଛନ୍ତି, ବହି ଲେଖିଛନ୍ତି, ଟାଇପ୍ କରନ୍ତି। ପୃଥିବୀର ଅଧିକାଂଶ ଦେଶ ବୁଲି ଦେଖିଛନ୍ତି। ଲଣ୍ଡନରେ ଫୋନେଟିକ୍ସ୍ କ୍ଲାସରେ ଅନେକ ବାର ତାଙ୍କ ନାଁ ଶୁଣିଥିଲି, ମାତ୍ର ଏହି ବିଶ୍ୱ-ଆଶ୍ଚର୍ଯ୍ୟ ବସ୍ତୁଟି ଦେଖିବାର ଆଶା ନ ଥିଲା। ଆମେରିକାରେ ପହଞ୍ଚି ତାଙ୍କୁ ଦେଖିବାପାଇଁ ଯେତେବେଳେ ଚେଷ୍ଟା କଲି, ଲୋକେ କହିଲେ, "ଟ୍ରୁମାନ୍‌ଙ୍କୁ ସାକ୍ଷାତ କରିବାପାଇଁ ଚେଷ୍ଟା କର, ମିଳିଯିବ, ହେଲେନ୍ କେଲର୍‌ଙ୍କ ସାକ୍ଷାତପାଇଁ ବୃଥା ଚେଷ୍ଟା କରିବ କାହିଁକି ?" ଜଣେ ଭାରତୀୟ ଫୋନେଟିସିଆନ୍ ଦେଖା ହେବାକୁ ଚାହାନ୍ତି ବୋଲି ଲେଖିବାରୁ ତାଙ୍କ ସେକ୍ରେଟେରୀ ପଲୀ ଟମ୍‌ସନ୍ ପନ୍ଦର ମିନିଟ୍ ସମୟ ଦେଲେ।

ଅନ୍ଧୁଣୀ ହେଲେନ୍ କେଲର୍ ଯେତେବେଳେ ଦୋମହଲାଉପରୁ ଆସିଲେ, ମୁଁ ନିଶ୍ଚଳଭାବରେ ଅନାଇଁ ରହିଲି। ହେଲେନ୍ ବୟସ୍କା ଅଥଚ ସୁନ୍ଦରୀ, ଦେହରେ ସୁନ୍ଦର ସିଲ୍କ୍ ପୋଷାକ। ମୁଖରେ ଆନନ୍ଦର ଉଦାର ଅଭିବ୍ୟକ୍ତି। ମୁଁ ଯେତେବେଳେ ଅଭିବାଦନ ଜଣାଇଲି, ପଲୀ ଟମ୍‌ସନ୍ ସେତେବେଳେ ତାଙ୍କ ହାତରେ ଆଙ୍ଗୁଳ ରଖି କଣ ଟାଇପ୍ କଲାପରି କରିଦେବାରୁ ସେ ଅଭିବାଦନ କରିବାକୁ ଚେଷ୍ଟା କଲେ। ତାଙ୍କ କଣ୍ଠସ୍ୱର କୌଣସି ଅବୋଧ ପକ୍ଷିସ୍ୱର ପରି ମୋତେ ଲାଗିଲା। ନେହେରୁ ଦେଶର ଲୋକ

ବୋଲି କହି ସେ ସେହି ଅବୋଧ ସ୍ୱରରେ ନେହେରୁଙ୍କ ପ୍ରଶଂସା ଗାଇଲେ। ପଲୀ ଟମ୍‌ସନ ମେସିନ୍ ବେଗରେ ମୋତେ ସବୁ ବୁଝାଇ ଦେଉଥାନ୍ତି। ମନେ ହେଲା, ଯେମିତି ହେଲେନ୍ କେଲର୍ ହେଉଛନ୍ତି ଦେହ ଓ ପଲୀ ଟମ୍‌ସନ୍ ତାଙ୍କର ଆତ୍ମା। ମୋ କଥାସବୁ ବିଜୁଳି ବେଗରେ ସେ ହେଲେନ୍ କେଲର୍‌ଙ୍କ ହାତରେ ଆଙ୍ଗୁଳି ସାହାଯ୍ୟରେ ଠାରି ଦେଉଥାନ୍ତି। ଜଣେ ଦେହ ଜଣେ ଆତ୍ମା, ଜଣେ ତାର ଜଣେ ମୂର୍ଚ୍ଛନା। ପଲୀ ଟମ୍‌ସନ୍ କି ନିଃସ୍ୱାର୍ଥ ସେବା କରୁଛନ୍ତି, ତା ନ ଦେଖିଲା ଲୋକ ବୁଝିପାରିବେ ନାହିଁ। ପନ୍ଦର ମିନିଟ୍‌ର ସମୟ ପଇଁଚାଳିଶ ମିନିଟ୍ ହେଲା। ତାପରେ ସମସ୍ତେ ତାଙ୍କ ଉପର ମହଲାକୁ ଗଲୁଁ।

ଆମେରିକାରେ କୋଟିପତିର ଘର ଦେଖିଛି, ଐଶ୍ୱର୍ଯ୍ୟ ଦେଖିଛି, ମାତ୍ର ଏମିତି ନିର୍ମଳ ରୁଚି କେଉଁଠି ଦେଖିନି। ସବୁ ସରସ, ସୁନ୍ଦର ଓ ଜୀବନ୍ତ। ପୃଥିବୀରେ ସବୁ ଦେଶର ଚାରୁକଳାର ନିଦର୍ଶନ ପଦାର୍ଥସବୁ ସୁସଜ୍ଜିତଭାବରେ ରହିଛି। ବେଶୀ ଭାଗ ଜାପାନୀ ଜିନିଷ। ମନେମନେ ଦୁଃଖ ହେଲା, ଯାର କାନ ଅଛି ତାର ନୋଳି ନାହିଁ, ଯାର ନୋଳି ଅଛି ତାର କାନ ନାହିଁ। ଚିରଦିନ ଯେ ଆଲୋକ ଦେଖିବ ନାହିଁ ତାରି ଅଗଣାରେ ମହା ଆଲୋକର ଉତ୍ସବ। ଯିବାଆସିବା କରି ସେ ଘରର ସବୁ ଅଂଶ ଭଲଭାବରେ ଜାଣିଗଲେଣି। ତାଙ୍କ ଟେବୁଲ ଉପରେ ଟାଇପ୍-ରାଇଟର୍ ଦେଖି ସବୁଠୁ ବେଶୀ ବିସ୍ମିତ ହେଲି। ସେକ୍ରେଟେରୀ କହିଲେ, ସେ ବର୍ତ୍ତମାନ ତାଙ୍କ ଆଫ୍ରିକାଭ୍ରମଣ ସମ୍ପର୍କରେ ବହି ଲେଖୁଛନ୍ତି। ବିଦାୟ-ବେଳାରେ ଯେତେବେଳେ ମୁଁ ତାଙ୍କ ସଙ୍ଗେ କଥାବାର୍ତ୍ତା କଲି, ସେ ତାଙ୍କ ଡାହାଣ ହାତଟି ମୋ ଓଠ ଉପରେ ରଖି ସବୁ ବୁଝିପାରିଲେ। ଓଠ ଉପରେ ହାତ ରଖି କଥା ଜାଣିପାରିବାକୁ "ଲିପ୍ ରିଡିଂ" ବା "ଓଠ ପଢ଼ା" କହନ୍ତି। ଅନ୍ଧ କାଲଙ୍କ ପାଇଁ ଏହି ବ୍ୟବସ୍ଥା ଅତି ପ୍ରଶସ୍ତ। ଶେଷ ମୁହୂର୍ତ୍ତରେ ସେ ମୋ ମଥା ଉପରେ ହାତ ବୁଲାଇ ମାତୃସ୍ନେହ ପ୍ରକାଶ କରି କହିଲେ, "ବାପ, ଯାଅ, ତୁମ ଦେଶରେ ମୋଭଳି ଜଣେ ହତଭାଗିନୀର ସନ୍ଦେଶ ଦିଅ। ମୋର ଶୁଭେଚ୍ଛା ଭାରତୀୟ ଭାଇଭଉଣୀମାନଙ୍କୁ ଜଣାଅ।" ପ୍ରଣାମ ଜଣାଇ ଫେରି ଅଇଲି। ଷ୍ଟେଟ୍ ଏମ୍ପାୟାର୍ କୋଠା କିମ୍ବା ଜର୍ଜ ୱାସିଂଟନ୍ ପୋଲ ମୋତେ ଏହାଠାରୁ ଅଧିକ ବିସ୍ମିତ କରିନି।

ଆମ ଦେଶରେ ଯେ ଅନ୍ଧ, କାଲ; ଛୋଟା କିମ୍ବା କଣା ହୋଇ ଜନ୍ମ ହେଲା, ତାର ଜୀବନ "ଅଜାଗଳସ୍ତନସ୍ୟୈବ" ନିରର୍ଥକ ବୋଲି ଧରି ନିଆଯାଏ। ତାର ଜୀବନରେ ନାହିଁ ସିଦ୍ଧି, ନାହିଁ ସାଧନା, ମାତ୍ର ହେଲେନ୍ କେଲର୍‌ଙ୍କ ଜୀବନର ବୃତ୍ତାନ୍ତରୁ ବେଶ୍ ଜଣାପଡ଼ିବ ଯେ, ସେ ଦେଶରେ ଅନ୍ଧକୁ ଚକ୍ଷୁଦାନ ଓ କାଲକୁ ଶ୍ରୁତିଦାନ କିଛି ବିଚିତ୍ର ନୁହେଁ। ଫୋନେଟିସିଆନ୍ ଓ ଶବ୍ଦଇଞ୍ଜିନିଅରମାନେ ମିଶି ଏମିତି ଏକପ୍ରକାର

ଟେଲିଫୋନ୍ ସୃଷ୍ଟି କରିବାକୁ ବାହାରିଲେଣି ଯେ, କାଲା ବି କାଲା ସାଙ୍ଗରେ ଫୋନ୍‌ରେ କଥାବାର୍ତ୍ତା କରିପାରିବ। ଶୁଣିବା ଲୋକର ଫୋନ୍ ଆଗରେ ଏମିତି ଗୋଟେ ପରଦା ଥିବ, ଯହିଁରେ କହୁଥିବା ଲୋକର ଭାଷା ଚିତ୍ରିତ ହୋଇଯାଉଥିବ। ଯେଉଁମାନେ "Visible Speech" ବା "ଦୃଶ୍ୟମାନ ଭାଷା" ବିଷୟରେ କିଛି ଜାଣନ୍ତି, ସେମାନେ ସହଜରେ କାଲ ଟେଲିଫୋନ୍ କଥା ବୁଝିପାରିବେ।

ଅନ୍ଧଙ୍କ ପାଇଁ ଆମେରିକାରେ ଆଉ ଗୋଟିଏ ବିଚିତ୍ର କଥା ଦେଖିଲି— 'Seeing eye dog' କିମ୍ବା 'ବାଟକଢ଼ା କୁକୁର।' ଏହି ପ୍ରକାର କୁକୁର ଭାରି ମୂଲ୍ୟବାନ। ଆମେରିକାର ଜନଗହଳ କୋଟି ଯାନବାହନପୂର୍ଣ୍ଣ ରାସ୍ତାରେ ଅନ୍ଧକୁ କିମିତି ନିରାପଦରେ ନେଇହେବ, ତାହା ଏହି କୁକୁରମାନେ ଶିଖିଥାନ୍ତି। ନ ଦେଖିଲା ଲୋକ ବିଶ୍ୱାସ ଯିବନି, ଦେଖିଲା ଲୋକ ବିସ୍ମିତ ନ ହୋଇ ରହିପାରିବ ନାହିଁ। କୁକୁରଟି ଚମଡ଼ା ଡୋରରେ ବନ୍ଧା ହୋଇଥାଏ। ଅନ୍ଧ ହାତରେ ଡୋରଟି ଥାଏ। ଅସଂଖ୍ୟ ଯାନବାହନ ପାରି ହେଉଥିବା ରାସ୍ତା ଛକରେ କୁକୁର ଅନ୍ଧ ପ୍ରଭୁ ସଙ୍ଗେ ଠିଆ ହୋଇଥାଏ। ଠିକ୍ ଯେଉଁ ମୁହୂର୍ତ୍ତରେ ଯାନବାହନ ଟିକିଏ ପତଳା ପଡ଼ିଯାଏ, ସେହି ମୁହୂର୍ତ୍ତରେ କୁକୁରଟି ଟାଣି ହୋଇ ଆଗକୁ ଚାଲିଯାଏ ଓ ଅନ୍ଧ ତା ପଛେ ପଛେ ଯାଏ। ଏହିପରି ଶିକ୍ଷିତ କୁକୁର କେବେ କେଉଁ ଅନ୍ଧକୁ ବିପତ୍ତିରେ ପକାଇଥିବାର ଶୁଣା ନାହିଁ ବୋଲି ସ୍ଥାନୀୟ ଲୋକେ କହୁଥିଲେ। ପ୍ରଥମେ ଛୋଟ ଛୋଟ ଗାଁ ଗଳିକନ୍ଦିରେ ଶିକ୍ଷା ଦେଇ ପରେ ବଡ଼ ବଡ଼ ସହରରେ ସେମାନଙ୍କୁ ଶିକ୍ଷିତ କରାଯାଏ। ପଶୁ ମଣିଷକୁ ମଣିଷ ପରି ସାହାଯ୍ୟ କରିବାର ଦେଖି ଆଶ୍ଚର୍ଯ୍ୟ ହୁଏଁ। ଏ ଦେଶରେ ମଣିଷ ମଣିଷକୁ ପଶୁଠାରୁ ଅଧିକ ହଇରାଣ କରି ବି ଏତେ ଟିକେ ବିସ୍ମିତ ହୁଏନି। ଆମକୁ ଯେଉଁ କଥା ଏତେ ବିଚିତ୍ର ଲାଗେ, ଆମେରିକାରେ ତା ମାମୁଲି ହୋଇଗଲାଣି।

ଆମେରିକାରେ ଲୋକଚରିତ୍ର

ଯେକୌଣସି ଦେଶର କଥା କହିବସିଲେ ତ ସାତ ଖଣ୍ଡ ପୋଥି ହେବ। ଏ କ୍ଷୁଦ୍ର ପୁସ୍ତକରେ ଆମେରିକାର ସବୁ କଥା କହିବା ଅସମ୍ଭବ। ନିହାତି ଆଖିରେ ପଡ଼ିବା ଭଳି କେତେକ କଥା କହିଛି ମାତ୍ର। ଆମେରିକା ଲୋକଙ୍କଠାରେ କି ବିଶେଷ ଲକ୍ଷଣ ଦେଖାଯାଏ, ସେ କଥା ସଂକ୍ଷେପରେ କହୁଛି।

ଆଗେ କହିସାରିଛି ଆମେରିକାନ୍ ଜୀବନ ବିଶେଷଭାବରେ ମେସିନ୍‌ପ୍ରଚାଳିତ। କଳକବ୍‌ଜାର ଗତି ସଙ୍ଗେ ମିଶି ଜୀବନର ଗତି ଚଞ୍ଚଳ ହୋଇଉଠିଛି। ଅଧିକାଂଶ ଲୋକ ନିଜ ଦେଶ ଛଡ଼ା ଅନେକ ବାହାର ଦେଶ ଦେଖିଛନ୍ତି। ମାଟି ଖୋଳୁ ଖୋଳୁ ମଣିଷ ମଣିମୁକ୍ତା ବି ପାଇପାରେ, ଖପରା ବି ପାଇପାରେ। ଯେକୌଣସି ଆମେରିକାନ୍ ସଙ୍ଗେ ଆଳାପ କରୁ କରୁ ଜଣାପଡ଼େ ସେ କୌଣସିନା କୌଣସି ଦେଶ ଦେଖିଛନ୍ତି—ଚାଇନା, ଜାପାନ ହେଉ, କୋରିଆ ହେଉ ବା କାଞ୍ଚନଜଙ୍ଘା ହେଉ। କଥା ପଡ଼ିଲେ ସେମାନେ ଗପିବସନ୍ତି ବିଲାତ ସାହେବଙ୍କ ହାମ୍‌ବଡ଼ା ତୁନୀମୁହାଁ ଢଙ୍ଗ, ଫରାସୀ ଖାନା, ସୁଇସ୍ ସୌନ୍ଦର୍ଯ୍ୟ, ମାଳୟର ବାଉଁଶବଣ, ଜାପାନର ପାଗୋଡ଼ା। ଆମରି ଭଳି ସେମାନେ ବହୁତ ଗପନ୍ତି। ନିଜ କଥା କହିବାପାଇଁ ସେମାନେ ଆଦୌ ଲଜ୍ଜିତ ହୁଅନ୍ତି ନାହିଁ, ନିରୁଦ୍ଦେଶ୍ୟଭାବରେ କହିଯାନ୍ତି। ବେଳେ ବେଳେ ଏମିତି ଲୋକଙ୍କ ହାବୁଡ଼ରେ ପଡ଼ିବାକୁ ହୁଏ, ଯେ ନିଜ ଷ୍ଟେଟ୍ ସରହଦ ବି ପାରି ହୋଇ ନାହାନ୍ତି। ଅବଶ୍ୟ ସାରା ଆମେରିକାଟା ଦେଖିବା ଭାରି କଠିନ। ମେକ୍‌ସିକୋରୁ ମାସାଚୁସେଟ୍‌ସ୍ ଅନ୍ୟୂନ ତିନି ହଜାର ମାଇଲ ହେବ। ଏତେ ଦୂରକୁ ଯିବା କି ଦରକାର? ହିସାବ କର ଆମ ଗାଁର କେତେ ଜଣ ପୁରୁଖା ଲୋକ କଟକ ଦେଖିଛନ୍ତି। ମୋଟ ଉପରେ ଧରିଲେ ଆମେରିକାନ୍‌ମାନେ ଗୋଟାଏ ବିରାଟ ଭ୍ରମଣକାରୀ ଜାତି।

ସୁଖରେ ବଞ୍ଚିବାପାଇଁ ସୂକ୍ଷ୍ମତମ ସୁବିଧା ପର୍ଯ୍ୟନ୍ତ ସେମାନେ କରିଛନ୍ତି। ଲୁଗାପଟା ବି କିମିତି ସୁବିଧାରେ ଶୁଖିପାରିବ ତା ମଧ୍ୟ ବିଜ୍ଞାନସମ୍ମତ ଉପାୟରେ କରିଛନ୍ତି। କବାଟର ଯେଉଁ ଜାଗାରେ ଟିପ ଦେଇ ଠେଲି ଫିଟାଇବାକୁ ହୁଏ, ସେଠି କାଳେ ହାତରୁ ମଳି ଲାଗି ଅସୁନ୍ଦର ଦିଶିବ, ସେଥିପାଇଁ ସେଠି ଖଣ୍ଡିଏ କାଚ ମରା ହୋଇଛି। କି ସୂକ୍ଷ୍ମ ଦୃଷ୍ଟି ! ରୁଚିପାଇଁ କି ଚରମ ଚେଷ୍ଟା ! ଆମର ତ ଘରଦ୍ୱାର ତେଣିକି ଥାଉ, ମୁଣ୍ଡରେ ତେଲ ଟିକିଏ ଲଗାଇ ଟେରୀ ଭାଙ୍ଗିଦେଲେ ଆଖି ପଡ଼ିଯାଏ। ମଥାରେ ଫୁଲ ଖୋଷି ସମ୍ଭାଳିପାରିବ କିଏ ? ଏକେ ତ ନାହିଁ, ଦ୍ୱିତୀୟରେ ଥିଲେ ବି ଲୋକ ଲଜ୍ଜାରେ ଭୋଗ କରିବାପାଇଁ ମନା। ଭୋଗ ଛାଡ଼ି ବଣକୁ ଯିବାକୁ ଇଚ୍ଛା ନାହିଁ, କି ଯାହା ଅଛି ତାକୁ ଉତ୍ତମରୂପେ ଭୋଗ କରି ଜୀବନକୁ ସୁଖୀ କରିବାର ସାହସ ନାହିଁ। ଆମେ ଗୋଟିଏ କିମ୍ଭୂତକିମାକାର ବିକୃତ ଅବସ୍ଥାରେ ଥିଲାପରି ଜଣାପଡ଼େ। ଗୋଟାଏ ଦୁଇଟା ପିଲାର ବାପ ମା ହେବା ଉତ୍ତାରେ ଭଲ କାମିଜଟାଏ ଗଳାଇଲେ କିମ୍ବା ଭଲ ଶାଢ଼ୀଟାଏ ପିନ୍ଧିଲେ ଲୋକେ ଅନାନ୍ତି। ମାତ୍ର ଆମେରିକାରେ ଜୀବନ ଆରମ୍ଭ ହୁଏ ଚାଳିଶ ବର୍ଷରେ। ସେ ଜାତି ଚିରତରୁଣ।

ସେମାନେ ଯେତେ ଅଧିକ ବୁଢ଼ାବୁଢ଼ୀ ହୁଅନ୍ତି, ତେତେ ସେମାନଙ୍କ ସଉକ ବଢ଼ିଯାଏ। ବୁଢ଼ାବୁଢ଼ୀଙ୍କ ବେଶ ଦେଖି ଭାରି ହସ ମାଡ଼େ। ନିଜକୁ ବୁଢ଼ା ବୋଲି ସ୍ୱୀକାର କରିବାକୁ ସେମାନେ ମୋଟେ ରାଜି ହୁଅନ୍ତି ନାହିଁ। ଟେବୁଲରେ ବସିଥାନ୍ତି, ବିଶ୍ରାମ ଗୃହରେ ବସିଥାନ୍ତି, ମଜା କଥାଟାଏ ପଡ଼ିଲେ କିମ୍ବା ରେକର୍ଡ଼ଟାଏ ଶୁଣିଲେ ବୁଢ଼ାବୁଢ଼ୀ ବି ଧରାଧରି ହୋଇ ନାଚନ୍ତି। ଆମ ଦେଶରେ ଯାହାକୁ ଲାଜ କୁହାଯାଏ, ସେମାନେ ତାର ପାଖ ମାଡ଼ିନାହାନ୍ତି। କିନ୍ତୁ ଆମେ ଯା ନିର୍ଲଜ୍ଜଭାବରେ କରିପାରୁଁ, ଯଥା— କିଳାପୋତେଇ, କଳାବଜାର, ଚୋରି, ପରଶ୍ରୀକାତରତା, ତା ସେମାନେ କରିବା ପାଇଁ ବହୁତ ଲଜ୍ଜିତ ହୁଅନ୍ତି। ସାଧାରଣ ଜୀବନରେ ଆମ ତୁଳନାରେ ସେମାନଙ୍କର ସେ ସବୁ ଦୁର୍ଗୁଣ ଯଥେଷ୍ଟ କମ୍। ମୋର ତ ମନେ ହୁଏ ପାଶ୍ଚାତ୍ୟ ଦେଶମାନଙ୍କରେ ଯେତିକି ବୁଢ଼ୀ ଅଛନ୍ତି, ସେତିକି ପ୍ରକାର ଟୋପି ଅଛି। କେତେ ଟୋପି, କେତେ ଜାଲି, କେତେ ଫୁଲଖୋଷା, ଦେଖିଲେ ଆଶ୍ଚର୍ଯ୍ୟ ହେବ।

ବର୍ତ୍ତମାନ ଜଗତରେ ଆମେରିକାନ୍ ଲୋକଙ୍କର ଅତିଥିଚର୍ଚ୍ଚା ସୁବିଦିତ। ସେମାନଙ୍କ ଘରେ ଅତିଥି ହେଲେ ସେମାନେ ଏତେ ଆପଣାର କରିପକାନ୍ତି ଯେ, ଅଳପକେ ମନ ଭୁଲିଯାଏ। ଅନ୍ୟ ଯେତେ ଦେଶ ମୁଁ ଦେଖିଛି, କୌଣସିଠାରେ ଏମିତି ଆତ୍ମୀୟତା ନାହିଁ, ଯଦିବା ଆତିଥ୍ୟ ଅଛି। ମା ବାପ ପୁଅ ଝିଅ ସମସ୍ତେ ପରିବାର ଗୋଟାପଣେ ତୁମର ହୋଇଯିବେ। ହାତକୁ ଗୋଡ଼କୁ ଅନାଇଥିବେ। ଅନେକ

ସମୟରେ ମୁହାଁମୁହିଁ କହିଦିଅନ୍ତି, "ତମେ ଏଥର ଆମ ପରିବାରର ଜଣେ ମେମ୍ବର, ଇଚ୍ଛା କଲେ ତମେ ଆମ ଘର କାମରେ ସାହାଯ୍ୟ କରିପାର। ଗୋଟିଏ ପରିବାରରେ ମୁଁ ଘୋଡ଼ା ଓ ଘୋଡ଼ା ଗୁହାଳ ସଫା କରୁଥିଲି। ଏସବୁ ଦେଖି ଆମେରିକାନ୍‌ମାନେ ଭାରି ଚଲାକ ବଣିଆ ବୋଲି ଅନେକ କହିଥାନ୍ତି। ଯେତେ ପଇସା ଦେବେ ସେତିକି ପଇସା କୌଣସି ବାଟରେ ହେଲେ ଆଦାୟ କରିନେବେ। କଥାଟା କେତେକାଂଶରେ ସତ ହୋଇପାରେ। ମାତ୍ର ସେମାନେ ଯେମିତି ମନ ନେଇ ଆଦାୟ କରି ନିଅନ୍ତି, ସେଥିରେ କିଛି ବାଧା ଲାଗେନି। ତା ଛଡ଼ା ଯେଉଁ ଜାତି ପୁଅଠୁ ବି କାମ ଆଦାୟ କରେ, ସେ କି ଅନ୍ୟକୁ ଛାଡ଼େ ? ହୋଇପାରେ, ଆମେରିକାନ୍ ଲୋକ କାର୍ଯ୍ୟର ପ୍ରୟୋଜନୀୟତାରେ ବିଶ୍ୱାସ କରେ। ଦେଶକାଳପାତ୍ରନିର୍ବିଚାରରେ ଯାର ଭୋଜନ କରିବାର ସ୍ୱାଧୀନତା ଅଛି, ତାର କାର୍ଯ୍ୟ କରିବାର ଦାୟିତ୍ୱ ମଧ୍ୟ ଅଛି, ଏହି ନୀତିରେ ସେ ବିଶ୍ୱାସ କରେ। ପ୍ରକୃତରେ ସେମାନେ ପଇସାକୁ ଚିହ୍ନନ୍ତି। ତାଙ୍କ କାମେରାରେ ଉଠା ହେଇଥିବା ଫଟ ପ୍ରିଣ୍ଟ୍ ଖଣ୍ଡେ ମାଗିଲେ ଚାରଣା ପଇସା ବି ସେମାନେ ମାଗନ୍ତି। ହୁଏତ ତାଙ୍କ ମଟରରେ ଚଢ଼ି ପାଞ୍ଚ ଗାଲେନ୍ ପେଟ୍ରୋଲ ପୋଡ଼ିଲେ କିଛି ଯାଏ ଆସେ ନା। ଅନେକ ସମୟରେ ସେମାନଙ୍କ ଜୀବନର ଦର୍ଶନ ବୁଝିବା ଭାରି କଠିନ। ଏହି ପ୍ରକାର ବ୍ୟବହାରରେ ଅନେକ ସମୟରେ ଆମମାନଙ୍କୁ ଲାଜ ବି ମାଡ଼େ। ଅନେକ ବିଦେଶୀୟ ବନ୍ଧୁ ଆମେରିକା-ଲୋକଙ୍କର ଏହି ଅର୍ଥପ୍ରୀତିଟାକୁ ଘୃଣା କରନ୍ତି। କିନ୍ତୁ ଆମେମାନେ ହଜାରେ ଗାଲୁଭୂରୁଡ଼ ମାରିଲେ ମଧ୍ୟ ଏହି ଅର୍ଥପ୍ରୀତି ଓ ଅର୍ଥସର୍ବସ୍ୱତା କାଳକ୍ରମେ ଯେ ଆମ ଦେଶରେ ବଢ଼ିଯାଉଛି, ଏ କଥା ଅସ୍ୱୀକାର କରି ହେବ ନି। ଆଜି ପରା ଲୋକସଭାରେ କୋଟିପତି ପତର-ମହାଜନଙ୍କ ଜାଗା ସମସ୍ତଙ୍କ ଆଗରେ। ଫୋର୍ଡ ଫଟିନାଇନ୍ ବା ପଣ୍ଟିଆକ୍ ଯାର ଅଛି, ତା ପାଦ ତଳେ କେତେ ନମସ୍କାର।

ଆମେରିକା ଦେଶରେ ପଶିଗଲେ ଆଗେ ଆଖିରେ ପଡ଼େ ରଙ୍ଗ—ନାଲି, ନେଳି, ହଳଦୀ। ସବୁ ଜିନିଷରେ ରଙ୍ଗ—ହଉ ଘରଦ୍ୱାର, ହଉ ମଟର ଗାଡ଼ି, ହଉ ପୋଷାକପତ୍ର। ଆମେରିକା ମୋଜା, ଆମେରିକା ଟାଇ ତ ଏ ଦେଶରେ ପିନ୍ଧିବାପାଇଁ ସାହସ ଦରକାର। ମନେ ହୁଏ ସେ ଜାତି ରୁଚିର କ୍ରମବିକାଶର ଆଦିମ ଅବସ୍ଥାରେ ରହିଯାଇଛି। ସାଧାସିଧା ଜିନିଷର ଆଦର ଏପର୍ଯ୍ୟନ୍ତ ସେ ଦେଶରେ ଆରମ୍ଭ ହୋଇନି। ସେ ଦୃଷ୍ଟିରୁ ଆମମାନଙ୍କର ରୁଚି ଅନେକ ଉନ୍ନତ ବୋଲି ମନେ ହୁଏ। ମାତ୍ର ସେମାନେ ସଭ୍ୟ ବୋଲି ଆମର ଯେଉଁ ଧାରଣା ଦୃଢ଼ୀଭୂତ ହୋଇପଡ଼ିଛି, ତାରି ଫଳରେ ଆମେମାନେ ତାଙ୍କୁ ଅନୁସରଣ କରିବାକୁ ଆରମ୍ଭ କଲୁଣି, ବ୍ଲାଉସ୍ କନାରେ ହାୱାଇ ତିଆରି କଲୁଣି। ଜଣେ ଜିଲା ମାଜିଷ୍ଟ୍ରେଟ ତାଙ୍କ ନାତି ନାତୁଣୀଙ୍କ ପାଇଁ ପ୍ରକୃତରେ ବ୍ଲାଉସ୍ କନାରେ ହାୱାଇ ତିଆରି

କରିଛନ୍ତି ବୋଲି କହି କେତେ ହସାଇଲେ। ଆମେରିକାର ଏହି ରଙ୍ଗିନ ବ୍ୟାଧି ଏବେ ପ୍ରବଳ ଭାବରେ ଇଉରୋପକୁ ଆକ୍ରମଣ କରିବାକୁ ବସିଲାଣି। ଇଂଲଣ୍ଡରୁ ଏଡେନ୍ ପର୍ଯ୍ୟନ୍ତ ଯେଉଁଠି ଦେଖିବ ସବୁଠି ଆମେରିକା ରଙ୍ଗର ବିଜୟବାନା ଉଡ଼ୁଛି। ଭାରତବିଜୟ ଆଉ ବେଶୀ ଦିନ ନାହିଁ ବୋଲି ମନେହୁଏ। ଏବେ ହୋଇଗଲାଣି। କଲେଜ ପିଲାଏ ବ୍ଲାଉସ କନାରେ ହାୱାଇ ପିନ୍ଧିଲେଣି। ଅବଶ୍ୟ ଆମେରିକାନ୍‌ମାନଙ୍କ ପରି ସ୍ୱାସ୍ଥ୍ୟ ଥିଲେ ତାଙ୍କ ଅନୁକରଣଟା ଆମକୁ ମାନନ୍ତା।

ଆମେ ବେଶୀ କଥା ଶିଖିପାରୁ ନା, କାରଣ ଆମର କୌଣସି ବିଷୟରେ କୌତୂହଳ ନାହିଁ। ମାତ୍ର ଆମେରିକାନ୍ ଲୋକ ଭାରି କୌତୂହଳୀ। ଅତି ସାଧାରଣ କଥାଯାଏ ଦେଖି ମଧ୍ୟ ସେ ଚମତ୍କୃତ ହୁଅନ୍ତି। ଅନେକ ସମୟରେ ଆମକୁ ଭାରି ହସ ମାଡ଼େ। ବଣ ପାହାଡ଼ ବୁଲି ଗଲାବେଳେ ଫୁଲଟାଏ ଦେଖି, ଭଅଁରଟାଏ ବା ସାମାନ୍ୟ ପ୍ରଜାପତିଟାଏ ଦେଖି ଅଟକି ରହନ୍ତି। କେତେ କଥା ଯେ କହନ୍ତି! "ଦେଖ, ଏଇ ପ୍ରକାର ପ୍ରଜାପତି ଏ ଅଞ୍ଚଳକୁ କେବେ କେବେ ଆସନ୍ତି। ଏମାନଙ୍କର ବଂଶ କ୍ରମଶଃ ଲୋପ ହୋଇଯାଉଛି ?" ବ୍ରିଟିଶ ମିଉଜିଅମ୍‌ଟାକୁ ବୁଝାଇବାପାଇଁ ସାହେବ ପିଲା ଯେମିତି ଅଣନିଶ୍ୱାସୀ ହୋଇ ଅନର୍ଗଳ କହିଯାଏ, ପ୍ରଜାପତିଟାଏ ଦେଖି ଆମେରିକାନ୍ ସେମିତି ବକ୍ତୃତା ଦିଏ। ବାଡ଼ିବଗିଚାମାନଙ୍କରେ ଡୋଭା କରି ତହିଁରେ ମାଛ ଓ ବେଙ୍ଗ ଛାଡ଼ିଥାନ୍ତି। କେତେବେଳେ ବାଡ଼ି ବୁଲି ଗଲାବେଳେ ସେହି ବେଙ୍ଗମାନଙ୍କ ବିଷୟରେ ଗପନ୍ତି। କାହାର କେତେ ବୟସ ହେଲଣି, କିଏ ବେଶୀ ସମୟ ପାଣିରେ ନ ରହି କୂଳରେ ବସେ—ଏମିତି କେତେ କଥା। ମୁଁ କିଛି ନ କହି ଖାଲି ହସେ। ଯେଉଁ ଦେଶ ବେଙ୍ଗ, କଙ୍କଡ଼ା, ମଶା, ମାଛି, ଭଅଁର ଓ ପ୍ରଜାପତିଙ୍କ ଅତ୍ୟାଚାରରେ ଉତ୍କଟ ଉତ୍ପୀଡ଼ିତ, ତା ଆଗରେ ବେଙ୍ଗଟାଏ ଦେଖି, ପ୍ରଜାପତିଟାଏ ଦେଖି ସ୍ତୁତି ଗାନ କଲେ ସେ ହସିବା ଛଡ଼ା ଆଉ କଣ କରିପାରନ୍ତା ?

ଆମେରିକାନ୍‌ମାନେ ଭାରି ଖେଳପ୍ରିୟ ! ଯାର ଭୂରିଭୋଜନରେ ପେଟ ଭାରି ହୋଇପଡୁଛି, ସେ ନାଚି କୁଦି ନ ଖେଳି ଆଉ କଣ କରନ୍ତା ? ଆମେରିକା ଲୋକେ ଆମ ଫୁଟ୍‌ବଲ ସେତେ ବୁଝନ୍ତି ନାହିଁ। ସେମାନେ ବେସ୍‌ବଲ୍ ପାଇଁ ପାଗଳ ହୁଅନ୍ତି। ଯେତେ ଭଦ୍ରଲୋକଙ୍କ ଘରକୁ ଗଲି, ଦେଖିଲି ସମସ୍ତଙ୍କ ପିଲାଏ ଖେଳର ଗୋଟାଏ ଲେଖା ହିସାବକିତାବ ବହି ରଖିଛନ୍ତି—କିଏ କେଉଁଠି ଜିତିଲା, କିମିତି ଜିତିଲା। ପ୍ରତିଦିନ ରେଡ଼ିଓ ବା ଟେଲିଭିଜନରେ ଖେଳ ପ୍ରୋଗ୍ରାମ୍ ବି ଦେଖନ୍ତି। ଖେଳପଡ଼ିଆରେ ପହଞ୍ଚିବା ପାଇଁ ପୁଅର ଡେରି ହେଲେ ବାପ ଗାଡ଼ିରେ ଚଢ଼ାଇନେଇ ଖେଳପଡ଼ିଆରେ ଛାଡ଼ିଦେଇ ଆସନ୍ତି। ପୁଅ ଜିତିଛି ବୋଲି ଶୁଣିଲେ ବାପର ଆନନ୍ଦ ଦେଖେ କିଏ? ସାରା

ଗ୍ରୀଷ୍ମଛୁଟିଯାକ କଲେଜ ଯେତେବେଳେ ବନ୍ଦ ଥାଏ, ପିଲାଗୁଡ଼ା ଦିନରାତି ଅବିଶ୍ରାନ୍ତ ଖେଳୁଥାନ୍ତି। ସେମାନେ ତତଲା ଖରାରେ ବି କିମିତି ଖେଳୁଥାନ୍ତି, ଦେଖି ମୋତେ ଆଶ୍ଚର୍ଯ୍ୟ ଲାଗେ। ଅନେକ ପରିବାରରେ ସାଙ୍ଗସାଥୀ ନ ଥିଲେ ପିଲାମାନଙ୍କ ସଙ୍ଗେ ଖେଳିବାପାଇଁ ତାଙ୍କ ବାପମାମାନେ ଆମକୁ ଅନୁରୋଧ କରନ୍ତି। ପ୍ରଫେସର ମର୍ଗାନ୍‌ଙ୍କର ତିନି ବର୍ଷ ବୟସର ପୁଅ ଆଲେନ୍ ବି ଆସି ପାଞ୍ଚ ଥର ଭିଡ଼ିପକାଏ, ତା ସଙ୍ଗେ ବାଡ଼ମିଣ୍ଟନ୍ ଖେଳିବାପାଇଁ। ସେ ନ ଖେଳୁ ପଛେ ମୋତେ ଖରାରେ ଛିଡ଼ା କରି ରଖେ। ଏବେ ମଧ୍ୟ ଶ୍ରୀମତୀ ମର୍ଗାନ୍ ଲେଖନ୍ତି ଯେ, ଆଲେନ୍ ପରା ମୋତେ କୁଆଡ଼େ ଖୋଜୁଛି, ତା ସଙ୍ଗେ ଖେଳିବାପାଇଁ। ନିରୀହ ଶିଶୁ କାହୁଁ ଜାଣିବ ମୁଁ ସେ 'ସ୍ମାରଂ ସ୍ମାରଂ ସ୍ୱଗୃହବେଦନାଂ ଦାରୁଭୂତୋ ମୁରାରିଃ'। ଆଉ ଆମେରିକା ଯାଉଛି କେତେବେଳେ, ଅବା ଖେଳୁଛି କେତେବେଳେ! ସ୍କୁଲ କଲେଜରେ ସବୁ ପ୍ରକାର ଖେଳର ବନ୍ଦୋବସ୍ତ ଅଛି। ଅନେକ ଗ୍ରୀଷ୍ମସ୍କୁଲରେ ଦେଖିଲି ଷୋଡ଼ଶୀ କିଶୋରୀସବୁ ଘୋଡ଼ା ଚଢ଼ି ଶିଖୁଛନ୍ତି। କି ଫୂର୍ତ୍ତି, କି ଜୀବନ! ସତେ ଯେମିତି କାବ୍ୟବର୍ଣ୍ଣିତ ଉଷା, ଶତ ଜୟନ୍ତଙ୍କର ଆଶାର ଆଲୋକ!

ଆମେରିକାନ୍ ଲୋକେ କଥାବାର୍ତ୍ତାରେ ଭାରି ହୁଗୁଳା। ମନରେ ଜାତିଏ ରଖି ମୁହଁରେ ଜାତିଏ କହିବା ସେମାନଙ୍କଠି କମ୍ ଦେଖାଯାଏ। କଥାବାର୍ତ୍ତାର ହୁଗୁଳା ଢଙ୍ଗ ଯୋଗୁଁ ଅନେକ ଭୁଲରେ ସେମାନଙ୍କୁ ଉଗ୍ର ବୋଲି ମନେ କରିଥାନ୍ତି। ସେସବୁ ସତ୍ତ୍ୱେ ଇଉରୋପଲୋକଙ୍କ ଅପେକ୍ଷା ଆମେରିକା-ଲୋକେ ବେଶୀ ବେଶୀ ଲୋକପ୍ରିୟ ଜଣାପଡ଼ନ୍ତି। ଯୌନ କଥାବାର୍ତ୍ତାରେ ସେମାନଙ୍କର କୌଣସି ବାଡ଼ବତା ନ ଥାଏ। ଯା ତା କହନ୍ତି। ସେ ଦୃଷ୍ଟିରୁ ଇଂରେଜମାନେ ଅପେକ୍ଷାକୃତ ସଂଯତ, ଯଦିବା ଆମମାନଙ୍କ ଅପେକ୍ଷା ସେମାନେ ଯଥେଷ୍ଟ ଖୋଲା। ଗପବେଳେ ବାପ ବି ଝିଅ ଆଗେ ତାଙ୍କ ପିଲାଦିନର ପ୍ରଣୟ କାହାଣୀ କହିବସନ୍ତି। ଝିଅ ପଚାରେ, "ବାପା, ତମେ ଆଜି ତୁମ ପୁରାତନ ପ୍ରଣୟିନୀଙ୍କୁ ଦେଖି କଣ ଭାବ ?" ସେ କହନ୍ତି, "ଦେଖ ମା, ତମେମାନେ ଆଜିକାଲି ଯେତେ ସ୍ୱାଧୀନ ଆମେ ଯଦି ସେକାଳେ ସେତିକି ସ୍ୱାଧୀନ ହୋଇଥାନ୍ତୁ, ତେବେ ମୁଁ ତାଙ୍କୁ ବିବାହ କରିଥାନ୍ତି।" ଝିଅ ହସି ହସି କହେ; "ହଁ, ମୁଁ ଭାବୁଛି ଏବେ ବି ତ ସମୟ ଅଛି।" କନ୍‌ଟିକଟ୍ ରୋଡ୍ କମିଶନରଙ୍କ ଘରେ ରହିଲା ବେଳେ ବାପ ଝିଅଙ୍କ ଉପରେ ଏମିତି ଅନେକ ମଧୁବଚସା ଶୁଣିଛି।

ଆମେରିକା ଜାତିର ବର୍ତ୍ତମାନ ଦର୍ଶନ ହେଉଛି, "ଆଗେଇ ଚାଲ"। କରି ଯା, ପଛକୁ ଚାହିଁବାର, ଭାବିବାର ସମୟ ନାହିଁ। ବେଶୀ ରୋଜଗାର କର, ବେଶୀ ବିଳାସ କର। ମଣିଷ ଜନ୍ମଟା ସମ୍ଭୋଗ ଓ ସାଧନା ପାଇଁ ଉଦ୍ଦିଷ୍ଟ। ଭୋଗରହିତ

ସାଧନାରେ ସେମାନଙ୍କର ବିଶ୍ୱାସ ନାହିଁ। ସୁରା ଓ ସଙ୍ଗିନୀ ଥାଇ ମଧ୍ୟ ସାଧନା ଅସମ୍ଭବ ନୁହେଁ। ଭାରତ ଲୋକଙ୍କୁ ଜନକ ଋଷିଙ୍କ କଥା ତ ଅବିଦିତ ନାହିଁ। ଆମେରିକାରେ ତେବେ ନୂଆ କଥାଟାଏ କଣ ହେଲା କି? ପୃଥିବୀର ଯେକୌଣସି ଦେଶ ଅପେକ୍ଷା ଆମେରିକା ଅଧିକ ଗତିରେ ଯେ ଦୌଡୁଛି, ତାର କାରଣ ହେଉଛି ସେ ଦେଶର ଇତିହାସ ନାହିଁ, ଅତୀତ ନାହିଁ। ତେଣୁ ପଛରୁ ଟାଣି ଧରିବାକୁ କିଛି ନାହିଁ। ଆମର ପୁରୀ, କୋଣାରକ ଆମର ବଡ଼ ସମ୍ପଦ। ଆମେ ସେଇ କଥାଗୁଡ଼ା ପାଞ୍ଚଥର ଚୋବାଇ ହେଉଁ। ପାନ ଖାଇ ଘରଦ୍ୱାର ପିକ ପିକାଉଁ। କିନ୍ତୁ ସାହେବ ଜାତି ଅତୀତକୁ ସ୍ମରଣ କରି ବର୍ତ୍ତମାନକୁ ବଢ଼ିଯାଏ।

କିନ୍ତୁ ମନେ ରଖିବାକୁ ହେବ ଯେ, ମଣିଷ ଭିତରେ ଗୋଟାଏ ପ୍ରବୃତ୍ତି ଅଛି, ଯା ମଣିଷକୁ ସବୁବେଳେ ଅତୀତ ଆଡ଼କୁ ଟାଣେ। ପ୍ରଗତିଶୀଳ ଆମେରିକାନ୍‌ଙ୍କ ଜୀବନରେ ଅତୀତପ୍ରୀତି ଦେଖିଲେ ଏହି କଥାଟି ସ୍ପଷ୍ଟ ଜଣା ପଡ଼ିଯାଏ। ବିଲାତକୁ ଗଲେ ଇଂରେଜ ଲୋକେ କହନ୍ତି, ଦେଖନ୍ତୁ, ଏ ଘର ପନ୍ଦର ଶହ ବର୍ଷ ତଳର ତିଆରି—ଏ ଚଉକୀଟା, ଏ ଖଣ୍ଡା ପଟକ ଆଲଫ୍ରେଡ୍ ରଜାଙ୍କ ସମ୍ପତ୍ତି। କିନ୍ତୁ ହତଭାଗ୍ୟ ଆମେରିକାନ୍‌ର ସେ ଗୌରବ ନାହିଁ। ସେ କାଲିକା ଯୋଗୀ ଶିରମେ ଜଟା। ଆଜି ଯଦିବା ସେ ଇତିହାସ ଗଢୁଛି; କାଲିର ଇତିହାସ ତାର ନାହିଁ। ମୋଟେ ତିନିଶ ବର୍ଷର ନୂତନ ଦେଶ, ନୂତନ ଜାତି। ଜୀବନରେ ସମୟର ଦାଗ ମୋଟେ ଲାଗିନି। ତେଣୁ କୌଣସି ଜାଗାକୁ ଗଲେ ହାତ ବଢ଼ାଇ ଆମେରିକାନ୍ କହେ, "ଦେଖ, ଏହି ଘରଟି ଦୁଇଶ ବର୍ଷର ପୁରୁଣା।" ସାହେବ ପିଲାମାନେ ହସନ୍ତି। ମୋ କଥା ଛାଡ଼। ମୁଁ ତ ହିନ୍ଦୁ। ମୋର ସଭ୍ୟତା ଅନ୍ୟୂନ ଚାରି ହଜାର ବର୍ଷର ପୁରୁଣା। ଭାରତୀୟ ବୋଲି ପରିଚୟ ଦେଲେ ସେମାନେ ଟିକିଏ ଇତସ୍ତତଃ ହୋଇଯାନ୍ତି। କ୍ଷମା ମାଗନ୍ତି, କାରଣ ସନାତନ ହିନ୍ଦୁ ପିଲାଙ୍କୁ ସେ ଦୁଇଶ ବର୍ଷର ପୁରୁଣା ଜିନିଷ କଣ ଦେଖାଇବେ? କିନ୍ତୁ ମନେ ରଖିବାକୁ ହେବ; ତାଙ୍କ ଦେଶରେ ପରିବର୍ତ୍ତନ ଏତେ କ୍ଷିପ୍ର ଯେ, କାଲିର ଜିନିଷ ବି ଆଜି ପୁରୁଣା। ଗୋଟିଏ ମିଉଜିୟମ୍‌ରେ ୧୯୪୬ ମସିହାର ଲଙ୍ଗଳ ରଖା ହେବାର ଦେଖିଲି। କାରଣ ୧୯୫୨ ମସିହାର ଲଙ୍ଗଳ ଏତେ ଉନ୍ନତ, ଏତେ ଭିନ୍ନ ଯେ, ୪୬ର ଜିନିଷ ମିଉଜିୟମ୍‌ରେ ରଖା ହେବାର ଯୋଗ୍ୟ ହେଲାଣି। ଆମ ଦେଶର ମିଉଜିୟମ୍ ଦର୍ଶକଙ୍କୁ ଅତୀତର ଅନ୍ତର ଭିତରକୁ ଯେତିକି ଟାଣିନିଏ, ତାଙ୍କ ଦେଶର ମିଉଜିୟମ୍ ଭବିଷ୍ୟତ ପରିବର୍ତ୍ତନପ୍ରତି ସେତିକି ଅଙ୍ଗୁଳି ନିର୍ଦ୍ଦେଶ କରେ। ପୂର୍ବ ପଶ୍ଚିମର ପ୍ରକୃତ ତଫାତ୍ ଏଇଠି ଠିକ୍ ଜଣାପଡ଼େ।

କଣ ଶିଖିବା

ଦୋଷ ଗୁଣ ତ ସମସ୍ତଙ୍କର ଅଛି । କିନ୍ତୁ ଆମର କଥା ହେଉଛି, "ଦୋଷକୁ ଉପେକ୍ଷି ଗୁଣ ଶିଖିବା ।" ସେ ଜାତି ଯେ ଏଡ଼େ ବିରାଟ ହୋଇଉଠିଛି, ତାଙ୍କଠୁଁ ଅନ୍ତତଃ କିଛି ଶିଖିବାକୁ ହେବ । ଖବରକାଗଜବାଲା ପଚାରନ୍ତି, "ଆଜ୍ଞା ଆମେରିକାରେ ସବୁଠୁ ଭଲ କଣ ?" ମୁଁ ବରାବର ଉତ୍ତର ଦିଏଁ, "ନୁହେଁ ଷ୍ଟେଟ୍ ଏମ୍ପାୟାର୍ କୋଠା, ନୁହେଁ ଜର୍ଜ ୱାସିଂଟନ୍ ପୋଲ, ସବୁଠୁଁ ବଡ଼ ଶାରୀରିକ ପରିଶ୍ରମର ମୂଲ୍ୟ ।" ଦେଖିଲେ ଆଶ୍ଚର୍ଯ୍ୟ ଲାଗେ, ପରିଶ୍ରମକୁ ସମ୍ମାନ ଦେଖାଇବାପାଇଁ ସେ ଜାତି କିମିତି ଶିଖିଛି । କାମ କରିବାକୁ କେହି ଲଜ୍ଜିତ ହୁଏନି । ଦିନେ ପ୍ରଫେସର ମର୍ଗାନ୍ ମୋତେ ତାଙ୍କର ଜଣେ ବନ୍ଧୁଙ୍କ ଘରକୁ ନେଇ ଯାଇଥିଲେ । ସେ ବନ୍ଧୁଜଣକ କଲ୍‌ଗେଟ୍ ବିଶ୍ୱବିଦ୍ୟାଳୟର ଇଂରେଜୀ ପ୍ରଫେସର । ଗୋଟିଏ ଅଧାଡିଆରି ଘର ପାଖରେ ମଟର ଗାଡ଼ି ଛିଡ଼ା ହେଲା । ଓହ୍ଲାଇ କରି ଦେଖିଲି, କେତେ ଜଣ ଲୋକ ରବର ବୁଟ୍ ପିନ୍ଧି ଛିଣ୍ଡା କୋତରା କାମିଜ ଲଗାଇ ମାଟି ଚକଟୁଛନ୍ତି । ଦେଖିଲି, ସେହି ମୂଲିଆମାନଙ୍କ ଭିତରୁ ଜଣେ ପାଟି କରି ଅଭିବାଦନ ଜଣାଉଛି, "ହାଏ ମର୍ଗାନ୍, ହାଉ ଆର୍ ୟୁ ?" ଭାବିଲି ସାଇପଡ଼ିଶାର କେହି ଜଣେ ଚିହ୍ନା କୁଲି ହୋଇଥିବ । ମାତ୍ର ନିକଟକୁ ଗଲାରୁ ପ୍ରଫେସର ମର୍ଗାନ୍ ତାଙ୍କୁ କଲଗେଟ୍ ବିଶ୍ୱବିଦ୍ୟାଳୟର ଇଂରେଜୀ ଅଧ୍ୟାପକ ବୋଲି ମୋ ସହିତ ପରିଚିତ କରାଇଦେଲେ । ତାଙ୍କ ହାତଯାକ କାଦୁଅ, ସେ ମୋ ସହିତ କରମର୍ଦ୍ଦନ କରିପାରିବେ ନାହିଁ ବୋଲି ଜଣାଇ କ୍ଷମା ମାଗିନେଲେ । ଆଶ୍ଚର୍ଯ୍ୟ ହେଲି, ମନକୁ ମନ କେତେ ଧିକ୍‌କାର କଲି । ଧିକ୍ ଆମ ବୃଥା ଅଭିମାନ, ତଥାକଥିତ ବଡ଼ପଣ ! ଆମ ସାଥୀ ବଙ୍ଗାଳୀ ପ୍ରଫେସର କେତେ ଜଣ ବଜାରରୁ ଝୁଲା ମୁଣିରେ ପରିବା ଆଣିବାର ଦେଖିଲେ ଆମେ ହସୁଥିଲୁଁ ।

ଗୋଟିଏ ଗୋଟିଏ ଦୋକାନରେ ଜିନିଷ କିଣୁ କିଣୁ ହଠାତ୍ ପରିଚୟ ପାଏଁ ଯେ, ବିକେତା ଜଣକ ଜଣେ ଶିକ୍ଷକ । ଗ୍ରୀଷ୍ମ ଛୁଟିରେ ଦୋକାନରେ ପରିବା ବିକୁଛନ୍ତି

କିମ୍ବା ପଢ଼ିଆରେ ଆଳୁ ଖୋଳୁଛନ୍ତି। ଆମ ଦେଶରେ ଥରେ ଯେ ମାଷ୍ଟର ହେଲା, ସେ ମାଟିକୁ ଭୁଲିଲା। ନେହ୍ରୁଜୀ ଆଜି ପାଟି କରୁଛନ୍ତି, ଯେଉଁମାନେ ଚାଷ କରି ଜାଣି ନ ଥିବେ ସେମାନେ ଡିଗ୍ରୀ ପାଇପାରିବେ ନାହିଁ। ଆଶ୍ଚର୍ଯ୍ୟ କଥା ବା ନୂଆ କଥା ତ ନୁହେଁ। ଏ ଜାତିର ତଥାକଥିତ ଶିକ୍ଷିତ ବଡ଼ଲୋକ ଶାରୀରିକ ପରିଶ୍ରମର ମର୍ଯ୍ୟାଦା ନ ବୁଝିଲା ପର୍ଯ୍ୟନ୍ତ ଦରପେଟିଆ ଦୁର୍ବଳ ମୂଲିଆହାତରେ କେବଳ ଦେଶ ଉଠିପାରିବ ନାହିଁ। କ୍ୟାମ୍ପରେ ଜଙ୍ଗଲ କାଟିଲାବେଳେ କୋମଳାଙ୍ଗୀ ଆମେରିକା-କିଶୋରୀ ଟାଙ୍ଗିଆ ମୁନରେ ଗଛ ଟାଳିଲା। ମୁଁ ହତଭାଗ୍ୟ ଘାସ କାଟିବାକୁ ଯୋଗ୍ୟ ହେଲି। ବାହୁରେ ବଳ ନାହିଁ ବା ହାତର କୌଶଳ ନାହିଁ। ବିଶ୍ୱବିଦ୍ୟାଳୟର ପାଠ, ତଥାକଥିତ ଧନିପୁତ୍ରର ଅଭିମାନ ମୋତେ କିମିତି ପଙ୍ଗୁ କରିଛି ସତେ! 'ଗାଁଯାକ ପଣସ ଖାଇଲେ ଭଣ୍ଡାରିମୁଣ୍ଡରେ ଅଠା' ନ୍ୟାୟରେ ସରକାରମୁଣ୍ଡରେ ସବୁ ଦୋଷ ନ ଲଦି ଆମ ଦେଶର ଭାଇଭଉଣୀ କେବେ କମର କଷି କାମ କରି ଶିଖିବେ, ଭାବିଲେ ଦଶଦିଗ ଶୂନ୍ୟ ଦେଖାଯାଏ।

ଜଣେ ଅବସରପ୍ରାପ୍ତ ଫିଜିକ୍ସ ଶିକ୍ଷକ ମୋତେ ତାଙ୍କ ଘରକୁ ଡାକିଥିଲେ। ସେ ଦୁଇ ବର୍ଷକାଳ କେବଳ ଶନିବାର ରବିବାର ଛୁଟିରେ ଲାଗି ଲାଗି ନିଜ ହାତରେ ଗୋଟିଏ ଘର ତିଆରି କରିଛନ୍ତି। ତାର ମୂଲ୍ୟ ଏବେ ବାଇଶି ଶହ ଡଲାର୍। ଛସ୍ତରି ବର୍ଷର ବୁଢ଼ା, ମୁହଁର ଚମ ଓହଳିପଡ଼ିଲାଣି। ଛୋଟ ଟ୍ରାକ୍‌ଟର ଓ ବୁଲ୍‌ଡୋଜର୍ ସାହାଯ୍ୟରେ ବଡ଼ ବଡ଼ ପଥର ଗଡ଼ାଇ କେମିତି ସେ କାମ କରିଛନ୍ତି, କହିଲାବେଳେ ତାଙ୍କ ଆଖିରେ ଯୌବନର ଜ୍ୟୋତି ଫୁଟି ଉଠୁଥିଲା। ଛି-ଛି, ମୁଁ ଯାହା ମୋ ଦେଶର ଯୁବକ! ପଟା ଖଣ୍ଡେ କେମିତି ଯୋଡ଼ିବି, ପଥର ଖଣ୍ଡେ କେମିତି ଉଠାଇବି, ମୋର ବୁଦ୍ଧି ପାଏ ନା। ଏଡ଼େ ଅପଦାର୍ଥଟାଏ ମୁଁ! ବେଳେବେଳେ ହତାଶ ହୁଏ ଯେ, ମୋଠୁ ବଳି ବି ଅପଦାର୍ଥ ଅଛନ୍ତି। ବଡ଼ଦିନ ଛୁଟିରେ ଜଣେ ଅଧ୍ୟାପକ ଓ ତାଙ୍କ ସ୍ତ୍ରୀ ଘରକୁ ଚାଲିଯାଇଥାନ୍ତି। ତାଙ୍କ ଭଣଜା ଜଣେ ବି.ଏ. ଅନର୍ସ ଛାତ୍ର ତାଙ୍କ ଘରେ ଥାନ୍ତି। ତାଙ୍କୁ ପଚାରିଲି, "ତମେ ବର୍ତ୍ତମାନ କଣ ଖାଉଛ?" "କଣ ସାର୍, ଯା ପାଉଛି ଖାଉଛି।" ମୁହଁ, ଭାବଭଙ୍ଗୀ, କଥାବାର୍ତ୍ତା, ସବୁଥିରେ ନୈରାଶ୍ୟର ଛାୟା। ସତେ ଯେମିତି ଏ ଦୁନିଆରେ ସେ ଏକାନ୍ତ ନିଃସହାୟ! ଭାବିଲେ ହତାଶ ହୋଇପଡ଼େଁ। ଆଜିକିକାଲି ଜଣେ ବି:ଏ: ଅନର୍ସ ପାସ୍ କରିବେ, ଡେପୁଟି ହେବେ। ଅଥଚ ନିଜ ହାତରେ ପାଣି ମୁନ୍ଦାଏ ଫୁଟାଇ ଚାଉଳ ସିଝାଇ ଖାଇବାର ଯୋଗ୍ୟତା ଆଜିଯାଏ ହୋଇ ନି! ତେବେ କଲେଜ ପଢ଼ିଆରେ ଏନ୍. ସି. ସି. ପୋଷାକ ପିନ୍ଧି ଲେଫଟ୍ ରାଇଟ୍ କୁଦାଇହେବାରେ କି ଲାଭ? ଏ ଦେଶର କଣ ଭବିଷ୍ୟତ ନାହିଁ? କଣ୍ଟା ବାଡ଼ରେ ଲୁଗା ପକାଇ ପର ଉପରକୁ କାଦୁଅ ଫିଙ୍ଗି ନିଜେ ଭଲ ବୋଲି ହାଟ ବଜାରରେ ବାଜା ବଜାଇବା ଛଡ଼ା ଆଉ କଣ ଦ୍ୱିତୀୟ କାମ କିଛି ନାହିଁ?

ମିଷ୍ଟର୍ ବେକର୍ ଜଣେ ଅବସରପ୍ରାପ୍ତ ଇଞ୍ଜିନିୟର। ବୟସ ସତୁରି ଉପରେ! ମୁଣ୍ଡର ବାଳ ଧଳା। ସକାଳେ ଶ୍ରୀମତୀ ବେକର୍ ଓ ମୁଁ ଯେତେବେଳେ ଗାଡ଼ି ଧରି ସଭାକୁ ବାହାରୁଛୁଁ, ଶ୍ରୀ ବେକର୍ ସେତେବେଳେ କାତି, ଟାଙ୍ଗିଆ, କୋଡ଼ି, ଶାବଳ ଲଦି ଗାଡ଼ିରେ ଉଠନ୍ତି। ପର୍ବତ ଭାଙ୍ଗି ପଡ଼ିଆ କରି ତହିଁରେ ଘର ତୋଳିବେ। ଦିନେ ଦିନେ ହତାବାଡ଼ ଦେବାପାଇଁ ମୁଁ ତାଙ୍କ ସଙ୍ଗେ ଯାଏ। ପଚାରେ, "ବାପା, ତମର ତ ଏତେ ସମ୍ପତ୍ତି, ଯାହା କହନ୍ତି ଶହ-ଶହ ଗହ-ଗହ ଟଙ୍କାସୁନା, ଦୁଆରେ ଗାଡ଼ି ଥୋଇବାକୁ ଜାଗା ନାହିଁ। ତମେ ଏ ବୁଢ଼ାବୟସରେ ପୁଣି କାହିଁକି କୋଡ଼ି ଶାବଳରେ ସଉକି କରୁଛ?" ସେ ଉତ୍ତର ଦିଅନ୍ତି, "ଗୋଲୋକ, ତମେ ଏତେ ପାଠ ପଢ଼ି ଆମେରିକା ପର୍ଯ୍ୟନ୍ତ ଆସିଲଣି, ତଥାପି ଆମେରିକା ଜୀବନର ମୂଳ ଦର୍ଶନଟା ଧରିପାରି ନା। ଆଉ କାହା କଥା ଛାଡ଼ିଦିଅ, ମୁଁ କାମ କରେଁ ଜୀବନ ଉପଭୋଗ କରିବାପାଇଁ। କାମ ବ୍ୟତିରେକେ ଆମେରିକାନ୍ ଜୀବନରେ ସୁଖକଳ୍ପନା ଅସମ୍ଭବ। କାମ ଭିତରେ ଯେ ଆତ୍ମପ୍ରସାଦ, ଯେ ଶିହରଣ ଲୁକ୍‌କାୟିତ ଅଛି, ତା ଯେ ଜୀବନରେ ଥରେ ଚାଖିଛି, ସେ ଆଉ ଛାଡ଼ିପାରିବ ନାହିଁ। ଏହି ଯେ ବିରାଟ ଆମେରିକା ଜାତି ଦେଖୁଛ, ସେ ତଡ଼ା ଖାଇ ବିଲାତ ଦେଶରୁ ଚାଲିଆସିଥିଲା। ହାତରେ ତାର ଟାଙ୍ଗିଆ କଟୁରି ଛଡ଼ା ଅନ୍ୟ କିଛି ନ ଥିଲା। ଲୁହା ମୁନରେ ମାଟି ଖୋଳି, ମୁଣ୍ଡଝାଳ ତୁଣ୍ଡରେ ମାରି ଏହି ନିଉୟର୍କ ସହର ସେ ଗଢ଼ିଛି, ଦୁଧ ଦହିରେ ଦେଶ ଭସାଉଛି, ଦାତାପଣରେ ସାରା ପୃଥିବୀରେ ଡଲାର୍ ବାଣ୍ଟୁଛି। ବିଲାତ ସାହେବଙ୍କ ପରି ଆମମାନଙ୍କର ନ ଥିଲା ଉପନିବେଶ, ନାହିଁ ନିଷ୍ପେଷଣ। ଆପଣା ଲହୁ-ଲୁହରେ ଯା ଗଢ଼ିଛୁଁ, ତା ଆଜି ରକ୍ଷା କରିବା ପାଇଁ ସମସ୍ତ ଶକ୍ତି ଖଟାଇଛୁଁ। ଆମ ରାଜନୀତିଜ୍ଞଗୁଡ଼ା ବୋକା ବୋଲି ପୃଥିବୀର କ୍ଷମତା-ରାଜନୀତିରେ ପାଦ ପୂରାଇ ଦେଶଟାକୁ ଅକାରଣ ଅପଦସ୍ତ କରୁଛନ୍ତି। ଏଇ ବିରାଟ ଭୂଖଣ୍ଡର ଶିରୀସମ୍ପଦ -ଭୋଗପାଇଁ ଯଥେଷ୍ଟ ଲୋକ ନାହାନ୍ତି। ପୃଥିବୀର ଆଉ କାହା ପାଖକୁ ନ ଗଲେ ବି ଆମର ଚଳନ୍ତା। ମାତ୍ର ମଣିଷ ଗୋଟାଏ ପତିତ ଜୀବ। ସେ ନିଜେ ନିଜର ଶତ୍ରୁ। ପରମାଣୁ ବୋମା ତିଆରି କରି ଭସ୍ମାସୁର ପରି ସେ ନିଜ ମୁଣ୍ଡରେ ହାତ ଦିଏ।" ମୁଁ କହେ, "ହଁ ବାପା, ତମ କଥା ଠିକ୍, ହେଲେ ଆମ ଶାସ୍ତ୍ରକାର ଯାହା କହିଥିଲେ, ଯୌବନଂ ଧନସମ୍ପତ୍ତିଃ... ଏକୈକମପ୍ୟନର୍ଥାୟ, କିମୁ ଯତ୍ର ଚତୁଷ୍ଟୟଂ' ତା ତମଠି ବହୁ ଅଂଶରେ ଦେଖା ଯାଉଛି।" ବୁଢ଼ା ଟାଙ୍ଗିଆ ରଖିଦେଇ ଶ୍ଳୋକର ଅର୍ଥ ଶୁଣି ଦୀର୍ଘ ନିଃଶ୍ୱାସ ପକାଇ କହନ୍ତି, "ତମ ଭାରତ ଲୋକଙ୍କର କି ଗଭୀର ଦୂରଦୃଷ୍ଟି ସତେ! ଭଗାରି ପଛେ ପ୍ରଶଂସା କରେ, ଆମ ଆଖିରେ ଗାଁ କନ୍ୟା କେଡ଼େ ସିଙ୍ଘାଣୀନାକୀ!

ବୁଢ଼ା ବାପ ପରିଶ୍ରମ କରେ ବୋଲି ପୁଅ, ଝିଅ କଣ ବସି ରହନ୍ତି? ଅସମ୍ଭବ,

ସମସ୍ତଙ୍କର କାମ। ଆଗରୁ କହିଛି କାମ ନ କଲେ ପିଲାଏ ପଇସା ପାଆନ୍ତି ନାହିଁ, ତେଣୁ କାମହିଁ ଆମେରିକା ଜୀବନର ମୂଳମନ୍ତ୍ର। ଆମେରିକାପିଲା କିମିତି ଦରକାରୀ କାମ କରିପାରେ, ଗୋଟିଏ କଥା କହେଁ। ଦିନେ ମୁଁ, ଡେଭିଡ୍ ଓ ତା ବାପା ବୋଉ ସମସ୍ତେ ଗୋଟିଏ ସହର ଅଭିମୁଖରେ ମଟର ଛୁଟାଉଥିଲୁଁ। ଭାରି ବରଷା। ବରକୋଳିଆ ଟୋପା ଓଜାଡ଼ି ହୋଇ ପଡୁଥାଏ। ରାସ୍ତାଉପରେ ଚକାଏ ପାଣି। ହଠାତ୍ ମଟରର ପଛ ଚକାଟା ଫାଟିଲା। ମାଇପି ମଣିଷ ସବୁଠି ସମାନ। ବିପତ୍ତି ପଡ଼ିଲେ ଅକ୍ଷବହୁତେ ଇତସ୍ତତଃ ହୁଅନ୍ତି। ମଉଜରେ ମଟର ଚଳାଇବା ଓ ଚକ ଫାଟିଲେ ସମ୍ଭାଳିବା ଏକା କଥା ନୁହେଁ। ଆମେ ସମସ୍ତେ ମଟରରୁ ବାହାରି ଖବରକାଗଜ ଖଣ୍ଡେ ଲେଖା ମୁଣ୍ଡରେ ଦେଇ ଠିଆ ହେଲୁଁ। ପନ୍ଦର ବର୍ଷର ପୁଅ ଡେଭିଡ୍ ରାସ୍ତାଉପରେ ପାଣିରେ ଶୋଇ ଅଧଘଣ୍ଟାରେ ନୂଆ ଚକଟାଏ ଲଗାଇଦେଲା। ସମସ୍ତେ ଆମ୍ଭେ କୃତକୃତ୍ୟ ହେଲୁଁ।

ଆମ ସ୍ୱାଧୀନତା ବର୍ତ୍ତମାନ ଗୋଟାଏ ଉତ୍କଟ ବ୍ୟାଧିରେ ପରିଣତ ହୋଇଛି। ସ୍ୱାଧୀନତା ଅର୍ଥହିଁ ବର୍ତ୍ତମାନ ଉଚ୍ଛୃଙ୍ଖଳତା। କେହି କାହାକୁ ମାନୁ ନାହାନ୍ତି, ଆଇନ କାନୁନର ମୂଲ୍ୟ ନାହିଁ। ସମସ୍ତେ ନିଜ ହାତରେ ନିଜେ ଚଉଦ ପା। ଏକାଠି କାମ କରିବା ଆମ ରକ୍ତରେ ଯାଏ ନି। ଏକାଠି ବାଣିଜ୍ୟବ୍ୟବସାୟ କଲେ ପାଞ୍ଚ ଦିନରେ କଳି, ଅବିଶ୍ୱାସ। ଜାତି ଉଠି ପାରୁ ନି। କିନ୍ତୁ ଆମେରିକାରେ ଠିକ୍ ଏହାର ଓଲଟା। ଆମେରିକାରେ ବ୍ୟକ୍ତିସ୍ୱାଧୀନତାର ଚରମ ବିକାଶ। ପ୍ରତ୍ୟେକ ପ୍ରତ୍ୟେକଙ୍କର ଦାୟିତ୍ୱ ଜାଣନ୍ତି। ଏତେ ସ୍ୱାଧୀନ ହେଲେ ମଧ୍ୟ ମିଳିମିଶି କାମ କରିବାରେ ସେ ଜାତି ଅତି ପାରଗ। ଏହି ପ୍ରକାର "ଟିମ୍ ସ୍ପିରିଟ୍" ବା ସହଯୋଗିତା ଦେଖି ଆମେରିକାନ୍‌ମାନେ ବି ନିଜେ ଆଶ୍ଚର୍ଯ୍ୟ ହୁଅନ୍ତି। ନିଜ ଘରେ ନିଜେ ସିଂହପରି ପ୍ରବଳ ହେଲେ ମଧ୍ୟ ସହଯୋଗ କ୍ଷେତ୍ରରେ ସେମାନେ ପିମ୍ପୁଡ଼ିପରି ଏକତ୍ର ହୁଅନ୍ତି।

ଆମେରିକାନ୍ ନାରୀ ଅତିମାତ୍ରାରେ ସ୍ୱାଧୀନ। ରମଣୀ ରତି ପରି ସୁଖ ଦିଏ, ସୀତା ପରି ସହଚାରିଣୀ ହୁଏ। ପୁରୁଷ ଜାତିର ଜୀବନଭାର ଅଧାଅଧି ନିଜ କାନ୍ଧଉପରକୁ ନେଇଯାଏ। ଆମ ନାରୀ ଗୃହ-ସଂସାରରେ ଯଥେଷ୍ଟ ସାହାଯ୍ୟ କଲେ ମଧ୍ୟ ପରାଧୀନ ଥିବାରୁ ସାମାନ୍ୟ କଥାରେ ଅନ୍ୟର ସାହାଯ୍ୟପାଇଁ ଅନାଇଁ ବସିଥାଏ। ଶିଶୁସଂସାରର ପରିଚାଳିକା ହେଲେ ମଧ୍ୟ ଶିକ୍ଷା ଅଭାବରୁ ତାର ଦାୟିତ୍ୱ ଉପଲବ୍ଧି କରିପାରେ ନା। ଫୁଲଗଛଟିଏ ପୋତି ଫୁଲ ଫୁଟାଇବାପାଇଁ ଯଦି ଏତେ ଜ୍ଞାନ ଦରକାର, ମଣିଷ ଶିଶୁ ସୃଷ୍ଟି କରି ତାକୁ ମଣିଷ କରିବା କେତେ ଜ୍ଞାନସାପେକ୍ଷ, ତା ନାରୀ ଜାଣେ ନା। ଯେଉଁ ଜାତିର ମା ନାହିଁ, ତାର ସାହା ନାହିଁ। ସେହି ହେତୁରୁ ଆମ ଦେଶର ମାଙ୍କୁ ମା ହେବାପାଇଁ ସୁଯୋଗ ଦେବା ଉଚିତ! ମା ଘରଭିତରେ ଏତେ କାମ କରେ, କିନ୍ତୁ

ପାଣି ଲୋଟେ ଆଣିବାପାଇଁ ଦାଣ୍ଡଦୁଆର ଡେଇଁପାରେ ନା। ରୁଗ୍ଣ ଶିଶୁକୁ କୋଳରେ ଧରି ସାରା ରାତ୍ରି ଉଜାଗର ରହେ, ମାତ୍ର ପ୍ରତିକାର କରିପାରେ ନା। ବିଜ୍ଞାନ ବ୍ୟତରେକେ ଭାବପ୍ରବଣତାରେ ମାତୃସ୍ନେହର ଅପବ୍ୟବହାର ହୁଏ ସିନା! ପାଶ୍ଚାତ୍ୟ ଦେଶସବୁ ଦେଖି ଆସିଲେ ମନୁଷ୍ୟର ମନେ ହୁଏ ଯେ, ନାରୀ-ସ୍ୱାଧୀନରା ବ୍ୟତିରେକେ ଆମର ଭବିଷ୍ୟତ ନାହିଁ। ଖାଲି ହାତରେ ହାତ ପକାଇ ହାଟବଜାରରେ ବୁଲିବାକୁ ଯଦି କେହି ନାରୀ-ସ୍ୱାଧୀନତା ବୋଲି ଭାବନ୍ତି, ତା ସ୍ୱାଧୀନତାର ଅପଚାର ମାତ୍ର। ଆମେରିକା-ନାରୀ କର୍ମକୁଶଳ ହେଲେ ମଧ୍ୟ ଅତିମାତ୍ରାରେ ସ୍ୱାଧୀନ ବୋଲି ସାମାଜିକ ଜୀବନ ଜୀର୍ଣ୍ଣ ହେବାର ଆଶଙ୍କା ଅଛି। ୟୁରୋପ ଲୋକେ ମଧ୍ୟ ଆମେରିକାର ନାରୀ-ସ୍ୱାଧୀନତାକୁ ଏତେ ପସନ୍ଦ କରନ୍ତି ନାହିଁ। ତଥାପି ନାରୀ ଓ ପୁରୁଷଭିତରେ ଆମ ଦେଶରେ ଯେ ଅଯଥା ଓ କୃତ୍ରିମ ତଫାତ୍ ରହିଛି, ତାକୁ ଉଠାଇଦେବାପାଇଁ ଆମେରିକାଲୋକଙ୍କଠୁଁ ଶିଖିବା କଥା।

ଆମେରିକା-ଲୋକେ ଅନେକ ଦିନ ପର୍ଯ୍ୟନ୍ତ ଆଇସୋଲେସନିଷ୍ଟ୍ ବା ଏକୁଟିଆ ହୋଇ ଚଳୁଥିଲେ। ପୃଥିବୀ ରାଜନୀତି ସହିତ ସେମାନଙ୍କର ବିଶେଷ ସମ୍ପର୍କ ନ ଥିଲା। ଗଲା ଯୁଦ୍ଧରୁ ସେମାନେ ପୃଥିବୀକ୍ଷେତ୍ରରେ ଆଗୁଆ ହେବାରେ ଲାଗିପଡ଼ିଛନ୍ତି। ମାତ୍ର ଆମ ପୂର୍ବଖଣ୍ଡରେ ସେମାନେ ଅପ୍ରିୟ ହେଲେଣି ବୋଲି ଜାଣି ସାରିଲେଣି। ତେଣୁ ବିଶ୍ୱଶାସନ, ବିଶ୍ୱମୈତ୍ରୀପାଇଁ ସେମାନେ ବର୍ତ୍ତମାନ ବଡ଼ ଉତ୍କଣ୍ଠିତ। ଆମେରିକାରେ ଯେ କୌଣସି ସହରକୁ ଗଲେ ଆନ୍ତର୍ଜାତିକ କୌଣସି-ନା କୌଣସି ଅନୁଷ୍ଠାନ ଦେଖିବାକୁ ପାଇବ। ଆମେମାନେ ତ ଏତେଗୁଡ଼ାଏ ଜାତିର ପିଲା ଆମେରିକା ପଇସାରେ ଆମେରିକାରେ ବୁଲୁଥିଲୁ। କାରଣ ଯାହା ହେଉ ନା କାହିଁକି, ଆନ୍ତର୍ଜାତିକ ଭାବ-ବିନିମୟ ଲାଗି ଆମେରିକାନ୍ ବଡ଼ ବ୍ୟାକୁଳ।

ଆମେରିକା-ଲୋକଙ୍କଠୁ ଶିଖିବାର ସବୁଠୁ ବଡ଼ କଥା ହେଉଛି ପରର ପ୍ରଶଂସା କରିବା। ଯିଏ ଯାହା କରୁ, ଲୋକେ ପ୍ରଶଂସା କରନ୍ତି। ମଣିଷଜୀବନରେ ଯେତେ କାମ ଅଛି, ଘାସକଟାରୁ ଘୋଡ଼ାଚଢ଼ା ପର୍ଯ୍ୟନ୍ତ ସବୁ ବିଜ୍ଞାନଛାଞ୍ଚରେ ପକାଇ ଦିଆଯାଇଛି। ପ୍ରତ୍ୟେକ କାର୍ଯ୍ୟର ମୂଲ୍ୟ ଅଛି। ତେଣୁ ଯେ ଘାସ ବି କାଟୁଛି, ଲୋକେ ତାକୁ ପ୍ରଶଂସା କରି କହନ୍ତି, "ସେ ଗୋଟାଏ ବଢ଼ିଆ ଘାସକଟାଳି।" ପ୍ରଶଂସା ଶୁଣିଲେ କାମ କରିବାକୁ ମନ ନ ହେବ କାହାର? ଆମ ପରି ଖୁବ୍ କମ୍ ଲୋକ କହନ୍ତି, "ସେ କିଆଁ ଯା କରୁନି, ତା କରୁନି, ସେ କାମଗୁଡ଼ା ବେକାର କାହିଁକି କରୁଛି। ସପ୍ଲାଇ ବିଭାଗକୁ ନ ଯାଇ ହତଭାଗାଟା କାହିଁକି ମାଷ୍ଟର ହୋଇଛି?" ଏମିତି କଥା ଶୁଣିଲେ ମଣିଷମନ କଣ ହୁଏ, ତା ମନସ୍ତତ୍ତ୍ୱବିତ୍‌ମାନେ କହିବେ। ଭାରତରୁ ଆସିଛି ବୋଲି କହିଦେଲେ ସେମାନେ ଆଦର-ଅଭ୍ୟର୍ଥନାରେ ପେଟ ପୂରାଇଦିଅନ୍ତି। ଆମ ଦେଶକଥା କହି ଲାଭ କଣ? ପରନିନ୍ଦା, ପରଶ୍ରୀକାତରତାର ଲୀଳାଭୂମି ମୋ ଦେଶରେ ପହଞ୍ଚି ପହିଲେ

ଯେତେବେଳେ ଜଣେ ଓଡ଼ିଆ ଡେପୁଟିଙ୍କ ସଙ୍ଗେ ଦେଖା ହେଲି, ତାଙ୍କୁ ନମସ୍କାର ହେବାରେ ହାତ ବଡ଼ କଷ୍ଟରେ ଉଠିଲା। ବଡ଼ ଉଦାସୀନଭାବରେ ପ୍ରଥମ କରି କହିଲେ, "ହ-ଅ, ଆଜିକାଲି ବିଲାତ, ଆମେରିକା ଯାଇ ଲାଭ କଣ? ହଁ, କେତେ ଟଙ୍କା ପଡ଼ିବ ଟି? ମୁଁ ଜଣକୁ ପଠାଇବାକୁ ଚାହେଁ।" ସେତିକିବେଳକୁ ଜଣେ ପିଲାଦିନ ସାଥୀ ଓକିଲ ବନ୍ଧୁ ପହଞ୍ଚି ମୋତେ ଦେଖି ଯେତେବେଳେ ଆନନ୍ଦ ପ୍ରକାଶ କରିବାକୁ ଲାଗିଲେ, ଡେପୁଟି ବାବୁଟି ଅଯାଚିତଭାବରେ କହି ପକାଇଲେ, "ଆଜିକାଲି ବିଲାତ, ଆମେରିକା ଯିବାଟା କେଉଁ କଥାର କଥା?" ଗରିବଙ୍କ ମା ବାପ ପରା ଡେପୁଟିବାବୁ, ମଣିଷ ଚରାନ୍ତି। ମଣିଷର ମନସ୍ତତ୍ତ୍ୱ ବହିରୁ ଖଣ୍ଡେ ହେଲେ ପଢ଼ି ନ ଥାନ୍ତେ? କରୁଣା ହୁଏ, ଲଜ୍ଜା ଲାଗେ, ମଣିଷ ହତାଶ ହୁଏ। ମୋ ଦେଶର ସୌଭାଗ୍ୟ-ଡୋରି କଣ ଚିରଦିନ ବନ୍ଧା ହୋଇ ରହିଥିବ? ଏଠି ପରନିନ୍ଦା, ପରଶ୍ରୀକାତରତା ଛଡ଼ା ପରପ୍ରଶଂସା କଣ ଲୋକେ ଶିଖିବେ ନାହିଁ? ପ୍ରଶଂସା ନ ହେଲେ ନାହିଁ, ଶିଷ୍ଟାଚାର ବି ଶିଖିବେ ନାହିଁ? ତଥାକଥିତ ବଡ଼ଲୋକି ଦେଖାଇ ସବୁ ଦିନେ କଣ ସମସ୍ତଙ୍କର ଘୃଣାପାତ୍ର ହୋଇ ବୁଲୁଥିବେ? ବେଳ ଆସିଛି, ମାଛି ନ ହୋଇ ମହୁମାଛି ହେବା, ଘାଆରେ ନ ବସି ଫୁଲରେ ବସିବା—ଦେଶ ଓ ଜାତିର ମୁକ୍ତିପଥ ଖୋଜିବା। ଧନ୍ୟ ସେ ପ୍ରଶଂସାମୁଖର ଆମେରିକାନ୍ ଜାତି। ସତରେ ଯାହା କହନ୍ତି, "ଉଚ୍ଚମନା ଉଚ୍ଚେ ଅମୃତ ଲଭଇ, ନୀଚମନା ଲଭେ ବିଷ।" ମଣିଷଭାଗ୍ୟରେ ତାହାହିଁ ଫଳୁଛି।

ଗାଁମାଷ୍ଟ୍ରେ ଇତିହାସ ପଢ଼ାଉଥିଲେ। ଅଶୋକ ମହାରାଜା ସଡ଼କ ତିଆର କରିଥିଲେ, ଗଛ ଲଗାଉଥିଲେ। ଘରେ ତାଲା ପଡୁ ନ ଥିଲା। ଦଶହରାକୁ ଢେଙ୍କାନାଳରେ ବେଠିଆ ପାଇକ ଖାଲିପେଟରେ ନୁଖୁରାମୁଣ୍ଡରେ ସଡ଼କ ତିଆରି କରିବା, ଗଛ ଲଗାଇବାର ଦେଖିଥିଲି। ବାକି ତାଲା ନ ପଡୁଥିବାଟା ଦେଖିବାପାଇଁ ଅମେରିକା ଯିବାକୁ ପଡ଼ିଲା। ଜଣ ଜଣକ ପରେ ବର୍ଷ ବର୍ଷ ତାଲା ପଡୁନି ବୋଲି ଶୁଣିଲି। ବଡ଼ ବଡ଼ ସହରକଥା ସବୁଠି ସମାନ; କିନ୍ତୁ ଗାଁଗଣ୍ଡାରେ ଅନେକ ଘରେ ତାଲା ପଡ଼େନି। ରାସ୍ତାରେ ଖବରକାଗଜ ଗଦା ହୋଇଥାଏ, ଲୋକେ ଆସନ୍ତି, ପଇସା ପକାଇଦିଅନ୍ତି, ଖବରକାଗଜ ଉଠାଇନିଅନ୍ତି। କେହି ବିକୁ ନାହିଁ, କିନ୍ତୁ ସମସ୍ତେ କିଣୁଛନ୍ତି। ଲୋକେ ବସ୍‌ରେ ଚଢୁଛନ୍ତି। ଲଣ୍ଡନ ପରି ଆମେରିକାରେ ଟିକଟ ଦିଆଯାଏ ନାହିଁ। ଲୋକେ ଗାଡ଼ିରେ ଉଠନ୍ତି, ଉଚିତ ଦାମ୍‌ଟି କଣାରେ ଗଳାଇଦେଇ ବସିପଡ଼ନ୍ତି। ସେ ଜାତିର ଦାୟିତ୍ୱଜ୍ଞାନ ଏତେ ବେଶୀ, ଦେଖିଲେ ଆଶ୍ଚର୍ଯ୍ୟ ଲାଗେ। ଚୋରି, ଡକାୟତି, ଅନ୍ୟାୟ, ଅତ୍ୟାଚାର ନାହିଁ ବୋଲି କେହି କହୁ ନାହିଁ; କିନ୍ତୁ ସାଧାରଣ ଜୀବନରେ ଯେଉଁ ସାଧୁତା ଓ ସଚ୍ଚୋଟପଣିଆ ଦେଖାଯାଏ, ତାହା ରାମଙ୍କ ଅଯୋଧ୍ୟାରେ ଥିଲେ ଥାଇପାରେ, ଏ ଦେଶରେ କାହିଁ?

ଅପଚାର

ଆମେରିକା-ଜୀବନରେ ଯେ ଅପଚାର ନାହିଁ, ଏମିତି କଥା ନାହିଁ। ତାଙ୍କ ଦୃଷ୍ଟିରୁ ସେମାନେ ଅପଚାର ବୋଲି ବିଚାର କରନ୍ତି କି ନାହିଁ, ବିଦେଶୀଙ୍କୁ ତାହା ଅପଚାର ବୋଲି ଜଣାଯାଏ। ଲୋକେ ପଚାରନ୍ତି ଆମେରିକାର ସବୁଠୁଁ କେଉଁ କଥାଟା ଆମକୁ ଖରାପ ଲଗେ। ମୁଁ ସବୁବେଳେ କହେ ସେମାନଙ୍କ ରାଜନୀତି। ଆଗରୁ କହିଛି ରୁଷିଆ ନାଁ ଧରିଲେହିଁ ସେମାନଙ୍କ ରାଗ। କମ୍ୟୁନିଷ୍ଟପକ୍ଷପାତୀ ଲୋକଙ୍କୁ ଚବିଶ ଘଣ୍ଟା ଭିତରେ ଜିଲା ପାର କରିବାର ମଧ୍ୟ ଶୁଣା ଅଛି। ସେ ଦୃଷ୍ଟିରୁ ଆମେରିକା-ଲୋକେ ବଡ଼ ଅସହିଷ୍ଣୁ ଓ ଉଦ୍ଧତ। ସେମାନେ ଠିକ୍ ଜାଣିଛନ୍ତି ଯେ, ପୃଥିବୀ କ୍ଷେତ୍ରରେ ବର୍ତ୍ତମାନ ସେମାନଙ୍କର ପ୍ରତିପତ୍ତି ଖୁବ୍ ବେଶୀ। ତେଣୁ ଯେ କେହି ଦେଶ ସେମାନଙ୍କର ମତବାଦୀ ନ ହେଲେ ସେମାନେ ବଡ଼ ବିରକ୍ତି ପ୍ରକାଶ କରନ୍ତି। ରାଜନୀତି କଥାରେ ଔଦ୍ଧତ୍ୟ ଦେଖାଇବା ସଙ୍ଗେ ସଙ୍ଗେ ଅନ୍ୟମାନେ ସେମାନଙ୍କ କଥା ମାନି ନିଅନ୍ତୁ ବୋଲି ସେମାନେ ଚାହାନ୍ତି। ସେ ଦୃଷ୍ଟିରୁ ଇଂରେଜମାନଙ୍କର ସହନଶୀଳତା ବାସ୍ତବରେ ଆଦର୍ଶ। କ୍ୟାମ୍ପ୍‌ରେ ଥିଲାବେଳେ ଆମେମାନେ ଖବର ସଂଗ୍ରହ କରିବାକୁ ଭିନ୍ନ ଭିନ୍ନ ଅନୁଷ୍ଠାନକୁ ଯାଉଥିଲୁଁ। ମୁଁ ଥରେ ଆମେରିକା ପୋଲିସ୍ ଇନ୍‌କ୍ୱାରୀ କରିବାପାଇଁ ଇଚ୍ଛା ପ୍ରକାଶ କରିବାରୁ ସେମାନେ ମୋତେ ସୁଯୋଗ ଦେଲେନି। କାରଣ ତା ପୂର୍ବରୁ ଆମେରିକା ସମ୍ପର୍କରେ ମୋର କେତେକ ପ୍ରତିକୂଳ ମତ ଶୁଣି ସେମାନେ ବିରକ୍ତ ହୋଇଥିଲେ।

ଆମେରିକାର 'ଅତି' କଥାଟା ଅନେକ ସମୟରେ ଭଲ ଲାଗେନି। ଅତି ଲେମ୍ବୁ ଚିପୁଡ଼ିଲେ ପିତା। ସବୁ କଥାରେ ସାଧାରଣ ସୀମା ଡେଇଁଲେ ସୌନ୍ଦର୍ଯ୍ୟ ନଷ୍ଟ ହୁଏ। ଗତି ଦେଖିବାକୁ ଗଲେ ଅତି କ୍ଷିପ୍ର ଗତି। ମେସିନ୍ ଦେଖିବାକୁ ଗଲେ ସବୁ ମେସିନ୍। ନାରୀ ସ୍ୱାଧୀନତା କହିଲେ ଅତି ଉଗ୍ର ସ୍ୱାଧୀନତା। ମନେହୁଏ ଜାତି ଏମିତି ଗୋଟିଏ ସୀମାରେ ପହଞ୍ଚିଗଲାଣି, କିମ୍ବା ଖୁବ୍ ନିକଟରେ ପହଞ୍ଚିଯିବ। ଯହିଁରୁ ଆଉ ଟିକିଏ ଅଧିକ ଗଲେ

ରସାତଳକୁ ଯିବ, ଏ ସଭ୍ୟତା ଚୂରମାର ହୋଇଯିବ। ଈର୍ଷାପର ହୋଇ ଅଧିକାଂଶ ୟୁରୋପ-ଲୋକେ ଆମେରିକା ବିଷୟରେ ଏହି ମତ ପ୍ରକାଶ କରିଥାନ୍ତି। ଯେତେକାଳ ଆମେରିକାରେ ରହିଲୁଁ, ମନେ ହେଲା ଆମେ ଆଉ ଚାଲୁ ନାହୁଁ, ଉଡୁଛୁଁ। କାରଣ ସବୁବେଳେ ହାତରେ ଗାଡ଼ି, ଗତି ଘଣ୍ଟାରେ ଅନ୍ତତଃ ଷାଠିଏ ମାଇଲ। ମୋ ଭଳି ଗୋଟିଏ ଭାରତୀୟ ବଳଦଗାଡ଼ି ପକ୍ଷରେ ଆମେରିକାର ଅଟୋମୋବିଲ୍ ଗତି 'ଅତି' ନୁହେଁ ତ ଆଉ କଣ ?

ପାଶ୍ଚାତ୍ୟ ସଭ୍ୟତାର, ବିଶେଷରେ ଆମେରିକାର ଉତ୍କଟ ଅର୍ଥସର୍ବସ୍ୱତା ଦାର୍ଶନିକ ଭାରତୀୟ ପକ୍ଷରେ ଅତି ଗର୍ହିତ। ବନ୍ଧୁ ତାଙ୍କ କାମେରାରେ ଉଠାଇଥିବା ଛବି ଖଣ୍ଡେ ଦେଲେ ବି ଦାମ୍‌ଟା ମାଗିନିଅନ୍ତି। ଯେଉଁମାନେ ମାସ ମାସ ମାହାଳିଆ ଖାଇବାକୁ ଦେଉଥିଲେ, ସେମାନେ ବେତେ ପଇସାର ଜିନିଷ କିଣିଦେଲେ, ପଇସା ହିସାବ କରନ୍ତି। ଅଥଚ ଉପହାର ଦେବା କଥା ହେଲେ ଅନେକ ଦ୍ରବ୍ୟ ଅକୁଣ୍ଠଚିତ୍ତରେ ଦେଇଦିଅନ୍ତି। ସେମାନଙ୍କ ଚରିତ୍ରରେ ଏହି ଅସାମଞ୍ଜସ୍ୟ ମୁଁ ଆଦୌ ବୁଝିପାରେନି। ଯେ ପାଞ୍ଚ ପଇସାର ଜିନିଷଟା ହିସାବ କରେ, ସେ ପୁଣି କେମିତି ମାସ ମାସ ମାହାଳିଆ ଭୋଜନ ଦିଏ ? କେବଳ ଭୋଜନ ନୁହେଁ, ଶଶୁରଘରେ ଜୋଇଁଙ୍କ ଭୋଜନ, ବଢ଼ିଆ ଖାନା। ଏବେ ବି ପାଟିରେ ସେ ସ୍ୱାଦସ୍ମୃତି ରହିଯାଇଛି।

ତାଙ୍କ ଦୈନନ୍ଦିନ ଆଚାର ବ୍ୟବହାରରେ କେତେକ କଥା ଅଛି, ଯାହା ଆମମାନଙ୍କୁ ଆଦୌ ଭଲ ଲାଗେ ନାହିଁ। ଆମ ଦେଶର ସାଧାରଣ ଲୋକ ମୁଢ଼ି ଖାଉ ବା ପେଜ ପିଉ, ଘର ଭିତରେ ଖାଏ। ମାତ୍ର ସେ ଦେଶରେ ଦେଶକାଳପତ୍ର-ନିର୍ବିଚାରରେ ହାଟରେ ବାଟରେ ବଜାରରେ ଯେଉଁଠି ଇଚ୍ଛା ସେଠି ଖାଉଥାନ୍ତି। ହୋଟେଲରେ ଚାକରାଣୀ ବାଢୁଥାନ୍ତି, ତେଣେ ଖାଇ ଦେଉଥାନ୍ତି ବା ହାତ ଚାଟି ଦେଉଥାନ୍ତି। ସେମିତି ହାଣ୍ଡିଖାଇ ଅଲକ୍ଷଣୀଙ୍କ ହାତରୁ ଆମ ଦେଶରେ କିଏ ପାଣି ଛୁଅନ୍ତା। କୁକୁରମୁହଁରେ ଚୁମା ଦେବାର ଦେଖିଥିଲେ ଓଡ଼ିଆ କବି କହିଥାନ୍ତେ, "କାମୁଡ଼ା କୁତା ମୁଖେ ଦେଲି ଚୁମ୍ବନ"। ମଣିଷ ଥାଳିରେ କୁକୁର ଖାଇବା ଦେଖି ଦେହ ଶୀତେଇପଡ଼େ। ଖୋଜି ବସିଲେ ଛୋଟ ବଡ଼ ଅପଚାର ଅନେକ ଅଛି। ମାତ୍ର ଆମମାନଙ୍କଠୁ ସେମାନଙ୍କର ଜୀବନ-ମାନଦଣ୍ଡ ଏତେ ଉଚ୍ଚରେ ଯେ, ଅଯଥା ତାଙ୍କ ଦୋଷ ଖୋଜି ଆମର ଲାଭ ନାହିଁ। ତାଙ୍କ ଉଗ୍ର ଓ 'ଅତି' ସମ୍ବଳିତ ଜୀବନଟାକୁ ଶାନ୍ତ ଓ ସୁନ୍ଦର କରିବାପାଇଁ ଭାରତୀୟ ଦର୍ଶନଲୋଡ଼ା ବୋଲି ବୁଦ୍ଧିଜୀବୀ ଆମେରିକାନ୍‌ମାନଙ୍କର ମତ। ଆମ ମେରୁଦଣ୍ଡହୀନ ଦରିଦ୍ର ଜୀବନଟାକୁ ପ୍ରକୃତ ଜୀବନ କରିବାକୁ ହେଲେ ଯେମିତି ଅର୍ଥ ଆବଶ୍ୟକ, ଆମେରିକା ସଂସାରକୁ ସ୍ଥାୟୀ କରିବାପାଇଁ ସେହିପରି ଭାରତୀୟ ଦର୍ଶନ ଆବଶ୍ୟକ।

ନିଉୟର୍କ

ସାନ ବଡ଼ କେତେଗୁଡ଼ିଏ ଆମେରିକାନ୍ ସହର ବଜାର ଦେଖିବାର ସୁଯୋଗ ପାଇଥିଲି। ସମସ୍ତଙ୍କ କଥା କହିବା ଅସମ୍ଭବ। ତେଣୁ ବିଶ୍ୱର ବିଶାଳତମ ସହର ନିଉୟର୍କ କଥା କହି ଆମେରିକା ଯାତ୍ରା ବିବରଣୀ ଶେଷ କରିବି। ଇଂରେଜ ଅମଳରେ ଆମେ ବେଶୀ ଲଣ୍ଡନ କଥା ଶୁଣିଥିଲୁଁ। ତେଣୁ ଭୂଗୋଳ କ୍ଲାସ ଛଡ଼ା ଅନ୍ୟତ୍ର ନିଉୟର୍କ ସହର କଥା ମନରେ ପଡୁ ନ ଥିଲା। ତା ଛଡ଼ା ରାଜନୀତିକ୍ଷେତ୍ରରେ ଆମେରିକାର ଆଧିପତ୍ୟ ଭାରି କମ୍ ଥିଲା। ମାତ୍ର ଆଜି ଅବସ୍ଥା ଯାହା, ସେଥିରେ ଭାରତ କଥା ତ ଛାଡ଼, ଲଣ୍ଡନରେ କାହିଁକି ସାରା ୟୁରୋପରେ ବି ଖାଲି ଆମେରିକା କଥା ଓ ନିଉୟର୍କ ସହରର ସ୍ତୁତିଗାନ ଚାଲିଛି। ଲଣ୍ଡନରେ ଆମେରିକାନ୍ ଜିନିଷଟାଏ ପିନ୍ଧି ବାହାରିପଡ଼ିଲେ ସାଇବ ସାଇବାଣୀ କାତର ହୋଇ ଅନାଇଁ ରହନ୍ତି। ଆମ କଥା ପଚାରେ କିଏ ? ନିଉୟର୍କ ଦେଖିବାପାଇଁ ସାଇବଙ୍କ ମନ ବି ଉହଳବିକଳ। ଆମେରିକାରେ ଅତୁଳ ସମ୍ପଦ, ଅଖଣ୍ଡ ଆଧିପତ୍ୟ, ଉଦ୍‌ବେଳ ଯୌବନ ଦେଖି ସାହେବମାନେ କିମିତି ଈର୍ଷା କରନ୍ତି, ବିଲାତରେ ଯେଉଁମାନେ ଥିବେ ବେଶ୍ ବୁଝିପାରିବେ।

ଆମେରିକାରେ ପହଞ୍ଚି ଉଡ଼ାଜାହାଜ ଘାଟିରୁ କ୍ୟାମ୍ପ୍ ଅଭିମୁଖରେ ଗଲାବେଳେ ନିଉୟର୍କର ଗୋଟାଏ ଗଳିରେ ପଶି ଚାଲି ଯାଇଥିଲୁଁ। ଚଳନ୍ତା ମଟର ଝରକାରୁ ଯାହା କିଛି ଦେଖିଥିଲି, ସେ କିଛି ନୁହେଁ। କିଛି ନୂଆ ଲାଗିଲା ନାହିଁ! ନିଉୟର୍କ ସହରର ମାହାତ୍ମ୍ୟ ବୁଝିବା ପାଇଁ ପୁଣି ସେଠାକୁ ଫେରି ଆସିବାକୁ ପଡ଼ିଲା।

ଗାଁ ରହଣି ସରିଗଲା। ବନ୍ଧୁ ଓ ବନ୍ଧୁପତ୍ନୀ, ପେଗି ଓ ସାଣ୍ଡି ରେଳଷ୍ଟେସନକୁ ଛାଡ଼ି ଆସିଲେ। ଆମେରିକାରେ ଏହି ମୋର ପ୍ରଥମ ଓ ଶେଷ ରେଳଚଢ଼ା। ଟିକଟ କାଟି ଗାଡ଼ିଭିତରକୁ ଯେତେବେଳେ ଉଠିଲି, ଦେଖିଲି ସବୁ ଚୁପ୍‌ଚାପ୍, ଛୁଞ୍ଚି ପଡ଼ିଲେ ବି ଶୁଭିବ। ଖବରକାଗଜ ଲେଉଟାଇବାରେ ଯାହା ଫଡ଼ଫାଡ଼ ଶୁଭୁଥାଏ। ପଚାଶ

ହାତ ଲମ୍ବା ଡବା। ଉଡ଼ାଜାହାଜରେ ଯେମିତି ପାଞ୍ଚ ଧାଡ଼ି ଚଉକୀ ପଡ଼ିଥାଏ, ଠିକ୍ ସେମିତି। ଜଣକା ଗୋଟିଏ ଚଉକୀ। ତେଣୁ ତାଲଚେର ପାସେଞ୍ଜର କିମ୍ବା ମାନ୍ଦ୍ରାଜ ଡାକଗାଡ଼ିରେ ଯେଉଁ ପେଲାପେଲି ପାଟିତୁଣ୍ଡ, ସେଥିରୁ ଏତେ ଟିକେ ବି ନ ଥିଲା। ଖାଲି ସମସ୍ତଙ୍କ ହାତରେ ଖବରକାଗଜ। ଗାଡ଼ିଭିତର ଯେମିତି ଚକଚକ୍, ଉପର ସେମିତି ରୂପେଲୀ। ଖରାରେ ରୂପାତୀର ପରି ଗାଡ଼ିଟା ଛୁଟେ। ଚାଲୁଛି କି ନାହିଁ ଜଣା ପଡ଼େନି। ସେଇଟା ଆମେରିକା ଗାଡ଼ିର ବିଶେଷତ୍ୱ। ସତକୁ ସତ ଅନେକ ନ ଜାଣିବା ଲୋକ ଗାଡ଼ି ଚାଲୁଛି କି ନାହିଁ ବୋଲି ପଚାରନ୍ତି। ଦେଢ଼ଘଣ୍ଟା ରେଳଯାତ୍ରା ପରେ ନିଉୟର୍କ ସହରଭିତରର ଗୋଟିଏ ଷ୍ଟେସନରେ ଗାଡ଼ି ଲାଗିଲା। ସୁଟକେସ୍ ଦୁଇଟି କାନ୍ଧରେ ଧରି ବାହାରିଲି। ଆକାଶରେ ବୃଷ୍ଟି ଓ ବାଦଲ ଲାଗି ରହିଥାଏ। ସତେ ଯେମିତି ଲଣ୍ଡନ। ମାତ୍ର ଲଣ୍ଡନରୁ ନିଉୟର୍କ ସେ ଅନେକ ତଫାତ୍, ସେଟା ଜାଣିବାପାଇଁ ବେଶୀ ସମୟ ଲାଗେ ନାହିଁ। ଷ୍ଟେସନଭିତରୁ ବାହାରିଲା ମାତ୍ରେ ପ୍ରଶସ୍ତ ରାସ୍ତାଉପରେ ହଜାର ହଜାର ଭଡ଼ା ମଟର ଦେଖିବାକୁ ମିଳେ। ଲଣ୍ଡନ ଭଡ଼ାମଟର ସେମାନଙ୍କ ଆଗରେ କିଛି ନୁହେଁ, ପଣ୍ଡା ପାଖରେ ମେଣ୍ଢା ଭଳି। ଗାଡ଼ିରେ ଉଠି ଗୋଟିଏ କ୍ଲବ୍‌ରେ ପହଞ୍ଚିଲି ରହିବାପାଇଁ। ବିଶେଷ କିଛି ନୂଆ ଲାଗିଲା ନାହିଁ। ସବୁ ଖାଲି ବିରାଟ ମନେ ହେଲା। ଏତେ ପ୍ରକାରର ଏତେ ଖବରକାଗଜ ତିନି ବେଳା ଆସି ଗଦା ହୁଏ ଯେ, କ୍ଲବର ଯେତେ ମେମ୍ବର ପ୍ରାୟ ସମସ୍ତେ ଚାରି ପାଞ୍ଚଟା କାଗଜ ନିଜ ନିଜ କୋଠରୀକୁ ନେଇ ପଢ଼ନ୍ତି। ହୋଟେଲ ବାସିନ୍ଦାମାନଙ୍କୁ ଏତେ ଖବରକାଗଜ ଯୋଗାଇବାର ମୁଁ କେଉଁଠି ଦେଖିନି। ସେହି ତୁଳନାରେ ସବୁ ଜିନିଷ ଅନୁମାନ କରିବେ।

ଆମେରିକାନ୍ ସହରମାନଙ୍କର ଅବସ୍ଥିତି ଚେସ୍‌ବୋଡ୍ ପରି। ଧାଡ଼ି ଧାଡ଼ି ହୋଇ ସମାନ୍ତରଭାବରେ ଗଳିସବୁ ଯାଇଛି। ଲଣ୍ଡନ ଅପେକ୍ଷା ନିଉୟର୍କରେ ଗୋଟିଏ ସ୍ଥାନ ଖୋଜି ପାଇବା ସହଜ। ସେଠି ଲଣ୍ଡନର ବାର-ବାଙ୍କ ନାହିଁ, ଇଉକ୍ଲିଡ୍‌ଙ୍କ ଜ୍ୟାମିତିକ ସରଳରେଖା ଅଛି। ଲଣ୍ଡନ ଗୋଟିଏ କ୍ରମସମ୍ବୃଦ୍ଧ ସହର। ଆସ୍ତେ ଆସ୍ତେ ବଢ଼ିଛି ବୋଲି ଏଣେତେଣେ ପକ୍ଷ ମେଲାଇ ଠିଆ ହୋଇଛି। ମାତ୍ର ନିଉୟର୍କ ପ୍ରଭୃତି ସହର ଆଧୁନିକ ପ୍ଲାନ୍ ଅନୁସାରେ ଗଢ଼ାହୋଇଛି। ଏହି କାରଣରୁ ଅନେକ ଆମେରିକାନ୍ ସହର ଏକାପରି ଲାଗେ। କୋଠାବାଡ଼ି ତିଆରି ପ୍ଲାନ୍ ପୃଥିବୀର ଯେକୌଣସି ଦେଶଠାରୁ ଭିନ୍ନ। ନଭଶ୍ଚୁମ୍ବୀ କୋଠା ବୋଲି ଲୋକେ ଯାହା କହନ୍ତି, ତା ପ୍ରକୃତରେ ଆମେରିକାରେ ଦେଖାଯାଏ। ସେଦେଶରେ ତାକୁ "ସ୍କାଇ ସ୍କ୍ରେପର୍ସ" କହନ୍ତି। ସତକୁ ସତ ସେଇ ଦେଶରେ କୋଠାବାଡ଼ି ବଉଦର ଛାତି ଫୁଟାଇ ଆକାଶକୁ ଲାଗିଥାନ୍ତି। ବେଳେବେଳେ ମେଘସବୁ କଟିଦେଶରେ ଲାଗି ରହିଥାନ୍ତି, ଉପରମହଲା ମେଘଉପରେ ରହିଯାଇଥାଏ।

ଏମ୍ପାୟାର୍ ଷ୍ଟେଟ୍ ବିଲ୍ଡିଂ ଏହିପ୍ରକାର କୋଠାମାନଙ୍କ ଭିତରୁ ଗୋଟିଏ। ତା ଶହେ-ଦୁଇ ମହଲା। ବାରଶ କେତେ ଫୁଟ ଉଚ୍ଚ। ରକ୍‌ଫେଲର୍ ସେଣ୍ଟର୍ ମଧ୍ୟ ଏହିଭଳି ଗୋଟିଏ ଜଣାଶୁଣା କୋଠା। ପୃଥିବୀର ଅର୍ଥକେନ୍ଦ୍ର ନିଉୟର୍କର ୱାଲ୍‌ଷ୍ଟ୍ରିଟ୍ ଏହିପରି ଅଶୀ ନବେ ମହଲା କୋଠାରେ ପରିପୂର୍ଣ୍ଣ। ଯାହା କହନ୍ତି ଚନ୍ଦ୍ରସୂର୍ଯ୍ୟଛାଇ ପଡୁନି। ସେଇ ଛାଇତଳେ କୋଟି କୋଟି ଡଲାର ଛତୁ ଫୁଟୁଛି। ହଡ୍‌ସନ୍ ନଦୀକୂଳସ୍ଥ ଇଉନାଇଟେଡ୍ ନେସନ୍‌ସ କୋଠା ଦେଖିବାର ଜିନିଷ। ଦୂରରୁ ଦେଖିଲେ ଗୋଟିଏ ବ୍ଲାକବୋର୍ଡ଼ ପରି ଦେଖାଯାଏ। ଚାଳିଶ ମହଲା ମାତ୍ର। କିନ୍ତୁ ପୃଥିବୀର ବିଶେଷ ମୂଲ୍ୟବାନ କୋଠାମାନଙ୍କ ଭିତରେ ଅନ୍ୟତମ। ଉପରଟା ଖାଲି କାଚ, ଭିତରଟା ଖାଲି ଲୁହା। ସୂର୍ଯ୍ୟକିରଣ ପଡ଼ି ଜଳୁଛି। କୋଠାଟାକୁ ଦେଖିଦେଲେ ମିଳିତ ଜାତିସଂଘ ବା ଇଉନାଇଟେଡ୍ ନେସନ୍‌ସ କି ବିରାଟ ବ୍ୟାପାର, ତାର ଗୋଟାଏ ଧାରଣା ହୁଏ।

ସେଠିକାର ଜଣେ ବିଶିଷ୍ଟ କର୍ମକର୍ତ୍ତାଙ୍କ ସହିତ ସାକ୍ଷାତ କରି ମୁଁ ପଚାରିଲି, "ଆଜ୍ଞା, ଆପଣମାନଙ୍କର ଏଇ ଇଉନାଇଟେଡ୍ ନେସନ୍‌ସ ବ୍ୟାପାରଟା ଏହି କୋଠାର ବାହାର କାଚ ପରି ଭଙ୍ଗପ୍ରବଣ ନା ଭିତରର ଇସ୍ପାତ ପରି ଟାଣ?" ସେ ଆନନ୍ଦ ପ୍ରକାଶ କରି କହିଲେ, "ଆପଣ ଖୁବ୍ ଭଲ ପ୍ରଶ୍ନଟିଏ ପଚାରିଛନ୍ତି। ମୋର ବିଶ୍ୱାସ, ଏହି ଆନ୍ତର୍ଜାତିକ ଅନୁଷ୍ଠାନଟି ଇସ୍ପାତ ପରି ଟାଣ। ମୋର ବିଶ୍ୱାସ ଆପଣମାନଙ୍କ ପରି ଯୁବକମାନେ ବିଶ୍ୱପ୍ରେମ ପ୍ରତିଷ୍ଠାନପାଇଁ ପ୍ରାଣପଣେ ଚେଷ୍ଟା କରିବେ ଓ ଏହିପରି ଆନ୍ତର୍ଜାତିକ ଅନୁଷ୍ଠାନଗୁଡ଼ିକୁ ଶକ୍ତି ଦେବେ।" ସେହି କୋଠା ଉପରୁ ହଡ୍‌ସନ୍ ନଦୀର ଧୀର ମନ୍ଥର ଗତି, ବିଶାଳ ବକ୍ଷ ଓ ଅନନ୍ତ ଆକାଶର ଉଦାର ନୀଳିମା ଦେଖି କ୍ଷଣକପାଇଁ ମଣିଷମନ ବିଶ୍ୱଭାବରେ ବୁଡ଼ିଯାଏ। ମଣିଷ ତାର ଦୈନନ୍ଦିନ ଜୀବନର କ୍ଷୁଦ୍ରତା ହରାଇ ଆତ୍ମପ୍ରସାଦ ଅନୁଭବ କରେ। କିନ୍ତୁ ନିଉୟର୍କ ସହରରେ ପଶିଲେ ମେସିନ୍ ସଭ୍ୟତାର କୁହୁକରେ ମନ ପୁଣି ବଦଳିଯାଏ। ଆମେରିକାର ଏହି ବିରାଟ କୋଠାଗୁଡ଼ିକର ଉପରକୁ ଉଠିବାପାଇଁ ଲିଫ୍‌ଟ୍ ଦରକାର ହୁଏ। ଲିଫ୍‌ଟ୍‌ରେ ଉଠିଲେ ଲିଫ୍‌ଟ୍‌ଚାଳକ ପଚାରେ, "କେଉଁ ମହଲାକୁ ଯିବେ?" ଲୋକେ ସଂକ୍ଷେପରେ ଉତ୍ତର ଦିଅନ୍ତି, "ପଚାଶ, ପଞ୍ଚାବନ, ପଞ୍ଚସ୍ତରି।" ଆଖି ଖୋସି ହୋଇଯାଏ। ଇଂଲଣ୍ଡରେ ଏ କଥା କେବେ କାନରେ ପଡ଼େନି। ଆମ କଥା ଛାଡ଼ନ୍ତୁ। ଆମର ତ ଯାର ଦୋମହଲା କୋଠା ଅଛି ତା ଆଖି ତାଳୁରେ। ଆମ ଲୋକେ ଯଦି ଆମେରିକାର ଧନସମ୍ପଦର ଚିତ୍ର ଦେଖୁଥାନ୍ତେ, ତେବେ ତାଙ୍କ ବଡ଼ଲୋକି ଅଭିମାନ ଅନେକଟା କମି ଯାଉଥାନ୍ତା। ଇଉନାଇଟେଡ୍ ନେସନ୍‌ସ କୋଠାରେ ଏମିତି ଯୋଗାଡ଼ ଅଛି ଯେ, ଦରକାର ପଡ଼ିଲେ ପାଞ୍ଚ ଘର ଭାଙ୍ଗି ଗୋଟାଏ ବଡ଼ ହଲ୍ କରି ଦିଆଯାଇପାରେ କିମ୍ବା ଗୋଟାଏ ହଲ୍ ଭାଙ୍ଗି ପନ୍ଦରଟା

ବଖରା ସୃଷ୍ଟି କରି ଦିଆଯାଇପାରେ। ଆମେରିକାରେ ଏବେ ଉଠା-ଘରର ପ୍ରଚଳନ ହେଲାଣି। ଗୋଟିଏ ଜାଗାରୁ ଆଉ ଗୋଟିଏ ଜାଗାକୁ ସ୍ଥାନ ପରିବର୍ତ୍ତନ କରିବାକୁ ହେଲେ ଆଜି ଯୁଗରେ ଆଉ ତମ୍ବୁ ଟାଣି ରହିବାର ଆବଶ୍ୟକତା ନାହିଁ। ନିଜର ସୁନ୍ଦର ଘରଟାକୁ ଭାଙ୍ଗି ଦେଇ ଟ୍ରକ୍‌ରେ ଲଦିଦେଇ ଅନ୍ୟ ସ୍ଥାନରେ ଠିକ୍ ସେହିମତି ଠିଆ କରି ଦେଇ ହେବ। ସୁଖସୁବିଧା ଦୃଷ୍ଟିରୁ ଏହି ଉଠା ଘର ସ୍ଥାୟୀ ଘରଠାରୁ କୌଣସି ଗୁଣରେ କମ୍ ନୁହେଁ। ଏମିତି କେତେକ ଘର ଦେଖିବାର ସୁଯୋଗ ପାଇଥିଲି। କୋଠାବାଡ଼ି ଦୃଷ୍ଟିରୁ ଲଣ୍ଡନ ଓ ନିଉୟର୍କ ଭିତରେ ତଫାତ ହେଉଛି ଯେ, ଲଣ୍ଡନ କୋଠା-ବାଡ଼ି ହତାବାଡ଼ି ପରି ହେଲେ ନିଉୟର୍କ କୋଠାବାଡ଼ି ତାଳବଣିଆ ପରି ଦେଖାଯାଏ। ହତାବାଡ଼ରେ ଗଛଗୁଡ଼ା ଅଳ୍ପ ଉଚ୍ଚ, ଲଗାଲଗି ଓ ସମାନ। ତାଳ ବଣିଆରେ ଗଛଗୁଡ଼ା ଛଡ଼ା ଛଡ଼ା ଓ ସାନବଡ଼। ଦୂରରୁ ଦେଖିଲେ ଆମେରିକା-କୋଠା ଖମ୍ବ ପରି ଉପରକୁ ଉଠିଛି।

ଲଣ୍ଡନ ରାସ୍ତାଘାଟ ଭାରି ପରିଷ୍କାରପରିଚ୍ଛନ୍ନ, ସୁରକ୍ଷିତ। କିନ୍ତୁ ନିଉୟର୍କର ରାସ୍ତା ଏତେ ସଫାସୁତୁରା ନୁହେଁ। କେତେକ ରାସ୍ତା ମଇଳା ବୋଲି କହିଲେ ଅତ୍ୟୁକ୍ତି ହେବ ନି। ଆମେରିକାରେ ପ୍ରଚାର ପ୍ରଣାଳୀ ବଡ଼ ଉନ୍ନତ। ସିଗାରେଟ୍‌ଟାଏ ପ୍ରଚାର କରିବାକୁ ହେଲେ ତାଳଗଛଟାକର ସିଗାରେଟ୍ ଆକାଶରେ ଝୁଲାଇ ଦିଅନ୍ତି। କିନ୍ତୁ ରାସ୍ତାଘାଟର ନାଁ ଲେଖା ପୋଷ୍ଟର ଦେଖିଲେ ଆଶ୍ଚର୍ଯ୍ୟ ହେବାକୁ ହୁଏ—ସେମାନେ କାହିଁକି ଏତେ କୃପଣ। ଲଣ୍ଡନରେ ରାସ୍ତାଘାଟରେ ନାଁ ଏମିତି ବଡ଼ ବଡ଼ ଅକ୍ଷରରେ ପରିଷ୍କାର ଲେଖା ଥାଏ ଯେ, ଖୋଜିକରି ଦେଖିବାକୁ ପଡ଼େନି। ଆଖି ମେଲିଲେହିଁ ଆଖିରେ ପଡ଼େ। ମାତ୍ର ନିଉୟର୍କ ରାସ୍ତାରେ ବାଇଗଣମଞ୍ଜି ପରି ଯେଉଁ ଅକ୍ଷର ଲେଖା ହୋଇଥାଏ, ଚଳନ୍ତା ଗାଡ଼ିରୁ ତାକୁ ପଢ଼ିବା କଠିନ ହୁଏ, ଆଖି ଫାଟିପଡ଼େ। ଆମେରିକାର ମାଟିତଳ ରେଳଗାଡ଼ିଗୁଡ଼ା ଲଣ୍ଡନ ମାଟିତଳ ରେଳଗାଡ଼ି ସଙ୍ଗେ ସମକକ୍ଷ ନୁହେଁ। କିନ୍ତୁ ନିଉୟର୍କରେ 'ବ୍ରଡ୍‌ୱେ' ବା ବଡ଼ଦାଣ୍ଡ ବୋଲି ଗୋଟାଏ ରାସ୍ତା ଅଛି ଯା ଲଣ୍ଡନରେ ନାହିଁ। ଆମ ପୁରୀ ବଡ଼ଦାଣ୍ଡ ପରି ବଡ଼ଦାଣ୍ଡ। ଆମର ରାସ୍ତାଭିତରେ ଦୁଇ କଡ଼ରେ ତାଳତାଟି ଦୋକାନ ଥାଏ, ମାତ୍ର ତାଙ୍କର ରାସ୍ତା ମଝିରେ ପାର୍କ ଥାଏ, ଦୁଇ ପାଖରେ ଯାନବାହନ ଯାଉଥାନ୍ତି। ଏହା ଫ୍ରାନ୍‌ସର ପାରିସ୍ ଷ୍ଟାଇଲ୍ କହିଲେ ଚଳେ। ମାତ୍ର ସୌନ୍ଦର୍ଯ୍ୟ ଦୃଷ୍ଟିରୁ ପାରିସ୍‌ର 'ପାର୍କୱେ' ନିକଟରେ ନିଉୟର୍କର 'ବ୍ରଡ୍‌ୱେ' ରାଣୀଙ୍କ ପାଖରେ କାଣୀପରି। ନିଉୟର୍କ ରାସ୍ତାରେ କେଉଁଠି କିମିତି କେତୋଟା ଛୋଟ ଛୋଟ ଫୁଲଗଛ, ଲୁହାର ଚଉକୀ ବେଞ୍ଚରେ ଲୋକେ ବସି ଆରାମ କରୁଥାନ୍ତି, କିନ୍ତୁ ପାରିସ୍‌ର ରାସ୍ତା ମଝିରେ ବଡ଼ ବଡ଼ ଗଛ, ଗ୍ରୀଷ୍ମକାଳରେ ପତ୍ରପୁଷ୍ପରେ ଲୋଟି ପଡୁଥାଏ, ଶୀତଳ ଛାଇ—ସୁଗନ୍ଧ, ସପୁଷ୍ପ,

ରମ୍ୟ। ଦିନରେ ଦେଖିଲେ ନଗରୀରାଣୀ ପାରିସ୍ ସଙ୍ଗରେ ଲଣ୍ଡନ ବା ନିଉୟର୍କ ତୁଳନୀୟ ନୁହେଁ। ମାତ୍ର ରାତ୍ରିରେ ଦେଖିଲେ ନିଉୟର୍କ ତୁଳନାରେ ଏମାନେ ଦୀନହୀନ, ମଳିନ। ଇଉରୋପ ଓ ଆମେରିକାରେ ଯେଉଁ କେତେକ ସହର ଦେଖିବାର ସୁଯୋଗ ପାଇଛି, ସେମାନଙ୍କ ଭିତରୁ ଗୋଟିଏ ହେଲେ ରାତ୍ରିର ନିଉୟର୍କ ସହିତ ସମାନ ନୁହନ୍ତି। ଆମ ଦେଶରେ କହନ୍ତି କଲିକତାରେ ଦିନରାତି ସମାନ। କଥାଟା ମିଛ। ଲଣ୍ଡନରେ ବି ନୁହେଁ। ସତଟା ବୁଝିବାପାଇଁ ନିଉୟର୍କ ଦେଖିବା ଦରକାର ହେବ। ରାତିକୁ ଦିନ କରିବାପାଇଁ ଯେତେ ଇଲେକ୍ଟ୍ରିକ୍ ଶକ୍ତି ଦରକାର, ଆମେରିକା ଛଡ଼ା ତା ଆଉ କେଉଁ ଦେଶରେ ଅଛି ? କୋଟି କୋଟି ଫ୍ଲଡ୍ ଲାଇଟ୍ ନାଲି ନେଳି ପ୍ରଚାର ଆଲୁଅରେ ରାସ୍ତା ଘାଟ ଉଛୁଳିଉଠେ। ସୋରିଷ ପଡ଼ିଲେ ଖୁଣ୍ଟିଆଣିବା କଥା। ରାସ୍ତାଘାଟ ଆଲୋକର ଉତ୍ସ ପରି ଦେଖାଯାଏ। ଖୁବ୍ ଉଚ୍ଚ କୋଠାର ଶେଷ ମହଲାର ଆଲୁଅସବୁ ସରଗତାରା ପରି ଦେଖାଯାନ୍ତି। ରାତ୍ରିରେ ହଡ୍ସନ୍ ନଦୀଧାରରେ ବସି ନଦୀ ଆରପାର ଦୃଶ୍ୟ ଦେଖିବାର କଥା। ଏମିତି ମହାନ ଉଦାର ଦୃଶ୍ୟ କମ୍ ଦେଖାଯାଏ। ଯେଉଁମାନେ ବମ୍ବେର ମରିନ୍ ଡ୍ରାଇଭ୍ ବା ମାଲବାର ହିଲ୍ ଉପରୁ ବମ୍ବେର ଦୃଶ୍ୟ ଦେଖିଛନ୍ତି, ହଡ୍ସନ୍ ଧାରର ଦୃଶ୍ୟର ଗୋଟିଏ ଛୋଟକାଟର ଧାରଣା କରିପାରିବେ। ନଦୀ ସେପାରର ଘନ ନୀଳ ପାହାଡ଼ଭିତରେ ଲକ୍ଷ କୋଠରୀରେ କୋଟି ଆଲୋକ ଫୁଟିପଡ଼େ। ଆକାଶ ପୃଥିବୀ ମିଶିଗଲାପରି ଦେଖାଯାଏ। "ରତ୍ନାଦୀପ ଜାଳିଲେ ବା ଦେବକନ୍ୟାଗଣ" କବିକଳ୍ପନାଟା ସତ୍ୟ ହୁଏ। ନଦୀର ଏ ଧାରରେ ଧାଡ଼ି ଧରି ଲକ୍ଷ ଲକ୍ଷ ଗାଡ଼ି ଜୁଳୁଜଳିଆ ପୋକ ପରି ଛୁଟିଥାନ୍ତି। ଇଂଲଣ୍ଡ ଗୋଟିଏ ଛୋଟ ଦେଶ, ତାର ରାଜନୈତିକ ବଡ଼ିମା ଛାଡ଼ିଦେଲେ ଆଉ ସବୁ ଛୋଟ—ନଦୀ ନାଳ, ପାହାଡ଼ ପର୍ବତ ଯାହା କହ। କିନ୍ତୁ ଆମେରିକାରେ ସବୁ ବଡ଼। ସେଥିପାଇଁ ସୌନ୍ଦର୍ଯ୍ୟ ସଙ୍ଗେ ସଙ୍ଗେ ବିଶାଳତା ଥିବାରୁ ମନରେ ଯେଉଁ ଅସୀମ ଆକାଶୀଭାବ ଜାତ ହୁଏ, ତା ଛୋଟ ଦେଶମାନଙ୍କରେ ସମ୍ଭବ ହୁଏ ନି। ଅଯତ୍ନରକ୍ଷିତ ଆମ ମହାନଦୀ ଓ ମହାରଣ୍ୟସବୁ ବିଶାଳ ହେଲେ ମଧ୍ଯ ରୁକ୍ଷ, ନୀରସ ଓ ନିର୍ଜୀବ ଦେଖାଯାନ୍ତି। ନିଉୟର୍କ ସହରର ରାତ୍ରି ଦୃଶ୍ୟ ବାସ୍ତବରେ ଭୁଲିବାର କଥା ନୁହେଁ। ସେତିକି ବିରାଟ, ସେତିକି ବିଚିତ୍ର।

ନିଉୟର୍କ ସହରର ବିଶିଷ୍ଟ ଅଂଶ 'ମାନହାଟନ୍' ଦ୍ୱୀପଉପରେ ଅବସ୍ଥିତ। ଏକ ପାଖରେ ଇଷ୍ଟ୍ ନଦୀ, ଅନ୍ୟ ପାଖରେ ହଡ୍ସନ୍ ନଦୀ। ବିରାଟ ଲୁହା ପୋଲଦ୍ୱାରା ଏହି ଦ୍ୱୀପ ବାହାର ପୃଥିବୀ ସଙ୍ଗେ ଯୋଡ଼ା ହୋଇଛି। ଏହି ଦ୍ୱୀପ ଚାରିପାଖ ଜାହାଜରେ ଥରେ ବୁଲି ଆସିବାକୁ ପଇଁତିରିଶ ମାଇଲ ଓ ତିନି ଘଣ୍ଟା ସମୟ ଲାଗେ। ଜାହାଜ ଚାଲିଲାବେଳେ କୂଳସ୍ଥ ନଭସ୍ପର୍ଶୀ ହଜାର ହଜାର କୋଠା ସ୍ୱପ୍ନପରି ଆଖି ଆଗକୁ

ଆସି ଉଭାଇଯାନ୍ତି। ତାଇବାଜି ଯନ୍ତ୍ର ସାହାଯ୍ୟରେ ବିଭିନ୍ନ ସ୍ଥାନର ଇତିହାସ ବୁଝାଇ ଦିଆଯାଏ। 'ଷ୍ଟାଚ୍ୟୁ ଅଫ୍ ଲିବର୍ଟି' ନିକଟରେ ପାର ହେଲାବେଳେ ସ୍ୱାଧୀନତାର ସେହି ପ୍ରତିମୂର୍ତ୍ତି ପ୍ରତି ହାତ ଛାଏଁ ଉଠିଯାଏ। ନଦୀ ଭିତରେ ଛୋଟ ଛୋଟ ଦ୍ୱୀପମାନଙ୍କରେ ସୁନ୍ଦର ଡାକ୍ତରଖାନା, ଦୂତନିବାସ, ଅଫିସ ଓ କଳକାରଖାନା ପ୍ରଭୃତି ଦେଖିବାକୁ ମିଳେ। ଏହି ନଦୀମାନଙ୍କରେ ଗୋଟିଏ ବିଚିତ୍ର ଦୃଶ୍ୟ ଦେଖିବାକୁ ମିଳେ, ଯା ପୃଥିବୀରେ ଅନ୍ୟତ୍ର ବିରଳ। ନିଉୟର୍କରେ କାମ କରୁଥିବା ବଡ଼ ଲୋକମାନଙ୍କର ଛୋଟ ଛୋଟ ଜଣିକିଆ ଉଡ଼ାଜାହାଜ ଅଛି। ସେମାନେ ତହିଁରେ ମଫସଲରୁ ଉଡ଼ିଆସି ନିଉୟର୍କ ନିକଟରେ ହଡ୍‌ସନ୍ ନଦୀରେ ପାଣିକୁଆ ପରି ପଡ଼ନ୍ତି। କଚେରୀ ସରିଲେ ପୁଣି ସେହି ଜାହାଜ ଧରି ନିଜ ସ୍ଥାନକୁ ଫେରିଯାନ୍ତି। ଉଡ଼ାଜାହାଜ ବ୍ୟବହାରକୁ ସେ ଦେଶରେ ଏତେ ମାମୁଲି କରି ଦିଆଗଲାଣି; କିନ୍ତୁ ଆମ ଦେଶରେ ଏବେ ବଡ଼ ଅଫିସର୍ ବି ସାଇକେଲ ଖଣ୍ଡେ ହାତରୁ କରି ପାରୁ ନ ଥିବାରୁ ସରକାର ଋଣ ଦେବେ ବୋଲି ଆଶ୍ୱାସନା ଦେଇଛନ୍ତି। ନିଉୟର୍କ ସହରରେ ଦୋକାନ ବଜାର ନିକଟରେ ପ୍ରାଇଭେଟ୍ ଗାଡ଼ି ଥୋଇବା ଏକ ସମସ୍ୟା ବୋଲି ଲୋକେ ସହର ଭିତରେ ଗୋଟିଏ ଜାଗାରୁ ଅନ୍ୟ ଜାଗାକୁ ନିଜ ଗାଡ଼ିରେ ନ ଯାଇ ସର୍ବସାଧାରଣ ବସ୍‌ରେ ବା ଭଡ଼ାମଟରରେ ଯାଇଥାନ୍ତି।

ସହର ବଜାରରେ ଲୋକଚରିତ୍ର ପ୍ରାୟ ସବୁ ସମାନ। ଗାଁ-ଗହଳରେ ମଣିଷ ଯେଉଁ ଆଦର—ଅଭ୍ୟର୍ଥନା ପାଏ, ସହର ବଜାରକୁ ଆସିଲେ ପାଏନା। ଏକା ସାଇରେ ରହି ମଧ୍ୟ ସାତପର ପରି ଲୋକେ ଚଳନ୍ତି। ସେ ଦୃଷ୍ଟିରୁ କଟକ ସହର ଯାହା, ଲଣ୍ଡନ ସହର ତାହା। ମୋ ନିଉୟର୍କ-ଅନୁଭୂତି ଲଣ୍ଡନ-ଅନୁଭୂତି ଠାରୁ ପୃଥକ୍। ଲଣ୍ଡନରୁ କ୍ରିସ୍‌ମାସ୍ କାର୍ଡ ଖଣ୍ଡେ ଏପର୍ଯ୍ୟନ୍ତ ମିଳି ନାହିଁ, ମାତ୍ର ଆମେରିକାର ପ୍ରତି କୋଣରୁ ମିଳିଛି। ମୋର ମନେ ହୁଏ ଦାରିଦ୍ର୍ୟ କେବଳ ଏହାର ଏକମାତ୍ର କାରଣ ନୁହେଁ। ରବି ଠାକୁର ଯାହା କହିଥିଲେ ଯେ ବିଲାତରେ ବର୍ଷ ବର୍ଷ ରହି ମଧ୍ୟ ମଣିଷ ଯେତେବେଳେ ବିଲାତ ଛାଡ଼େ କିଛି ଜଣାପଡ଼େନି, ନାହିଁ ଅଶ୍ରୁ ନାହିଁ ବିରହ; ଓସ୍ତଗଛରୁ ପତ୍ର ପଡ଼ିଲେ ଯେମିତି ଗଛ ଜାଣେ ନା କି ପତ୍ର ଜାଣେ ନା, ବିଲାତି ଲୋକଙ୍କଠୁ ବିଦାୟ ନେଲେ ସେହିପରି କିଛି ଜଣାପଡ଼େନି। ମୋର ଅନୁଭୂତି ବିଶେଷ ତଫାତ୍ ନୁହେଁ। ଲଣ୍ଡନ ଛାଡ଼ିଲାବେଳେ ଆଖିରେ ଆଦୌ ଲୁହ ନ ଥିଲା, ମାତ୍ର ଆମେରିକା ପାଇଁ ଅବସୋସ ଥିଲ ଅନେକ। ମଫସଲ ବୁଲିଲାବେଳେ ବହୁ ଲୋକଙ୍କ ସଙ୍ଗେ ପରିଚିତି ଥିଲା। ତେଣୁ ନିଉୟର୍କ ସହରରେ ସେମାନଙ୍କଠୁ ଏତେ ନିମନ୍ତ୍ରଣ ମିଳିଲା ଯେ, ପଇସାଟିଏ ବି ଖର୍ଚ୍ଚ ପଡ଼ିଲା ନାହିଁ। ଲଣ୍ଡନରେ ଯେଉଁ ବନ୍ଧୁ ଲୋକଙ୍କ

ସଙ୍ଗେ ବହୁ ଆଳାପ ପରିଚିତି ଥିଲା, ଲଣ୍ଡନ ଛାଡ଼ି ଜାହାଜ ଧରିବା ମାତ୍ରେ ସେମାନେ କେବେହେଲେ ମୁହଁକୁ ଅନାଇ ନାହାନ୍ତି। ବମ୍ବେ ବନ୍ଦରରେ ତାଙ୍କ ସାକ୍ଷାତ ପାଏ କିଏ ? ଅବଶ୍ୟ ସେମାନେ କେହି ଉଚ୍ଚ ଶିକ୍ଷିତ ନୁହନ୍ତି, ଖାଲି ବ୍ୟବସାୟୀ। ନିଉୟର୍କରେ ଜଣେ ଆମେରିକାନ୍ ଲୋକର ଆତିଥ୍ୟ କଥା କହେଁ। ମୁଁ ସେତେବେଳେ କଲମ୍ବିଆ କ୍ଲବ୍‌ରେ ରହୁଥାଏଁ। ଦିନେ ସକାଳେ ଦାନ୍ତ ଘଷିବା ସ୍ଥାନରେ ଜଣେ ଅଶୀ ବର୍ଷର ବୁଢ଼ା ସଙ୍ଗେ ଆଳାପ ହେଲା। ସେ ଆମେରିକାର ଗୋଟିଏ ଜଣାଶୁଣା ପତ୍ରିକାର ସହକାରୀ ସମ୍ପାଦକ। ସକାଳେ ତାଙ୍କ ସଙ୍ଗେ ବ୍ରେକ୍‌ଫାଷ୍ଟ୍ ଖାଇବାପାଇଁ ସେ ମୋତେ ନିମନ୍ତ୍ରଣ କରିଗଲେ। ଆମ ସେହି କ୍ଲବ୍‌ରେ ହୋଟେଲ ଅଛି। ହୋଟେଲଲୋକେ ସବୁ ଦିନର ଖାନାପିନାର ଦାମ୍ ହିସାବ ରଖିଥାନ୍ତି। ଆସିଲାଦିନ ବିଲ୍ ଦେଇ ପଇସା ନେଇଯାନ୍ତି। ସେ ଭଦ୍ରଲୋକଙ୍କର ମୋର ପ୍ରାୟ ପ୍ରତିଦିନ ବ୍ରେକ୍‌ଫାଷ୍ଟ୍ ଟେବୁଲରେ ଦେଖାହୁଏ, ବହୁ ଆଳାପ ଆଲୋଚନା ଚାଲେ। ମୋର କେତେ ପଇସା ହେଲା ମୁଁ ସବୁଦିନେ ହିସାବ କରୁଥାଏଁ। କ୍ଲବ୍ ଛାଡ଼ିବା ଦିନ ସକାଳେ ମୁଁ ଯେତେବେଳେ ଟଙ୍କାପଇସା ହିସାବ ଛିଣ୍ଡାଇଦେବାକୁ ଯାଏଁ, ସେତେବେଳେ କିରାଣି ମୋ ହାତକୁ ଖଣ୍ଡିଏ "ପେଡ୍ ରିସିଟ୍" ବା ଦେଣା ପରିଶୋଧ ଚିଠା ଦେଲା। ଆଶ୍ଚର୍ଯ୍ୟ ହୋଇ ଦେଖିଲି ଯେ, ସେହି ବୃଦ୍ଧ ସମ୍ପାଦକ ଜଣକ ମୋର ସବୁ ଦିନର ବ୍ରେକଫାଷ୍ଟ୍ ଦାମ୍‌ଟା ଆଗତୁରା ଦେଇ ଦେଇଛନ୍ତି। ଆଉ କେହି ଆଶ୍ଚର୍ଯ୍ୟ ହୁଅନ୍ତୁ ନ ହୁଅନ୍ତୁ, ମୁଁ ହେଲି। ଆମେରିକା ସହରରେ କାହିଁକି କିଏ ଅଯଥା ମୋପାଇଁ ଆଠ ଡଲାର ଅର୍ଥାତ୍ ପଇଁତିରିଶ ଟଙ୍କା ଖର୍ଚ୍ଚ କରିବ ! ପ୍ରଫେସର ମର୍ଗାନ୍‌ଙ୍କ ଘରେ ସାତ ଆଠ ଦିନ ଥିଲି। ବିଦାୟବେଳେ ମୁଁ ଯେତେବେଳେ ଗାଡ଼ିରେ ଉଠେ, ସେ ମୋତେ ଗୋଟିଏ ମୁଦ୍ରିତ ଲଫାପା ଧରାଇଦେଲେ। ଗାଡ଼ି ଛାଡ଼ିଲାରୁ ଲଫାପା ଫିଟାଇ ଦେଖିଲି, ଦଶ ଡଲାର ଅର୍ଥାତ୍ ପଇଁଚାଳିଶ ଟଙ୍କା ସେ ମୋତେ ପ୍ରୀତି-ଉପହାର ଦେଇଛନ୍ତି। ମର୍ଗାନ୍ ଜଣେ ଦର୍ଶନ ଅଧ୍ୟାପକ। ସେ କହନ୍ତି, ଟଙ୍କାର ମୂଲ୍ୟ ନାହିଁ, ସହୃଦୟତାର ମୂଲ୍ୟ ଅଛି। ମୋ ସଙ୍ଗରେ ଆସିଥିବା ବିଲାତି ବନ୍ଧୁମାନେ ଏହିଭଳି ଅନେକ ଅର୍ଥ ଓ ଉପହାର ପାଇ ମୋତେ ଦେଖାଇଥିଲେ।

ନିଉୟର୍କରେ ମୋର ଗୋଟିଏ ବିଶେଷ ଅନୁଭୂତି ହେଲା ଟେଲିଭିଜନରେ ବାର୍ତ୍ତା ପ୍ରଚାର କରିବାରେ। ଟେଲିଭିଜନରେ କିମିତ ବାର୍ତ୍ତା ପ୍ରଚାର କରାଯାଏ, ମୁଁ ପୂର୍ବରୁ ଦେଖି ନ ଥିଲି। ଯାହା ଦେଖିଲି ଅତି ମାମୁଲି ଜଣାପଡ଼ିଲା। ବାର୍ତ୍ତା ପ୍ରଚାର କଲାବେଳେ ବକ୍ତା ନିଜ ଚେହେରା ଟେଲିଭିଜନରେ ଦେଖିପାରନ୍ତି ଓ ନିଜ କଥା ସ୍ପଷ୍ଟ ଶୁଣିପାରନ୍ତି।

ମଫସଲରେ ଥିଲାବେଳେ କୌଣସି ଭାରତୀୟଙ୍କୁ ଭେଟି ନ ଥାଏଁ। ମନଟା ଉଚ୍ଛନ୍ନ ହେଉଥାଏ ଭାରତୀୟ କେହି ବନ୍ଧୁଙ୍କୁ ଭେଟିବାପାଇଁ। ଦିନେ ରାତି ବାରଟାବେଳେ ମୁଁ ଗୋଟାଏ ଷ୍ଟ୍ରିଟ୍‌ରେ ଏକା ବୁଲୁଥାଏଁ। ନିଉୟର୍କ ସହରର ବିଶାଳତାରେ ନିଜର କ୍ଷୁଦ୍ରତା ଉପଲବ୍ଧି କରୁଥାଏଁ। ହଠାତ୍ ଦେଖିଲି ଜଣେ କଳା ଲୋକ ସେହି ରାସ୍ତାରେ ଯାଉଛନ୍ତି। ତାଙ୍କ ପିଛା ଧରିଲି। ତାଙ୍କ ନିକଟରେ ପହଞ୍ଚି ପଛରୁ କୋର୍ଟଟା ଟାଣିଦେଲି। କିଏ ବୋଲି ସେ ଅବାକ୍ ହୋଇ ବୁଲିପଡ଼ିଲେ। ମୁଁ ଭାରତୀୟ ବୋଲି ପରିଚିତ ଦେବାରୁ ସେ ଆଶ୍ୱସ୍ତ ହେଲେ। ତାଙ୍କ ଘର ପାଟନା। ସେହି ସହରରେ ମୁଁ ଦୁଇ ବର୍ଷ କାଳ କଟାଇଥିଲି। ସତେ ଯେମିତି ଗାଁଲୋକ ଭେଟିଲି ମନେ ହେଲା। ହଜାର ହଜାର ମାଇଲ ଦୂରରେ ବିଦେଶୀ ଭାଷା ବିଦେଶୀ ମଣିଷ ଭିତରେ ନିଜ ଲୋକଙ୍କ ମନ କେତେ ଆନନ୍ଦିତ ଓ ଉଶ୍ୱାସ ହୁଏ, ତା ଅନୁଭବୀ ନ ହେଲେ ଜାଣି ହୁଏ ନା। ସେ ମୋତେ ରାତ୍ରି ଭୋଜନପାଇଁ ନିମନ୍ତ୍ରଣ କରି ଗଲେ। ତାଙ୍କ ଘରେ ଗୋଟାଏ ନୂତନ କଥା ଦେଖିଲି। ତାଙ୍କ ସ୍ତ୍ରୀ ବିହାରର ଜଣେ ମଫସଲୀ ଝିଅ, ଇଂରେଜୀ ଜାଣନ୍ତି ନାହିଁ। ସେ ସେଠି କିମିତି ଅଶୋକ ବନରେ ସୀତାଙ୍କ ପରି ଚଳୁଥିବେ, ଦେଖିବାର କୌତୁକ ହେଲା। ସେ ଖଣ୍ଡିଆ ଇଂରେଜୀ ଶିଖୁଛନ୍ତି, ଦୋକାନବଜାର କରିବାପାଇଁ। ସେ କହୁଥିଲେ ଯେ, ପ୍ରଥମେ ଯେତେବେଳେ ସେ ଆମେରିକା ଆସିଲେ, ନାରୀ ପୁରୁଷର ମୁକ୍ତ ଆଚରଣ ଦେଖି ସ୍ତମ୍ଭୀଭୂତ ହେଉଥିଲେ, ଘୃଣା ବି କରୁଥିଲେ। ମାତ୍ର କାଳକ୍ରମେ ପାଶ୍ଚାତ୍ୟ ସଭ୍ୟତାର ଭିତିରି ଭଲଟା ଅନୁଭବ କଲେ। ଉପରେ ଯାହା ଏତେ ବିଶୃଙ୍ଖଳ ଦେଖାଯାଏ, ଭିତରେ ତାର ଶୃଙ୍ଖଳା ଅନେକ। ନିଉୟର୍କ ସହରରେ ଜଣେ ଭାରତୀୟ ଭଉଣୀଙ୍କ ହାତରନ୍ଧା କୋବି ଆଳୁ ତରକାରି ଓ ମହନଭୋଗ ଖାଇ କେତେ ଯେ ଆଶ୍ୱସ୍ତ ହେଲି, ତା ଆଜିଯାଏ ଭୁଲିନି। ମନେ ହୁଏ ଖୋଜି ଜାଣିଲେ ପୃଥିବୀର ଯେକୌଣସି କୋଣରେ ବି ବାପ, ମା, ଭାଇ, ଭଉଣୀ ବା ଟଙ୍କାପଇସାର ଅଭାବ ହୁଏ ନାହିଁ।

ଆମେରିକା ମଫସଲ ଯେତେ ଭଲ ଲାଗୁଥିଲା, ସହର ସେତେ ଭଲ ଲାଗିଲା ନାହିଁ। ନିଉୟର୍କ ସହରରେ ଅନେକ ଦେଖିବାର ଜିନିଷ ଅଛି, ଯାହା ଲଣ୍ଡନରେ ନାହିଁ। ମାତ୍ର ସହରୀ ଜୀବନର ଯେ ସାଧାରଣ ନୀରସତା ଦେଖାଯାଏ, ତା ମଧ ନିଉୟର୍କରେ ଅନୁଭବ କରିଥିଲି, ଯଦିଓ ବନ୍ଧୁବାନ୍ଧବ, ଭୋଜିଭାତ, ଆଦରଅଭ୍ୟର୍ଥନାରେ ଅନେକ ସମୟ କଟିଥିଲା। ଲଣ୍ଡନରୁ ଏତିକି ତଫାତ୍ ଜଣାପଡ଼େ ଯେ, ଆମେରିକା ଯେମିତି ଇଂଲଣ୍ଡ ତୁଳନାରେ ଗୋଟାଏ ବିରାଟ ଦେଶ, ଲଣ୍ଡନର କୋଠାବାଡ଼ି, ରାସ୍ତାଘାଟ, ସହରବଜାର, ରେଳମଟର ତୁଳନାରେ ଆମେରିକାର ସେହି ଜିନିଷଗୁଡ଼ା

ଖୁବ୍ ବଡ଼ ବଡ଼। ଆମେରିକା କହିଲେ ସବୁ ବଡ଼ ବୋଲି ବୁଝିବାକୁ ହେବ—ସବୁ ବିରାଟ, ସବୁ ମହାନ୍।

କିନ୍ତୁ ମନେ ରଖିବାକୁ ହେବ ଆମେରିକା ଯେମିତି ବିରାଟ ଦେଶ, ନିଉୟର୍କ ସେମିତି ବିଚିତ୍ର ସହର। ମନୁଷ୍ୟ ସ୍ୱାଧୀନତାର ଚରମ ବିକାଶ ସଙ୍ଗେ ସଙ୍ଗେ ଆମେରିକାରେ ଯେମିତି ଉତ୍କଟ ନିଗ୍ରୋବିଦ୍ୱେଷ ଲାଗି ରହିଛି, ସେମିତି ଏମ୍ପାୟାର୍ ଷ୍ଟେଟ୍ ବିଲ୍ଡିଂ ପାଖେ ପାଖେ ମଧ୍ୟ ଚାଇନା ଟାଉନ୍ ଠିଆ ହୋଇଛି। କି ଅସନା, କି ଅଶ୍ଳୀଳ, କି ଅସୁନ୍ଦର! ଟ୍ରୁମାନ୍‌ବିରୋଧୀ ଆମେରିକା କମ୍ୟୁନିଷ୍ଟମାନେ ଅତିଥିମାନଙ୍କୁ କହନ୍ତି, “ବାବୁ; ଏମ୍ପାୟାର୍ ଷ୍ଟେଟ୍ ବିଲ୍ଡିଂ ଦେଖି ଭୁଲି ଯା ନା। ଗଲାବେଳେ ଟିକେ ଚାଇନା ଟାଉନ୍ ଭିତରେ ପଶିକରି ଯା।” ପ୍ରକୃତରେ ସେଠି ଦୁଃଖ, ଦାରିଦ୍ର୍ୟ, ଅବହେଳା, ଅସନ୍ତୋଷର ଚରମ ବିକାଶ, ପୁଞ୍ଜିବାଦ ଶାସନର ଅପରିହାର୍ଯ୍ୟ ବିଷମୟ ଫଳ ଦେଖିବାକୁ ପାଇବେ। ଥରେ ଚାଇନା ଟାଉନ୍ ଦେଖିଲେ ମଣିଷ ନିଉୟର୍କପ୍ରତି ସମସ୍ତ ମମତା ହରାଇବସେ। ପୁଞ୍ଜିବାଦ ଶାସନକୁ ପାଦରେ ଦଳିଦେବାକୁ ପ୍ରତିଜ୍ଞା କରେ।

ଆମେରିକା ବିଦାୟ

ଦିନ ଚାଲିଗଲା, ସୁଖ ସରିଗଲା। ତହିଁକି ସୁଖର ଦିନ ତ ପାଣିପରି ବହିଯାଏ। ଏଥର ଘରକୁ ଫେରିଯିବାକୁ ହେବ। ମା'ର ଡାକ, ମାଟିର ଡାକ କାନରେ ବାଜିଲାଣି। ଯାହା ହେଲେ ବି ଜନନୀ ଜନ୍ମଭୂମିକୁ ସ୍ୱର୍ଗାଦପି ଗରୀୟସୀ। ଖାଲି ମନେ ହୁଏ ଆମେରିକାନ୍‌ମାନେ ନିଜ ଦେଶଟାକୁ କଣ କରି ପକାଇଛନ୍ତି, ଅନ୍ୟକୁ ଆପଣାର କରିବାରେ କି କୁହୁକ ଶିଖିଛନ୍ତି ଯେ ମଣିଷ ନିଜ ମାଟିକୁ ଫେରିଲାବେଳକୁ ବି ପଛକୁ ଅନାଏଁ। ଫେରିବା ଦିନ ସକାଳେ ନିଉୟର୍କ ସହରରେ ଥିବା ଉଡ଼ାଜାହାଜ ଅଫିସରେ ସମସ୍ତେ ରୁଣ୍ଡ ହେଲୁଁ। ଦେଢ଼ମାସ ହେଲା ଆମେମାନେ ପରସ୍ପରସ୍ଥୁ ଛାଡ଼ି ଏଣେତେଣେ ବୁଲୁଥିଲୁଁ। ଦେଢ଼ ମାସ ପରେ ବି ଆମମାନଙ୍କ ଚେହେରା ପରିବର୍ତ୍ତିତ ଦେଖାଯାଉଥାଏ। ଲଣ୍ଡନ ଛାଡ଼ିବାବେଳେ ଓଜନ ଯାହା ଥିଲା, ଫେରିଲାବେଳକୁ ନିଶ୍ଚୟ କେତେ ପାଉଣ୍ଡ ବଢ଼ିଥାଏ—ହେବ ନାହିଁ କାହିଁକି ? ବିଲାତରେ ସିନା ସାତ ଦିନରେ ଗୋଟାଏ ଅଣ୍ଡା, ଆମେରିକାରେ ତ ଦିନକୁ ସାତଟା ଖାଇବାରେ ଆପତ୍ତି ନାହିଁ। କମ୍ପାନୀ ଗାଡ଼ିରେ ଉଡ଼ାଜାହାଜ ପଡ଼ିଆ ଅଭିମୁଖରେ ଛୁଟିଲୁଁ। ଯେଉଁ ରାସ୍ତାରେ ଯାଇଥିଲୁଁ ସେଇ ରାସ୍ତାରେ ଫେରିଲୁଁ। ସବୁ ନିହାତି ମାମୁଲି ଲାଗୁଥିଲା। ପ୍ରଥମ ଦର୍ଶନ ବେଳର ଉନ୍ମାଦନା ଏତେ ଟିକେ ବି ନ ଥିଲା। ବନ୍ଧୁବାନ୍ଧବସବୁ ରୁଣ୍ଡ ହେଲେ, କେତେ ଆଦର କଲେ—ହାତରେ ହାତ ମିଳାଇ କହିଲେ, "ଯାଉଛ" ନିଜ ଦେଶକୁ ଯାଉଛ, ଆଜି ତମେ କେଡ଼େ ଖୁସି ହେଉ ନ ଥିବ ସତେ! ତମ ସୁଖରେ ଆମେ ଖୁସି ହେବା କଥା। ହେଲେ ତମମାନଙ୍କ ପରି ବନ୍ଧୁଙ୍କୁ ହରାଇ ଆମେମାନେ ଦୁଃଖିତ। ଯାଅ, ସୁଖୀ ହୁଅ, କିନ୍ତୁ ଆମମାନଙ୍କୁ ଯେମିତି ମନରୁ ପୋଛି ନ ଦିଅ। ଆଶା ତ ବରାବର ରହିଛି ଭାରତରେ ଦେଖା ହେବ। ଭାରତର ଭାଇଭଉଣୀମାନଙ୍କୁ ଆମେରିକା ସନ୍ଦେଶ ଦିଅ।" ମୁଁ କିଛି କହିପାରିଲିନି। ସୁଖୀ ହେଲିନି। ବିଦାୟ ବେଳାରେ କେହି ସୁଖୀ ହୁଏ ନା।

ଦିନ ବାରଟା। ଉଜ୍ଜ୍ୱଳ ନୀଳ ଆକାଶ। ଉଡ଼ାଜାହାଜପାଇଁ ବଢ଼ିଆ ପାଗ। ସମସ୍ତେ ଆସି ଉଡ଼ାଜାହାଜ ଦେହରେ ବସିଗଲୁଁ। ମନରେ ବିଜୟୀର ଗୌରବ। ଆମେରିକା ସ୍ୱପ୍ନ ଆଜି ସତ୍ୟ ହୋଇଛି। ପାତାଳ ଦର୍ଶନ ଶେଷ ହୋଇଛି। ହୁଏତ ଲଣ୍ଡନରେ ଆମେରିକା ଫେରନ୍ତା ବୋଲି ବନ୍ଧୁବାନ୍ଧବମାନେ ଚାହିଁବେ। ହଠାତ୍ "ସିଗାରେଟ ପିଅନ୍ତୁ ନାହିଁ, ସିଟ୍‌ବେଲ୍‌ଟ୍ ବାନ୍ଧନ୍ତୁ" ଆଦେଶ ଲାଲ ଅକ୍ଷରରେ ଜାହାଜ ପିଞ୍ଜରା ଦେହରେ ଫୁଟି ଉଠିଲା। ଇଞ୍ଜିନ୍ ପଖାର ଘନ ଗର୍ଜନରେ ଜାହାଜ ଦେହସାରା କମ୍ପିଉଠିଲା। ଜାହାଜ ଉଠିଲା। ହଡ୍‌ସନ୍ ନଦୀ, ଷ୍ଟେଟ୍ ଏମ୍ପାୟାର ବିଲ୍‌ଡିଂ, ଷ୍ଟାଚ୍ୟୁ ଅଫ୍ ଲିବଟି ସବୁ ତଳେ ରହିଗଲେ। ମନରେ ଆନନ୍ଦ, ଆଶଙ୍କା, କୌତୂହଳ କିଛି ନ ଥିଲେ। ସତେ ଯେମିତି କିଛି ଘଟୁ ନାହିଁ। ଏତିକି ମନେ ହେଲା, ଆମେରିକା ଗୋଟାଏ ବିରାଟ ଦେଶ, ଭଲ ଦେଶ। ଯାତ୍ରୀ ସବୁ ହାତ ହଲାଇ ସଙ୍କେତ ଦେଲେ, "ବିଦାୟ ନିଉୟର୍କ, ବିଦାୟ ଆମେରିକା।"

ନିଉୟର୍କ ଛାଡ଼ିଲା ବେଳକୁ ମୁଁ ଏଗାର ହଜାର ମାଇଲ ଉଡ଼ାଜାହାଜରେ ଉଡ଼ି ସାରିଥିଲି। ତେଣୁ ଆଉ କିଛି ନୂତନ ଲାଗୁ ନ ଥାଏ। ତୁନ୍‌ତାନ ହୋଇ ମୋ ଜାଗାରେ ବସି ଉପନ୍ୟାସ ପଢୁଥାଏ। ନିଉୟର୍କ ଲଣ୍ଡନ ଭିତରେ କେବଳ ଗୋଟାଏ-ଅଧେ ଦୃଶ୍ୟ ଯାହା ମନେ ଅଛି। ସେ ସ୍ମୃତି, ସେ ସୁଷମା ଜୀବନରେ କେବେ ଭୁଲିବାର ନୁହେଁ। ଅଧ ରାତି। ଆଟଲାଣ୍ଟିକ ମହାସାଗରଉପରେ ଉଡୁଥାଏଁ। ହଠାତ୍ ନିଦ ଭାଙ୍ଗିଗଲା। ଦେଖିଲି, ସମସ୍ତେ କ୍ଲାନ୍ତ ଶିଶୁ ପରି ଘୁମେଇପଡ଼ିଛନ୍ତି। ଖାଲି ଜାହାଜର ଘୁଁ-ଘୁଁ ଶବ୍ଦ ଯାହା ଶୁଣାଯାଉଛି। କାଚରନ୍ଧ୍ରରେ ଅନାଇଦିଏଁ, ସତେ ଯେମିତି ଜାହାଜଟା ଭୂଇଁରେ ଘୁଷୁରୁଛି, କାରଣ ଆକାଶରେ ଥିଲେ ତ ତଳେ ଫାଙ୍କା ସ୍ଥାନ ଦିଶୁଥାନ୍ତା। ପ୍ରକୃତିସ୍ଥ ହୋଇ ଦେଖିଲି, କିଛି ନୁହେଁ, ଖାଲି ଧଳା ମେଘ। ସତେ ଯେମିତି ଭିଣା ହୋଇଥିବା କଅଁଳ ତୂଳା-ପାହାଡ଼ ଉପରେ ଜାହାଜ ପହଁରିଯାଉଛି। ଆଉ କିଛି ଦେଖାଯାଉ ନ ଥାଏ, ଖାଲି ଧଳା। ଚାରିଆଡ଼ ରୁପେଲୀ। ନିର୍ମଳ ଆକାଶରେ ଚତୁର୍ଦ୍ଦଶୀର ଚାନ୍ଦ ନୀରବନିସ୍ତବ୍‌ଧ ଭାବରେ ଲାଗି ରହିଥାଏ। ସବୁ ଶାନ୍ତ, ଶିଷ୍ଟ, ନୀରବ, ନିସ୍ତବ୍‌ଧ। ମହାଶୂନ୍ୟର ଅନ୍ତର ଭେଦି କ୍ଷୁଦ୍ର ପକ୍ଷୀଟି ପରି ଜାହାଜଟି ଚାଲୁଥାଏ। ତଳେ ଯେ ଆଟଲାଣ୍ଟିକ୍‌ର ଅନନ୍ତ ଲହରୀ ଖେଳା କରୁଛନ୍ତି, ତାର ଗନ୍ଧ ପର୍ଯ୍ୟନ୍ତ ଜଣା ପଡୁ ନ ଥାଏ। ଉପରେ ଜାହାଜ ପିଠିକୁ ଲାଗି ଆକାଶ, ତଳେ ପେଟକୁ ଲାଗି ଶୁକ୍ଳ ମେଘମାଳା। ସରଗ ଏତେ ପାଖାପାଖି ଯେ ସତେ ଯେମିତି ଚାନ୍ଦଟା ଆମ ଉଡ଼ାଜାହାଜ ପକ୍ଷୀକୁ ଲାଗିରହିଛି। କ୍ଷୋଭ ହେଲା ଏହା ଶିରୀସଂଭୋଗ ଏ ସ୍ୱପ୍ନ ଜୀବନରେ ପୁଣି ଆଉ ସମ୍ଭବ ହେବ କି ନାହିଁ। ଏବଂ ଶୁଭ ମୁହୂର୍ତ୍ତରେ ହେଲେ ଅଶୁଭ ଜୀବନର ଶେଷ

ହୁଅନ୍ତା ? ପୁଣି କେତେବେଳେ ଘୁମାଇପଡ଼ିଲି । ଦ୍ୱିତୀୟ ବାର ନିଦରୁ ଉଠିଲା ବେଳକୁ ସମସ୍ତେ ଉଠି ହୋ ହୋ । ଦିବାଲୋକରେ ସବୁ ସ୍ୱଚ୍ଛ । ବହୁ ତଳେ ଆଟଲାଣ୍ଟିକ ସାଗର ଶିଶୁ ପରି ଶୋଇ ରହିଛି ।

ସକାଳ ୧୦ଟା ବେଳେ ସ୍କଟ୍‌ଲାଣ୍ଡର ପ୍ରେଷ୍ଟ୍‌ୱିକ୍ ଉଡ଼ାଜାହାଜ ଘାଟିରେ ଓହ୍ଲାଇବା କଥା । କେତେବେଳୁ ଜାଣିଲୁଣି ଯେ ପ୍ରେଷ୍ଟ୍‌ୱିକ୍ ପାଖାପାଖି ହେଲୁଣି । ଏମିତି କୁହୁଡ଼ି ହୋଇଥାଏ ଯେ, କିଛି ଦେଖାଯାଉ ନ ଥାଏ । ନଈ ସେପାରିର ଚକୋରୀ ଚକୋରସାଥୀକୁ ଯେପରି ବିକଳ ହୋଇ ଡାକେ, ଜାହାଜଟି ସେମିତି ବିକଳରେ ରଡ଼ି ଛାଡୁଥାଏ, ମାତ୍ର ମାଟିର ସନ୍ଧାନ ପାଉ ନ ଥାଏ । କେଉଁ ସାହସରେ ଭୂଇଁକୁ ନଇଁବ । ଏହିଭଳି ଅବସ୍ଥାରେ କେତେ ଉଡ଼ାଜାହାଜ ପୂର୍ବେ ଏହି ଘାଟିରେ ଶେଷ ହୋଇଛି । ଦେହ ଖାଲି ଥରୁଥାଏ । ଏତେ ରାସ୍ତା ଆସିଲା, ଯେ ଆଟଲାଣ୍ଟିକ୍ ଡେଇଁ ଆସିଲା ସେ କଣ ଏଡ଼ିନ୍‌ବର୍ଗରେ ପହଞ୍ଚିବନି ? କିଏ ଜାଣେ, ବେଙ୍ଗ କହେ ବେଙ୍ଗୁଲୀ ଲୋ ପୃଥିବୀ କ୍ଷଣକ୍ଷଣକେ ଆନ । ନାହିଁ ଆଉ ହେବ ନାହିଁ, ଜାହାଜଚାଳକ ଶୁଣାଇଦେଲେ ଯେ ସ୍କଟ୍‌ଲାଣ୍ଡରେ ଓହ୍ଲାଇବା ଅସମ୍ଭବ, ଲଣ୍ଡନରେ ଓହ୍ଲାଇବାକୁ ହେବ । ଭଲ କଥା । ଚାରିଶ ମାଇଲ ରାସ୍ତା ଶୂନ୍ୟରେ ନ ଯାଇ ରେଳଗାଡ଼ିରେ ଚଢ଼ନ୍ତା କିଏ ? କିନ୍ତୁ ଲଣ୍ଡନ୍‌ରେ ଯଦି କୁହୁଡ଼ି ହୁଏ, ତେବେ ?

ଲଣ୍ଡନ୍‌ରେ ପହଞ୍ଚିଲା ବେଳକୁ ଠିକ୍ ବିଲାତି ପାଗ । ମହର୍ଗରୁ ଆସି କାନ୍ତାର । ବୃଷ୍ଟି ଜଳରେ ଲଣ୍ଡନ ଭାସୁଛି । ଅମାନିଆ ଉଡ଼ାଜାହାଜଟା ବାଦଲ-ପେଟ ଚିରି ଭୁସ୍‌କିନା ଭୂଇଁ ଉପରକୁ ଚମକି ଆସିଲା । ମନ ଭାରି ଖୁସି । ମଣିଷ ବଞ୍ଚିଗଲା । ପୁଣି ସେଇ ଲଣ୍ଡନ । ପୁରାତନ ହଷ୍ଟେଲ, ପୁରାତନ ସ୍କୁଲ, ପୁରାତନ ଦୋକାନ-ବଜାର-ଚିହ୍ନାଙ୍କ ନିକଟରେ ପହଞ୍ଚି ମନେ ହେଲା, ସତେ ଯେମିତି ସେମାନଙ୍କ ନିକଟରେ ମଣିଷ ସଂପୂର୍ଣ୍ଣ ନୂତନ । ମାୟା ନାହିଁ, ମମତା ନାହିଁ, ସେହି ପୁରାତନ ନିରର୍ଥକ ସାହେବୀ ହସ, ଶୀତଳ କରମର୍ଦ୍ଦନ । ତା ଛଡ଼ା ଆମେରିକାର ସୁଖଶିରୀ ଓ ସଂଭୋଗଭିତରେ ପହଁରି ପହଁରି ଫେରିଲା ବେଳକୁ ଲଣ୍ଡନ ଦିଶୁଛି ହୀନିମାନ । ଭାରତୀୟ ଛାତ୍ରାବାସର ଭାଇଭଉଣୀମାନେ ଆନନ୍ଦ ପ୍ରକାଶ କରି କହିଲେ, "ଏଇ ରେ ୟାଙ୍କି । କିଓ, ତମ ଆମେରିକାନ୍ ଟାଇ କାହିଁ ?" "ଆଚ୍ଛା ତମେ ଯଦି ଚାହଁ, କାଲି ପିନ୍ଧିବା ।"

ସମାପ୍ତ

BLACK EAGLE BOOKS

www.blackeaglebooks.org
info@blackeaglebooks.org

Black Eagle Books, an independent publisher, was founded as a nonprofit organization in April, 2019. It is our mission to connect and engage the Indian diaspora and the world at large with the best of works of world literature published on a collaborative platform, with special emphasis on foregrounding Contemporary Classics and New Writing.

www.ingramcontent.com/pod-product-compliance
Lightning Source LLC
Chambersburg PA
CBHW060614080526
44585CB00013B/816
9781645604686